EUROPE
YEARBOOK

欧洲联盟50年

2007—2008
欧洲发展报告

VOL·12 (2007—2008)

中国社会科学院欧洲研究所
中国欧洲学会

中国社会科学出版社

图书在版编目（CIP）数据

欧洲联盟 50 年：2007—2008 欧洲发展报告/中国社科院欧洲研究所，中国欧洲学会编 . —北京：中国社会科学出版社，2008.4

ISBN 978 - 7 - 5004 - 6805 - 9

Ⅰ. 欧…　Ⅱ.①中…②中…　Ⅲ.①政治—概况—欧洲—2007—2008②经济发展—欧洲—2007—2008　Ⅳ. D750.0 F150.4

中国版本图书馆 CIP 数据核字（2008）第 032038 号

责任编辑	刘　兰			
责任校对	周　昊			
封面设计	毛国宣			
技术编辑	李　建			

出版发行　中国社会科学出版社

社　　址	北京鼓楼西大街甲 158 号	邮　编	100720
电　　话	010—84029450（邮购）		
网　　址	http://www.csspw.cn		
经　　销	新华书店		
印　　刷	北京新魏印刷厂	装　订	丰华装订厂
版　　次	2008 年 4 月第 1 版	印　次	2008 年 4 月第 1 次印刷
开　　本	710×980　1/16		
印　　张	21.5		
字　　数	339 千字	插　页	2
定　　价	36.00 元		

本书课题组

主　　编　周　弘

副 主 编　沈雁南

编　　委　（按姓氏笔画排列）

刘　绯　刘立群　吴白乙　沈雁南

周　弘　罗红波　程卫东　裘元伦

作者名单　（按文章顺序排列）

导　　论　沈雁南

导论及目录英译　吴倩岚

主题报告　周　弘　吴　弦　程卫东　董礼胜　邝　扬

马胜利　田德文

欧洲联盟篇　范勇鹏　王　鹤　程卫东　刘立群　吴白乙

王振华

专 题 篇　杨　光　郭灵凤　赵俊杰　张　敏

国别与地区篇　李靖堃　彭姝祎　杨解朴　罗红波　郭灵凤

孙莹炜　张　敏　秦爱华　陈亚利　刘作奎

资 料 篇　钱小平　牟　薇

目　录

国别与地区篇

资 料 篇

Table of Contents

Data and Information

导　论

　　2007 年 3 月 25 日，欧盟 27 个成员国首脑和欧盟委员会主席齐集德国首都柏林，隆重纪念《罗马条约》签订 50 周年。50 年前，《罗马条约》的问世揭开了欧洲一体化发展的新篇章；以《罗马条约》为标志，欧共体/欧盟走上了全面一体化的历程。

　　从战乱频仍到和平振兴，从 6 国到 27 国，从第二次世界大战后各自陷入国力衰退到结成一个经济实力位列世界前茅的共同体，欧洲的发展通过一体化道路成功地实现了重大的历史性转折。欧洲一体化道路不仅改变了欧盟各国的发展轨迹，改变了欧洲的历史，而且也改变了世界。

　　欧洲一体化道路无疑值得国际社会关注；欧盟 50 年的经验值得认真总结。

　　欧洲一体化最重要的特点是其不断创新的精神和坚持和平发展的道路，并且突出地表现在经济、法制、政治和文化领域。

　　毫无疑问，经济一体化是欧盟 50 年的活动重心；正是经济一体化的成功奠定了欧盟的全部一体化政策的基石。法制建设是欧洲一体化的保障；各种法律法规和法治思想为欧盟的经济、政治、社会等一体化政策提供了运作框架。政治机制是一体化运作的工具；它使各种一体化机构形成了有机构成并将一体化政策付诸实施。共同价值的建构是欧洲一体化下各国得以凝聚的重要依托。经济联盟、法制建设、政治体制、价值建构是欧洲一体化走到今天并将继续得到发展的不可或缺的、重要的组成部分；一切一体化政策的成功和挫折都取决于这四大组成部分的完善和谐调与否。

　　经济联盟、法制建设、政治体制、价值建构之间有着相辅相成的关系，同时各有其自身规律，其发展目标也是随着一体化的演进而不断丰满起来的。

欧洲一体化的最先突破发生在经济领域。西欧各国市场经济模式和工业革命的实现为其提供了历史先决条件;第二次世界大战后如何防止战争再起是其直接动因。随后经济全球化浪潮的逐渐兴起,能源危机的压力和高科技的发展,将欧洲经济一体化不断地推向深化。从关税同盟到统一大市场,再到经货联盟、统一货币的问世,成员国们在一定程度和范围内,逐步向欧盟一级转移和共享主权权利,突破了传统的国家界限,创造了国与国之间经济合作的新模式,不仅从根本上杜绝了相互间再次发生战争的可能,而且还在这种新模式下实现了共同繁荣。

为了确保经济一体化的顺利运行,法制进程从一开始就被赋予特殊的使命,它伴随着经济一体化发展的全部过程,并随着一体化深化向其他领域溢出。欧盟法律体系的制度设计及其在欧洲一体化中的重要作用,是欧洲一体化的一个重要特征,欧共体也因此而发展成为一个法治的共同体。欧盟通过法治途径来规范成员国与欧盟之间权能的划分,以法律来规范成员国与共同体机构的行为以及它们相互之间的关系,将国内司法体系纳入到欧盟司法体系之内从而形成一个完整的、全新的司法体系,欧洲法院将欧盟目标确立为共同体必须遵守的一般法律原则,使共同体目标法律化,这些都使得欧洲一体化具有独特的法律性与规范性特征。欧洲一体化中的法制建设在许多一体化进程的关键性问题上都作出了重大创新。它既不同于传统的国际法,也不同于国内法,是一种独特的法律体系,是对现有国际法体系的发展,也是对国内法体系的发展。

作为一个里程碑式的条约,《罗马条约》在政治上完成了欧洲一体化目标、内容、机构及其职能的最初设计。50 年里,虽然欧洲一体化自创始条约赋予它最初的组织形式以来,已有巨大的发展,但是,其基础并没有发生根本改变,这就是它的制度结构和持续的以共同市场或内部市场作为其政策活动的核心。在政治层面上,欧洲一体化的发展主要可以归结为两种形式:一是成员国的扩大;二是制度和政策在许多领域得到深化。

从《罗马条约》到《马斯特里赫特条约》,欧洲一体化进程不断从经济及与经济相关的政策领域向其他政策领域扩展,其中最重要的莫过于共同外交和防务政策、司法和内务政策领域。尽管《创立欧洲宪法的条约》(以下简称"宪法条约")后来遭受挫折,但 2007 年

6月欧盟各国就宪法条约改革草案达成一致，仍然标志着欧洲一体化在政治层面上取得了重要突破。随经济一体化应运而生的欧盟政治体制是国际社会组织中一个具有历史意义的创新案例。

欧洲联盟不仅是一个卓有成效的经济共同体，是一个正在建设中的政治联盟，同时也是一个"价值共同体"。在《罗马条约》诞生50年后的今天，打造价值共同体已成为欧盟建设中最重要的目标之一。它强调价值共同体的目的在于使欧盟及其成员国进一步明确共同的目标和价值取向，强化欧盟的精神理念和凝聚力，塑造欧盟的道义形象，赋予欧盟一种必不可少的"灵魂"，并利用各成员国的文化血脉联系，使这个共同体具有更长久的生命力。

从文明进程的角度来看，欧盟作为一个欧洲的价值共同体借鉴了欧洲古典文化、基督教与欧洲人文主义的文化精华，以及关于人权、民主、法治与宪政的制度成果。在欧洲一体化进程中，共同体的价值标准始终受到高度重视，并将其设为吸收新成员国的重要门槛。欧盟反复强调的价值观念和标准包括：和平、进步、繁荣、自由、民主、平等、法治、人权、社会公正、人的尊严、公民权、宽容、多元化、辅助性原则、团结互助、反对歧视、可持续发展、保护环境，等等，内容十分广泛；其核心可以归纳为六个原则，即自由、人权、民主、法治、团结互助和多样性。

当前，欧盟正进入其发展中的又一个关键时期：内部因成员国的扩大而带来如何进一步深化的种种问题；外部则必须应对全球化导致的世界经济竞争日趋激烈的挑战，以及后冷战时期国际格局转型中出现的许多新的政治问题。

本年度，欧盟的政治发展有三个值得关注的问题：首先，欧盟为重启因法国、荷兰公投结果而搁浅的宪法条约所做的努力及取得的成功。重启宪法条约工作与欧盟制度改革和未来政治格局的发展前景紧密相关。其次，因法国大选结束了希拉克时代；英国首相换人结束了布莱尔时代；加之先前德国总理换人，欧盟政坛上出现了以默克尔、萨科奇、布朗为代表的欧洲新一代政治领军人物，他们将给今后欧盟政治走向带来新的气象。第三，随着全球气候变化带来的影响越来越显著，应对未来可能出现的环境灾难成了欧盟政治的核心议题之一。温室气体排放问题在欧盟政治议程中占据了不同寻常的重要地位，同时也在欧洲社会产生了巨大的影响，环境保护作为一种社会思潮日益显赫。同时，欧盟利用德国担任八国峰会轮值主席国的机会，将全球气候变化问题纳入会议中心议程并对此问题的进展发挥了积极的推动作用。

欧洲经济在2005年恢复增长的基础上，在2006年继续保持增长的势态，由于活跃的世界经济和有利的内部条件，欧盟27国的经济增长率达到3.0%，欧元区13国达到2.8%，这是6年来最高的增长率。2007年上半年欧洲经济在内部需求的推动下继续保持强劲增长。但7月后受美国次级抵押贷款市场危机带来的全球金融市场动荡的影响，2007年欧盟经济增长率将降为2.9%，欧元区为2.6%。2008年增长率可能会进一步下滑，但仍然能够保持稳定增长的态势。

和上年度相比，本年度欧洲社会形势趋于好转，主要表现在因经济形势明显好转而带来的就业状况明显好转，失业率普遍下降，各国民众满意率也不断上升。但非法移民问题依然严重，虽然各国不断加大打击非法移民的力度，在欧盟及跨国层面也进一步加强协调合作，但压力依然很大，仅2007年头9个月就有上千名偷渡客不幸丧生。极右排外势力有进一步抬头的迹象，这一趋势已经引起欧盟的关注，并为加强对种族主义及排外势力打击的力度而采取了积极的应对举措。

欧盟法制建设取得的最新进展，首先表现在欧盟立宪出现新的转机。在德国任欧盟轮值主席国期间，欧盟首脑会议通过了解决欧盟宪法批准危机的方案，重启了为适应欧盟扩大而进行的必要的机构改革与欧盟基础条约修改的进程。其次在二级立法上，欧盟在许多方面有重要发展，特别是出台了近年来最为重要的立法之一，即"欧盟服务指令"。此外，在民事事项的司法合作方面，欧盟关于小额求偿程序与关于非契约责任准据法的相关立法，也令人瞩目。第三是在司法方面，欧盟的两个法院在过去的一年中做出了60多份判决，其中，在与税收相关的问题上，欧洲法院的判决确认，解释了对共同体具有影响的一些规则。

本年度，欧盟对外关系的发展引人注目。欧美关系出现了明显的进一步改善，尽管深层矛盾被暂时掩盖，但这种改善必将对近期大西洋两岸的关系产生重要的影响，并且将有可能导致世界热点问题出现新的局面；与此相比，欧俄关系则陷入纷争不断，处于微妙而敏感的阶段，其走向如何将对国际新格局的形成产生影响；欧盟与非加太传统关系继续深化，新型合作模式的构建尚有难处。

与前些年中欧关系热情高涨、发展迅速相比，本年度的中欧关系出现了骤然降温。这里除了有欧盟一些大国政府换届带来的变数之外，更主要的是欧盟自身发展遭遇到困境，急切希望从包括对华贸易在内的对外经济关系中寻找出路。2003 年中欧战略性伙伴关系正式确立以来，中欧双方将经贸合作关系纳入到一个更为广阔的视野中，彼此给予更高合作的期待。然而，由于双方经贸关系急速发展，不可避免地出现了更多的竞争和摩擦。为此，从 2006 年下半年起，欧方在如何解决中欧之间不断升级的贸易摩擦争端方面开始采取新的策略，出台了一系列新的对华贸易政策文件和法规。特别是欧盟提出的题为《欧盟与中国：更紧密的伙伴、承担更多责任》的文件和题为《竞争与合作——更紧密的伙伴关系和不断增加的责任》的首份对华贸易和投资政策文件，表现出其对中欧关系有了新的考虑，其主要特点就是通过一系列带有"制度建设"意义的文件来规范中欧关系，以求在对华经贸关系中占据战略的制高点。

近些年来，中欧关系无疑处于历史最好的发展阶段，但同时也是历史发展的关键时期。在经济利益交错、文化交往日深而政治歧见依然存在的情况下，如何推动中欧关系进一步发展，如何开创中欧关系良性发展的模式，不仅对中欧关系至为重要，而且也将为冷战后世界格局的转型提供积极的推动。反之，则将给中欧关系带来严重的危害，对双方都不利。经贸摩擦频仍发生，甚至经济竞争关系的产生与发展，对于日渐加深的合作伙伴来说，本是正常现象，关键在于如何对待。从全球的战略高度出发，积极应对问题和摩擦，和从眼前利益出发，采取从经济乃至政治领域全方位地制约合作伙伴，不同的态度将会导致截然不同的战略后果。目前，欧盟已经表现出其对华政策的转变，从而将中欧关系推进了重要的发展关键时期，如何承前启后，对中欧双方都是考验。

在欧美关系、欧俄关系出现变数，中欧各自进入一体化和改革开放重要发展时期的背景下，中欧关系发展的关键时期，需要中欧领导层具有更高的战略眼光和成熟的政治举措，来解决当前出现的各种问题。对中欧关系的发展不能急，不能理想化。同时，也需要就事论事地具体工作，一个领域一个领域地解决问题。特别要防止经济问题政治化、政治问题经济化的倾向，避免其对中欧关系发展主流的干扰。

我们应该看到，中欧各自作为世界历史悠久的文明中心，不可能相互同化，它们只能在相互碰撞中加深了解、取长补短。中欧发生摩擦可能会是一个较长时期的现象，对此应该有清醒的认识。但是我们同时也相信，中欧关系的主流是好的，并且会在合理解决问题中向着更好的方面发展。

Précis

In March 25 of 2007, leaders from the 27 member states of the European Union (EU) and the president of European Commission gathered together in Berlin (Germany) to celebrate the 50th anniversary of Treaty of Rome. 50 years ago, it was the Treaty of Rome that launched a new era in the history when the European Community and later the European Union embarked on the journey of integration.

From frequent wars to peaceful recovery, from 6 member states to 27 member states, from Post World War II economic slump to an economic union with strong international competitiveness, Europe has achieved historic transformation by integration.

The European integration has not only changed the development path of EU member states, but also changed the history of Europe and that of the world.

The European integration has undoubtedly led the EU to be in the limelight of the world stage, and its experiences of integration during the past 50 years deserve in-depth observation.

The features of European integration lie in the spirit of continuous innovation and the commitments to peaceful development, which could be appreciated in European economic, political, legal and cultural developments.

The Economic Union, construction of EU legal order, setting up of EU institutions and preservation of common values are the driving forces for the EU. These four sectors, developing their goals in line with the European integration, are complementary to each other. As a matter of fact, the ex-

tent to which the development in the four sectors are coordinative and har-
moniums, and may largely affect the effectiveness of European integration
policies.

Undoubtedly, economic integration is the cornerstone of EU's 50
years of integration, the success of which has laid solid foundation for EU
integration policies in other fields. The rule of law and development of EU
legal order provide a legal framework to safeguard the economic, political
and social integration in the EU. The establishment of political institutions
in the EU provides institutional framework for it to enforce its policies.
More importantly, the identification and preservation of the common values
protect and strengthen the solidarity among EU member states.

The European integration made its breakthrough in the economic are-
as. The industrialization and market economies upheld in western European
countries provide pre conditions for economic integration, however to avoid
wars among each other after the – World War II was the main motivation to
form an economic union among western European countries. The economic
globalization, energy crisis and high technology development promoted Eu-
ropean economic integration to go further. From a custom union to an inter-
nal market, to the economic and monetary union and the birth of EU, the
EU member states have in certain spheres transferred their sovereignty to or
share their sovereignty with the EU. This has reached beyond the tradition-
al nation state concept and created a new model that by increasing econom-
ic cooperation among member states has not only removed the possibilities
of future wars but also brought about new prosperity and economic growth in
Europe.

The development of EU law as an unique legal order plays a significant
role in European integration. The EU law provides a legal framework which
sets out sphere of competence of EU institutions, rights and obligations of
member states and regulate relationship between the EU and its member
states. The EU legal system has provided protection of individual rights at
European level. More importantly, the EU law has provided important safe-
guard for the development of internal market of European Community.

As a landmark, the Treaty of Rome laid out the goal, content, institu-
tional setting and functions of European integration by consolidating Euro-

pean communities. Following the Treaty of Rome, the Treaty of Maastricht, the Treaty of Amsterdam and the Treaty of Nice were signed and ratified by member states. However, two foundational elements provided by the Treaty of Rome have remained unchanged, namely the EU institutional setting and development of internal market. In fact, the European integration in the past fifty years can be briefly summarized into two fields, namely the enlargement of the EU and policy integrations within the EU.

From Treaty of Rome to Treaty of Maastricht, the European integration is expanding from economic or economic related policy areas to other areas, which include further integration in the sphere of common foreign and security policies and justice and internal affairs. In June 2007, the heads of EU member states agreed on the Reform Treaty which showed an important breakthrough in European integration after it suffering a set back from the rejection the European Constitution in some member states.

The European Union is an union of shared values and principles. The EU has set the goal of establishing common values and principles as one of its most important tasks, in that these values facilitate the member states to identify shared goals, strengthen solidarity, build up an indispensable soul and promotes sustainable development of the EU.

The EU as an union of shared values has derived its principles from European traditional cultures, Christianity and European political systems, which support human rights, democracy, the rule of law and constitutionalism. The common values and principles emphasized by the EU include, among others, peace, progress, prosperity, freedom, democracy, equality, the rule of law, human rights, social justice, human dignity, civil rights, tolerance, diversity, subsidiary, solidity, anti-discrimination, sustainable development and environmental protection. Furthermore, the EU has set the fulfilment of common values and principles as one of accession criteria for candidate countries.

At the moment, the EU has entered another crucial stage. Internally, it faces the challenges arising from the enlargement while externally it faces competition and challenges brought by the globalization and the change of international patterns after the end of the Cold War.

In terms of European political relations development, there are three issues worth paying attention to. Firstly, the birth of Reform Treaty that awaits for member states ratification shows that the EU is recovering from the set back caused by the NO to European Constitution in some member states. Secondly, Angela Merkel as the new Chancellor of Germany, Nicolas Sarkozy as the new French president and Gordon Brown as the new Prime Minister of the UK showed a new leadership picture in the EU. Thirdly, climate change has become an increasingly important political element as well as social concern in the EU. The EU has taken the opportunity of Germany being the president county of the G8 to bring the issue into international attention.

The European economic growth has kept increasing based on the recovery in 2005. Driven by the dynamic international economy and internal economic growth, the growth rate of EU 27 has reached 3.0% and that of the Eurozone has reached 2.7%, both of them are at the highest levels in the past six years. In the first half of 2007, European economy kept positive growth. However, under the shadow of global financial market volatility caused by subprime crisis in the US, the economic growth rate of the EU will be 2.8% and that of the Eurozone be 2.5%. It is estimated that the growth rates may decrease further in 2008, though they very likely will remain positive.

Compared with the last year, the European society has seen less conflict or turmoil. The unemployment rate has reduced and social satisfaction rate has increased. However, illegal immigration remains to be one severe social problem. Though member states increased domestic immigration control, cross border control cooperation and cooperation at the EU level, they face severe domestic social pressure regarding illegal immigrants issue. The extreme rightist power is re-emerging that aroused the attention of the EU and the latter has undertaken positive responsive measures to tackle racisms and discrimination.

The EU law has achieved new development. Firstly, during the presidency of Germany, the European Summit reached agreement on the Reform Treaty. Secondly, the EU has issued new secondary legislations including the EU service directive aiming to promote cross border service and internal market development and Council Regulation on the law applicable on noncontractual obligations. Thirdly, the European Courts have made more than 60 judgements among which judgement on tax issues has clarified rules applicable to the European community.

The external relations of the EU also attracts attention. The EU-US relationship has ameliorated though further conflicts may be hidden. The amelioration of bilateral relationship is nevertheless likely to impact the relationship between both sides of Atlantic and may further impact on international relations pattern. In contrast, the EU-Russia relationship is on a more subtle and sensitive stage where conflicts kept emerging, which might exert impact on the new international relations pattern. Furthermore, the EU has deepened its relationship with African, Caribbean and Pacific countries though the new cooperation model faces certain challenges.

This year the EU-China relationship has cooled down as compared with the honeymoon between the two parties in the previous years. Various elements may contribute to explain this development. Among other reasons, the change of leadership in EU member states may help to explain part of the phenomenon on the one hand. On the other hand, the fact that the EU suffered set back in its own development and might look into EU-China trade disputes for a possible way out, might also help to explain partially for the cool down of the relationship.

Since the EU and China established strategic partnership in 2003, the bilateral trade and economic cooperation has entered into a much broader cooperative space, which gave both parties expectation of further cooperation. Yet, the fast development in trade and economic fields has also triggered fierce competition and even friction between EU and China. To tackle its dispute with China, the EU has issued a series of new policies and legislations, which include EU and China: closer partners and growing responsibilities and competition and others. These new EU trade policies vis-à-vis China has shown EU's effort to deal with EU-China trade relationship by institutional building proposed in these policies that, to a certain extent, gives the EU an strategic advantageous position in its economic relationship with China.

In the recent years, EU-China relationship has been in a golden yet crucial time. How to promote the bilateral relationship and to create new development models under the background of increased bilateral trade disputes, growing cultural communication and existent political biases, is an issue not only of significant importance to EU-China relations but also to the development of world pattern after the Cold War.

Without a satisfactory development in this aspect, the EU-China relationship will suffer. Trade disputes are normal phenomenon in bilateral relationship. However, how to deal with it remains a crucial issue. In the age of globalization, how to react to dispute and frictions in a positive way and on a pragmatic basis and how to comprehensively engage partners in economic and political spheres will lead to different results in terms of bilateral relationship development. At the moment, the EU has shown its transformation of its China policy and led the EU-China relationship into a crucial developmental stage.

The EU-China relationship development requires EU and China leaders to undertake mature measures with strategic insight. These steps should not be taken in a haste nor an idealistic way. To the contrary, both sides should adopt a pragmatic approach and tackle different issues on an one by one approach. It should be paid particular attention not to politicise economic problems nor to economize political problems so as to avoid negative impact on EU-China relationship brought by politicisation or economization of issues.

One should notice that it is impossible for Europe and China, as two origins of world civilization, each with rich but different histories to converge with each other. What we could do is to understand each other better and learn from each other in conflict and frictions. One should also notice that EU and China are likely to have dispute in a certain long period of time. Nevertheless, we believe that the bilateral relationship has a positive main tone and it will develop to a much brighter future based on reasonable approach to resolve disputes between the two sides.

2007—2008

主题报告

欧洲联盟 50 年：经济、法律、政治与价值建构

从 1957 年《罗马条约》签署至今，欧洲联盟及其前身欧洲（经济）共同体已经历了 50 年的风雨历程，取得了举世瞩目的重大进展。为此，欧盟及其成员国举行了各种庆祝活动。2007 年 3 月 25 日，欧盟各成员国首脑和欧盟委员会主席齐集欧盟轮值主席国德国首都柏林，隆重纪念《罗马条约》签订 50 周年，并发表《柏林宣言》，将纪念活动推向高潮，引起欧洲内外的广泛关注。

欧洲联盟的成立与发展，是欧洲历史中一个新时代来临的标志，其核心特征是主权国家与超国家机制的共存与互动。几百年来，由于一系列复杂因素的交互作用，欧洲各民族主权国家终于获得了"历史合法性"，牢固确立了自身作为行为与利益主体的国际地位。在经历了上个世纪的两次世界大战以后，随着欧洲与世界形势的重大结构性变化，欧洲国家认识到，在新的历史条件下，只有顺应时代发展要求，实行组织与制度创新，才能保障各国共同利益，实现欧洲永久和平，促进经济增长，并提高自身的国际地位。欧洲联盟的创始国家缔结条约，通过机构化、制度化和法律化途径，创立一种全新的、具有超国家调节色彩的、独特的组织机构，成员国在一定范围和程度内，向欧洲一级转移并共享主权，从而形成了国家与超国家机制的共存与互动。这在欧洲乃至人类国际关系史上，都是带有"革命性"意义的创举。随着这一独特的国际社会组织形态的诞生，欧洲历史揭开了新的篇章。

今日之欧盟，其形成时间之早，一体化程度之高，参加成员国之多，总体经济实力之强，都是其他一体化组织难以比拟的，欧洲联盟不仅改变了欧洲，而且对世界经济、政治格局的发展演变，也产生了

极为重大和深远的影响。

我们看到，欧洲一体化进程的产生与发展是深深植根于欧洲历史长河中的，是一个极为复杂、多面的发展进程，涉及经济、法律、政治和价值取向等各个维度。正是这几个方面的交互作用，构成了欧盟的立体发展进程。我们纪念欧盟发展50周年，不能不对此作深入的梳理和回顾。

一 经济一体化：起点与基石

在欧洲联盟50年的历程中，经济一体化占有突出地位，无疑构成了其发展的起点和基石，并且始终是欧盟的活动重心。不了解欧洲经济一体化，就不能真正把握欧盟存在与发展的基础；不理清其演进的脉络，就无法科学地展望其发展前景。

欧洲经济一体化意味着打破国家间经济界限，将之连接成为一个整体。早在18、19世纪，欧洲各民族国家均已实现了内部的经济统一，这无疑是历史的一大进步。但长期各自独立的国家经济，仍使得整个欧洲经济区域处于割裂状态，主要体现在市场、经济政策与货币三个层面：（1）各国通过自身关税区的建立与边境控制，严重阻碍着商品、服务乃至生产要素的国家间流动；（2）以调控本国市场为着眼点，各国经济政策不尽相同，有时目标甚至截然相反；（3）作为主权的重要象征，各国拥有自己的货币。从根本上说，推行经济一体化，就是要消除上述三个层面上的割裂状态，建立真正意义上的"欧洲经济"。也正是在这些方面，欧盟所取得的成就，引起了世人的普遍关注。

（一）历史背景与深层动因

欧共体各国之所以大力谋求区域经济一体化，并且取得了其他区域组织难以企及的长足进展，是因为欧共体国家在战后顺应历史条件，不断应对危机与挑战，谋求共同发展而做出了理性的抉择。其历史渊源与深层动因，可从以下几个主要方面来考量。

1. 历史背景与经济基础。18、19世纪以来，尽管市场经济模式与工业革命已经在西欧各国得以实现，但两者之发展，都有着进一步冲破国界的内在动因与基础：生产资料、生产过程和产品实现的社会化，企业追逐利润最大化之动机，机械化使生产率大幅提高，均有助于经济活动国际化趋向的形成；而地域上相邻接近，各国市场规模相对狭小，历史文化背景与发达程度相近，政治、经济体制的同一性，各国法律机制的生成与完善，又使得此种趋向必然首先带有区域性的特点。事实上，早在19世纪，西欧经济区域即已形成，其中商品、服务、人员和资本的高度自由流动，各国间高层次水平分工贸易的形成（不同于宗主国与殖民地之间的垂直型分工贸易），都是突出标志。尽管此后的从第一次世界大战到第二次世界大战，由于各种深层矛盾激化，西欧经济又出现所谓"解体化"进程，但从长远看，各国经济间的紧密联系一旦形成，就难于彻底割断，而且必将随着生产力水平提高而进一步发展。这为日后一体化目标的提出，创造了基础性条件。

2. 政治性考虑的有力推动。自第二次世界大战结束至20世纪50年代初，如何防止战争再度爆发，保障欧洲永久和平，是西欧各国痛感必须解决的核心问题，这导致了联邦主义思潮一度盛行。联邦主义者认为，各国应向欧洲一级转移主权，组建欧洲联邦，通过创立更大的政治实体，消除各国利益对抗，最终达到抑制战争爆发的目的。然而，各国地位、利益不尽相同，难于达成一致，不可能"自上而下"地通过各国政府一举签署条约，直接、全部向欧洲一级转移主权，来实现政治统一（海牙大会的结果、欧洲政治共同体条约之失败，都是明证）。正是在此背景下，为了政治目标的实现，西欧国家开始谋求经济整合。

首先，政治性取向直接促成欧共体建立，直至经济一体化全面启动。鉴于直接推进政治统一困难重重，欧共体的缔造者们认为，应当避开敏感的政治性举措，首先从经济领域入手，不断融合各国利益，从而最终为政治统一创造条件。为此，应建立区域经济组织，大力推进一体化进程。在此理念指导下，20世纪50年代，欧洲三大经济组织——即煤钢、经济和原子能共同体——得以建立。特别是欧洲经济共同体的诞生，更是一体化全面启动的标志。

其次，促成经济举措的高起点。欧共体创始国认识到，一体化程度愈高，愈有利于融合各国经济利益，创造"欧洲经济"，最终为政治统一创造条件。正是出于这种考虑，创始国明确选择"关税同盟"——而非"自由贸易区"——作为共同体的"起点"和"基石"。就一体化取向而言，前者程度明显高于后者，两者间有着实质性差别：从理论上讲，由于实现了关税统一，第三国产品一旦进入关税同盟后，即可在整个欧共体范围内自由流通，这意味着各成员国经济将被视为一个整体；而因关税未能统一，为防止贸易偏转，自由贸易区各国之间仍须设置边控，以将成员国与第三国产品区别开来，故被认为仅是"希望聚拢"彼此间的经济而已。对此，共同体文献曾指出，更为"雄心勃勃"的"政治统一"目标，是选择"关税同盟"的主要动因之一。历史发展表明，选择建立关税同盟，为一体化迈向更高阶段奠定了坚实基础。

第三，促成组织与制度创新。欧共体缔造者认为，政治目标之实现，关键在于完成权力转移。为此，欧共体应在经济一体化进程中，实现制度创新，即建立具有超国家调节色彩的机构体制，成员国在一定程度和范围内，逐步向欧洲一级转移和共享主权权利，从而在保证经济目标实现的同时，使成员国习惯于主权转让与共享，最终为建立政治联盟创造条件。以此种思想为主导，一种独特的机构体制得以产生。欧洲委员会、部长理事会、欧洲议会、欧洲法院等机构的建立，按照条约规定的权限、规则与程序，超国家机构与成员国之间在欧洲层面进行博弈，对于保证各国共同利益，协调特殊利益，从而推动经济一体化不断发展，具有至关重要的作用。

最后，政治性取向导致各国自愿限制主权权利，使得一体化进程中的法制建设成为可能，最具超国家调节色彩的欧盟法体系得以确立。其中，"源本法"、"派生法"和"判例法"的生成与发展，欧盟法律秩序三大支柱的形成（即所谓"直接适用性"、"直接效力原则"和"欧共体法优先原则"），欧洲法院所享有的独立性及其职能发挥，都构成有效推行经济举措的重要保障。

3. 欧洲内外周期性、结构性因素的影响。战后以来，欧洲内外的历史条件与形势，出现一系列周期性、结构性的重大变化。应当强调指出的是，正是这些变化，构成最为直接、有力的现实动因，推动了经济一体化的长足进展。

（1）冷战与雅尔塔格局的影响。冷战与雅尔塔格局的形成，使得欧洲长期分裂为以美、苏为首的两大阵营，双方在意识形态、防务安全、政治、经济制度诸方面，都存在严重对立。这一结构性因素，对于欧洲经济一体化产生了重大影响，因为它在一较长历史阶段内，使得欧共体的建立与发展，只能局限于西欧国家（欧共体/欧盟先后四次扩大，都是如此。一直到2004年5月，才于冷战后首次吸纳了中东欧国家）。其影响主要有三个方面：首先，市场经济模式及其种种深层决定因素，成为决定欧盟运行方式的主导因素（当时苏联、东欧国家所建立的经互会，由于以计划经济体制为基础，其运行方式、特点与最终结果，都与欧共体迥然有别）；其次，在欧洲分裂背景下，西欧发展与东欧的经贸关系，受到极大限制，因而更加看重彼此间贸易关系的加强；第三，因对苏防务在北约框架内获得解决，有助于欧共体各国专注于经济领域的整合。

（2）欧洲经济发展演变的推动作用。西欧经济在战后进入全新的发展阶段，使得工业革命以来的高层次水平分工趋向有所加强，进而为各国间不断谋求市场开放与政策协调，提供了动力。这又体现在两个方面。

其一，从欧洲的内部市场需求来看。20 世纪 50 年代初，西欧经济已恢复至战前水平，开始进入发展的"黄金时代"；至 20 世纪 70 年代前期，连年增长且势头强劲。同时，在新的科技革命浪潮推动下，高度发达的西欧生产力又有新的飞跃，既促进了传统经济部门技术改造与劳动生产率提高，又导致一系列新兴工业部门建立，如原子能、航天技术、石油化工业、信息产业、生物工程等，致使专业化程度愈来愈高，协作范围更加广泛。西欧各国国内市场狭小，难以容纳如此巨大的生产力，致使其社会产品的实现，必然愈来愈依赖于国际市场，首先是彼此之间的市场。

其二，从各国的政策协调基础看。欧洲各国的经济结构、体制与政策的同质、同步性，又有进一步发展：西欧各国的产业结构都经历了大致相同的变化，即农业部门缩减，制造业增长特别是服务业最终占据主导地位，甚至同一产业部门中的生产结构，也常有其相似性，如农业领域中小农居多等等。国家对宏观经济调控与社会生活的管理、干预能力均大大加强并走向成熟化，如反经济周期的财政、货币政策，对就业保障制度和劳动力市场的干预、规制，社会福利制度的确立等等，都是突出领域，从而为区域性国际调节奠定了基础。

（3）国际经济竞争压力不断加大。战后以来，随着经济领域中一系列重大变化的出现，包括产业革命、国际分工、经济结构调整等，特别是经济全球化趋势不断加强，国际经济竞争日趋激烈化，遂使西欧国家作为一个整体，面临着愈来愈大的竞争压力和严峻挑战。先是要应对美国的农业、制造业和高新技术产品竞争，继而日本崛起（在制造业和高新技术产业），然后是来自亚洲新兴工业经济国家的压力（在劳动密集型，乃至某些资本、技术密集型产品领域），都不时在强化着西欧国家的危机感，深感需要采取措施，大力加以应对。

在这种背景下，不断谋求深化一体化举措，以维持和提高经济竞争力，就成为欧盟积极应对挑战的首要选择。各项举措之实施，必将进一步发掘区域内的竞争优势，包括优化资源配置，降低交易成本，提高规模经济效应，强化竞争效应，协调、统一宏观经济政策，直至提高欧洲的世界经济地位，等等。值得强调指出的是，随着时间的推移，经济全球化所带来的竞争压力，在推进欧盟谋求深化的动因中，占据着愈来愈重要的地位。20世纪80年代中期以来，这一点表现得尤为明显。

（二）三次历史性飞跃

正是由于以上深层动因的存在，尽管内部分歧不断，作出决定与付诸实施都殊非易事，挫折、停滞并不鲜见，但欧盟的经济一体化成就，确实引人注目，具有不断走向深化的鲜明特点，在市场、政策乃至货币层面，都实现了历史性的重大飞跃。概而言之，半个世纪欧洲经济一体化的进展，可分为三个阶段。

1. 关税同盟阶段（1958年至20世纪80年代中期）。本阶段的重大意义在于启动了一体化进程，并为欧共体日后发展奠定了坚实基础。所谓"关税同盟"，是指成员国间消除关税壁垒和贸易限额，对外实行统一关税。《罗马条约》明确规定，欧共体将"建立在关税同盟的基础之上"。根据规定，自1958年1月起，成员国分三步来实施，最终于1968年7月提前完成。必须强调的是，关税同盟的建立，具有里程碑式的重大意义。它表明，成员国已开始将共同体经济视为一个整体，通过具体步骤，切实履行法律义务，成功启动并为其长远发展，确立了基石。随着关税壁垒和贸易限额消除，特别是关税统一，明显有别于外界的"欧洲经济"区域开始形成，一系列相应的安排、效应与影响，得以产生，主要体现在市场融合与政策统一两大方面，从而为欧共体的"可持续发展"，创造了根本条件。

其一，从对市场层面的影响看，无疑促进了欧洲经济的区域化趋向。首先，关税同盟所产生的静态效应，即所谓"贸易创立"与"贸易转移"效应[①]，导致共同体内部贸易额大幅增加。西欧12国

---

① 所谓贸易创立，指随着成员国间关税与贸易限额之消除，甲国高成本产品会为从乙国流入的低成本产品所取代，使新的贸易得以创立；所谓贸易转移，指因建立对外统一税率和取消内部关税，甲国某些产品会因享有免税优势而取代乙国来自非成员国之进口，即贸易从欧共体外转向欧共体内。

（欧共体6创始国加上两次扩大后的6国）相互出口占总出口之比重，1958年时平均为37.2%，到1987年已跃至58.7%。其次，内部市场开放使竞争加剧，势必产生"动态效应"，促成生产专业化与区域分工，如产业内部贸易和跨国公司的迅速发展。最后，商品资本流动必然促进货币资本运动，推动了成员国间金融、货币合作，20世纪70年代初西欧几大跨国银行集团的组成，欧洲货币对美元实行联合浮动，直至1979年欧洲货币体系的建立等，都是明证。

其二，从共同政策层面看。如上所述，实施关税同盟的要义，在于将欧共体经济视为一个整体，以实现各国间商品的自由流通。这意味着意义极为深远、复杂的种种深层变革，因为它同以国家为基本流通单位时类似，需要在欧共体层面确立相应政策，以克服各种流通障碍，创立欧洲一级的市场竞争规则与秩序，最终保证各国生产者间的公平竞争和待遇。为此，共同体起步时的政策设计，都围绕着实现这一要义而展开，特别注重于与市场、商品自由流通直接相关的各个方面。主要政策性领域包括：

（1）农业。农业部门的特殊性，使关税同盟必须包括农产品在内（出于战略性考虑与内部利益平衡的需要），但又不能简单采纳工业品的方式。为了排除流通障碍，产生了共同农业政策。该项政策自1962年启动，成为一体化程度最高的领域之一，有力地保障了农产品内部市场的确立。

（2）竞争政策。作为欧洲单一经济的起点，关税同盟势必加剧成员国企业间的竞争。为防止垄断和避免竞争扭曲，《罗马条约》专门就其规则作出规定。

（3）对外贸易。仅靠关税统一，尚不能构成成员国企业公平参与竞争的全部条件，因为关税的管理与变更，各国涉及进出口的其他种种举措（如出口信贷条件），同样关系颇大。为此，共同体建立共同贸易政策，以求最大限度地创造公平竞争环境。

（4）财源。由于存在转口贸易，随着关税同盟确立，成员国保留各自海关收入已不合理，故自1970年以来，欧共体开始逐步用海关收入取代成员国捐助，建立"自有财源"，从而拥有了维持自身运作与发展、推行政策实施的财力手段，特别是保证了共同农业政策的运作。

（5）为应对美元激烈动荡，保持内部贸易关系稳定，成员国于1979年建立"欧洲货币体系"。这对日后成功启动经货联盟，具有重要意义。

2. 统一大市场建设（20世纪80年代中期至1992年）。作为第二次历史性飞跃，统一大市场大大提升了一体化的高度，成为承前启后的关键阶段，意义极为重大、深远。

深化一体化以应对全球化挑战，是大市场建设起步的根本动因。1973年至20世纪80年代前期，在两次世界性危机冲击下，西欧经济回升始终乏力，通胀率居高不下，失业率连年上升，致使与美国差距再度拉大。特别是高新技术领域竞争，明显落后于美、日。同时，随着新兴工业国家崛起，在劳动密集型，乃至某些资本、技术密集型领域，西欧都应对不力。这构成"欧洲硬化症"和"欧洲衰落"说的直接起因，引起各国密切关注。对此，欧共体认为，只有启动"统一大市场计划"，即成员国间不仅要继续促进商品流动（指消除"非关税壁垒"），还要实现服务、资本与人员自由流动（即实现"四大自由"），才能提高国际竞争力，有效迎接挑战。因为，各国市场规模狭小，任何成员国都不能单独、有效地参与国际竞争（西德市场规模最大，仍不及日一半，仅为美四分之一）。而如能消除造成市场分割的"三大障碍"（指"边界"、"技术"和"税收"障碍），真正建成单一市场（1986年时欧共体已先后历经三次扩大，人口达3.2亿，而美、日分别为2.4亿和1.2亿），将有望扭转自身的不利地位：随着流通障碍消除，各国企业间交易成本会大大降低；四大自由将有力促进"竞争"和"规模经济"效应，特别是对欧洲的高新技术产业而言；若成员国政策得当，中长期的宏观经济效应颇为可观，如促进增长、降低通胀与创造就业等。

为此，在欧盟委员会"白皮书报告"（即"实现内部市场报告"，20世纪80年代中期提交）的基础上，成员国首次修改《罗马条约》，缔结了《单一欧洲法令》，确定应于1992年年底前采纳大量相关立法，建成统一大市场，并采纳促进规则通过的两大举措（部长理事会实行多数表决和尽量适用"相互承认"原则）。上述步骤，保证了立法框架如期确立，欧共体在四大自由方面，实现了历史性飞跃。

（1）商品。主要是非关税壁垒的拆除：通过种种措施，取消针对商品流动的内部边界控制，单一市场终于在欧洲出现；采纳"相互承认"原则，协调各国技术标准，促进了商品流通；推动税收边控问题的解决，致力于各国增值税和消费税的协调工作。

（2）资本。消除了各国的资本流动管制，通过最低限度协调与相互承认相结合，推动了"欧洲金融市场"的建立与银行业一体化。"第二号银行指令"生效（1993年1月1日），及其他相关指令的通过与实施，成为银行业单一市场如期建成的标志。

（3）服务。尽管因涉及面广且问题复杂，其自由化进程启动较慢，但仍逐步取得进展，主要是在保险、证券（两者均适用了母国控制与成员国监管相互承认之原则，对于自由化实施，具重大意义）、运输（空运、海运、陆运和内陆水运等）和电讯服务等领域。

（4）人员。这一问题更为敏感、复杂，通过努力，终在若干领域取得进展。主要包括：取消了对个人携带物品的边境检查；就保障流动人员的各项基本权利问题，通过了不少相关立法；推动了各国对学历、文凭与从业资格的相互承认①。

为解决四大自由引发的深层问题，促进其效应发挥，欧共体还推行了一整套"平行性"政策，主要体现在"白皮书报告"和《单一欧洲法令》中。较重要的有：

（1）加大对落后地区的扶持力度，防止发展不平衡加剧。鉴于自由流动有可能使生产要素从落后地区流向更发达地区，共同体首次明确将"加强经济与社会聚合"纳入活动目标，实行"结构基金改革"，逐年增加用于援助落后地区的基金数额，使相应预算拨款于1992年达到了翻番水平。此外在基金框架内，还启动若干专项行动计划，以帮助落后地区的调整和发展，促进单一市场实现。

（2）各国工人权利、竞争条件能否一致，与人员自由流动直接相关，遂使欧共体在社会政策领域的活动又有所拓展。主要有：1989年12月，理事会以政治声明形式发布"工人基本社会权利宪章"（即所谓"社会宪章"），旨在保证有关国家尊重某些社会权利，如在劳动力市场、职业培训、机会平等和工作环境等方面；确立欧洲一级的"社会对话"机制（指委员会与其"社会伙伴"的共同协商程序，协商涉及社会政策的行动方向与具体内容；增加欧洲"社会基金"，

---

① 应指出的是，要彻底消除边控，必须解决各国针对过境人员的身份确认、防范、打击违法行为与犯罪、移民控制等一系列重大问题。事态发展表明，这是促进人员自由流动中的最大难点，也由此成为1990年代以来欧盟强化政府间合作与一体化框架的重心之一。《马斯特里赫特条约》（以下简称《马约》）中"内务与司法合作"支柱的建立，《阿姆斯特丹条约》（以下简称《阿约》）创立"自由、安全与司法区域"目标的提出，以及成员国的大量相应工作，包括1999年10月成员国首脑会议关于移民、避难和共同打击犯罪等重要决议的作出（欧盟委员会主席普罗迪强调这是欧盟根除内部边控的"新步骤"，意义重大），都是突出例证。

并强化其作用；主要为中小企业参与单一市场竞争提供帮助的企业政策。此外，配套性政策还涉及环境保护、跨欧网络、能源诸领域。

3. 经济与货币联盟建设（1990年至今）。本阶段为区域整合的高级阶段。事实上，自20世纪80年代末起，欧共体即开始筹划启动经货联盟进程，经十余年不懈努力，终于再次实现重大跨越，单一货币欧元得以产生，政策统一与协调更是达到了新的历史高度。

欧盟的经济与货币一体化进程持续互动，是导致欧元最终产生的根本原因。尽管《罗马条约》无此目标，但早在20世纪60年代末至20世纪70年代初，随着关税同盟建成，成员国便曾谋求此事，虽然不果，然而从长远看，欧洲货币体系的建立（1979年），毕竟迈出了第一步。大市场计划的成功启动，全球化竞争的日趋激烈，则成为再度谋求货币一体化的直接动因：推行四大自由实际上已实现了经济联盟目标；而为应对全球化挑战，进一步实现货币联盟目标，确立单一货币，以提高竞争力和影响力，就不仅可能，且极具必要性和迫切性，因为它有助于保证和深化大市场效应，确立健康、稳定的宏观经济政策框架，并强化"欧洲在国际舞台上的存在"（考虑到欧盟的整体经济实力，金融市场整合和单一货币政策的价格稳定取向等因素）。

基于以上考虑，根据"德洛尔报告"（1989年4月）及有关决定，货币联盟建设第一阶段于1990年7月启动。此后，经过艰苦的政府间会议谈判，成员国终于缔结条约（即著名的《欧洲联盟条约》，其中就实现"货币联盟"作出了详尽规定），并坚持逐一加以实施，终于使成员国在经济统一方面，再次取得重大进展。

第一，经货联盟成员国放弃各自货币，采用欧元，意味着货币层面的一体化最终实现。欧元于1999年1月正式启动。2002年1月，其硬币和纸币开始投入流通；同年3月1日，成员国货币全部退出，欧元成为欧元区国家的唯一支付手段。欧元启动时，德国、法国、意大利等11个欧盟成员国加入欧元区（英国、丹麦和瑞典自愿选择暂不加入），希腊则于2001年达标后成为欧元区国家（根据规定，2004年5月入盟的新成员国，均应在条件成熟时加入。2007年6月的欧盟首脑会议已同意塞浦路斯、马耳他加入①）。第二，作为机构

---

① 两国于2008年1月1日成为欧元区正式成员国。另外，斯洛文尼亚已于2007年1月加入。

创新，欧洲央行与欧央行体系得以确立。第三，为促进各国宏观经济指标趋同，保证货币联盟建立与顺利运行，欧盟确立了4项标准，包括通胀率、财政赤字、汇率与长期利率诸方面。

值得强调指出的是，作为一般等价物，货币的统一，除对市场统一具有根本性意义外，对于实现宏观经济政策一体化，同样至关重要。随着经货联盟启动，欧盟在货币政策与财政政策两大领域，实现了统一与高度协调。

根据规定，欧元区各国目标、手段本不尽相同的货币政策，已转移到欧盟层面，由欧央行体系实行"单一的货币政策"。政策的目标、手段，也由此得到统一："保障物价稳定"成为首要目标；除保障欧央行独立性外，量化物价稳定指标，选择实施战略，统一政策工具（公开市场操作、存贷款便利和最低存款准备金要求）等，都构成促进目标实现的重要手段；与此同时，为了积极配合货币政策目标的实现，对各成员国的财政政策实行高度协调。根据条约规定，欧共体在相当程度上获得对各国财政赤字的监管权，如认定某国财政赤字"过度"，可通告其限期削减。若对方置之不理，欧共体有权实行"制裁"，并确定了4项具体措施。此后，又试图通过《稳定与增长公约》加大财政纪律力度（顺便指出，尽管事态发展表明，严格控制财政赤字并非易事，但这种目标取向与协调机制的确立，对于保证良性财政、货币政策实施，仍然至关重要）。还应强调的是，以往的欧共体/欧盟政策，往往局限于一个部门或地区（如农业、贸易、地区政策等），但作为西方国家最为重要的两大宏观经济调控手段，欧盟层面的货币政策统一与财政政策协调，则意味着对欧盟整体经济环境，产生直接、重大影响（乃至对外部世界），其意义不应低估。

综上所述，在历经三个阶段之后，欧盟的经济一体化进程，已达到经货联盟的高度。与此同时，在六次扩大中，欧盟均坚持其既有成就，特别是在市场统一方面，应由新成员国加以实施，从而使深化成果不断得以横向推广，由此保证了欧盟基石的稳固性。毋庸讳言，因受种种客观条件制约，经济一体化也同样面临着不少深层问题，如四大自由的彻底实现与巩固（尤其是在服务市场领域），走向高度统一与发展不平衡加剧之间的矛盾，欧盟权限与成员国经济改革的关系问题等，都较为突出。但作为欧盟发展的起点和基石，经济一体化无疑直接推动或保证了其他领域的发展演变。例如，随着关税同盟的建立与运行，欧共体的机构、法律建设也随之启动，并促进了条约框架外的"欧洲政治合作"（指各成员国外交政策领域中的沟通与协调）。再如，由于经货联盟与政治联盟建设之间的紧密关系，针对前者的条约谈判直接促成了关乎后者的政府间会议，最终导致了"欧洲联盟"的诞生。又如，欧盟的"共同外交与安全政策"和"司法与内务合作"两大政治支柱，前者以"欧洲政治合作"为源头，并得力于各国经济利益进一步融合的推动（包括单一市场基本实现与启动经货联盟建设），后者则直接起因于大市场计划，意在应对人员自由流动所引发的一系列问题。当然，另一方面，其他领域的发展演变，也会反转来对经济一体化进程产生影响。

二 欧盟法的回顾与展望

50 年前的《罗马条约》，特别是《欧洲经济共同体条约》，是一个里程碑式的条约，它在目标、内容、机构及其职能设置上，完全不同于此前的国际条约。它确立了建立共同市场的目标，并为此赋予了共同体为完成目标所需的权能，设置了为实施共同体目标与保证条约实施的机构与机制。特别是，欧盟的一体化不只是依赖于传统的国际法手段，也不只是依赖于国家对条约的善意遵守，而是形成了一种独特的法律体系。

欧共体的法律体系是以《罗马条约》为基础，但是，这并不意味着《罗马条约》规定了一切，规定了法律体系的所有方面。实际上，欧共体的法律体系是欧盟各机构以及其他共同市场参与主体，共同利用条约机制并以在条约基础上通过的共同体法律作为基础，逐步发展起来的。欧共体法律体系的许多重要规则与重要原则，都是在共同体发展过程中，特别是通过欧洲法院的司法实践形成的。

（一）《罗马条约》构成欧洲一体化的法律基础

《罗马条约》是共同体法律制度的基础，欧洲法院称之为共同体宪法①。虽然在《罗马条约》签署并生效后的 50 年间，《罗马条约》经过多次修订，并在 1992 年还签署了《欧洲联盟条约》，但是，《罗马条约》规定的欧共体主要机构与职能设置，欧共体基本的法律规

---

① Opinion 1/76, Draft Agreement establishing a European laying-up fund for inland water-way vessels, [1977] ECR 741.

范，大体上保持了下来。对于欧洲一体化与欧盟法律体系的形成来说，以下几个方面的规定具有根本性的重要意义，它是《罗马条约》的创新，正是这种法律制度方面的创新，使得欧洲得以通过法律实现一体化。

1. 明确规定取消内部关税与数量限制，建立关税同盟，并规定了共同市场中的四大自由，为拆除成员国间贸易壁垒，最终推动生产要素自由流动，促进共同市场的形成与发展，奠定了宪法性基础。取消关税与数量限制是建立关税同盟和共同市场的基础，四大自由是共同市场中最重要的自由，《罗马条约》的规定较迄今为止所有的自由流动安排都更为彻底，它第一次在真正意义上促进了共同市场的形成，并且成为欧洲一体化由经济领域向其他领域拓展的基石。

2. 规定了欧盟的机构框架。欧盟的主要机构包括欧盟理事会、欧盟委员会、欧洲议会与欧洲法院。虽然机构间的权力范围在欧盟发展过程中有些变化，但是，这种类似于国内分权式的机构设置，对于共同体法律体系的形成与运作，发挥了极其重要的作用，特别是欧盟理事会与欧洲议会、欧盟委员会根据条约行使立法权，通过了大量为共同体发展和共同市场运作所需的法律，欧洲法院不仅发挥了解释法律、解决争端的职能，而且在实际上发挥了部分立法职能，它对于一系列重要条约的解释及它所确立的若干共同体原则与规则，对于共同体法律体系的形成，发挥了关键性的作用。

3. 规定了共同体的立法权能和立法形式，使得共同体能够在其权能范围内通过共同体法律，并且在此领域限制甚至取代了成员国的立法权能。由分割的市场到统一的市场，不仅意味着市场的扩大与统一，也意味着规制市场的方式与机构间权力与关系的变化。作为具有宪法性质的共同体条约第5条确定了欧盟权能的授权原则，就欧盟与成员国之间权能的划分作了原则性规定；其他一些条款也就欧盟在某些领域的具体权能作了规定。欧盟通过的法律主要表现为条例与指令，这两种法律形式在国际组织中都是独特的。条例由共同体根据立法形式通过，它们像联邦制那样，直接适用于欧洲经济共同体的所有经济行为者，具有直接适用性和直接效力；指令虽然一般不具有直接适用性，但是它规定了目标和原则，能够促进成员国法律的趋同，而且在某些特定情况下，它也具有直接效力。通过共同体的立法，在共同体范围内，欧盟层面的法律体系为整个关税同盟与共同市场提供了统一的具有法律约束力的行为准则。

4. 规定了欧共体的司法制度及其与成员国司法体系的联系制度。在现代国际组织中，虽然设立司法或准司法机构的现象日渐增多，但是，欧盟的司法制度具有独创性。首先，欧洲法院具有对条约的解释权，确保条约在解释与适用上的统一性。欧洲法院的解释权是全面的，而且对条约的解释具有专属管辖权，这为欧洲法院利用条约的解释权促进欧洲一体化奠定了重要的法律基础；其次，欧洲法院对于条约规定的案件具有专属管辖权，如违反条约之诉、无效之诉等，而且这类管辖权是自动的，不需要欧洲法院或成员国采取特定的行动；第三，《罗马条约》规定了欧洲法院与成员国司法体系建立联系的制度，即先予裁决制度，这是《罗马条约》的一个重要创新，对于欧洲法律体系的形成和推进欧洲一体化，具有极其重要的意义。它避免了欧洲法院对成员国裁决的审查，模糊了成员国法院与共同体法院之间的层级关系，但是又将共同体法院与成员国的司法体系联系起来，使之能够形成一个有机的统一的共同体司法体系。

但是，仅仅有条约上的创新性设计，并不能保证欧洲一体化的顺利实现。在欧洲一体化进程中，仍然还有许多重大问题需要解决。特别是在面临重要挑战与重要问题时，更是需要通过法律上的创新来解决难题。因此，欧盟需要依靠一种制度来解决《罗马条约》中不明确的规定，需要一种有约束力的手段来解决成员国的保护主义倾向。欧洲独特的司法制度设计正好可以解决这两方面的问题。从弥补条约规定不足方面，欧洲法院通过司法解释权，明确了许多模糊的概念，同时根据具体情况对《罗马条约》进行了新的解释与发展。欧洲一体化过程中法律上的创新是一个不断的过程，它是根据《罗马条约》的制度设计，根据实践中提出的重要问题而进行的。在此过程中，欧洲法院的作用功不可没。

（二）欧共体司法实践与共同体法的创新

建立关税同盟的目标在《罗马条约》生效后最初一段时间内取得重大进展，《罗马条约》规定的日程和模式逐渐成为现实。但是，随着关税同盟的建立以及经济形势的变化，在共同体内部还是存在和产生着大量的非关税壁垒，如何解决这些壁垒，如何解决成员国法律与共同体法律之间的关系，在欧洲一体化中还是未知数。欧洲法院通过对《罗马条约》的解释，创造性地确立了一些新的原则与规则，解决了《罗马条约》中不确定的问题，并进而解决了欧洲一体化中急需明确的许多重大的原则性问题。这些创新主要表现在以下几个方面。

1. 欧共体法及欧共体与成员国之间关系的宪法化。

在共同体成立伊始，共同体法律的效力及其与成员国法律体系的关系问题就成为一个突出问题。《罗马条约》并没有就此作出明确规定。传统上，国际法与国内法的关系问题是由各国宪法规定的，而且国际法只对国家、国际组织具有约束力，对于缔约国的国民没有直接约束力。从成员国的立场来看，至少一部分成员国并没有将《罗马条约》的效力问题与其他国际条约的效力明确区分开。如果真是这样的话，建立统一的共同市场是不可能的，因为成员国可以以国内法为由不实施共同体条约规定的义务。为了确保共同体法的权威及共同体法在共同体范围内的统一实施，欧洲法院根据《罗马条约》创设的共同体目标及实现此种目标共同体所必要的法律制度出发，采取了完全不同的立场和方法，并在判例法中创设了直接效力原则与最高效力原则。

在 van Gend en Loos 案中①，欧洲法院指出共同体条约及欧共体法律构成一个新的国际法律制度，该法律体系的对象不仅包括成员国，而且包括它们的国民。在此后的其他一些案件中，欧洲法院还确立了条例及特定情况下某些指令的直接效力。直接效力原则对共同体的一个重大贡献是将成员国的国民纳入到共同体建设的事业中来，个体为了维护自己的利益，将会积极地利用国内司法体系来维护共同体法的效力，在此情况下，对共同体法的遵守不再只是涉及到成员国政府，而且也涉及成员国的国民；共同体法律体系也因此被纳入到国内法体系中，加强了共同体法的效力与可执行性。在 Costa 案中②，欧洲法院确立了最高效力原则，认为成员国不能将单方面和其后的措施凌驾于它们基于互惠而接受的法律制度之上，进一步塑造了共同体法律体系与成员国法律体系之间的关系。

直接效力原则、最高效力原则以及欧洲法院在判例中确立的其他一些原则，如先占原则等，确立了一种处理国内法与超国家法律之间关系的新模式，它确立了共同体法的权威性及其在实践中的效力。正是欧洲法院在共同体成立早期确立的一些宪法化的原则，确保了共同

---

① Case 26/62, Van Gend on Loos v. Administratie der Belastingen, [1963] ECR 1.
② Case 6/64, Costa v. E. N. E. L., [1964] ECR 585.

体成为一种法治共同体。

2. 先予裁决机制与欧共体司法体系的形成。

在解决共同体法与成员国法之间关系的同时，还有一个重要问题，即共同体法的实施保障问题。虽然《罗马条约》规定了一系列的制度来保障共同体法实施，但是，仅仅依靠共同体机构的努力是无法保障共同体法在成员国得到实施的。《罗马条约》中的先予裁决机制是一个制度上的重大创新，但条约中的相关规定有许多不确定之处。对于先予裁决机制在实践中如何实施，在共同体初期的一些案件中就存在着争议，很多成员国对欧洲法院基于条约初步裁决规定的管辖权提出异议。但是，在一些案件中，欧洲法院都坚持自己的管辖权及其对共同体条约的唯一解释权。而且，欧洲法院还利用裁决机制完成了共同体司法制度的一项重大变革，即从允许个人在国内法院对共同体法律提出异议到允许个人在国内法院对国内法提出异议。特别重要的是，欧洲法院关于先予裁决机制的观点与实践得到了成员国法院的支持，从而加强了共同体法律的权威性和共同体法院的权威性。在此过程中，欧洲法院与成员国法院形成一个完整的司法体系，共同维护共同体法的权威与效力。

3. 最高效力原则、国内法院的挑战与人权法的发展。

在共同体条约中并没有明确规定基本人权问题，在早期的司法判决中，欧洲法院拒绝诉讼者援引一般法律原则包括基本人权原则作为共同体法律制度的一部分。但是，欧洲法院的此种立场遭到一些成员国法院的挑战。对于部分成员国来说，不经人权保障方面的审查便实施共同体法立法是不可接受的。欧洲法院正是在应对各国法院对人权保护所施加的压力中，发展出了欧共体法领域的基本人权原则。面对挑战，欧洲法院试图在基本权利领域向成员国做出保证。在有关基本人权的一系列判决中，欧洲法院将作为共同体基本原则的人权之基础确定为成员国共同的宪法传统，同时也考虑有关国际人权公约的规定，特别是欧洲人权公约。欧洲法院发展共同体人权法的一个重要原因是存在着成员国法院对共同体措施进行人权方面司法审查的可能性，如果成员国法院对共同体法进行司法审查，则会改变整个共同体司法体系及欧洲法院对共同体法解释的专属管辖权，并进而影响到共同体法的稳定性与权威性。而欧洲法院在基本人权方面的发展成功地使成员国法院放弃了此方面的司法审查，并支持欧洲法院根据共同体人权而进行的司法审查。

4. 相互承认原则与市场一体化。

自共同体建立伊始，欧共体就期望通过指令使各国法律协调一致的方式来解决共同体内存在的各种贸易壁垒问题。共同体在 20 世纪 60 年代和 70 年代在此方面的努力主要集中在农业与产品市场的非关税壁垒的消除上，但进展缓慢。即使在某些领域取得一些进展，但是为了能够在成员国之间达成协议，很多标准只是规定了框架，而具体的细节内容则留给成员国决定。与此同时，国内法规的数量与范围在大规模地增长。而共同体对此却无能为力，没有任何机制能够制止成员国通过此类法律法规。这极大地影响了成员国协调各国规制法律的努力。从总体上说，在关税同盟建立之后，成员国仍然对市场进行着规制，而且由于规制措施上的不同，在共同体内进行贸易的企业面临着多重规制，既要遵守母国的市场规制规则，也要满足东道国的规则，这大大增加了贸易成本。为了解决这个问题，欧洲法院在 Cassis de Dijon 案中①，通过司法判例确立了一种新的规制共同体市场的规则，即相互承认原则。相互承认原则不涉及到成员国将规制权能转移到共同体，但是，它确立了共同体市场规制的一个重要框架。一方面，它限制了成员国的规制能力，另一方面，它以相互承认的方式确立了在共同体市场上的规制原则：将成员国的规制权从国内扩展到共同体范围内，但是，它并不是成员国规制权的简单延伸。相互承认原则使得母国的规制市场的权力延伸到其他成员国，同时，对东道国规制市场的权力进行了限制。它在共同体市场上形成了一个具有一定兼容性的网络。相互承认原则的整体后果，导致了成员国对市场规制的放松。而对于生产商，特别是出口生产商，在共同体市场上，只要遵守了生产地成员国的市场规制，便可以在整个共同体市场上销售其产品，这减轻了生产商遵守规制的成本。

5. 国家责任与共同体法遵守。

初步裁决机制将国内法院与共同体法院联结起来形成一个共同体司法体系，有效地促进了成员国对共同体法的遵守。但是，成员国违反共同体法到底应承担何种责任，共同体条约中并没有明确规定。在《单一欧洲法令》之后，欧洲开始了统一大市场（又称"单一市场"或"内部市场"）建设，共同体通过了大量的二级立法，主要是指令。指令必须经成员国转化为国内法才能实施，如果成员国不将指令

---

① Case 120/78, Rewe v. Bundesmonopolverwaltung für Branntwein. [1979] ECR 649.

转化为国内法，共同体法的效力将会成为一个严重问题。在20世纪80年代，成员国未能按时将指令充分地转化为国内法的比例比较高，此种情势影响了欧共体法的可信度。此外，成员国不执行共同体法院判决的情形也比较多，委员会认为此种情形破坏了建立在法律基础之上的共同体的根本性原则。为了解决指令的实施问题，共同体采取了多种方式，司法途径是其中最突出，也是影响最为深远的解决方式。欧洲法院在这个问题上采取的最重要的策略之一是致力于通过为个体提供救济的方式促进共同体法的遵守，确立了国家违反共同体法的国家责任原则。这既是解决共同体法遵守问题的需要，同时也是对个体提供有效保护的需要。尽管欧洲法院认为违反共同体法的国家责任是共同体法律体系固有的原则，但它仍是共同体法上的一个新发展。它既是一个法律工具，个体可以借此维护自己的权利，特别是个体主张权利并不依赖于指令的直接效力；同时，它又具有政治上的象征意义，成员国政府不得不对此做出反应，并尽可能减少承担国家责任的情形发生。国家责任原则填补了不实施共同体法的责任问题。

（三）欧共体法律制度在欧洲一体化中的作用

共同体条约确立的框架与欧洲法院确立的具有宪法性的法律原则，以及对欧洲市场规制具有根本重要意义的一些规则与原则对于欧洲一体化来说都是必不可少的保障。在促进欧盟市场一体化并保障市场经济秩序方面，欧盟法律制度的作用主要表现在以下几个方面：

1. 为在共同体层次进行市场一体化提供了法律框架，为商业及其他私人组织、成员国政府及欧盟机构提供行为准则和一个互动的制度框架。

欧盟共同市场是在成员国分割的市场基础上建立起来的。欧盟层面的法律体系为整个共同市场提供了统一的行为准则。当然，这并不意味着在所有的领域、所有的方面，欧共体的法律体系代替了成员国的法律体系，成为欧盟范围内唯一的法律渊源。实际上，成员国法律体系在欧盟范围内仍然发挥着重要作用，特别是当不涉及欧盟范围内跨国因素时，成员国的法律为唯一适用的法律；即使在共同体拥有立法权能的领域，共同体也并不是全面采取统一的立法，而只是确定一些基本的法律规范或最低标准，规定一些原则性的条款，具体实施细则仍由成员国来完成。因此，在欧共体市场内，共同体法律体系与成员国法律体系的有机结合是一个重要特征。随着统一大市场的逐步建立，欧盟有关市场的法律体系也在逐渐扩大与完善，除了宪法性规定外，它还涉及竞争法、公司法、知识产权法、证券法、国家援助、政府采购、四大自由流动、共同贸易政策、经济与货币政策等，以及与市场相关的社会政策领域，如教育、福利等。统一的法律制度减少了交易成本，增强了交易的安全性与稳定性，从而促进了共同市场范围内经济活动的增长。

2. 为欧洲一体化，特别是欧共体机构的行动提供了合法性。

法律框架为欧共体市场一体化提供了准则体系，最重要的是，它提供了统一市场的一种合法性依据。在现代宪政国家中，民主与法治的结合为国家权力的行使提供了合法性。但在国家之外行使国家权力问题，一直受到质疑。在欧洲一体化进程中，虽然欧洲一体化的合法性因"民主赤字"问题而备受怀疑，但是，一方面，欧盟在机构发展过程中，随着欧洲议会权力与作用逐渐加强，有关"民主赤字"的问题部分地得到了缓解，另一方面，对于欧洲一体化进程的合法性讨论，人们也逐渐脱离了主权国家的模式，而从欧盟本身的特点来讨论。从欧盟的实践来看，"民主赤字"问题并没有影响欧盟市场的一体化与欧洲一体化，没有影响欧盟从市场一体化向其他领域的一体化逐步发展，这表明，在其他方面，欧洲一体化的合法性得到了欧盟成员国与成员国国民的普遍认可，这种合法性最重要的来源在于法治。

3. 拆除成员国间贸易壁垒，促进内部市场的形成与发展。

共同市场建立与运行的关键之一是拆除成员国间的贸易壁垒，但这并不是一件简单的事。贸易壁垒，特别是技术壁垒与其他非关税与数量限制壁垒，都与该国特定的利益与价值，包括经济上的，也包括文化上的、社会上的、政治上的及其他方面的价值与利益直接相关，这些方面的考虑使得成员国具有一种天然的设置、维护贸易壁垒的倾向，一种地方保护主义倾向。欧盟内部市场发展的历史是一个不断拆除各类贸易壁垒的历史，而且在不同的阶段，贸易壁垒的表现方式也不一样。虽然委员会一直致力于消除各类贸易壁垒，但在拆除无形贸易壁垒方面，真正推动突破性进展的是欧洲法院。自20世纪60年代开始，欧洲法院通过司法实践，首先是确立了有关共同体法的一些具有根本意义的基本原则，特别是直接效力原则与最高效力原则、相互承认原则等，从而有效地促进了贸易壁垒的拆除。

4. 平衡市场发展与运行过程中的各种利益。

共同市场的形成与发展涉及各方面的利益。总体来说，经济价值是市场经济所考虑的主要价值，但它从来就不是政府部门关注的全部。除了经济方面外，政府还需考虑其他因素，如公共卫生、环境、教育、社会福利等。在欧盟范围内，这些因素是由或主要由成员国考虑并制定相关的法律与政策。而它们通常与贸易紧密相关，在某些情况下可能会影响共同市场上的贸易。它们到底是合理合法的，还是变相的贸易壁垒，是一个非常复杂的问题。虽然在原则上共同体法律禁止各类贸易壁垒，但并没有明确规定区分保护合理的地方利益的措施与贸易壁垒的标准。欧洲法院通过一系列判例确立了一些规则，在合法的成员国利益与贸易自由之间进行一些平衡，在倾向于支持市场自由的同时，也保护成员国特定的利益，解决了成员国对共同市场的某些担忧，实际上有利于共同市场的发展。

5. 解决市场中各类利益主体的冲突与纠纷。

欧盟独特的司法体系设计使之能够解决共同市场中产生的各种冲突与纠纷。欧盟司法体系的独特性表现在两个方面：其一是在共同体层面存在一个强有力的欧洲法院；其二是欧洲法院与成员国法院一起构成了促进与维护共同市场的一个完整的司法体系。虽然成员国司法体系是由各成员国设立的，成员国之间的司法体系也不尽相同，但在适用共同体法律并保障由共同体法规定的市场自由与权力方面，成员国法院也表现出了与其他国际组织内成员国法院所不同的积极性，这在一定程度上维护了共同体法的权威性与有效性。特别值得一提的是，在共同体发展过程中，成员国法院与欧洲法院之间形成了一种良性互动，二者相互配合，构成共同市场上一个完整的司法体系。虽然这个司法体系不同于国内司法体系，但是，它能够满足共同市场对司法保护的要求。一方面，私人可以利用国内司法体系及在特定情况下欧洲法院关于由共同体法律赋予他们权利与自由的主张，另一方面，先予裁决程序为成员国国内法院与欧洲法院建立联系提供了一个独特的机制，借此机制，欧洲法院能够力促共同体法在各成员国的统一实施，并进而保证法律的稳定性与统一性。

从历史角度看，欧盟内部市场的发展过程也表明了法律制度在市场经济秩序中的作用，虽然法律制度发挥作用不是自发完成的，而是各个一体化参与主体在法律基础上积极互动的结果。每个参与者认真对待自己的权力和权利，并利用法律制度维护它们，是法律制度在一体化进程中发挥积极作用的动力。

（四）欧盟法的未来发展：挑战与展望

欧盟法律体系的制度设计及其在欧洲一体化中的重要作用，是欧洲一体化的一个重要特征，欧共体也因此逐渐发展成为一个法治的共同体。欧盟通过法律（包括立法与司法）途径来规范成员国与欧盟之间权能的划分、以法律来规范成员国与共同体机构及其它们之间的关系、将国内司法体系纳入到欧盟的司法体系之内从而形成一个整体的司法体系，以及欧洲法院将欧盟的目标确立为共同体必须遵守的一般法律原则，使得共同体的目标法律化，这些都使得欧洲一体化具有独特的法律性与规范性特征。在欧洲一体化进程中，随着法律在一体化中发挥越来越重要的作用，越来越多的传统上属于成员国主权范围内的事项以及传统上属于成员国处理的事项，在共同体法律上也逐渐得到了反映。但与此同时，一体化对共同体法律体系扩大的要求与成员国主权之间的冲突也在加剧，这给共同体法及共同体法律与成员国法律之间的关系带来了新的冲突与不确定性。欧共体法律体系发展成为一个具有独特性的、相对独立的法律体系并不表明欧盟法律体系已经成型，已经完全成熟。实际上，从欧共体诞生以来，欧共体法律体系一直处在发展与变动之中，特别是由于欧洲一体化范围的扩大与程度的加深，欧共体法律体系对成员国及其国民的影响日渐深远，对欧共体法律体系的挑战也越来越多。这些挑战对共同体未来的发展具有重要影响。本文仅就欧共体目前的发展阶段与动态对共同体法律体系构成挑战的若干重要方面作一个简要的分析。

1. 欧共体宪法化已经取得重要成就，但在许多方面还具有不确定性。

在共同体成立到20世纪70年代的基础阶段，欧共体已经完成了欧共体法宪法化的基础工作，确立了具有独特性的共同体法律的宪法性原则，这些原则现在已经得到普遍的认可。欧共体法律体系在这些原则的基础上不断加强其宪法化因素，具有标志性意义的是2004年10月29日，欧盟各成员国国家政府首脑及外交部长在罗马签署了"宪法条约"。如果宪法条约获得各成员国的批准并最终生效，则标志着欧盟朝着法治共同体与法律体系宪法化迈出重要一步，因为该条约不仅使用了"宪法"的术语，而且将欧洲法院在司法实践中确立的欧共体宪法性原则成文化，将欧洲基本权利宪章纳入到宪法性条约中。但是，由于2005年法国与荷兰的公投都反对批准宪法条约，这不仅导致了欧盟放弃宪法条约，而以一个修改现行诸条约的"改革条约"来代替之，并表明欧盟立宪与更加彻底的宪法化的时机还远未成熟。欧盟不仅放弃了宪法条约，而且在新的改革条约中也不再提"宪法"的术语。更为重要的是，在新的改革条约中，不再规定宪法条约中原规定的欧盟法具有最高效力的原则。这表明，虽然最高效力原则在司法实践中已经确立，但是，在立法中最终确立该原则，成员国还存在诸多顾虑。不仅如此，欧共体法律体系的宪法化还有一个重要的问题一直没有得到彻底的解决，即共同体法与成员国宪法的关系。在欧共体法与成员国宪法发生冲突时如何处理两者之间的关系，仍是一个未决问题，它对共同体法的宪法化与共同体的未来发展都将是一个重要的影响因素。

2. 共同体活动范围的日益扩大与共同体授权原则之间存在着冲突。

随着共同体一体化范围的扩大与程度的加深，共同体的活动范围日益扩大，客观上要求共同体法体系的扩大。共同体早期的一体化目标是建立关税同盟，进而实现四大自由，一体化涉及的主要是关于市场准入、生产要素与商品的自由流动及市场规制方面的问题，它的核心利益是经济方面的，涉及的也是成员国对市场规制方面的权利。共同市场的建设，从总体上讲对各成员国都是有利的，因而得到了成员国的普遍支持。但是，随着关税同盟的建立及统一大市场的形成，欧洲一体化也逐渐超出了经济一体化的范围，客观上要求与经济一体化相关的许多规则、原则也扩大到其他领域，要求欧盟法的范围也从经济法律向其他领域发展。共同体的有效运作也需要在共同体层面解决许多具有跨国因素的问题，如经济犯罪、环境、税收、移民、外交等。但是欧共体实行的是授权原则，共同体仅在有限的范围内拥有权能。虽然在司法实践中法院通过对共同体条约的解释发展了默示权原则，极大地扩大了共同体的权能范围，但实际上，有限权能原则仍然是共同体权能的基本原则。这样，在有限的权能与共同体发展的实际需要之间存在着冲突，存在着不同步现象。它反映了更深层次的欧洲一体化的方向问题，反映了成员国对于欧洲政治一体化与更深层次一体化的疑虑。欧洲政治一体化前景的不确定性使得欧盟法律体系的未来也具有不确定性。

3. 欧洲司法体系将越来越多地介入到成员国间各种利益的平衡，从而有可能使欧洲司法体系陷入一种危机之中。

欧洲法院及以欧洲法院为中心的欧洲司法体系在欧洲一体化中的作用已经得到普遍的认可，在国际组织中，超国家的司法机构发挥如此重要的作用，在人类历史上还是第一次。随着共同体范围的扩大与涉及事项的增多，欧洲法院处理的许多事项将会越来越多地涉及政治性议题，涉及成员国的权能、价值，这些因素将使得欧洲法院将不得不更小心地平衡不同成员国之间的特殊的利益，有可能使欧洲法院陷入争议之中，而且也可能会引起成员国的不满。如果欧洲法院处理一些敏感的政治性议题，则欧洲法院将会遭到部分成员国的反对；如果欧洲法院不处理这些问题，将有损于共同体法的权威性及其在处理成员国关系方面作用的发挥，从而从总体上弱化欧共体法律体系的作用。在欧洲一体化史上，将成员国间关系法律化，有助于成员国关系的稳定，有助于减少政治对欧洲一体化的过度干预；但是，如果将欧共体法律问题政治化，这对于欧洲一体化与欧共体司法体系的发展，将是一个重大的阻碍。

欧盟法的未来发展方向将取决于欧洲政治一体化的进程。欧洲政治一体化范围日益扩大与程度日益加深，则欧盟法的体系将日益庞大，也会日益完善，它将涉及欧盟的各个方面，而且欧盟法的宪法化也将进一步明确，许多未决的宪法性问题将会得到解决，欧盟与成员国法律之间的冲突将减少，或者将用制度化的方法解决欧盟法与成员国法律之间的关系。但另一方面，欧盟法面临的挑战也会增多，欧盟将需要创新性地解决一些目前尚未解决或尚未触及的问题。如果欧盟政治一体化进程受阻，则欧盟法的发展也会受阻，它现在面临的一些问题将难以得到很好的解决，而且，欧盟经济法律向其他法律方面的扩展将会受到限制，成员国将会在涉及自身重大利益方面对欧盟法及其司法体系的作用作出进一步的限制。

欧洲一体化是人类历史上所没有过的一个进程，它在前进道路中的许多关键性问题上，都需要创新。如果欧洲一体化继续不断深化发展，在欧盟法律体系与相关的法律制度上，还将会出现一些新的制度，它将是对现有国际法体系的发展，也是对国内法体系的发展，有可能形成一种新的法律制度。

三 欧盟发展历程：政治分析

《罗马条约》是 1958 年以来欧洲一体化政治机制的构建与发展

的重要基础。

（一）《罗马条约》关于有关机构的规定

《罗马条约》对机构规定的要点如下：

一个经任命产生的起着与欧洲煤钢共同体的高级机构一样作用的委员会，将成为政策的主要倡议者，并享有一些决定权和承担执行政策的某些职责，但在对各成员国实施决定方面拥有的权力比高级机构小。

部长理事会作为两个共同体的主要决策机构，享有比欧洲煤钢共同体部长理事会更大的权力。条约规定了在何种情况下适用一致同意表决方式和在何种情况下适用多数同意或限定多数同意表决方式。

议会仅享有咨询和有限的监督权。起初议会由各成员国国会派出的代表组成，随后经适当安排，议员将"由各成员国根据统一的程序经直接普选产生"。

法院的职责是"通过对条约的解释和适用，保证法律得以遵守"。

实际上，在《罗马条约》签署的同时，各成员国还缔结了另一个公约，即《关于欧洲共同体①的某些共同机构的公约》，明确了三个共同体共同拥有一个议会和一个法院。

上述的机构设置比早期政治一体化的设想者所希望的要具有更多的政府间性质，尤其是在他们看来，部长理事会被赋予过多的权力，对于理事会内大多数关键决定要一致同意才能做出，这一点也令他们感到失望。但这种机构设置同时也使他们对将来存有希望，因为毕竟已经打下基础，这些机构可能成为逐步形成的超国家主义的起飞平台。至于此处所谓的基础，一个方面是指《欧洲经济共同体条约》有关在共同体建立后，在理事会中扩大使用多数表决制的规定；另一个方面是议会很快就会经直接普选产生，其权威也会得到提高；再一个方面就是似乎不无道理的期待，即如果共同体能够成功，那么成员国便会不再过于看重国家权力，而会越来越多地向共同体机构让渡权力。

---

① 此处的"共同体"为复数，即指"欧洲煤钢共同体"、"欧洲经济共同体"、"欧洲原子能共同体"。

（二）对创始条约的历次重大修改

作为对欧洲共同体和欧洲联盟条约的框架进行的扩充和增强，及对更为民主的要求做出的回应，随后签署的一系列条约已对三个创始条约，尤其是其中的《欧洲经济共同体条约》进行了修正和补充，现在欧盟的条约架构与 50 年前相比已有很大不同了。

对创始条约的首次重大修改是 1986 年的《单一欧洲法令》。它可以被看作是一个什锦袋，包括三类规定：一是有关理顺机构的规定；二是赋予共同体委员会更广泛政策权限的规定；三是调整委员会决策方式的规定。就最后一点而言，具体内容有：一方面强化部长理事会以限定多数方式做出决定的能力，其直接目的是使共同体能够通过必要的法律，以达到 1985 年 6 月米兰共同体首脑会议设定的至 1992 年 12 月完成内部市场的目标；另一方面作为针对"民主赤字"所采取的实际行动，为某些立法建议引入了两步骤立法程序（a two stage legislative procedure），即所谓的"合作程序"，以提高欧洲议会的影响力。归纳起来，米兰首脑会议和《单一欧洲法令》通常被认为具有"重新启动"了欧洲一体化进程的意义，因为它们使得欧洲一体化在经历了一段缓慢进展时期后步伐得以加快。

1992 年的《欧洲联盟条约》，即《马斯特里赫特条约》，在《单一欧洲法令》基础上对欧洲一体化进程做出了实质性的推进。这主要体现在两点：第一，它建立了坐落在三个支柱之上的欧洲联盟。这三个支柱是：三个欧洲共同体（其中煤钢共同体因条约规定的 50 年期限结束，于 2002 年将其煤钢职能移交给欧洲共同体）；共同外交和防务政策；司法和内务领域合作。第二，实施了政策和制度的深化。就政策而言，最显著的是制定了过渡到包括单一货币内容的经济和货币联盟的程序及时间表。就制度而言，最显著的是扩大了理事会限定多数表决制的使用范围，并设立了新的立法程序，即共同决定程序，第一次赋予欧洲议会否决某些立法建议的权力。

无论是与《单一欧洲法令》，还是《马斯特里赫特条约》相比，1997 年的《阿姆斯特丹条约》在影响的深远度和目标的高度上都大为逊色。在欧洲统一的热情支持者看来，该条约令人失望，因为它未能达到预定的为进一步扩大而调整欧盟机构组成的目标。尽管如此，它对一体化进程仍然具有重要性，因为它与前两个文件一样，毕竟又使政策和制度深化向前迈进了一步，只不过这一步稍稍小了一些。在政策深化方面，它的主要贡献在于增强了欧盟在司法和内务领域的某些决策能力。在制度深化方面，它带来的主要变化是使共同决定程序适用于更多的政策领域，并实际上取消了合作程序。

2001年的《尼斯条约》从开始设计起，其范围就相当有限，即只处理《马斯特里赫特条约》的遗留问题。因此它的主要任务是调整欧盟机构的组成和改变理事会的投票权构成及投票程序，以便为吸收新成员国做好准备，同时尽量不过多损害欧盟有效运转的能力。

2004年10月29日，欧盟在接纳10个新成员国，完成历史上最大规模的扩大后，25个成员国的领导人在罗马签署了《创立欧洲宪法的条约》。宪法条约必须在全部25个成员国根据本国法律规定，通过全民公决或议会投票方式批准后方能生效。如获得所有成员国和欧洲议会的批准，条约将于2006年11月1日正式生效。但法国和荷兰两个创始成员国在2005年全民公决中否决了该条约，迫使欧盟延长批约期限。2007年6月，参加欧盟峰会的27国首脑在布鲁塞尔就替代宪法条约的新条约草案达成协议，从而结束了长达两年的欧盟制宪危机。新条约计划在2009年6月前付诸实施。根据各方最终达成的一致意见，宪法条约的名称不再沿用，新条约内容里也不会出现"宪法"字样。取而代之的是一部通常意义上的修正条约（即"改革条约"），以使扩大后的欧盟能够有效决策。由于遭到英国和荷兰的反对，新条约将不会规定欧盟盟旗、盟歌和铭言等"超国家"标志。在组织结构改革方面，新条约将把欧盟最高权力机构欧洲理事会由目前的成员国首脑会议机制转变为固定机构，并设立常任主席一职。欧盟各国领导人还一致同意，通过新条约设立一个名为"欧盟高级代表"的新职位，统管欧盟外交和安全事务。新的欧盟高级代表将把欧盟负责外交和安全政策的高级代表和欧盟对外关系委员的职责合并在一起，同时出任欧盟委员会副主席，并负责主持欧盟27国外长会议。"双重多数表决"制将从2014年开始实施等。"双重多数表决"制是指通过一项决策需要至少一半成员国的赞成票，且这些成员国必须能代表至少60%的欧盟人口。

（三）政策制定过程的演变

创始条约所设定的制定政策的模式是委员会提出建议、议会提供咨询、部长理事会做出决定、（在法律制定后）法院负责解释。在此后的许多年中，机构之间的关系与程序实际上也是这样运作的，并且直至现在一些领域的决策状况依然如此。但自从 20 世纪 80 年代中期一体化进程重新启动以来，该模式已经被做了许多补充和修改。至少有四点值得特别关注：

1. 四个机构之间的关系本身已发生了多方面的改变。随着一体化的发展，各个机构的职责范围都有很大扩张，同时它们在欧盟体系内的部门化和自成一体的程度也日益降低。这不仅是由于各个机构职责界限越来越模糊而导致权限交叉，而且由于共享权力的日益普遍而带来了各个权力的变化及它们互相之间的权力平衡的改变。如部长理事会由于越来越多地参与到提出和决定政策议程之中，而已取得一些原本属于委员会的提出建议的职责；法院通过做出具有相当大的政策和制度后果的裁决，而对一体化的方向和步伐产生重大的影响；议会由于受益于条约的修改，而逐步地扩大了其影响力，尤其是对立法的影响力。鉴于议会立法作用的大幅度提高，此前欧盟立法过程中的"委员会—部长理事会"轴心已为"理事会—委员会—议会"的三角关系所取代。

2. 越来越多的四个机构之外的参与者加入到了欧盟决策的过程中。其中最重要的是国家元首和政府首脑，通过出席定期峰会，即欧洲理事会会议，而掌握了议程的设定权。这在很大程度上削弱了部长理事会和欧盟委员会的权力，缩小了两者运作的回旋余地。在其他的主要参与者中，许多成员国和跨国的行业利益集团和压力集团构成特别显眼的一类。它们积极地挤入或试图挤入决策的过程中，聚集在欧盟主要机构的周围，以跟踪欧盟事态的发展并在可能的情况下，向决策者提出建议或施加压力。

3. 随着欧盟政策在许多不同的层面和以各种不同的方式运作，政策过程也变得越来越多样而复杂。不仅部长理事会、欧盟委员会、议会全体会议和各种委员会会议的构成以及法院的设置发生了变化，而且出现了供欧盟各个机构、各成员国和利益集团的代表见面互动，讨论政策或决定的各式各样的非正式渠道。具体的问题采用哪种程序和渠道，互动以何种方式进行，则依领域或行业而定，甚至各个决定做出的方式和渠道都不尽相同。

4. 至少在某些方面，决策过程已变得越来越有效而民主。就效率而言，条约的修改已使得理事会的决定可以越来越多地采用特定多数，而不是以一致同意的表决方式做出，因而做决定不再被慢行者所拖累。决策过程变得更为民主，主要是由于作为欧盟唯一经直接选举产生的机构——欧洲议会的影响力已得到了增强。

（四）政策领域的发展

欧盟政策数量总体上在逐步增加，其发展的动力来自各种因素，如条约的规定、经济的全球化和竞争的加剧、对联合带来的好处的不断体验、欧盟机构（主要是欧盟委员会和欧洲议会）所施加的进一步一体化的压力，以及某个领域政策发展给其他领域带来的推动。处于欧盟政策架构最核心位置的是与起初的"共同市场"、后来的"内部市场"或"统一大市场"相关的政策。就本质而言，这些政策的目的在于促进商品、服务、资本和人员在成员国之间的自由流动，并使得欧盟在与第三国的经济和贸易关系中能够联合行动，形成共同阵线。自20世纪80年代中期，当建立统一大市场被置于优先地位之际，这类以市场为基础的政策领域有了相当大的发展，导致欧盟规制的范围的扩大和程度的提高。从建立统一大市场的目的恰恰是使市场自由化和取消规制（deregulate）这个意义上而言，出现这种状况似乎具有讽刺意味。不过，欧盟的决策者总体而言是承认如下这种观点的，即只有当市场的要素得到欧盟层面的适当管理和控制的时候，市场才能在比较公平和公开的基础上运转。

因此，欧盟设立了许多对市场运作具有直接影响的政策。欧盟决策者比较关注的管制活动包括：为生产标准及其检验和认证规定基本条件，其细节通常由欧洲标准组织制定；成员国经济的自由化，包括把像能源、交通和电讯这样的国家垄断和保护产业向竞争开放；对想在欧盟市场中开展贸易的公司规定准则（这一点对像金融服务这样的领域非常重要）；对各成员国政府对国内产业能否提供补贴的条件进行控制。

除了这些"纯粹的"市场政策之外，许多对市场具有影响的社会领域的政策也日益被置于欧盟的调控之下。这些政策的形成既出于真诚的社会关心，又可能来自于对各成员国无论其预期目的如何而采取的不同的方式和水准都会成为贸易障碍的认识。被置于这类社会管制的政策领域包括环境、消费者保护和工作条件。

统一大市场政策的另一个关键点是其在经济和货币联盟建设中的作用。虽然欧共体于20世纪60年代末起曾试图建立经济和货币联盟，但直到20世纪80年代末才迈出实际步伐。因为只是到了这时，大多数成员国在欧盟委员会主席德洛尔的有力说服下才认识到，如果经济和货币联盟要能释放其全部潜力，协调的宏观经济和财政政策及单一货币就是必不可少的。随后逐步制定了以欧洲货币联盟为基础的单一货币战略，直至《马斯特里赫特条约》才最后定型，并确定了程序和时间表。

《马斯特里赫特条约》有关欧洲货币联盟规定的关键之处，在于明确了成员国想要加入单一货币体系必须达到的条件，即所谓的趋同标准。这些条件包括低通货膨胀率、低利率、不能过高的预算赤字和国债率、货币稳定。设定这些标准的目的是为了保证单一货币区将建立在良好的经济和货币的基础之上。随后这些条件成为制定《稳定和增长协定》的基础。该协定是单一货币区成员国经济和货币政策的框架，其宗旨是保证单一货币区的稳定不受到成员国不平衡或"不负责"的政策的威胁。

欧盟各项政策的一个显著特点，在于对涉及巨大公共支出的政策领域的介入十分有限，如社会福利、教育、保健和国防。一个主要的例外是农业，共同农业政策是欧盟年度预算的沉重负担。自20世纪80年代初开始采取了一系列的措施，至少使共同农业政策存在的问题部分地得到了控制，如严重生产过剩，但直到近年农业仍然占到欧盟近一半的支出。在处理共同农业政策存在的问题的同时，欧盟也格外关注地区和社会政策，主要是通过建立和发展两个结构基金，即欧洲地区发展基金和欧洲社会基金。但即使是在这两个政策领域有所作为，加上向研究政策和能源政策领域注入更多的资金，欧盟预算也仍然只占到刚刚超过欧盟国内生产总值的1%和不到欧盟总公共支出的3%。

经过多年的发展，欧盟也从经济和与经济相关的政策领域进入到了其他政策领域。最为重要的莫过于共同外交和防务政策与司法和内务政策。其重大意义在于它们涉及了高度敏感的政策领域，而这两个领域是远离欧洲经济共同体原本的政策关注点，即建立共同市场的。至今这两个政策领域仍处于发展过程之中，但已经在机构和政策方面取得相当大的进展。从条约的角度来看，这些进展从《单一欧洲法令》对20世纪70年代初开始越来越强调"用一个声音说话"的政策首次用条约的形式予以确认，到《马斯特里赫特条约》、《阿姆斯特丹条约》和《尼斯条约》都已经把外交和防务与司法和内务政策作为重要的组成部分，并逐步提高其地位。

鉴于自共同体建立以来，政策发展是如此广泛而多样，在50年后的今天可以说，实际上在几乎每一个公共政策领域都至少存在某种形式的欧盟政策。没有任何其他国家间的组织有哪怕是一点儿欧盟现在实施的政策安排。欧盟正在有意识地实行跨越如此广泛的政策领域的合作和整合，已经有如此多的政策领域从成员国移交到了欧盟一级来处理。

（五）欧洲一体化 50 年发展的政治特征概述

虽然我们仍然可以从 50 年前的创始条约的角度来辨认欧盟，最明显的是它的制度结构和持续的以共同市场或内部市场作为其政策活动的核心，但同时我们必须承认，在许多基本点上，欧洲一体化自创始条约赋予它最初的组织形式以来，已经取得巨大的发展。它的发展主要可以归结为两种形式：一是扩大，现在欧盟涵盖了几乎整个西欧和北欧、南欧、中东欧的大部分，有 27 个成员国；二是深化，制度和政策一体化在许多领域得到了长足的发展。进一步而言，欧洲一体化进程具有如下的特点：

1. 经济先于政治。

一体化每一步推进的表现形式都是先就经济活动某些领域的整合达成一致，然后才认识到如果经济一体化要想具有政治方向和控制，必须推行政治一体化。有时这种政治需要似乎是事后才想起来的。当然，实际上经济和政治一体化在一定程度上是交互进行的，有时也很难说清楚所做的是经济性的，还是政治性的整合。不过从 1950 年至 1951 年欧洲煤钢共同体建立之初开始，经济一般先于政治。如《单一欧洲法令》有关加强欧洲共同体机构的规定，便是由于认识到如果要想实现欧洲单一市场，就必须强化共同体机构。与此相似的情况是，1990 年代初所召开的政治联盟政府间会议，在很大程度上是由于关于经济和货币联盟政府间会议的举行。

2. 灵活性。

早期当各个成员国或者多数成员国希望在某一政策领域采取共同行动，但认为现有机制不适合时，通常能够找到替代的机制。如自 20 世纪 70 年代初设立和发展起来的欧洲政治合作、70 年代末的欧洲货币体系、80 年代中开始的申根制度都属于这种情况。而《马斯特里赫特条约》、《阿姆斯特丹条约》和《尼斯条约》都继承了这种在政策发展方面的善于调适和富于创新的传统。具体而言，把《马斯特里赫特条约》归入这类的理由在于，它建立了两个非共同体支柱

（有些成员国认为把这两个支柱下的政策领域带入欧共体的条件不成熟），并第一次允许成员国（即英国和丹麦）不加入条约所确定的政策领域。而提到《阿姆斯特丹条约》的原因是，它又允许了新的不加入的情况（这次是丹麦、爱尔兰和英国），并把这种灵活性进一步制度化。这一点表现在把增强合作条款加进了条约和第三支柱，把建设性弃权条款加进了第二支柱。而提到《尼斯条约》则是因为它简化了《阿姆斯特丹条约》中的加强合作安排，使其更易于实施。

3. 渐进式发展。

欧洲一体化过程所显示出来的一个显著特征是几乎不停顿地推进，伴随着每一次前进的是继续前进的压力。一体化的阶段和形式常常不可避免地或符合逻辑地建立在此前的重要性稍低的阶段或形式之上。在提出或接受对一体化发展的历史制度主义的解释者看来，欧洲一体化的条约架构形成了一个近乎完美的三级跳轨迹。在他们当中强调一体化演进中的"路径依赖"的重要性的学者看来，情形更是如此。在第一阶段，各成员国政府认识到在某一政策领域互相合作的好处，并力图在非常松散的政府间基础上加以实施，常常是在现有欧洲框架的边缘，甚至是在欧洲框架之外实施。当这种形式被证明不足以达到目的时，各成员国政府才迈向第二阶段，即赋予相关的政策领域明确的条约地位，并建立扎实的共同体或联盟组织架构，但基本上仍然建立在政府间安排的基础之上，因为共同体或联盟委员会的作用依然是有限的；欧洲议会只被授予了咨询权；理事会的决定必须一致同意才能做出；法院没有什么权力，如果有的话也是极其有限的。在第三阶段，各成员国政府进一步认识到，如果想实现所设定的目标，就必须允许更有效的决策过程，因此采纳了超国家路线，授予委员会、议会和法院更切实的权力和作用，最重要的莫过于在理事会中实行特定多数表决制。

欧盟逐步推进一体化的过程可以简单地归纳为：一方面先后出台的条约不断地增强欧盟决策的超国家性质；另一方面这些条约不断扩大欧盟权限范围和进一步扩大的可能性。当然，反映在这两方面的日益提高的一体化是交织进行的。如欧洲议会稳步扩大权限，在很大程度上是由于各成员国向共同体/联盟转交越来越多的政策领域，从而带来了日益增大的使决策者更为负责的要求。

在一体化发展方向上，条约的渐进发展的逻辑体现得最明显之处，就是难以找到哪怕是一个条约的条款在具有实质性的程度上逆转了一体化的事例。《欧洲经济共同体条约》比《欧洲煤钢共同体条约》更强调部长理事会的一致同意原则似乎可以被当作是逆转的例子，但是这恰恰是经济共同体得以建立的方式，并且《欧洲经济共同体条约》总体上无疑标志着一体化又迈出了重大的一步。《马斯特里赫特条约》对辅助性原则（subsidiarity）给予特别的关注似乎可以被当作是另一个逆转的实例，但是该原则被纳入条约中很大程度上是出于象征性的考虑，而且条约对它的文字表述并没有给予它多大的约束力。因此，到现在为止，还没有出现实质性的条约开倒车的情况，即像把理事会的特定多数表决制改为一致同意表决制，或者以某一政策领域属于成员国专有职责的理由把它从条约中撤销的这类事情还没有发生过。

4. 日益复杂性。

各个条约都是经过成员国政府之间谈判的结果。在谈判中，各国政府在想把欧盟变得更有效率和更有成效的同时，也尽力促进和捍卫本国的利益。这两个目标并不总是相容的，其结果就是常常要采用复杂的公式和各种安排才能达成一致。

《欧洲联盟条约》充分体现条约的复杂性。在某些方面，该条约是一个框架条约，只是规定了欧盟的一般原则和基本结构；各个共同体条约都是欧盟框架的组成部分。而在另外一些方面，该条约又显示了它是载明具体规定的条约，在第五和第六编详细列出了各成员国不愿意"共同体化"的政策领域，主要是因为各成员国希望包括在第二和第三支柱中的政策领域，即外交和安全政策及内务和司法合作政策具有政府间合作的性质。

至于作为共同体主要条约的《欧洲经济共同体条约》也是随着时间的推移而越来越复杂。最初的 1957 年《欧洲经济共同体条约》已足够复杂，共有 240 条，其中许多条规定了具体而详细的政策内容。而其后的多次修改，又增加很多新政策权限和决策安排，变得除了各个领域的专家一般人根本看不懂。在该条约经过马斯特里赫特首脑会议重新命名为《欧洲共同体条约》之后，又经阿姆斯特丹首脑会议对其做了一番梳理，但远没有达到一般人能读懂的程度；全文仍然有 314 条，其中的大多数还条中套条，许多条款所涉及的问题领域通常适宜于政策性立法文件，而不是像《欧洲共同体条约》这样的基本法，因为在宪法条约通过之前，该条约实际上起着欧盟"宪法"核心的作用。

就更具体的内容而言，有关条约关于决策程序的安排非常复杂，并且随着每签订一个新的条约，决策程序也越来越多。在《尼斯条约》之后，有不下于 38 种理事会表决方式和欧洲议会参与机会的组合。在这 38 种组合之中，22 种是立法性的。如果加上欧盟其他机构，那么决策程序则更多。条约不但增加了决策程序的数量，而且也使得各个程序越来越复杂。

5. 不同的步调。

一体化过程的步调自共同体创立 50 多年来时快时慢。《马斯特里赫特条约》和《阿姆斯特丹条约》可以分别说明这种快慢不一的步调。为制定《马斯特里赫特条约》所进行的谈判，正处于大多数成员国政府对欧洲一体化热情高涨、普遍乐观的时期，因此它们希望看到一体化的重大进展在条约中得以体现，并尽力做到。而与此形成对照的是，当《阿姆斯特丹条约》处于谈判过程之中时，人们的情绪已经发生了变化，1992 年丹麦全民公决否决的结果使得进一步推进一体化的支持者变得谨慎起来，对条约的期待也变得比较低，因而最终通过的条约所包含的新的、实质性内容也就比较少。

6. 超国家当事者和国家当事者之间的互动。

有些欧洲一体化的研究者突出超国家当事者，主要是欧盟委员会、欧洲议会和欧洲法院在一体化中所起的作用。而另一些研究者则认为他们虽然对一体化发展的取向有一定的影响力，但是欧盟的关键当事者是作为各成员国政府的代表出席欧洲理事会和部长理事会的国家元首或政府首脑和部长们。

简单看来，制定欧盟条约相关的决策程序似乎支持第二类研究者的观点：政府间会议的成员是各成员国政府的代表，欧盟委员会的代表只是列席，没有投票权；政府间会议的决定是经过各成员国政府的代表的讨价还价做出的，尤其是那些最难以达成一致的问题都是由各国元首或政府首脑直接进行艰苦的谈判而最终解决的；超国家的欧盟机构，尤其是欧盟委员会和欧洲议会一般都对政府间会议的结果感到失望，比较近的例子是政府间会议有关扩大特定多数表决制的适用范围的决定和有关条约对欧盟委员会及欧洲议会的权限的规定，都没有满足这些欧盟机构的期望。

虽然制定欧盟条约的程序似乎对一体化进程的政府间解释提供了支持，但对这一点也不能强调过分。首先，条约制定程序并非欧盟决策过程的典型程序，因为它们产生的是"历史性"决定（Peterson

1995），在这一过程中成员国政府的作用确实是最重要的，而有些决定的内容恰恰是成员国向欧盟让渡更多的权限。其次，尽管欧盟委员会的代表没有投票权，但是委员会仍然是政府间会议的积极参与者，而且欧洲议会也能直接提出自己的意见，如1996年至1997年和2000年的政府间会议。最后，欧盟委员会和欧洲议会的压力在促成载入最近几个条约的欧盟机构改革方面可能起了重要的作用，如《马斯特里赫特条约》采纳的通过设立共同决定程序而赋予欧洲议会更大权限的规定，及《阿姆斯特丹条约》对这一程序的简化和扩大其适用范围的规定。

7. 所有成员国受益原则。

一体化的每一次推进能够成为现实，是因为各个成员国认为符合它们的利益。毫无疑问，在有关条约的历次谈判中，各成员国之间对于推进一体化的程度和内容都出现过不同意见。但它们最终都能取得共识，即一体化的推进对大家都有好处，最大的好处就是能够促进经济增长和各成员国之间的和谐关系。

不过，有时有的成员国认为，由于它们的特殊需要或偏好，除了分享共同的利益之外，它们还需要得到特殊的收益。各个条约中对特殊利益的规定，一般采取为有利于特定成员国的某些政策领域的未来发展奠定基础的形式。如《单一欧洲法令》在较穷的成员国的要求下，通过规定发展重新分配政策而提供了一个政策基础。《马斯特里赫特条约》所做的也一样，即为当时4个较穷的成员国（希腊、爱尔兰、葡萄牙和西班牙）建立了聚合基金（Cohesion Fund）。

8. 精英推动的过程。

就政治和行政精英确定政策议程，并且通常不经过征求选民意见就做出决定而言，欧盟的状况尤为明显，因为在决策者与公民之间不存在直接负责关系。现在还不存在经直接选举产生的、享有完全的决定权的欧洲政府或议会。假如有理由认定大多数的欧盟公民坚决支持一体化进程，或者愿意把有关一体化的决定交给适合的精英去做，那么在这一点上就不存在什么问题。但是许多民意调查的结果显示，一些成员国在不同时期存在对一体化一定程度的保留态度，甚至是疑虑。法国和荷兰大多数公民否决"宪法条约"即是近年来突出的事例。

一体化进程在多大程度上是由精英所推动的，或精英在多大程度上不能总是反映民众的心声这个问题，在《马斯特里赫特条约》的批准过程中表现得很清楚。不仅多数丹麦人在第一次全民公决中投了反对票，投反对票的法国人也差一点就达到多数，而且民意调查表明，如果德国和英国举行全民公决的话，大多数选民会投反对票。在1996年至1997年期间举行的政府间会议上，各成员国代表所普遍表现出的谨慎态度，或许可以被认为至少是部分反映了他们对《马斯特里赫特条约》批准过程中民众表现出来的担心的关注。当然，对于成员国代表对民众的意见所表现出来的敏感度也不能过分夸大，因为尽管在《马斯特里赫特条约》批准之后，欧盟内有关提高透明度和加强民主的谈论不少，但是并没有推进开放条约制定的过程以让民众参与的实际举措。相反，只有丹麦和爱尔兰政府把全民公决作为各自国家批准程序的一个必要步骤。而对于《尼斯条约》的批准，只有爱尔兰政府征求了选民的意见。其结果是第一次投票时选民就拒绝了该条约；尽管他们更大程度上是出于国内政治的原因，而不是因为反对该条约本身才这么做的。有调查结果显示，在对"宪法条约"投反对票的法国选民中，很多人也是出于国内政治的原因，而不是因为反对该条约本身才这么做的。

总之，欧洲一体化是一个仍在持续的过程。迄今所有的欧洲共同体/欧盟条约都对一体化的发展做出了重大贡献。从以往的规律来看，欧盟的条约还会每过几年就修改一次，从而不断推进一体化的进程。

四 价值共同体的建构

欧洲联盟不仅是一个卓有成效的经济共同体，是一个正在建设之中的政治联盟，同时也是一个"价值共同体"。如今，打造价值共同体已经成为欧盟建设中最响亮的口号。它强调价值共同体的目的在于使欧盟及其成员国进一步明确认同目标和价值取向，强化欧盟的精神理念和凝聚力，塑造欧盟的道义形象，赋予欧盟一种必不可少的"灵魂"。

（一） 价值共同体与欧洲一体化

1. 共同价值的设定。

一个大型的社会共同体必须有其价值设定，以便在其内部依据共享价值来组织社会生活与政治秩序，同时也能因其价值体系而与外部世界其他具有不同价值框架的政治实体区别开来。领土的界分只是不同的地域性共同体相互区别的一种方式，而依据价值体系而进行的精神层面的界分，则往往是一种更为强烈的区别方式。一个价值共同体，实质上就是一个具有共同价值观的组织体。这些共同价值，其中有些可以由法律转化为明确的规范，而有些则不能转化，只能是原则性的主张。依据共享价值转化而来的规范，对此组织体具有普适性。

2007 年 3 月，在庆祝《罗马条约》签订 50 周年之际，欧盟发表了《柏林宣言》。该宣言的最终文本已经 27 个成员国的政府首脑认可，并由欧洲议会主席，欧盟理事会轮值主席和欧盟委员会主席签署。

《柏林宣言》所列出的共同价值，集中在下面两段陈述：

——"对于我们来说，个人是极为重要的，其尊严是不可侵犯的，其权利是不能剥夺的。"

——"我们正在为和平与自由，民主与法治，互相尊重与共担责任、繁荣与安全，宽容与参与，正义与团结而奋斗。"

第一段话所述的"基本权利"是宣言所表达的整个价值体系的核心部分，这与欧洲自由主义传统中视个人权利为基石的政治文化是一脉相承的。因此可以说，欧盟具有"权利共同体"的明显特征。

第二段话中的"民主与法治"则与现代宪政制度安排密切相关："自由"与"正义"是具有指导意义的价值主张；"参与"是公民权利的政治体现；"宽容"是多元共存的精神前提；"团结"是社会互助观念的表达；"互相尊重与共担责任"则针对成员国之间的合作态度；而"和平"、"繁荣"与"安全"既是价值目标也是利益所系。

另外，在《柏林宣言》中，还有一些值得注意之处。例如，强调保存成员国特性和欧洲的多样性传统，以及强调将经济成功与社会责任结合起来的欧洲模式，这两点都是与"欧洲认同"问题紧密相关的。宣言还涉及欧盟在世界上应发挥的作用，其中包括推动自由与发展，致力于用和平方式解决冲突，在大气环境保护方面起领导作用等。

简言之，《柏林宣言》是一份典型的价值共同体宣言。在欧盟大规模东扩以后，而宪政化进程并不顺利之时，这份宣言的发表具有重要意义：第一，借《罗马条约》签署 50 周年之机，重申欧盟基本价值观，以期保持共同价值的历史延续感；第二，在新老成员国之间统一认识，进行价值一体化；第三，以简洁易晓的方式，向欧盟公民传达关于基本价值的信息，试图促进普通民众的欧洲认同意识。

《柏林宣言》关于共同价值的陈述本身并无新意，只是对欧洲现代政治文明结晶的再次表达。但是，这种由 27 个国家作出的共同表达，却显示出一个跨国性共同体向全世界申明其价值立场的坚定决心。

2. 共同价值的制度安排。

价值共同体的共同价值，必须要有相应的制度安排，才会有规范性的效应。从宪政角度来看，宪法性文件是集中表达共同价值的最重要载体。从欧盟《罗马条约》、《马斯特里赫特条约》和"宪法条约"三个宪法性条约来看，有一个发展的过程。

在 1957 年的《罗马条约》中，在共同价值方面，只有关于经济自由的详细规定，而没有关于基本人权的明确规定，这一状况与当时欧洲经济共同体致力于追求经济功能目标有关。但是，在 20 世纪 60 年代后期和 70 年代初期，通过欧洲法院对有关诉案的裁决，确认了欧共体的法律原则包含基本权利原则。

在 1992 年的《马斯特里赫特条约》中，对共同价值有了系统表述。在条约序言里，"自由、民主、尊重人权和基本自由以及法治"被明确列为原则。并在第六条第二款中指出：欧洲联盟尊重《欧洲保护人权和基本自由公约》，"联盟视基本权利为共同体法律的基本原则"。

2004 年"宪法条约"的序言将"人的不可侵犯和不可转让的权利，自由、民主、平等，法治"视为普世价值观。条约第二条明确指出，"联盟以尊重人的尊严、尊重自由、平等和法治以及尊重包括少数人群的权利在内的人的权利等价值观为基础。在一个以多元文化、非歧视、宽容、正义、休戚与共和男女平等为特点的社会里，上述价值观是各成员国的共同价值观"。尤其引人注目的是，在条约中甚至专设一个部分——"欧盟基本权利宪章"，详细规定了基本权利的各个方面。

另外，在"宪法条约"中，在涉及欧盟对外活动时，还可以看到关于共同价值的多种表述。如将"捍卫联盟的共同价值"作为欧盟对外政策和行动的目标之一。又如，将欧盟国际行动的原则定为"联盟在国际舞台上采取行动的目的在于向全世界推广以下各项原则：民主、法治、人权和基本自由的普遍性和不可分割性，尊重人的尊严、平等和休戚与共以及根据联合国宪章所确定的原则遵守国际法"。由此可见，欧盟作为一个价值共同体，有将其共享价值推向外部世界的强烈欲望。这种"价值外溢"倾向，将通过欧盟对外政策导向来体现。

尽管"宪法条约"随后未能生效，但其表述的共同价值体系已显示出清晰面貌。可以预见，"欧洲价值观"将在今后"欧洲认同"的建构中发挥重要作用。

3. 共同价值的历史演变。

自《罗马条约》签订以来，欧洲一体化已经走过了50年。这个"命运共同体"所承载的共同价值，并非是些抽象的理念，而是与深刻的历史反思和丰厚的制度化经验密切相关的。

从观念史角度来看，这个欧洲价值共同体的前史，具有一个历史悠久的谱系，其中包括了伊拉斯谟的和平理想、圣皮埃尔的和平计划、康德的"永久和平"构想、圣西门的"欧洲统一"方案、库登霍夫—卡莱吉的泛欧观，以及发端于抵抗运动的当代欧洲联邦主义等。

从文明进程角度来看，这个欧洲价值共同体借鉴了欧洲古典文化、基督教与欧洲人文主义的文化精华，以及关于人权、民主、法治与宪政的制度成果。

从历史经验角度来看，这个欧洲价值共同体的历史记忆中包含了在欧洲发生的两次世界大战的惨痛教训。

欧洲一体化事业经历了一个价值共同体的深化过程。从早期的"和平共同体"与"经济利益共同体"发展到今天具有丰富内涵的价值共同体。可以说，欧盟这个"价值共同体"是一个富于创新的价值共同体。

这一"价值共同体"的演进历程还包括了其成员规模的扩大，从最初的6国发展到今天的27国。不断的扩张不仅有着十分重要的地缘政治意义，而且也是西欧文明价值的一种扩张。

（二）价值共同体的六大原则

在欧洲一体化过程中，共同体的价值标准始终受到高度重视。欧盟反复强调的价值观念和标准包括有：和平、进步、繁荣、自由、民主、平等、法治、人权、社会公正、人的尊严、公民权、宽容、多元化、辅助性原则、团结互助、反对歧视、可持续发展、保护环境，等等，内容十分广泛，但其核心则可归纳为六个原则，即自由、人权、民主、法治、团结互助和多样性。

1. 自由原则。

"自由"一词最早起源于拉丁文"liber"。从 16 到 18 世纪，无论是反抗西班牙统治的尼德兰革命、英国辉格党人对王权的限制、北美殖民地争取独立的战争，还是推翻旧制度的法国大革命，都是在争取自由的口号下进行的。到 18 世纪晚期，自由主义成了欧美发达国家的主要意识形态。

自由诉求的内容和范围十分广泛，包括政治自由主义、经济自由主义、文化自由主义、社会自由主义等方面，并形成了不同的理论体系。如今，个人自由、新闻自由、言论自由、信仰和思想自由、结社自由、个人财产、人民主权、多党制、自由民主政体、限制政府权力、民族自决、自由市场经济和自由贸易等，这些自由主义的基本概念和制度主张已被多数欧洲国家所接受和采用，它们不仅是自由派的目标，也成为社会民主主义者、保守主义者、基督教民主主义者等政治派别的主张。

在欧盟层面，自由从一体化之初便被奉为一种核心价值，对政治自由、经济自由、文化自由和社会自由的倡导在欧盟的重要文献中均有体现。但是，欧共体/欧盟在制度和政策上切实保障和推行的主要是经济自由，即商品、人员、服务和资本"四大自由"。四大自由流通是一个经济共同体的基本要求，是实现绩效竞争所应遵循的原则。欧盟从 1985 年开始加速统一大市场建设，到 1992 年底基本上实现了四大自由流通，欧盟成员国从中获得明显的社会和经济收益。近年来，欧盟对人员自由流动更为重视和提倡，认为这是"实现欧洲和解的象征"，因为它这里所指的不仅是劳动人口，还包括青年学生之间的交流（"伊拉斯谟计划"）。

2. 人权原则。

18 世纪欧洲的启蒙思想家将"天赋人权"作为基本的伦理和社会准则，并在以后得到广泛的传播而深入人心。第二次世界大战后，欧洲发达国家先后建立起人权保障机制，设立专门负责保障公民自由和权利的司法和行政机构，人的基本自由受到宪法和法律的保护。1949 年建立的欧洲委员会根据《欧洲捍卫人权与基本自由公约》（1950 年），在斯特拉斯堡设立两个常设机构——欧洲人权委员会和欧洲人权法院（1959 年），以监督和落实人权条款的执行。1961 年颁布的《欧洲社会宪章》弥补了《欧洲人权公约》在社会经济权利方面的缺陷，它反映了欧洲人权观念和人权运动的发展和深入。因此，和世界其他地区相比，欧洲的人权保障系统建立最早，机制最完善。

就欧盟层面而言，在20世纪50、60年代，由于共同市场进程占据主导地位，欧共体最初并未提出自己的人权原则和人权保障机制，而是借助欧洲委员会的上述基础，因为欧洲委员会45个成员国中包括了欧共体/欧盟的所有成员。从20世纪60年代末起，人权开始受到欧共体的格外重视，并逐渐成为其核心价值；这也与其发展新成员有关。在《罗马条约》30年后，1987年的《单一欧洲法令》首次提出尊重人权的原则，后来的《马斯特里赫特条约》、《阿姆斯特丹条约》、《尼斯条约》都把人权置于不可忽视的地位。"宪法条约"中则更是把"以人为本"和人权定为"欧盟的价值基础"之一。2000年12月欧盟首脑颁布了《基本权利宪章》，它为欧盟的人权价值和保障机制树立了明确的原则，与此同时，维护人权也成为欧共体法院的功能之一。

因此，在人权保障领域，两种监督机制并存成为欧洲的特点：一是欧盟《基本权利宪章》和欧共体法院；另一个是欧洲委员会的《欧洲捍卫人权与基本自由公约》和欧洲人权法院。而鉴于后者在捍卫人权方面的有效机制和杰出成绩，欧盟采取一系列借鉴和交流的重大举措。"宪法条约"明确提出"欧盟加入《欧洲捍卫人权和基本自由公约》"。最近，欧共体法院决定直接引用和实施《欧洲捍卫人权与基本自由公约》的规定，而不再对其进行独立的解释。

3. 民主原则。

民主的观念和实践源于古希腊罗马城邦。古希腊政治家伯里克利对民主所下的定义是：民有、民治、民享的政府。启蒙思想家孟德斯鸠提出的分权原则使民主成为一种政治体制和社会组织理论。随着人民主权思想的传播，17、18世纪欧美资产阶级革命建立起议会制度、共和政体，并逐步实现了以公民选举权和公民基本自由为基础的政治权利。民主的三项原则是：观点自由交流；制度保证讨论和决策；司法保障决策公正。为此，公民通过政党、选举等渠道选择政策的制定者和执行者，同时又要求整个决策过程公正和透明。这样，民主又成为一种制度。近代以来，西方民族国家的民主制度经过几百年发展而臻于成熟。第二次世界大战后，大多数西欧国家逐步完成了民主化改革。在这样的民族国家基础上发展起来的欧共体/欧盟，在设置超国家机构的过程中，自然需借鉴民族国家的民主政体。

欧盟的机构框架包括欧洲理事会、部长理事会、欧盟委员会、欧洲议会、欧盟法院、欧盟审计院。其政治博弈主要表现在部长理事会、欧盟委员会和欧洲议会之间的权限和关系上。部长理事会代表由各国政府任命，代表各国利益，可决定是否通过法律。欧盟委员会拥有的权力很大；尽管它在理论上没有决策权，但可提出法律议案，监督欧盟法律实施，管理和协调欧盟政策，并在国际社会中代表欧盟。因此它手中握有欧盟重要的行政、立法和司法权。欧盟委员会成员由各国任命，应对欧盟总体利益负责（但他们有时却可能受本国政府或经济、政治集团的影响）。只有议会由欧洲公民普选产生，但它算不上名副其实的立法机构，不能提出法案，只能表决批准法案，通过预算。

尽管欧共体/欧盟是由民主国家组成的联盟，而且把民主作为基本价值，但从制度建设和政治实践方面看，欧盟的民主制度还存在不少问题和缺陷。从20世纪50年代初的煤钢共同体到90年代初欧盟建立，欧洲一体化主要由政治精英所推动。1992年丹麦公决否定《马斯特里赫特条约》之后，"民主赤字"的字眼也频频出现在欧盟的文献中。欧盟层面的民主建设开始引起人们的重视。

加强欧盟民主化改革业已成为欧盟政治家、思想家和广大民众的共同愿望。在理论方面，思想家们提出共识主义、"宪政爱国主义"和后现代主义等新的民主理念。在体制改革方面，不少政治家主张把部长理事会和欧洲议会改造成欧盟立法机构的上下两院，并提议欧盟借鉴德国联邦制模式来解决同时代表欧盟公民和各成员国利益的问题。在立法方面，为建构欧盟的公共空间，2004年的"宪法条约"提出："欧盟公民100万人以上可向欧盟委员会提出法律动议。"在部长理事会的决策方面，"宪法条约"对有效多数提出了双重标准：理事会成员的55%和代表人口65%以上。近年来，欧洲议会的权力逐渐增加，开始从一般的咨询机构演变为与部长理事会共同决策的机构。

4. **法治原则。**

法治的定义为：法律是社会最高的规则，没有任何人或机构可以凌驾于法律之上；国家应在宪法和法律确认的基础上行使权力，以保障自由、公正和民主制度的稳定。欧洲的法制传统源于古希腊。苏格拉底的理性法律观奠定了西方古典理性主义法律学说的基础，柏拉图的代表作之一便是《法律篇》。罗马时代的法学更是繁荣，以至在中世纪，罗马法仍享有权威地位。日耳曼人的入侵并未使这种法制精神丢失，因为他们本身也有法治和民主传统，即习惯法和军事民主。因此，尽管西欧政治和社会经过屡次变革，民主和法制传统却得以延续下来。

欧洲的法治传统与人文主义和民主思想密切相关。古希腊的普罗泰戈拉提出了"人是万物的尺度"这一著名命题；文艺复兴运动破除了"神的中心"，弘扬了人文精神；启蒙思想家高举"理性"的旗帜，提出任何宗教、观念、社会形式和国家制度都必须在"理性"的法庭前受到批判。他们认为，理性的权威代表了"永恒的正义"。以人本主义为基础的古典自然法思想家则宣称：法是人类理性的体现。在欧洲，法律和权利是两个不可分割的概念：权利应当受到法律保护；只有合法的权利才是正当的。17、18世纪以来，欧洲社会中争取自由和民主的呼声渐高，并伴随着反对专制制度和要求法律保障的主张，最终导致大规模的资产阶级革命。近代以来，以英、法等国为首的欧洲西方国家都逐渐确立了法律至上，并以法律制约政党、政府权力而保障个人自由权利的法治制度。

法治精神在欧盟50年的发展过程中得到了集中体现。从欧共体创建到它的每一步扩大和深化，从欧共体/欧盟的制度框架到它的各项政治、经济、社会政策都离不开法律的规范和依据。今天的欧盟已成为举世公认的"法治共同体"。欧盟法的独特适用方式表明它已经成为一个独特的、自成一体的法律体系，这既是欧洲一体化在法律方面的体现，也是对欧洲一体化的保障，同时还为国际社会提供了有益的制度参考。

欧盟与主权国家在法律层面的博弈是欧盟法必须面对的重要问题。为了限制欧盟权能过分扩张，辅助性原则便应运而生。辅助性原则并非新概念，其渊源可回溯至亚里士多德的政治哲学和中世纪阿奎那斯的学说。罗马教廷在20世纪上半叶曾将其作为重建社会秩序的基本原则。第二次世界大战后，欧洲国家将这一原则转化为法律概念，德国、瑞士还将其纳入宪政体制，以解决联邦与地方政府的分权问题。如今，辅助性原则已成为欧盟的重要法律原则，《马斯特里赫特条约》将该原则引入《欧共体条约》。2004年的宪法条约也提出："根据辅助性原则，欧盟只在其干预行动比国家、地区、地方的行动更适合的领域活动。"

5. 团结互助原则。

1950 年 5 月 9 日的《舒曼声明》指出："欧洲不可能一蹴而就，也不是个整体工程，它只能通过逐个具体成果来实现，并首先体现为事实上的团结互助。"这句话不仅预示了欧洲一体化发展的特点，也明确了团结互助在共同体中的重要意义。

在欧共体建立之初，成员国之间就存在发展差距，如今欧盟已有27 个成员国，其发展差距更为显著。欧盟要想成为名副其实的共同体，就必须以团结互助的方式应对和解决这些问题。因此有人称："团结互助是欧盟的灵魂。"

欧盟的团结互助行动涉及经济和社会领域，主要体现为共同体的成员国之间、各地区之间和公民之间的相互帮助，以便支持农村发展，帮助困难行业，建立基础设施，减小地区差距，支援受灾地区，从而达到增强内部团结和促进和谐发展的目的。其具体做法是制定一系列共同政策并设立各种专项基金给予支持。

1957 年的《罗马条约》提出了加强经济统一，保障和谐发展，减少地区差别等原则。根据《罗马条约》创建的"欧洲社会基金"旨在提供职业培训和就业帮助，解决青年和妇女的就业问题，以消除欧洲社会的不平等。1975 年欧共体创建了"地区发展基金"，目标是把欧共体部分预算投向落后地区。1986 年的《欧洲单一法令》提出"结构性团结互助政策"，旨在减轻共同体市场对新入盟国家和落后地区的压力。1996 年通过的《稳定与增长公约》则力图减少财政赤字和公共债务，以保障后代人的福利，避免寅吃卯粮。2000 年的《欧洲基本权利宪章》第四部分则以"团结互助"为题，规定了欧洲公民一系列政治、经济和社会的基本权利。在欧共体和欧盟的团结互助措施中，以各种专项基金和"地区发展政策"力度最大，也最为重要。

1988 年，欧共体将地区发展基金、社会基金、农业指导与保障基金合并为"结构基金"，从而形成地区发展政策体系。近年来，结构基金占欧盟预算的比重不断提高。2000—2006 年，地区发展政策投入为 2570 亿欧元，占欧盟预算的 37%，仅次于共同农业政策的投入。

1994 年，欧盟根据《马斯特里赫特条约》，设立具有扶贫性质的"团结基金"，专用于促进希腊、葡萄牙、西班牙和爱尔兰 4 个相对落后成员国的发展。1999 年，为适应东扩需要，欧盟还为中东欧申请国制定了《经济重建援助计划》、《入盟前结构政策手段》、《农业和农村发展专项援助计划》，并在 2000—2006 年间为此斥资 217 亿欧元。这些国家正式入盟后便可享受团结基金的援助。预计，新入盟的大多数中东欧国家可望在 2015 年达到欧洲标准生活水平，发展水平最差的国家也可望在 2030 年达到这一水平。

6. 多样性原则。

从 2000 年起，欧盟把"多样性中的统一"正式作为其发展座右铭。实际上，多样性是欧洲地区的一贯特点，尤其表现在地理、历史、文化、习俗、语言、思想和宗教传统方面。欧盟在强调欧洲文化多样性的同时也提出：无论是威尼斯城的魅力、伦勃朗的绘画，还是贝多芬的音乐和莎士比亚的戏剧，这些都属于欧洲共有的文化遗产。研究欧洲的专家学者指出："欧洲观念"反映了"同一性"和"多样性"两种含义的交织。"同一性"以"多样性"为前提，是"多样"的"同一"。同样，"多样性"也正是对着"同一性"说的。这种结合或者说是矛盾统一，有一个发展的过程，贯穿在欧洲的历史中。

尽管多样性反映了欧洲的历史和现实，但这一价值在欧洲一体化初期并未受到特意的提倡，因为欧洲的设计者们当时更注重如何推动欧共体的同化和统一。随着欧洲一体化的扩大和深化，一些新的问题和挑战也应运而生。欧盟的政治家和思想家们越来越认识到多样性的重要意义：它既代表着民众的要求，也是欧洲的活力所在。欧洲的多样性主要体现在文化方面。因此，《欧洲联盟条约》明确提出：欧盟目标是"在尊重各国人民的历史、文化和传统中加深他们的团结"；"欧盟努力促进各成员国文化的繁荣，并尊重各国各地区的多样性"。（第 151 条）在这方面，欧盟推行的辅助性原则、地区发展政策和文化交流活动都是大力提倡多样性的表现。而欧盟所奉行的多语主义则集中体现了鼓励多样性政策。

《罗马条约》为多语政策定下了框架和基调。依据这一精神，部长理事会于 1958 年 4 月 15 日颁布的欧共体第一号语言规定提出：欧共体所有语言都是相互平等的官方和工作语言。如今欧盟已有 27 个成员国和 23 种官方语言。欧盟为实现语言上的沟通付出了巨大代价。欧盟各机构的翻译费用每年约为 11 亿欧元，占欧盟预算的 1%，各种译员共约 3000 名，负责对 1.1 万场会议和 130 万页文件进行口语和书面翻译。为了从根本上解决语言方面的障碍和负担，欧盟还提倡各国青年学生掌握两门外语。为此，欧盟委员会 2004 年决定每年投入 3000 万欧元作为外语教育培训费用。

（三）价值共同体的扩张

在《罗马条约》签订后的 50 年间，欧盟完成了从 6 个成员国到 27 个成员国的扩大。在这个过程中，共同体作为一个"价值共同体"的建构不断得到体现。其建构过程可分为具有不同特点的四个阶段：第一个阶段是从 6 国煤钢共同体扩展为 9 国经济共同体。英国、爱尔兰和丹麦的加入在价值层面上主要是认同"欧洲联合"路径的过程；第二个阶段是欧共体从 9 国扩大到 12 国。希腊、西班牙和葡萄牙的加入是一个兼具"共有价值"扩张和认同联合路径的过程；第三个阶段是冷战后欧盟从 12 国扩大到 15 国。奥地利、芬兰和瑞典入盟是一个与第一阶段相似的认同欧洲联合路径的过程；第四个阶段是欧盟由 15 国扩大到 27 国，这个阶段主要是欧洲共有价值的扩张过程。

1. "欧洲联合"：一体化的价值起点。

由于欧洲一体化的创始国在政治、经济、社会的"共有价值"层面上没有差别；因此，认同"欧洲联合"这种路径成为战后初期构建"欧洲价值共同体"的主要条件。但是，这种通过国家之间的"联合"来促进和平与繁荣的思路当时并没有被多数西欧国家所接受，反对这种价值取向的代表是英国。战后初期，英国沿袭传统的三环外交思路，自认独立于"欧洲"之外。欧共体成立之后，英国最初的对策是建立一个包罗"欧洲经济合作组织"所有成员国在内的欧洲"工业自由贸易区"。此举失败之后，英国于 1960 年 1 月与瑞典、挪威、丹麦、瑞士、奥地利和葡萄牙组成了 7 国"欧洲自由贸易联盟"（欧自联），与欧共体分庭抗礼。当时英国的思路是"要自由贸易，不要欧洲一体化"。1961 年 8 月英国正式申请加入欧共体，并在历经波折后于 1973 年最终入盟。1995 年，欧共体最终完成"消化"欧自联的过程，使其"联合"路径成为欧洲在价值层面上的基本取向。但直到现在，英国对于欧洲联合的态度在很多方面仍与多数欧洲大陆国家有很大差别。

2. "共有价值"：一体化的必要条件。

在欧共体文献中，以"共有价值"为基础缔造国家联合体的表述，较早见于 1985 年 6 月 11 日欧共体委员会关于西班牙和葡萄牙两国加入欧洲共同体的意见书中。该文件提到，"多元民主原则和尊重人权是欧洲共同体成员国人民的共有传统，因此也是共同体成员资格的主要条件"。在 1986 年 2 月签署的《单一欧洲法令》中，在序言部分再次强调"保护基本人权和自由"、"平等和社会公正"以及"促进民主"等价值性内容。

这种变化主要来源于一体化的现实需要。20 世纪 60 年代以后，欧洲一体化进程逐步扩大到欧洲的"欠发达地区"。欧共体先后与希腊、土耳其、马耳他和塞浦路斯签署了开放贸易与实施财政援助的合作协议，并于 1970 年和 1972 年与西班牙和葡萄牙建立合作关系。与此前介入一体化进程的国家不同，上述国家不仅经济发展水平较低，而且多数在政治上也不很稳定。欧共体迫切感到在政治上"应该帮助这些年轻的民主政权巩固起来"。这不仅是共同体扩大的必要条件，而且符合欧洲联合的根本目的。西班牙和葡萄牙两国加入欧共体之后，共同体方面表示，因两国的"加入而扩大了的共同体将有利于维护欧洲的和平与自由"。

在欧盟东扩过程中，体现价值共同体扩张的核心事件是 1993 年发布的"哥本哈根标准"。它要求入盟联系国必须满足四项标准，其中第一项和第二项阐释了一体化的核心价值，即在政治上，申请国必须是稳定的、多元化的民主国家，至少拥有独立的政党、定期举行选举、依法治国、尊重人权和保护少数民族合法权益；在经济上，申请国必须具备可以发挥功能的市场经济制度。在 1993 年欧盟与保加利亚和罗马尼亚签署"欧洲协定"时，这些价值性的条件已经被包括进去；而在 1991 年与捷克、波兰、匈牙利签署的同类协定中，还没有包含这些内容。欧盟委员会在《2000 年议程》中对中东欧申请国实现政治标准的情况进行了全面评估，针对每个国家指出了具体的问题。与希腊、西班牙和葡萄牙加入欧共体时在政治上的一般性要求相比，欧盟对中东欧国家的政治要求非常严格。因为与冷战时相比，欧共体成员国的安全环境得到了根本的改善，东扩的主要目的是巩固冷战胜利的政治成果、实现"欧洲建设"的基本地缘目标。因此，通过扩大的过程完成对中东欧国家的政治改造就成为一个主要的任务。中东欧申请国渴望在政治和文化认同上完成"回归欧洲"的历史夙愿，在认同"欧洲联合"路径方面不存在任何问题，因此在政治改造方面采取了积极配合的态度。

在强调以"共有价值"为基础构建国家联合体方面，共同体在不同的价值领域中实行了不同的政策：在政治价值方面采取严格的态度，任何违背民主、人权、法治、自由的因素都必须立即进行彻底的纠正；在社会价值上强调逐步趋同，确立倡导社会公正、团结和平等的基本立场即可；在经济价值上容忍历时较长的改革过程，试图通过长期合作引导对方的转变。从根本上说，这种态度上的差异是由共同体利益所决定的。对共同体而言，成员国恪守共有的政治价值事关一体化的合法性问题，容不得半点含糊；经济价值的作用虽然更加直接，但可以通过内部的协调与合作逐步改善；社会价值则更多的是一种差异性基础上的价值追求，即使是老成员国的社会模式之间也存在很大的差异，对发展程度相对较低的新成员国进行硬性要求是不利于一体化顺利发展的。因此，从某种意义上可以说，作为欧洲一体化政治基础的"共有价值"，主要指的是核心政治价值。

3. 欧洲"价值共同体"与外部世界。

欧盟作为一个价值共同体对外部世界产生影响的过程可以分为两个阶段：冷战时期，其主要政治目标是成为独立的政治力量，在西方阵营中发挥自己的作用；冷战结束后，欧盟的国际地位有了很大的提高，其影响外部世界的愿望也随之膨胀。在1991年签署新欧洲宪章的过程中，共同体领导人已经明确表示，欧共体将为建立一个"更尊重人权和有共同价值观的国际秩序作更大的贡献"。在第一个阶段，共同体主要强调在处理对外关系时"用一个声音说话"。在第二阶段，共同体在处理对外关系的过程中明显强化了"价值普世主义"色彩，对推行欧洲"共有价值"给予了高度的重视。显然，这种变化过程与前述"价值共同体"的构建过程有着紧密的联系，因为它们是在同一个历史过程中发展变化的。

冷战结束后，共同体对外部世界的影响日益扩大。在欧洲范围内，共同体与转型国家之间全面建立了有等差的合作关系。从价值共同体的角度而言，这是一个在政治上重新"统一欧洲"的过程。在迅速启动与中东欧候选国入盟谈判的同时，欧盟对阿尔巴尼亚、波黑、克罗地亚、马其顿和塞尔维亚等国启动了"稳定与协作进程"，向这些国家提供一定的经济和财政援助，就政治对话、建立自由贸易区等问题进行广泛的接触。所有要求入盟的国家都必须在经济体制、发展水平、民主进程等方面努力达到欧盟的要求。另外，欧盟还通过"塔西斯（TACIS）方案"向12个独联体成员国和蒙古提供无偿援助，帮助这些国家向市场经济转轨、推进民主化进程。1999年欧盟通过了对俄罗斯的新战略，6个月后又出台了对乌克兰的国家战略。

而此前它已经与独联体国家签署了"伙伴关系与合作协定",旨在加强这些国家的民主、法治和公共机构建设,并帮助其融入"欧洲共同体经济和社会区域",包括与欧盟共同建立一个自由贸易区,发展密切的经济和政治联系。这样,欧盟实际上已经在欧洲的范围内建成了一个以联盟为核心的"价值共同体",基本实现了一体化最初的政治目标。

在更大的范围内,欧盟作为一个"价值共同体"的扩张也表现在与第三世界国家的关系方面。2000 年 6 月,欧盟与"洛美协定"签字国签署了替代性的"科努托协定"。协定强调发展中国家应该提供一个没有腐败的政治、经济环境来吸引外国投资,发展合作的重点应该包括健全民主、加强法治和尊重人权。协定规定的政治对话的内容非常广泛,包括预防冲突、保障人权和民主化等等。特别值得注意的是,协定制定了处理违反人权情况的新措施,双方还同意采取措施处理严重的腐败案件。尽管欧盟作为一个价值共同体对第三世界国家的政治影响是有限的,但其长期的和潜移默化的作用却是不可忽视的。据统计,目前欧盟从"科努托协定"涵盖的 48 个最不发达国家的进口额仅占其区外进口总值的 1%,对欧盟国内生产总值的影响则可以忽略不计。但以如此之小的经济代价换取如此之大的政治影响,应该看成是欧盟对外关系中的一个成功。

4. 深度接触:欧盟价值扩张的基本特点。

欧盟在后冷战时代作为一个"价值共同体"在处理对外关系时,主要的特点是奉行"价值普世主义",将欧洲的"共有价值"普遍化为人类社会都应接受的价值准则。欧盟作为一个区域性的超国家集团,手中掌控的财政与军事手段都是非常有限的,是一种比较彻底的"民事力量(civilian power)"。在此背景下,共同体在后冷战时代实施价值扩张的过程中采取了由近及远的"深度接触(engagement)战略"。

首先,这种战略在地缘上的基本特点以西欧为中心向外延展:从中东欧国家扩展到巴尔干地区,再扩大到独联体国家和俄罗斯。其次,欧盟实施的"深度接触"具有长期性:南欧 3 国加入欧共体和中东欧国家入盟都经历了漫长的"入盟谈判"和"过渡期"。准备入盟的国家在政治上没有一个发生过根本性的反复,说明这种战略是比较成功的。再次,共同体的所有接触性项目都是与一定规模的经济援助相伴而行的。在中东欧国家转型的过程中,欧盟通过"24 国援助"

和"法尔计划"对它们进行了大规模的援助,支持其实施政治经济调整。1995 年 11 月,欧盟国家与地中海地区的 12 个国家和地区(阿尔巴尼亚、塞浦路斯、埃及、以色列、约旦、黎巴嫩、马耳他、摩洛哥、突尼斯、土耳其、巴勒斯坦、利比亚)之间签署了"巴塞罗那宣言",宣布将在 2010 年前建立"欧盟—地中海自由贸易区"。该项目建立了称为"迈达(MEDA)方案"的财政工具,专门资助塞浦路斯、马耳他和以色列之外的国家进行经济转轨,为贸易自由化作准备。1999 年起,欧盟规定与第三国签署的所有协定都要包括人权条款,同时还制定了一项预算额为 1 亿欧元的"民主和人权主动行动"。

欧盟在实施价值扩张的过程中重视"深度同化",将经济民主、社会公正和司法公正作为重要内容。从某种意义上看,对美国来说,"民主"是价值扩张的结束;而对欧盟来说,"民主"只是价值扩张的开始。二者之间的差别与它们的性质与实力有直接关系,从效果上说更是难以比较。但是,如果联想到美国的近邻拉丁美洲地区目前的状况的话,至少应该说欧盟对于中东欧国家的价值同化是卓有成效的。

(四) 价值共同体面临的挑战

50 年来,欧盟建构价值共同体的过程并非一帆风顺,并且还需要面对未来的众多挑战。

第一,在经济全球化加速的影响下,国际竞争在不断加剧。欧洲社会经济方面也呈现出众多问题。战后的持续增长、充分就业和福利国家的黄金时代已成过去。为了适应全球化的发展,欧洲原有的社会经济模式和价值观念都有待进行深刻改革。

第二,以信息和网络技术为代表的科技革命正在深刻改变着当今人类社会。这不仅体现在经济、军事和金融方面,也体现在政治、社会和文化方面。现在,不仅出现了网上办公、网上纳税、网上求职等新事物,网上竞选、网上集会、网上论坛等方式也业已成为现实。这使公民与政治之间的关系更加直接,公共管理更为透明,并为"直接民主"和"跨国民主"等新型民主创造了条件。在新科技的促进下,传统的政治机制和观念必须加以改变,否则便难以消除"代表性危机"。

第三,欧盟的每一次扩大和深化都会给共同价值观的塑造提出新任务。这几年十多个中东欧国家的入盟过程更是对欧盟价值共同体的严重考验。由于冷战，欧洲在近半个世纪里分裂为两个敌对阵营，其政治制度、意识形态和价值观念都处于截然不同甚至严重对立状态。目前，尽管一些中东欧国家已经入盟，但真正融入欧盟价值共同体仍需艰巨的努力和漫长的过程。

第四，欧洲一体化的发展规律表明，它最初是由思想家设计，由政治家推动的，开始时只是个民族国家的经济联盟。随着一体化的逐步深入，欧盟开始向政治和价值共同体方向发展，广大民众的参与和支持也显得越来越重要。从经济共同体到政治和价值共同体，从精英推动到民众参与，欧洲一体化的这一转变尚未完成，目前还有许多障碍和难题有待克服。

2007—2008

欧洲联盟篇

欧洲联盟政治形势

本年度欧盟政治发展有三个值得关注的热点：重启欧盟宪法条约批准程序、政治翼动的弱化和温室气体减排标准的出台。其中的亮点是欧盟为重启因 2005 年法国、荷兰公投结果而搁浅的宪法条约所做的努力。重启宪法条约进程与欧盟的制度改革和未来政治格局的发展前景紧密相关。同时，本年度也是欧盟政坛一个"变数之年"：法国大选结束了希拉克时代；英国首相换人也带来了一些新的气象，加之先前德国总理的换人，欧洲新一代政治领军人物纷纷登场，欧洲政坛正呈现一个新的特点：传统政治翼动（即"左一右"之争）对主流政治的影响力在弱化，欧洲政治逐渐走向中庸。随着全球气候变化带来的影响越来越显著，应对未来可能出现的环境灾难成了欧盟政治的核心议题之一。温室气体排放问题在欧盟政治议程中占据了不同寻常的重要地位，同时也在欧洲社会产生了重大影响，它使环境保护作为一种社会思潮日益显赫。

一　重启宪法条约批准程序

欧盟宪法条约危机并非兆始于 2005 年法国和荷兰的否决。在 2004 年开始起草宪法条约的时候，已经有人观察到这部宪法存在着结构性问题。2001 年《莱肯宣言》向宪法条约的起草者提出了三个目标：一是向最低层次分配权力（"辅助性原则"）；二是使欧盟更接近人民；三是提高效率。不少评论家都批评条约的起草者们好像忘记了前两条，只关注第三条。事实上，宪法条约的预期目的就是为了解决一个将拥有 27 个成员国的欧盟的决策效率问题。对代表性和责任性的忽视是宪法条约受挫的一个重要原因。自 2006 年起，随着欧盟主要成员国的政局发生变化，重新激活宪法条约被提上了日程。然而，所有重启宪法条约批准程序的努力都具有与宪法条约本身相似的优先性选择——效率。无论是默克尔的"路线图"，还是萨科奇的简化文本，都是为了在一个时间表之内（2009 年欧洲议会选举之前）将问题解决。虽然使英国与其他国家产生分歧的《基本权利宪章》问题涉及"人民的欧洲"的建设，但是导致德、法、西等国和波兰屡次发生激烈争执的表决机制问题才是宪法条约博弈中的根本性问题，它更多体现了双方对决策效率和国家利益的不同关注，提高欧盟机构代表性和责任性的问题又一次从人们的视野中淡出。

德国是 2007 年上半年的轮值主席国，在轮值任期内为重启宪法条约批准程序铺平道路是德国外交政策的优先目标，并为之作出了一系列的努力。默克尔在年初承诺，德国将在其任期结束的 6 月之前拿出一个新的路线图计划。

第一步，1 月 26 日，包括已批准条约的 18 国在内的 20 个成员国在马德里举行"宪法之友会议"，呼吁重新推动欧盟宪法条约的批准程序。

第二步，作为《罗马条约》50 周年庆典活动的主要内容之一，欧盟各国领导人在 3 月 25 日发表了《柏林宣言》。尽管宣言中没有出现"宪法"字样，但它承诺在 2009 年欧洲议会选举前结束欧盟制宪危机，使欧盟建立在"一个新的共同基础之上"。《柏林宣言》的最后文本中体现了在宪法条约问题上欧盟成员之间的分歧。之所以没有使用宪法的字眼，是为了照顾英、荷、波、捷等在宪法条约问题上持消极立场的国家，并将分歧留待 6 月份欧盟峰会上解决。峰会的结果将最终制定出一个"路线图"，并实现在 2009 年欧洲议会选举前通过新的欧盟宪法条约的目标。《柏林宣言》为欧盟走出制宪危机迈出了重要的一步。

第三步，5 月 12 日，欧盟委员会主席巴罗佐在葡萄牙小镇辛德拉召开了一个旨在拯救宪法条约的小型峰会。只有欧盟委员会主席、欧洲议会议长以及少数几个成员国领导人参加了这次会议。会议就重启宪法条约的时间表达成共识。葡萄牙总理索克拉特斯表示，只要 6 月份的欧盟峰会上能产生出"路线图"的可行方案，葡萄牙将在下半年的轮值主席任期中努力使新条约在 12 月的峰会上得以通过。

至此，欧盟各成员国已经基本同意将"宪法条约"作为建立欧盟新结构框架的讨论基础，但在一些具体问题上仍存在分歧。已经批准宪法条约的 18 个国家和爱尔兰、葡萄牙、瑞典、丹麦等国基本支持原有文本，并且不希望对诸如表决机制之类的关键条款加以改动。意大利总理普罗迪批评欧盟官方和公众将太多的目光投向那些制造麻烦的国家，伤害了已经完成审批程序的国家的民意。法国和荷兰则主张将现有条约浓缩成一个只需成员国议会批准的简化条约。英国、波兰和捷克反对现有条约，希望做出重大修正。其中英国主要是在赋予欧盟法人实体身份和《基本权利宪章》等问题上发难，而波兰则在票权分配方面提出"平方根"方案挑战宪法条约的"双重多数"方案。

与此同时，法国政局的变局减少了宪法条约问题中的变数。法国新总统萨科奇上任伊始就开始着手推动宪法条约问题的解决，以挽回法国因否决宪法条约而受损的在欧盟内的主导地位。他在上任当天就访问了德国，与默克尔商讨解决方案；5 月 23 日，他访问欧盟总部，在与巴罗佐举行的联合记者会上，萨科奇重申用"简版欧宪"取代宪法条约的构想。简化条约将不必经法国全民公决通过，只需要议会批准即可。

最后一步是欧盟峰会。进入 6 月份，"宪法条约外交"在欧盟主要成员国之间频繁展开。6 月初，波兰总理卡钦斯基表示，除非欧盟峰会考虑波兰有关修改投票权的建议，否则波兰将在峰会上否决召开有关宪法条约的政府间会议。欧盟各主要成员国纷纷向波兰施压或进行安抚。德国总理、奥地利总理、法国总统和西班牙首相都纷纷与波兰领导人会面进行游说。14 日，默克尔致信其他 26 个成员国领导人，提出德国对新宪法条约的建议。她希望在新的宪法条约中，欧盟应该成为"单一法人实体"；《基本权利宪章》即使不被纳入新条约，也应保留法律约束力。这些提议导致英德之间在宪法条约问题上分歧加剧。

21 日，峰会在布鲁塞尔召开。萨科奇推出"欧盟宪法简化版"，虽经会前大量的秘密外交工作，仍然遭到了波兰和英国的诘难。21 日的会谈无果而终。在 22 日的会议上，欧盟各国领导人频繁多边磋商，最终达成妥协，就新条约草案的内容达成一致。新条约以"改革条约"的面目出现，弱化了"宪法"性和"超国家"性的非实质性条款，但满足了德国的基本愿望，保留了"宪法条约"中有关机构改革的内容。协议的达成意味着"欧盟走出了制宪停顿和反思阶段"（默克尔语），使欧盟摆脱了制宪危机的困扰，为欧盟今后提高运作效率创造了条件。峰会决定，新条约的具体内容留待 2007 年底的政府间会议上讨论，新条约计划在 2009 年 6 月前付诸实施。

欧盟宪法条约问题在两个方面引起了人们的思考：

其一，"德法轴心"的问题。

在解决宪法条约危机的过程中，德法两国的合作产生了重大影响。在 6 月的首脑会议上，默克尔作为东道主提出了路线图计划，萨科则提出条约简化版的具体建议。德法两国在游说英、波、捷、荷等"反对派"的过程中也扮演了主要角色。很多人由此联想到"法德轴心"的复苏。

事实真的如此吗？德国和法国以往被人们称为欧洲的两个发动机。《经济学家》杂志的一篇评论认为，之所以德法两国可以发挥其影响力，是由于两国之间的不同，以及它们对其他国家的影响的不同。因而每当它们达成了妥协便代表了一种欧盟范围内的妥协结果，多数国家倾向于接受这一结果。《马斯特里赫特条约》就是这样，法国想加强对货币政策的控制，而德国想推进政治一体化，其妥协结果就是欧元。其他成员国的利益和意愿在这种妥协结果中也得到了体现。但是在施罗德和希拉克任内，这种格局发生了变化。两国在伊拉克战争、农业改革等问题上立场高度一致并都不喜欢欧盟委员会主席巴罗佐，使得德法两国更像一个利益集团。当德法两国观点趋于一致，而又不能代表欧盟多数成员国的意见时，它们对一体化影响力便受到限制。伊拉克战争时欧洲的分裂在某种程度上体现了这一点。这一次，德法两国在宪法条约的问题上又一次站到了一起。但是，即使今天存在"德法轴心"，其性质也已经与以往不同了。德国和法国是"既同且和"恰恰凸显了大国和小国立场不同，其对欧洲一体化究竟有什么样的影响尚有待观察。在一个 27 国的欧盟发挥影响的机制必然与 15 国的欧盟不同。德、法过去是决定欧盟发展的两个大国，而今天它们只是一个俱乐部中影响力最大的成员；德国和法国仍将可以影响欧盟，但是已经无法像一体化早期那样决定欧盟的发展方向。

其二，"多速欧洲"的问题。

在欧盟宪法条约的讨论中，"多速欧洲"再次被人提起。有评论认为这种态度是对宪法条约反对者的一种威胁：他们不会阻止支持者的前进，反而会失去进入核心圈子的机会。

事实上，这种观点并不仅仅是一种威胁姿态。扩大后的欧盟，内部同质性下降，地区差异加剧，各地区经济社会发展状况、制度法律的一体化程度和欧洲认同的发展水平都大不相同。这样一个欧盟很难保持同速的运转。在重启宪法条约批准程序的过程中，德法等的方案是放弃一些象征性条款，但仍要保留制度性的改革内容。这一点正是以波兰为代表的中东欧新成员国在表决机制等问题上持消极态度的根本原因。在这种情况下，一个"多速"的欧洲实际上是不可避免的。

多速欧洲其实始终存在，问题在于人们是否愿意承认而已。实际上，只有13个成员国的欧元区，只包含12个欧盟成员国的申根区等都是多速欧洲的典型例子。虽然欧盟峰会已达成基本的妥协，但在2009年之前完成宪法条约的批准程序仍有众多变量。制宪问题顺利解决的可能方案之一就是通过"多速欧洲"的形式：可以签署一套基本的宪法条款，但各个国家可以选择不同的一体化程度。这种方案一方面体现了"高速"国家人民的意愿和利益，另一方面也有利于维护欧洲一体化已经取得的成果。

二 政治翼动对主流政治影响的弱化

长期以来，政党政治的视角一直是我们观察和理解欧洲政治的一个重要角度。国内政治中的"左—右"翼动与国际环境的变化及国内社会的发展都有着紧密的联系。但是，过度强调国内政治中的"左—右"翼动并不能全面真实地反映欧洲政治发展的面貌。随着意识形态争论隐退和后现代政治的兴起，政治翼动具有了更多的功能性和应激性本质。事实上，政党的"左—右"偏好选择已经不完全取决于其指导观念和意识形态，而更多是政党为实现政治目标而采取的一种手段。

尽管如此，传统的以"左—右"翼动为主线的叙事方法仍具有重要价值。从1989年东欧剧变以来，出现了以新自由主义为代表的右翼思潮的上涨。20世纪90年代中期以来，左翼重新夺回部分阵地，对以美英为代表的发展模式和全球化浪潮进行了有力批判。但是这种批判已经不同于20世纪多数时间里发生的那种斗争性的批判，相反，左翼思潮更多关注的是弥补新自由主义所带来的问题，并探索更为合理的发展道路。结果，崇尚自由市场和竞争的"盎格鲁—萨克逊模式"与既重视市场竞争也强调社会责任的"莱茵模式"之间的界线被不断模糊。

近些年来，欧洲各国的主要执政党，无论是德国的红绿联盟

（社民党—绿党）到联盟党（基民盟—基社盟），还是法国的人民运动联盟、意大利中左联盟、西班牙工社党、瑞典社民党等，在反对新自由主义上有相近的口径，在经济和社会政策方面也有很多共同点。传统的"左—右"划分法对欧洲政党政治的解释力已经大大削弱。2003年美国发动伊拉克战争和2004年10个新成员国入盟，曾又一次强化了"左—右"翼动在欧洲政治中的重要性。但是随着重大事件的影响力消逝，欧洲政治重又回归本来面目，显示出其中庸性、世俗性和功能性的特质。在本年度欧洲政治的重大问题上，几乎无法按"左—右"标准来划分阵营。现实主义的选择是本年度欧洲政治的主要特征，也是可预见的未来一段时期欧洲政治的本质。

欧洲政治的这一特征可以从本年度发生的两个问题上来得到验证。

其一，欧美关系的调整。

本年度，欧盟与美国的关系发生较大变化。2003年伊拉克战争中出现的对美国关系的"两极化"格局日益弱化，欧洲各国与美国的关系极差减小。欧盟各主要成员国在对美立场上都采取了折中立场；"左—右"政治翼动对欧盟的对外关系影响日趋减小。

英国的布莱尔内阁长期追随美国，重视"英美特殊关系"，在很多国际问题上与美国保持一致，并不惜为此与欧洲大陆主要国家发生分歧。但是布朗担任首相之后，对英国的对外关系进行了重新评估。媒体认为他比布莱尔更加倚重与欧盟内伙伴的关系，而与美国新保守主义政府渐行渐远。在欧盟政策方面，布朗内阁对欧洲一体化采取了更为积极的态度。布朗还表示英国将重新考虑加入欧元区的问题。与英国相反，德国和法国进一步修补伊拉克战争期间受损的与美国关系。默克尔在出任总理之前即对施罗德的对美政策颇有微词，上任后立即着手修复德美关系。萨科奇在担任内政部长时就表示"为法美友谊而自豪"，曾被指责为"拿着法国护照的美国新保守主义者"。在竞选期间和当选后，萨科奇多次明确表达了对英美发展模式的赞赏。意大利的中左政府虽然与美国之间存在诸多矛盾和摩擦，可普罗迪还是希望与美国保持良好关系以在国际事务中扮演更重要的角色。西班牙现政府在2004年4月从伊拉克撤军，导致西美关系疏远。经过首相巴萨特罗努力，2007年6月，美国国务卿赖斯的访西之旅终于成行，两国关系有所改善。

从欧洲主要国家与美国关系的发展情况来看，无法得出欧洲政治正在发生"左"转或"右"转的印象，这一点恰恰反映了欧洲政治的特征。本年度欧美关系的变化和改善并不表明欧洲政治向新保守主义靠拢：英美关系、法美关系等都不会有实质性的改变。如布朗在公开表达他的"国际主义"和"多边主义"立场时，承认将与美国政府保持"非常密切"的联系。因此，合理的解释是：欧洲政治进一步摆脱了老"铁三角"时期的个人主义色彩和情绪化影响，向更加符合理性选择的方向发展。在世界政治不发生重大变化的情况下，欧美关系将更多呈现出现实主义和功利主义的特征，意识形态的影响力进一步弱化。

当然，这并不意味着欧洲国家已经完全脱离"左—右"政治的话语背景。欧美关系长期以来都是欧洲政治动向的重要坐标之一。从欧美关系角度来看，欧洲政治在"左—右"翼动的光谱上处于较为偏左的位置上（与美国的新保守主义相比而言）。欧洲社会对美国小布什当局的新保守主义倾向和在国际关系中的单边主义行为表现出普遍的反感。2002—2003年全欧范围内大规模的反美运动就是这一思潮的反映（参见《欧洲模式与欧美关系：2003—2004欧洲发展报告》，第39—43页）。

其二，经济社会改革的问题。

欧盟主要成员国在本年度都进行或计划进行经济社会改革，以应对国际竞争压力和国内政治危机。从这些国家的改革措施或主要政党的改革计划来看，欧洲各国执政党和在野党、左（中左）和右（中右）翼政党的差别都在缩小，在经济社会政策方面已经很难再用传统的"左—右"政治标准进行区分。

英国的保守党党魁大卫·卡梅伦试图修正撒切尔时代以来的保守主义价值观，强调社会团结和减少社会差距。而工党新内阁的改革措施与保守党的理念并无根本性冲突，同样重视社会福利和社会团结的提高。法国的经济社会局面在大选前已经到了一个困顿求变的关头，而萨科奇的当选则是选民要求社会变革的结果。在法国政治传统中，与英国走得过近通常是十分危险的。但为了与不受欢迎的希拉克政府划清界限以获得更多选票，萨科奇对英美模式表示出极大兴趣。早在2006年9月，萨科奇就访问美国并与小布什会晤。2007年2月，他借着向伦敦的法国公民拉选票的机会走访了英国的企业，表示出对英国经济社会发展模式的青睐。萨科奇的做法绝不只是一个姿态，而是对法国所面临的问题做出的回应；他希望借鉴盎格鲁—萨克逊模式，激发企业活力，提高经济的竞争力。

从欧盟主要国家正在进行的改革来看，各国政府和政党的改革措施与其传统的政治意识形态已经没有太大关系。例如，英国的保守党与执政的工党出现了某种程度的趋同；法国的新政进一步模糊了英国模式和大陆模式之间的分歧；意大利中左政府的改革措施似乎更符合贝卢斯科尼中—右政府的风格。只有被西方媒体称为"大西洋主义者"、"市场改革者和自由贸易主义者"的默克尔，其政策倾向更符合传统的"中—右"翼政党特征。然而德国的经济社会改革在施罗德执政期间就已经展开。本年度欧洲政坛中最激烈的"左—右"争论发生在法国总统大选期间。4 月 22 日第一轮投票结束后，曾形成了以罗亚尔和萨科奇"左—右"对决的局面。可是选举的最终结果表明，罗亚尔的政纲过于偏"左"有可能是其失利的原因之一。而事实上，在竞选过程中，即使是罗亚尔这样的重视传统政治价值的政治家也不得不摆出超越"左—右"藩篱的姿态。所有这些进一步证明了欧洲政党政治翼动其实是服务于解决经济和社会问题的现实需要。

三　欧盟的环境政治

本年度，欧盟围绕全球环境变化而展开全欧范围的舆论动员，并为控制温室气体排放而做出了政治努力。1997 年由 149 个国家和地区通过的《京都议定书》以及世界主要国家随后围绕着全球气候变化问题而展开的争论使得全球气候变暖这一议题成功实现了"安全化"，超出了单纯的环境问题的范围而进入了世界政治的主流议程之中。《京都议定书》规定到 2012 年，世界主要工业国家的温室气体排放量比 1990 年标准平均减少 5.2%，其中欧盟减排量为 8%。《京都议定书》的问题是：一方面，根据最新的科学研究结果，它所规定的减排量尚不足以避免气候灾难；另一方面，它将于 2012 年终止，因而未能为后京都时代的减排使命提供可参照的标准。正是在这个背景下，控制温室气体排放成了本年度欧盟政治的核心任务之一。

2007 年 1 月 10 日，欧盟委员会在其新能源政策提案中提出，到 2020 年将温室气体排放量至少在 1990 年基础上减少 20%的目标。这一新提案在 2 月的环境部长理事会上讨论通过；3 月 8 日在欧盟春季首脑会议上得到批准。欧盟不仅承诺将实现减排 20%的目标，还表示愿意与其他主要温室气体排放国一起将此目标提高为 30%。德国总理默克尔在这一政策的通过中起了积极的作用，德国承诺将在减排方面发挥表率作用。在 3 月的欧盟峰会期间，默克尔就表示将在 2007 年的八国集团首脑会议上敦促美国等排放大国做出承诺，并寻求达成"后京都"时代新的国际减排机制的可能。在 6 月的八国峰会上，全球气候变化果然成为会议争论的核心议题，但欧盟和德国提出的减少温室气体排放的方案都遭到美国反对。尽管如此，峰会还是达成了一个关于到 2050 年减排 50% 的政治宣言。

欧盟在限制温室气体排放方面上所取得的进展是两方面推动的结果。一方面，在全球气候变化问题上，欧盟和各成员国进行了十分成功的社会动员。全球气候变化问题占据 2007 年欧洲各大报刊、电视和网络媒体的中心位置。通过政治辩论和专家意见表述等手段，欧盟和成员国官方共同促使这一问题主导了本年度的社会思潮。这种思潮进一步产生了多种多样的社会运动：包括大学生和青年人的签名请愿、到八国峰会前举行示威等。这种社会思潮对环境问题的进一步政治化起到了促进作用。

另一方面，欧盟机构长期以来坚持不懈地推动温室气体排放问题的政治化，促进了相关立法和政治立场的出台。欧盟委员会于 2007 年 1 月提出的建议是为解决温室气体排放问题而进行的长期努力的一部分。它是基于 2005 年委员会向部长理事会提出的另一项建议：这份名为"赢得阻止全球气候变化的战斗"的建议为欧盟温室气体排放政策奠定了基础，一方面整合原有的政策工具，另一方面通过鼓励研究、国际合作和加大宣传力度为创造新的政策工具提供基本战略。2007 年 3 月的欧盟春季峰会通过最终文本正是长期努力的结果，不仅提出了 2020 年 20% 减排的约束性规定，还达成到 2020 年减排 30% 和 2050 年减排 60%—80% 的共识。解决温室气体排放问题的政治进程并非仅仅在委员会和理事会中进行，欧洲议会也对此展开了大量的研究和辩论，在 1 月份的委员会建议出台之后，欧洲议会紧接着通过了关于气候变化问题的决议。欧盟各机构之间的互动使得气候变化和温室气体排放问题成为 2007 年欧盟政治的重要议题。

欧洲联盟经济形势

欧洲经济在 2006 年处于高速增长的状态，由于活跃的世界经济和有利的内部条件，欧盟 27 国的经济增长率达到 3.0%，欧元区 13 国达到 2.8%，这是 6 年来最高的增长率。2007 年上半年欧洲经济在内部需求的推动下继续保持强劲增长，7 月后受美国次级抵押贷款市场危机带来的全球金融市场动荡的影响，2007 年经济增长率欧盟降为 2.9%，欧元区降为 2.6%。2008 年增长率可能会进一步下滑，但仍然能够保持稳定增长的态势。

一 经济形势述评

(一) 2006 年的高速增长

根据欧盟公布的统计资料，2006 年欧盟 27 国的实际产出本世纪首次超过潜在增长率，与此前 3 年的平均增长率相比（欧盟 1.8%，欧元区 1.4%）大为加速；超过美国的 2.9% 的年增长率，这使得欧盟自 2001 年以来经济增长率首次高于美国。人均国内生产总值增长率欧盟达到 2.6%，超过了美国的 2.3%。

经济增长对劳动力市场的影响在 2006 年表现出来，与上年相比就业增长几乎加倍，欧盟为 1.5%，欧元区为 1.4%，这是 2000 年以来的最快增速；欧盟增加了 330 万个工作岗位（其中欧元区增加 200 万个），失业率降至 8% 以下。由于受到石油和能源价格上涨的影响，欧盟和欧元区 2006 年的通货膨胀率（消费价格协调指数——HICP）均在 2.2% 以上，不过下半年已经下降至 2% 以下。欧盟平均财政赤字占国内生产总值的比例从 2005 年的 2.4% 降至 2006 年的 1.7%，欧元区从 2.5% 降至 1.6%；由于财政状况的好转，2006 年欧盟平均公共债务占国内生产总值的比例下降了 1 个多百分点，为 61.7%，欧元区降至 69%。

欧盟内部的经济调查表明，从 2005 年年中以来几乎所有经济信心指标都处于上升趋势，2006 年 4 个季度的增长率分别为 0.8%、1.0%、0.6%、0.9%。超出预期的良好经济形势主要是由内部需求所推动，欧盟增长 3%，欧元区增长 2.6%；而前 3 年内部需求平均增长率分别为 2.1% 和 1.7%。原因是高公司利润率、乐观的企业预期推动的设备投资明显改善和就业增加带来的私人消费适度增长。

投资快速增长成为主要增长动力。固定资本总投资欧元区增长 4.7%，欧盟增长 5.6%。推动投资增长的主要因素是：总需求前景的改善；制造业的设备利用率从 2005 年底稳步增长，在 2006 年第二季度欧元区达到 84.8%（欧盟为 84.5%），超过 1998—2000 年经济增长期的高峰值；继续有利的金融条件，长期利率只是温和增长；企业拥有足够的自身资源扩大投资；利润保持高位，公司总营业盈余占 GDP 的 30.3%，是 10 年来的最高值，同时实际单位劳动成本下降。建筑业的活跃也是投资增长的重要因素，由于德国建筑业的复苏，带动欧元区建筑业投资增长 4.5%，此前 3 年平均仅为 1.2%。私人消费方面，主要是由于德国和意大利的私人消费在多年的萧条后恢复了较快的增长。

欧盟出口从国际贸易加速增长中获利，下半年迅速增长，使得全年出口增长率欧元区达到 8.2%，欧盟达到 9.2%。净出口在欧元升值的情况下仍然对经济增长率保持正贡献。

欧盟 27 国中，增长率位于前三甲的国家是拉脱维亚（11.9%）、爱沙尼亚（11.4%）、斯洛伐克（8.3%）；倒数三位的国家为葡萄牙（1.3%）、意大利（1.9%）、法国（2.0%）。在欧元区国家中，增长率最高的是卢森堡（6.2%）、爱尔兰（6.0%）和芬兰（5.5%）。

（二）2007 年保持强劲增长

欧盟委员会春季经济预测报告指出，2007 年上半年欧洲经济继续保持强劲增长，已经形成基础广泛的稳定的复苏态势。欧盟委员会预测欧盟经济在 2007 年将增长 2.9%，欧元区增长 2.6%；2008 年则分别为 2.7% 和 2.5%。这一预测表明欧盟经济增长率将连续三年高于潜在增长率，这是欧洲本世纪以来最为乐观的经济形势。经济合作发展组织（OECD）、国际货币基金组织（IMF）的预测也认为欧元区 2007 年的经济增长速度要略快于美国。

第一季度欧盟和欧元区的季度增长率均为 0.7％，强劲增长由投资所驱动，反映了高设备利用率、有利的金融条件、健康的公司利润、企业库存大增和普遍乐观的前景。与预测不同的是第二季度增长有所减弱，尤其是法国、意大利和荷兰。第二季度增长率欧元区为 0.3％，欧盟为 0.5％。增长下降主要是第二季度的恶劣天气对建筑业的影响；同时投资支出 5 年来首次下降，反映了经济周期在 2006 年达到增长顶峰后开始转向。不过私人消费继续稳步增长，第二季度增长 0.5％，逐渐成为主要的增长动力。净出口仍然保持很小的正贡献。

7 月以后美国次级抵押贷款市场危机带来的全球金融市场动荡对欧洲经济产生一定程度的负面影响。欧洲中央银行开始加息干预，9 月初银行间隔夜贷款利率达到 6 年来的最高。大多数经济信心指标停滞甚至开始出现倒转，例如欧元区 7、8 月除零售外的所有部门的敏感指数都有所下降，但所有部门的信心指标都在长期平均值以上，表明 GDP 增长仍然位于潜在增长率之上。制造业购买经理人指标自 2006 年夏季以来一直在缓慢下降，服务业购买经理人指标保持着上升趋势，只有 8 月略降，不过两个指标均处于经济扩张区域内。工业和服务业的敏感指数在四季度有所上升。因此全球金融动荡虽然对欧盟经济增长产生下降风险，但影响有限，未来几个季度增长仍然稳定。乐观的增长前景来自以下因素：全球经济环境仍然相对有利；欧盟经济基本面依然强健；调查指标虽然稍弱但仍然位于高水平；劳动力市场改善增强了私人消费。预计内部需求仍然是增长的主要动力，尤其是私人消费，这是欧盟劳动力市场持续改善的结果。失业率夏季降至 7％ 以下，是 20 世纪 80 年代以来的最低。

根据欧盟委员会 11 月的秋季经济预测，第三季度欧盟增长率为 0.8％，欧元区为 0.7％；预计第四季度欧盟和欧元区的增长率均在 0.4％—0.5％。所以全年增长率与春季预测基本一致，2007 年欧盟经济增长率为 2.9％，欧元区为 2.6％。7 个大国的增长率将分别是：德国 2.4％、西班牙 3.7％、法国 1.9％、意大利 1.9％、荷兰 2.5％、波兰 6.5％、英国 2.9％。

良好的经济形势带来就业的增加，2007 年欧盟新增 360 万个工作岗位（其中欧元区增加 230 万个）。欧盟委员会预计 2008、2009 年欧盟将再增 450 万个就业岗位（其中欧元区增加 320 万个），失业率将降至 20 世纪 90 年代初以来的最低水平，欧盟失业率将在 2007 年、2008 年两年内分别降至 7.2% 和 6.8%，欧元区失业率将分别降至 7.3% 和 7.1%。

随着经济增长形势的改善，通货膨胀和公共财政的状况均将有所好转。预计 2007 年欧盟和欧元区的通货膨胀率分别为 2.3% 和 2.0%；2008 年略升，欧盟为 2.4%，欧元区为 2.1%。由于经济增长和税收弹性的影响，预计 2007 年欧盟平均财政赤字可以降至 1.1%（欧元区降至 0.8%），但是仍然有 5 个国家（葡萄牙、捷克、匈牙利、波兰和罗马尼亚）的财政赤字可能超过 3% 的上限。由于财政状况的好转，欧盟平均公共债务占国内生产总值的比例在 2007—2008 年两年将继续下降，2007 年欧盟降至 59.5%，欧元区降至 66.5%；2008 年欧盟降至 58.3%，欧元区降至 65%。

（三）增长因素分析

从经济周期因素方面来看，欧洲经济周期的基本变化规律是，出口增长作为前期推动力促进经济复苏，随后刺激内部需求（先是投资、然后是消费）的增长，从而继续推动经济增长。这次经济周期的上升阶段由于没有发生意外的经济冲击，因此基本上符合这一规律。目前欧盟经济增长仍然保持稳定，主要是上升的内部需求和虽然略缓但仍属强劲的出口增长，即出口、投资和消费均处于强势或者升势。内部需求方面，投资从 2006 年下半年成为主要推动力，由于上升的需求预期、高公司利润率、有利的金融条件、高产能利用率和对新技术的投资，使得设备投资全年增长率达到 7%，为 2000 年以来最高，不过下半年建筑业投资下降较大，总投资增长趋缓。私人消费在 2007 年已经形成稳定增长趋势，正在逐渐成为增长的主要动力，预计对经济增长的贡献率从 2006 年的 1% 增加到 2008 年的 1.5%，主要是就业增长、工资增加和略降的通货膨胀率支持实际劳动力收入的增加，失业率下降促使消费者信心增加。

从以往的经济周期来看，欧洲与美国的周期时差约为半年到一年，2007 年美国的经济增长率下滑肯定会对欧洲 2008 年的增长率产生影响，不过美国的经济问题主要出现在住房业，因此对欧盟出口影响不大。而且近年来欧盟对美国的出口份额在降低，从 1999 年的 17% 降至 2006 年的 15%。另外 2007 年世界经济受美国经济下滑的影响较小，尤其是中国和亚洲的增长形势很好，而欧洲近年来增加了与亚洲的经济联系，有可能会部分抵消美国的下滑影响。

从长期结构因素方面来看，与20世纪90年代相比，美国在新经济的推动下强劲增长，欧洲则明显滞后。本世纪以来，欧洲在目标是建立知识经济的里斯本战略的带动下开始追赶进程，如北欧国家在电子、网络技术等方面已经与美国并驾齐驱，欧洲与美国在新经济方面的差距正在缩小。

欧洲的结构改革旨在提高劳动参与率、促进研发与创新、增加人力资本投资（教育和培训）、创造有利的企业环境等，与劳动力市场有关的福利体制改革的基本思路是变消极的救济失业为积极的促进就业（如就业补贴、失业保险、培训与介绍新职业）。欧洲在世纪之交开始的经济结构改革虽然进展缓慢，但也在逐渐产生影响，如欧元区劳动生产率2006年增长了1%，而此前10年年均增长不足0.7%；20世纪90年代以来的劳动生产率下降趋势已经基本停止。

德国经济已经基本上摆脱两德统一的后遗症，经济增长率从前10年的平均1%左右上升到2006年的2.7%，预计2007年、2008年两年为2.4%，财政赤字占国内生产总值的比例低于3%。德国经济的内在变化包括：近年来工资增加缓慢（甚至在工资基本不变的情况下增加工时）和将部分生产转移到低成本国使得外部竞争力提高；劳动力市场改革使得失业率下降至7.5%；两德统一的负担减轻，如向东部地区的转移支付（社会救济而非投资性）减少、基础结构投资基本完成、住房补贴减少、超过实际生产率的高工资差距缩小等。随着德国东部地区不再成为整个德国经济的拖后因素并向自主型增长转变，德国有望重新成为欧洲大陆的经济发动机。

新入盟的中东欧国家由于经济转型正处于向老成员国的加速追赶期，而欧盟一系列的经济一体化政策也有助于新成员国的经济增长。预计2007年新成员国的经济增长率将达到5.4%，虽然较2006年的5.9%小幅放缓，但是总体的强劲增长势头有可能保持若干年。

不过欧盟2008年的经济增长中也存在着若干问题，可能导致增长率下滑，主要因素包括：

一是所有的经济调查指标均表明此次经济周期的高峰已经过去，经济增长率进入下降阶段。二是高石油价格的波动。2007年7月达到每桶78美元的高点后，8月稳定在70—75美元的较高水平，11月再度高涨，达到90多美元，预计2008年在96美元左右，而按照欧盟委员会的模型估测，会影响欧盟增长率下降 0.2 个百分点，通货膨胀率增加 0.1 个百分点。三是欧元的继续升值。欧元在 2007 年夏季加速升值，7 月 24 日达到 1.38 美元，8 月中旬后稳定在 1.35 美元左右，此后一路上行，11 月 27 日达到 1.48 美元的高点，有可能使欧元区的出口增长下降而失去对经济增长的推动作用。而美国经济 2007 年增长下滑较大以及全球金融动荡的影响，使得贷款条件趋紧，可能导致投资和消费的信心不足，必然对欧洲的经济增长产生不利影响，欧盟委员会预测 2008 年欧盟经济增长率下降为 2.4%，欧元区下降为 2.2%。

从这次经济周期上升阶段的本身特征而言也存在一些问题。与此前 4 次的经济周期上升阶段的平均增长率相比，目前的经济增长率低了大约 1.5 个百分点，而这一差距主要是由私人消费增长率过低所造成的。原因是虽然随着经济增长就业在增加，但是工资增加的幅度大大低于以往的经济周期，从而造成私人消费增长缓慢。如果 2007—2008 年这一状况不能得到改观的话，欧洲经济增长的后劲将会不足。

从长期结构因素来看，主要的问题在于：潜在增长率低于 20 世纪八九十年代；旨在增加劳动力市场灵活性的福利体制改革在某些成员国进展迟缓；人口老龄化对稳健财政形成越来越大的压力等。因此，面对乐观的经济形势，欧盟委员会经济委员阿尔穆尼亚慎重警告："我们必须通过使公共财政根基稳健和推进改革进程来保持经济复苏的持续。这样可以在老龄化问题重击之前削减公共债务和提高潜在增长率。"

二　欧盟的灵活保障共同原则

（一）里斯本战略与北欧国家的成功经验

为应对经济全球化和人口老龄化的挑战，欧盟在 2000 年确立了在 2010 年前使欧盟成为以知识为基础、世界上最具竞争力的经济体的里斯本战略，并于 2005 年调整为增长与就业战略，其目标是在社会和环境可持续发展的基础上创造经济增长和增加就业。

就在大多数欧盟国家艰难地向这一目标推进之时，北欧国家（丹麦、瑞典、芬兰）已经基本上实现了里斯本战略的规定指标（如 3% 的增长率、70% 的就业率、研发投入占国内生产总值的 3% 等）。北欧国家是在保持和发展福利国家制度的前提下取得了经济增长和就业增加的成果的，尤为引人注目的是北欧国家通过灵活保障模式的创新为实现里斯本战略的目标提供了宝贵的成功经验。

北欧国家在20世纪80年代陷入福利制度危机，为应对危机，北欧国家在20世纪90年代比其他欧洲国家更早地开始了适应全球化竞争的经济社会结构改革进程。改革的基本思路不是通过削减福利体制的方式纳入全球化经济，而是通过社会对话与集体协商达成政治承诺，在保持繁荣平等的福利社会的同时，创立具有高度的竞争力、灵活性和富有效率的经济体制。北欧国家在目前所有欧洲国家所面对的相同困境中寻求突破：如何使经济自由主义与普遍公认的福利国家原则相互协调，并将两者成功结合。其中，丹麦在波尔·拉斯穆森任首相期间将企业的灵活性（雇主容易雇用和解雇雇员）与对雇员的保障（对失业者高救济和培训再就业）成功结合，创造了灵活保障模式（flexicurity = flexibility + security）。社会民主党在执政期间成功地将失业率从13%降到5%。中右政府于2001年上台后，灵活保障制度并没有因为政权更迭而变化。其他北欧国家（包括不是欧盟成员国的挪威和冰岛）也进行了类似的改革（如瑞典的"强政府—强市场"组合），改革的核心都是在增加企业灵活性的同时加强劳动力市场的流动性和提高对雇员就业的保障，使得北欧国家从本世纪初以来重新焕发了经济活力。目前北欧5国不仅仍然是世界公认的最全面的高福利国家，而且全部进入了国际经济竞争力强国之列。

丹麦的灵活保障模式被誉为"金三角"，即灵活的劳动法和契约协议、慷慨的社会保障与福利制度、广泛的积极劳动力市场政策。其中关键的是改变以救济贫穷与失业为主的消极社会政策为以促进就业和个人动力为主的积极社会政策，将保障的核心从工作保障（保证雇员在工作岗位上不易被解雇——job security）转向就业保障（保证雇员在被解雇后能够重新就业——employment security），在赋予雇主灵活招募和解雇权力的同时，通过慷慨的失业救济和约束性的培训再就业项目帮助雇员提高技能和适应新工作。失业者在就业办公室登记后享受原工资80%的失业救济金，但同时必须接受再就业培训和就业办公室推荐的工作，如果失业者无理拒绝接受工作，失业救济金将被取消。目前丹麦劳动力市场的特征是非常高的就业率（2006年达到77.4%），非常低的失业率（3.9%）、青年人失业率（7.7%）和长期失业率（0.8%），高新雇人员比率（1/4的雇员受雇于同一雇主不足一年），终身学习的高参与率（27.4%），从而形成雇员的高度全面保障感，并且进一步增强了收入分配的社会公平状况，拥有几乎是世界最低的贫困率（3.8%）和基尼系数（0.24）。

与此同时，北欧国家普遍加大教育科研投入，通过对人力资本的投资造就高素质的劳动力和通过发展信息通讯等新技术部门成功地实现经济结构调整，从而在经济全球化的冲击下形成新的国际竞争优势。目前所有的北欧国家仍然保持着福利国家的高收入、高税收、高福利的基本特征，尽管税收水平很高，但是由于政府的高效廉洁而真正做到取之于民、用之于民，全部通过教育、医疗、养老、失业救济、住房补贴等方式实现税款返还，不仅保证了社会公平，更重要的是创造了良好的宏观经济环境，形成了市场经济与福利社会双赢、效率与公平俱佳的北欧经济社会模式，通过灵活保障制度的创造将福利国家的发展推向了一个崭新的阶段。

（二）欧盟大力推进灵活保障模式

在欧盟重启里斯本战略时，2005 年欧洲学术舆论界出现了一个讨论北欧灵活保障模式的热潮。欧洲议会中的丹麦、芬兰、瑞典的社会民主党 5 月向议会提交了名为"北欧模式——一个里斯本模式"的政策报告。5 月 31 日，欧洲议会社会党团以此报告为基调在爱沙尼亚首都召开"为经济活力而发展社会欧洲"的学术研讨会。9 月，欧盟的智囊机构——欧洲政策中心发表了由十多位欧盟政要和著名学者撰写的"北欧模式：欧洲成功的诀窍"论文集，全面地介绍了以灵活保障为核心的北欧经济社会模式在经济全球化和人口老龄化的压力下获得的成功。

2006 年 1 月，欧盟委员会就业与社会事务总司建立由学者和社会伙伴组成的专家小组，主要任务是评议有关的学术研究文献和成员国的良好实践，研究确定执行灵活保障的前提条件、不同国家的起点和可供选择的路径。同时，欧盟委员会在年度发展报告中提出实施灵活保障的 4 个构成要素：灵活的工作契约、有效积极的劳动力市场政策、可靠的终生学习制度、现代化的社会保障体系。

2006 年 3 月，欧盟理事会将促进劳动力市场"灵活保障"的进展确定为贯彻里斯本增长与就业战略的优先领域之一。理事会同时责成欧盟委员会协同成员国政府和社会伙伴研究发展一套灵活保障的共同原则。

2006 年 11 月 6 日，欧盟委员会发表"2006 年欧洲就业报告"，指出"灵活保障"方式已经产生积极效益，建议各成员国根据本国特点制定相应措施以推进劳动力市场的改革，强调要在灵活和保障之间取得平衡。11 月 22 日，欧盟委员会发表劳动法修订草案绿皮书，其核心就是如何实施推行灵活保障机制的劳动力市场改革，委员会要求成员国、社会伙伴以及其他各界人士讨论如何使欧盟和成员国的劳动法规有助于劳动力市场更为灵活，同时为工人提供最大限度的保障。

2007 年 2 月 22 日，欧盟就业部长会议通过联合就业报告，强调"欧洲为了有效地应对全球化的挑战和劳动人口缩减的压力，灵活保障必须成为今天的秩序"。3 月 8 日在布鲁塞尔召开的三方社会峰会责成欧洲社会伙伴联合研究如何面对欧洲劳动力市场的核心挑战，包括宏观经济政策、契约协议、鼓励人们工作和终生学习的战略等，并于 4 月提交分析文件。欧盟委员会在进行了大量的研究、讨论和向成员国、议会、工会、企业界、非政府组织和公众广泛征询意见后，于 4 月 20 日在布鲁塞尔召开灵活保障大会，向欧盟各界全面汇报专家小组的工作结果。

（三）灵活保障共同原则的内容

2007 年 6 月 27 日，欧盟委员会发表了提交欧盟理事会、议会、经济社会委员会和地区委员会的通讯："关于灵活保障的共同原则：通过灵活和保障创造更多和更好的工作。"

通讯首先指出，欧盟正在面临经济全球化和人口老龄化的挑战，社会保障体系的可持续性受到威胁。为了达到里斯本战略关于更多的和更好的工作的目标，需要寻找一种新方法以使得劳动力市场更为灵活，同时提供更好的就业保障。由于现在很少人能在一生中从事同一工作，个人更为需要的是就业保障而不是工作保障。公司尤其是中小企业，需要能够根据经济环境的变化调整其劳动力，他们必须能够重新招募具有更佳技术、更高的生产率和适应更激烈竞争与创新的雇员。欧洲及其成员国需要进一步向富有活力的知识型经济发展，使繁荣的收益在全社会平均地分配。因此欧盟理事会要求欧盟委员会与成员国和社会伙伴研究发展一套关于灵活保障的共同原则，以便成员国在国家改革项目中发展更为系统的综合政策来改善工人和企业的适应能力。目前欧洲经济增长的有利形势为实现里斯本战略的增长和就业的目标、强化经济和社会凝聚提供了机会。

通讯将灵活保障定义为一种综合战略，同时加强劳动力市场的灵活和保障。一方面，灵活是指成功变换工作，使工人进入更好的工作、实现升职流动和才智的理想发展；另一方面，保障不是维持原有工作，而是赋予工作者以技能，使其得到进展和找到新工作，也包括在转换期间适当的失业救济。因此，企业和工人可以从灵活和保障的相互加强中共同受益，即通过更好的工作组织、技能增长带来的升职流动、对培训的投资等使得企业赢利和帮助工人适应和接受变化。灵活保障作为劳动力市场现代化的综合方法必须包括 4 个组成部分：灵活和可靠的契约协议，通过现代劳动法、集体协议和工作组织的合作；全面的终身学习战略，保证工人的持续适应和就业能力；有效积极的劳动力市场政策，帮助工人应对迅速的变化、减少失业和平稳转换新的工作；现代化的社会保障体系，提供适当的收入支持、鼓励就业和促进劳动力市场流动性。

通讯在总结北欧国家、荷兰、奥地利等成员国实施灵活保障政策的经验后提出灵活保障应该具有的广泛特征：适度的就业保护法规、终生学习的高参与率、对劳动力市场政策的高支出、平衡权利和义务的慷慨的失业救济、社会保障体系的广泛覆盖面和高水平的工会。灵活保障政策带来的社会经济成果是相对于欧盟平均值的高就业率、低失业率和低贫穷率。这些国家中社会伙伴的积极参与是确保灵活保障释放全部利益的关键，社会伙伴关系是处理雇主和雇员的需要和直接进行协调的最佳方式。

通讯指出，虽然灵活保障政策和措施必须反映不同成员国的情况，但是由于欧盟成员国面对同样的经济全球化和人口老龄化的挑战，为了促进增长就业战略的共同目标，应该达成一套关于欧盟"灵活保障的共同原则"的共识。为此，委员会提出 8 个共同原则的建议：灵活保障应该包括灵活和可靠的契约协议、全面的终生学习战略、有效的积极劳动力市场政策、在失业期间提供适当的收入支持的现代化社会保障体系，共同原则的目的在于强化实施欧盟增长就业战略和巩固欧洲社会模式；在雇主、工人、寻找工作者和公共机构之间达成权利和责任的平衡；适应成员国的特定环境、劳动力市场和劳资关系；缩小劳动力市场上的局内人（长期、全时制工作者）和局外人（不标准或者不确定的契约协议者）之间的差距；通过帮助雇员在职业阶梯上升迁（内部）和跨越职业市场（外部）发展内部和外部灵活保障，招募和解雇的充分灵活必须辅以转换工作的保障，社会保障必须支持而不是阻止流动；促进性别平等和为所有人提供平等的机遇；创造均衡的政策组合以便在社会伙伴、公共机构和其他利益攸关者之间促进信任关系；确保灵活保障政策的成本和效益的公平分配，对强健、可持续的财政政策作出贡献。灵活保障及其组成部分所包含的各个政策都不是新的政策，但是灵活保障战略提供了一种综合的新方法，使得不同的要素可以相互支持。

通讯强调虽然制订出灵活保障的共同原则，但并不是要建立单一的劳动力市场模式或者统一的政策战略，因为并不存在着一种适合所有国家的灵活保障的方法。根据成员国已有的最佳实践，委员会提供了 4 个可能的实施路径供成员国选择：解决契约分裂问题（局内人和局外人），在企业内部提供灵活保障和工作转换保障，解决劳动力之间的技能和机会差距问题，改善救济金领取者和非正式就业者的就业机会。

葡萄牙在就任 2007 年下半年的欧盟轮值主席国后，将达成灵活保障共同原则作为任期内的重要任务，并为欧盟理事会 12 月的审批采纳做好了最后的准备。

欧洲联盟社会形势

　　和上年度相比，本年度欧洲社会形势趋于好转，主要表现在因经济形势明显好转而带来的就业状况明显好转、失业率普遍下降，与此同时各国民众满意率也不断上升。但非法移民问题依然严重，虽然各国不断加大打击非法移民的力度，在欧盟及跨国层面也进一步加强协调合作，但压力依然很大，仅 2007 年头 9 个月就有上千名偷渡客不幸丧生。极右排外势力有进一步抬头的迹象，欧盟为加强对种族主义及排外势力打击的力度于 4 月签署了新的法案。

失业率下降明显，高技能员工出现短缺

　　由于欧洲经济形势好转，整体就业形势也明显趋于好转，失业率普遍持续下降，2007 年 1 月份欧元区平均失业率已降至 7.4%，远低于上年同期 8.3% 的水平。1 月份欧元区失业人数为 1110 万，整个欧盟为 1750 万，分别低于上年同期的 1230 万和 1920 万，下降比较明显。欧盟 27 国平均失业率连续 8 个月下降，6 月份降至 6.9%，是 1993 年创立欧元区统计数据机制以来的最低水平，比上年同期降低 1 个百分点。欧元区 6 月份失业人数 1004 万，整个欧盟为 1610 万人。

　　自 4 月份起，德国失业人口首次降至 400 万以下，5 月份为 385 万，达到 4 年半来的最低点；7 月份失业人数为 371.5 万人，失业率 8.9%，其中西部地区为 245 万，失业率 7.3%，东部地区 126.495 万人，失业率 14.7%。9 月份登记失业人数为 354.3 万，较上月减少 16.2 万，较 2006 年 9 月减少 69.4 万，失业率从 8 月份的 8.8% 降到 9 月份的 8.4%。

　　5 月份法国失业人数已低于 200 万；6 月份失业率依欧洲统计局

估计为 8.6%（较 5 月份下降 0.1 个百分点），而法国估计是 8%。自 1997 年至 2006 年 10 年间，法国共新增 260 万个就业岗位，其中大部分（210 万）是在 1997 年和 2001 年间开创的。由于自 2001 年以来工业衰退，10 年当中工业部门共损失 24 万个就业岗位（-6.2%），建筑业新增 27 万个就业岗位（+24.6%），服务业新开创 255 万个就业岗位（+25%）。

2007 年第二季度西班牙的失业率降到 8% 以下，为 7.95%，是近 30 年来最低水平。就业岗位数目持续高速增长，全国就业人口达 2036.7 万人，比上季度增加 29.81 万人，创历史纪录。就业增长特别对妇女有利，从第一季度到第二季度，女性失业率下降 7.26%，男性失业率下降 2.43%。第二季度全国失业人口为 176 万人，比第一季度减少 96100 人。但年轻人失业率仍居高不下，从第一季度到第二季度，20—24 岁年轻人失业率只略微下降 1.81%，16—19 岁年轻人失业率则增加 17.55%。

欧盟 27 国于 2007 年 9 月 24—29 日开展为期 6 天的"欧洲就业日"活动，在 230 多个城镇同时举行，举办就业博览会和一些与就业有关的研讨会，参加活动的单位有企业、工会、大学、就业培训中心和商会等。其目的是鼓励增强欧盟成员国之间的就业流动性，并为雇主和就业者牵线搭桥。

在失业率不断下降的同时也出现了劳动力短缺、特别是技术工人和专业人才短缺的情况。欧盟扩大后新成员国劳动力向西流动趋势明显，新成员国劳动力短缺问题因此更严重一些。在欧盟顺利东扩之后，为鼓励劳动力在更大范围内流动，欧盟把 2006 年确定为"欧洲劳工流动年"，为此采取许多举措。但同时又产生劳动力因流向单一即向西欧流动而造成中、东欧国家劳动力短缺的新问题，例如自波兰从 2004 年 5 月加入欧盟截至 2006 年 7 月，已经有大约 200 万人为追求更高的工资和更好的社会福利纷纷到西欧国家就业，其中大部分是年轻人，从而造成波兰本国劳动力匮乏。

德国一方面有约 2 万名工程师登记失业，但另一方面由于缺乏专业人才，很多工作岗位找不到合适人选，2007 年 9 月份需要招工的岗位达到 99.2 万个，对德国经济的发展产生不利影响。德国政府因此准备为教育和再培训投入更多资金，同时通过调整移民政策吸引更多外国专业人才。在英国，一方面有较多失业人口（2007 年 5 月份为 166 万），另一方面则缺少技术人才，仅在伦敦，就有 74% 的企业表示在寻找高技能员工方面存在困难，这个比例高于上年的 61%，比 2005 年 1 月时高出一倍。

目前西班牙的中小企业需要大量的移民劳工，而现行的移民配额制每年规定的各行业可接纳移民数目太少，无法满足经济发展的需要。企业家们因此希望政府能够取消配额，允许企业能自由地到移民的来源国雇用劳工，然后为他们办理居留和工作许可，企业家们认为应由企业来决定每年接纳的移民数目，而不应由政府决定。

法国从 2003 年 8 月开始实施新的退休法，将法定退休年龄从 60 岁推迟至 65 岁；从 2008 年起，政府公务员、国有企业员工缴纳养老保险金的年限将与私营企业职工一致，即从当前的 37.5 年延长至 40 年，到 2012 年再延长至 41 年，2020 年延长至 42 年。在公务员退休制度中，对退休者因其等级地位而获享更多利益的规定予以取消；放宽和协调退休者再就业的规定；设立"加分"制度，鼓励职工在 60 岁以后仍继续工作，每多工作一年，在计算养老金时增加 2%—3%；同时设立"减分"制度，每欠缴一年的养老保险金就减少一定比例的养老金。

法国 2007 年 8 月公布的一项民意调查显示，63% 的受访者希望能够工作到 65 岁，但实际上每年约有 10 万人在 65 岁之前便被迫退休。在大多数法国人看来，自由选择退休时间仍只是一个口号和梦想。从事较艰苦职业的人如扳道工、火车司机希望能早点解脱。他们往往到了 50 岁健康状况就开始下降，然而苦于没有达到基本工龄、没有缴纳足够的退休养老金而不得不工作到 60 岁。而文职人员，特别是中高层管理人员希望一直能工作到 65 岁甚至更久，但雇主常常为节省工资开支而让工龄长的职员"指定退休"，以便雇用廉价的新手。法国有专家指出，2003 年开始实施的新退休法其实自相矛盾，而当年起草法案的领导正是现任总理菲永，当时他担任社会事务部长。这部法律规定 60 岁以上的劳动者有权自由选择退休时间，但法律同时保留了雇主自由解雇 60 岁至 65 岁职员的权利。实施新退休法的意图是解决政府财政收入不足的问题，因法国每年职工缴纳的退休金不足以支付退休人员的养老金。但由于法律保留了"指定退休"制度，很多企业在员工年满 60 周岁之后的几个月内就动用"指定退休"，职员对企业这一决定没有申诉权，每年因此有 8.6 万至 10.7 万职员被"指定退休"。

经过反复磋商谈判，意大利政府与工会于 2007 年 7 月 20 日就退休金制度改革问题达成协议，同意逐步提高退休年龄，从 2008 年 1 月 1 日起，意大利职工最低退休年龄从目前的 57 岁提高到 58 岁，从 2009 年 7 月 1 日起提高到 59 岁，到 2013 年将提高到 61 岁。新的退休金改革方案在未来 10 年内预计每年使国家节约资金约 10 亿欧元，有助于意大利在压缩公共财政赤字方面完成欧元区国家所要达到的指标。根据新的改革方案，从 2008 年 1 月 1 日起，年龄达到 58 岁且工龄为 35 年的职工才可退休。6 月底意大利政府与工会组织就提高低退休金的具体方式达成协议，310 万月退休金不足 654 欧元的退休者从 2008 年起每月将增加 33 欧元。这条措施也将惠及 30 万领取最低福利金者（残疾人）。

芬兰是欧洲老龄化最快的国家之一。芬兰政府于 2005 年推行退休金改革，鼓励职工推迟退休年龄以增加收入，以缓解因退休职工越来越多而对国家退休金制度造成的压力，这一做法已逐渐为公众所接受。自改革以来，芬兰平均退休年龄推迟了 6 个月，55 岁至 64 岁职工就业率超过 50%，比欧洲平均数高 10 个百分点。在 2005 年之前，芬兰提前退休的现象很普遍，现在则有很多人推迟退休，因为早退休得到的退休金较低，而 63 岁至 68 岁的职工可随时正式退休。2006 年，65 岁以上者占芬兰人口的 16%，预计到 2030 年这个数字将增至 26%。

为应对欧盟人口老化、解决缺少专门人才问题，欧盟委员会于 2007 年 10 月下旬出台设立欧盟新居留证的计划，该计划以美国"绿卡"制度为参照，称之为"蓝卡"，旨在吸引有技术专长的移民。"蓝卡"持有者将享有在欧盟成员国工作的权利，有效期为两年，可以延续并到其他成员国继续工作。但这个计划需得到所有成员国的同意才能执行。德国已表示，是否接受新移民的最终决定权应由欧盟各成员国掌握，法国和英国也对该计划的可行性提出质疑。

欧盟就业委员会于 7 月份发表报告指出，欧盟男女两性之间平均薪酬差别目前仍为 15%，比 1995 年时的 17% 仅略有下降。其中，塞浦路斯和爱沙尼亚两性间薪酬差距最大，为 25%；其次是斯洛伐克，为 24%；德国甚至比 1995 年还增加 1 个百分点，为 22%；英国的差距为 20%，较 10 年前的 26% 有所下降。造成这一情况的原因既有明显的歧视，但更多是隐性原因，例如女性从事了更多地照料家庭等无报酬的工作，更多女性从事兼职工作，女性的职业发展会遇到更多障碍，在升迁方面落后于男性，以女性为主的行业薪水通常较低。薪资差距往往随着年龄的增长和服务时间的增加而扩大，在 50—59 岁的年龄段，薪资差距扩大到 30% 以上，而在 30 岁以下年龄段，这一差距只有 7%。对于在一家公司供职超过 30 年的女性，这种差距甚至会扩大到 32%，而服务年限在 1—5 年的女性，薪水差距可能为 22%。

欧盟年轻人的教育和就业状况不佳，平均每 6 个年轻人中有 1 人辍学，在 24 岁以下的年轻人中失业人口为 460 万，失业率约为欧盟总体失业率的两倍。为此，欧盟委员会于 9 月初推出一项青年教育和促进就业计划，旨在改变欧洲年轻人就业难的状况，帮助他们更好地融入社会，承担起未来发展的重任。计划强调应充分调动家庭、学校、雇主和非政府组织等各方面力量以促进青年教育和就业，并敦促各成员国加大努力，从落后地区的孩子抓起，减少辍学现象，提供更多的早期学校教育机会。

截至 2007 年 1 月，欧盟有 20 个成员国规定了强制性最低工资标准，但各国之间标准相差很大，从 1 倍到 17 倍不等，其中卢森堡的法定最低月工资是 1570 欧元，而保加利亚只有 92 欧元，为最低。如果根据购买力来计算，这一差距就缩小到 1—7 倍，以罗马尼亚的实际法定最低工资最低，最高的依然是卢森堡。领取最低工资者的比例在西班牙是 1%，而在法国则高达 17%。

在 20 世纪 90 年代初，中东欧国家的工资水平只及德国和奥地利的 7%，目前已经上升到 20%。欧盟于 2007 年扩大为 27 个成员国后，内部地区间的贫富差距进一步拉大，最富裕地区的购买力比最贫穷地区高出 11 倍以上。欧盟统计局把整个欧盟划分为 268 个地区，最贫穷的罗马尼亚东北部地区的购买力只有欧盟平均购买力的 24%，保加利亚有 3 个地区的购买力是欧盟平均水平的 26%。欧盟 1/4 地区的购买力不到欧盟平均水平的 75%，主要分布在波兰、希腊、罗马尼亚、保加利亚和匈牙利。欧盟最富裕的地区是英国伦敦地区，其购买力达到欧盟平均水平的 303%。随后是卢森堡和比利时布鲁塞尔地区，其购买力分别是欧盟平均水平的 251% 和 248%。德国统一至今虽然已近 20 年，但东西部之间的工资差距依然很大，东部人平均工资较西部人少 20%。

一方面由于中东欧国家加入欧盟后状况趋于好转，另一方面由于欧盟经济形势趋好而使失业率下降，欧盟各国民众的满意率在不断上升。欧盟 2007 年 2 月 26 日公布上年 11 月进行的一项民意调查显示，

87％的欧盟百姓对自己的生活感到幸福满意。其中丹麦人满意度最高，达到97％，比例在90％以上的国家还有荷兰、比利时、爱尔兰、卢森堡、芬兰、英国、西班牙、法国和马耳他。相比之下，新入盟国家的满意度仍较低，其中2007年1月刚刚入盟的罗马尼亚民众满意率为60％，保加利亚只有39％。

"申根国家"增为25国，非法移民问题依然严峻

欧盟各国于2006年底曾达成协议，捷克、爱沙尼亚、匈牙利、拉脱维亚、立陶宛、马耳他、波兰、斯洛伐克、斯洛文尼亚和塞浦路斯10个欧盟新成员国从2008年1月1日起加入《申根协定》，使"申根国家"扩大为25个；其中挪威和冰岛不是欧盟成员国。在老成员国中，英国和爱尔兰仍不是"申根国家"。欧盟成员国内政部长2007年7月20日在斯洛伐克首都布拉迪斯拉发举行会议，决定争取在8月底前完成连接《申根协定》新签证数据库系统任务，为新成员国加入《申根协定》做好准备。9月18日欧盟司法委员弗拉蒂尼称可能于2007年12月圣诞节假期之前便启动10个国家加入无边境检查的申根空间，作为"宣传欧盟的一个好消息"。

10月4日欧盟再次确定，12月21日和22日为正式扩大申根国家的准确日期，届时10个欧盟新成员国中的9个（塞浦路斯除外）同现"申根国家"之间的陆路和海路边境检查将完全取消，公民可在这24国范围内自由来往，而机场检查还会持续到2008年3月底。

为严防恐怖分子及非法移民入境，英国政府决定于2008年普及具有护照持有者生物特征信息的电子护照，所有英国公民至迟都能在2009年得到生物身份证，凡来英国逗留时间超过6个月的外国人，必须在2008年年底前使用这种有存储生物特征电子芯片的护照。对来自所谓"高风险国家"的移民，目前已实行生物签证制，从2008年3月起对所有申请来英者都使用生物签证。

德国联邦议院和联邦参议院于8月份通过新《移民法》，该法是在2004年《移民法》基础上经修改而成，德国总统科勒8月21日在柏林签署新《移民法》，该法正式生效。该法对移民德国作出更严格的规定，内容包括外国人常年居留权规定、新的外国移民配偶迁居条例、融合政策、新入籍办法、反恐怖主义保护条例等。该《移民法》一度遭到反对党、一些州和移民团体的批评。德国现有移民背景的人

口约 1500 万，其中一半已加入德国籍。但外国移民在德国的融合问题长期以来被忽视，由此产生诸多社会问题。尤其是右翼势力不愿承认德国已是移民国家这个事实。德国总理默克尔于 2006 年、2007 年两度邀请社会各界代表举行移民融合圆桌峰会，共同探讨如何有效促进移民融入德国社会。

法国国民会议于 9 月 20 日紧急通过移民控制法草案，显示法国开始收紧移民政策，内容包括在想要移民者的原籍国设立"语言水平及共和国价值观知识检测"机制，凡 65 岁以下移民，只要其在法国生活的一名家庭成员为其申办家庭团聚移民，都需接受这种检测，如果测试不过关，行政当局须组织培训，只有获得"结业证明"，才能获颁签证。申请家庭团聚者的收入水平应至少等同于法定最低工资，或至多不低于最低工资的 1.2 倍；废除经常入境且在法国生活 6个月以上的法国人的外籍配偶可直接在法国获得长期居留的规定；子女享受家庭团聚待遇的家长须与国家签订一份接待和融入合同，保证接受关于在法国生活的家长权利和责任的培训；等等。

西班牙是移民大国。近几年来，由于经济的快速发展和相对宽松的移民政策，西班牙吸引了越来越多的移民前来打工或定居。据西班牙统计局的统计数据，生活在该国的合法移民从 2002 年的 197 万多人上升到 2006 年的 414 万多人，占总人口的 9.27%。2006 年约有 21万移民带着合法劳工合同抵达西班牙，从事西班牙人不屑于做的工作。2007 年上半年，西班牙雇主以这种形式申请了 17.87 万个工作岗位。与此同时，偷渡人数大幅下降。近 10 年来，西班牙经济高度增长，吸纳了近 200 万移民。社会党政府 2005 年还为大约 60 万身份不合法的劳工办理了身份合法化手续。

截至 2006 年 1 月 1 日，意大利总人口约为 5875.2 万人，比上年增加 0.5%，其中合法居留的外国居民 267.1 万人，比上年增加11.2%，占意大利总人口的 4.5%。

为解决瑞典人口日趋老龄化、劳动力短缺的问题，瑞典移民事务和避难政策大臣于 2007 年 7 月提出一系列鼓励外国劳工到瑞典就业的建议，在建筑业、服务业等劳动力紧缺的行业，有一技之长的外国劳工可以申请为期 3 个月的特殊工作签证，瑞典雇主可以直接招聘外籍劳工，而不需要瑞典劳工部的审批；已在瑞典找到工作的外国劳工获得的首次工作签证也将从目前的 18 个月延长到 24 个月，以后如继续在瑞典工作，可以续签。瑞典政府还计划放宽对外国留学人员在瑞典居留和工作的限制。这些新建议如获得批准，将于 2008 年年中实施。

瑞士从 6 月份起对 17 个欧盟成员国（15 个欧盟老成员和马耳他、塞浦路斯）以及冰岛、挪威、列支敦士登 3 个欧洲自由贸易联盟成员国实行人员自由流动政策，这些国家的公民可以自由地在瑞士工作，取消名额限制，先实行一年。如果一年后进入瑞士的劳工数量过多，即超过近 3 年来平均移民的 10%，则恢复名额限制制度。

近年来欧盟避难申请者数量大幅减少，从 2002 年的 40 万减至 2006 年的 18.1 万，但各国批准避难申请的比例大相径庭。欧盟委员会在 2007 年 6 月提出 2010 年前制定欧盟共同避难制度的设想，将在 2008 年初对避难申请程序、法律标准和接待条件进行协调并且提出法案。提出避难申请的俄罗斯人（主要是车臣人）当中，有 74% 为奥地利所接纳，30% 为法国所接纳。伊拉克难民申请者有 52.1% 受到瑞典接纳，但是只有 1.3% 能够在希腊留下来。协调避难机制的工作从 1999 年开始。在此期间，近 1.7 万避难申请者的档案从某成员国转到另一个国家，以对申请进行审查。

欧洲非法移民问题依然严重，尤其在欧洲南部的马耳他、意大利、西班牙以及希腊。非法移民主要是来自北非，也有的来自中东地区，他们乘坐简易船只横渡地中海，使欧盟各国十分头疼。估计仅马耳他附近海域每年至少有 600 名以上偷渡客因沉船而罹难，5 年来人口只有 40 万的小国马耳他在海上共救起约 7000 人。此外，每年有数以千计的非法移民从土耳其渡海到希腊诸岛时被截获，沉船事件同样经常发生。希腊仅在 8 月份一周多时间内就截获 300 多名非法偷渡者。据意大利非政府组织"欧洲堡垒协会"的统计，2007 年 1 月至 9 月底，共有 1096 名偷渡客不幸丧生，自 1988 年以来至少已有 1.0335 万移民在欧洲海域丧生。2007 年偷渡西西里岛的登陆人数虽减少，但死亡人数却增加，1—9 月死亡人数已达 500 人，而 2006 年全年为 302 人。

2007 年 6 月欧盟 27 国内政部长举行会议，研究如何防范非法移民偷渡地中海酿成沉船悲剧问题。首当其冲的马耳他希望欧盟各国分担接待被救起的偷渡移民的责任，而其他国家虽愿意加强欧盟海域的巡逻，却不准备分担接待移民的"重负"，仅同意就马耳他在特别困难的情况下对"分担责任"的安排进行讨论。一再发生的沉船悲剧也迫使欧盟加紧考虑调整非洲政策，包括考虑从非洲招募一定数量的季节性农工及建筑工人，同时与劳工来源国达成协议，使劳工在签证到期后必须返回本国。

据估计，目前欧盟境内大约有450万到800万非法移民，而且每年仍有35万到50万"偷渡客"涌入，他们当中一些人虽然找到了工作，但由于没有合法身份，只能靠打"黑工"维持生计，时常受到雇主的压榨。欧盟委员会于5月16日提出立法建议，拟加大对企业雇用非法移民行为的查处力度，以遏制非法移民涌入的势头。该立法建议规定欧盟各成员国应加大检查力度，每年至少排查10%的企业，要求雇主在招聘来自欧盟以外国家的劳工时必须向本国主管部门汇报，未能履行这一义务的雇主应遭受罚款和行政处罚，对多次、大量雇用非法劳工以及压榨劳工的行为还应予以刑事处罚。这一立法建议一旦由欧盟各成员国政府和欧洲议会批准生效，将适用于所有参与欧盟移民政策的成员国，并构成最低要求。

位于斯特拉斯堡的欧洲委员会于10月初发表的一份报告则建议欧洲各国对非法移民实行居留合法化的程序。自1981年以来，欧洲一些国家共实行了约20次居留合法化程序，向近400万非法移民提供了临时居留证和工作证。在迫切需要非专业外国劳动力的西班牙，2005年曾将57万非法移民的身份合法化；意大利在最近几年内实行了5次居留合法化程序，共惠及140万移民；希腊于2005—2006年间实行一次合法化程序，有17万非法移民提出申请；在德国和荷兰，由于公众和一些政党强烈反对，传统上不赞成大规模的合法化行动，但荷兰国会于6月通过一项法令，允许约3万名申请避难被拒的外国人留在荷兰。

位于维也纳的"欧洲种族主义和排外势力监视中心"（EUMC）于2007年3月1日正式更名为"欧盟基本权利监督局"（FRA），其职责范围也有一定扩展。该局于8月底发布的《2006年欧盟成员国种族主义及排外状况报告》分为五部分，介绍与基本权利有关的法律问题及在就业、教育、住房、种族主义暴力和犯罪等各方面的种族歧视情况。该报告指出，多数国家的种族主义犯罪都出现增长，波兰和斯洛伐克两国的增幅超过50%，德国虽增幅不大，但案件总数高达1.8万，为全欧之冠。希腊、意大利、西班牙、塞浦路斯和葡萄牙对种族排外情况未做任何统计，因此该报告未反映这5个国家的情况。

欧盟于2000年通过《种族平等法令》，并要求其成员国在2003

年前将其列入本国法律。经过 6 年的谈判，欧盟各国司法和内政部长于 2007 年 4 月 19 日签署了一项打击种族主义新法案。新法案要求欧盟成员国惩罚以种族、肤色和民族为由的犯罪，最高可判入狱 3 年。该法案包括打击否认纳粹屠杀犹太人以及使用纳粹标记和攻击宗教等行为，但这些行为必须是在有可能引发暴力的情况下才能定为犯罪。

受到平等对待是一项基本权利，但欧盟却仍存在因肤色而带来的就业、就学、住房和卫生保健方面的歧视，至今仍有不少国家的相关法律与该法令的要求有一定差距。欧盟委员会 6 月 27 日敦促西班牙、法国、瑞典、捷克、爱沙尼亚、爱尔兰、英国、希腊、意大利、拉脱维亚、波兰、葡萄牙、斯洛文尼亚和斯洛伐克等 14 个成员国全面执行欧盟《种族平等法令》。如果这些国家不能在两个月内作出令人满意的答复，欧盟委员会将把它们告上欧洲法院，并有可能建议欧洲法院对某些国家作出处罚。

德国于 5 月份公布的《2006 年度宪法保卫报告》显示，2006 年德国共发生约 1.8 万起具有右翼动机的违法犯罪案件，比上年增加 14.6%，其中具有极右性质的暴力犯罪案件增加 9.3%。德国极右翼政党之一的德意志民族民主党成员在 2006 年达到 7000 人，比上年增加 1000 人，已引起德国各界及政府以及欧洲舆论的关注和担忧。德国政府每年在打击极右势力方面的投入是 2400 万欧元，但仍远不够。

2007 年 8 月 5 日，波兰发生一起严重的反犹事件，位于波兰南部琴斯托霍瓦市一块建于 18 世纪末的犹太墓地里，约 200 个墓碑被涂上纳粹和光头党标记。该墓地安葬着许多杰出的犹太人，是犹太人在波兰生活历史的重要遗址。波兰总统莱赫·卡钦斯基随即致信该市犹太人社会文化协会主席，对犹太古墓地遭亵渎一事表示震惊和遗憾，称这"是对波兰和犹太两个民族共同生活历史的玷污"。

欧洲联盟法制建设进程

本年度，欧盟法制建设取得一些新进展。这首先表现在欧盟立宪出现新的转机。在德国任欧盟轮值主席国期间，欧洲首脑会议通过了解决欧盟宪法批准危机的方案，重新启动了为适应欧盟扩大而进行的必要的机构改革与欧盟基础条约修改的进程。其次在二级立法上，欧盟在许多方面有一些重要发展，特别是出台了近年来最为重要的立法之一，即"欧盟服务指令"。此外，在民事事项的司法合作方面，欧盟关于小额求偿程序与关于非契约责任准据法的相关立法，也令人瞩目。再次，在司法方面，欧盟的两个法院在过去的一年中做出了60多份判决；其中，在税收相关的问题上，欧洲法院的判决确认、解释了对共同体具有影响的一些规则。

一 欧盟立宪进程

在法国与荷兰公投否定宪法条约两年之后，欧盟领导人终于在2007年6月21—22日的峰会上确定了解决宪法批准危机的方案，即召开新一轮政府间会议，起草一个修改现行诸条约的"改革条约"（Reform Treaty），以取代欧洲宪法条约，并加强扩大后联盟的效率与民主以及对外行动中的一致性。政府间会议按计划将在2007年年底结束，以便在2009年6月欧洲议会选举之前各成员国能够有充分的时间批准政府间会议所达成的条约。

"改革条约"的方案表明欧盟放弃了通过欧洲宪法条约的计划。改革条约与宪法条约不同，它不是将所有的三个条约合并成一个条约并以宪法条约取代原来的三个条约，而只是对现行条约进行修订，原有的条约继续有效。但是，2004年政府间会议所通过的主要革新内容将得以保留。在改革条约生效之后，欧洲联盟将具有单一的法律人格，"共同体"的术语将由"联盟"（Union）代替，共同体条约的名称也将修改为"联盟运行条约"（Treaty on the functioning of the U-nion），联盟将建立在现共同体条约和联盟条约两个条约基础之上，联盟将取代并继承共同体。

改革条约与宪法条约显著的不同在于——正如欧盟峰会的结论所特别强调的，欧洲联盟条约和联盟运行条约将不具备宪法性质，条约中不会出现"宪法"的术语，宪法条约中具有宪法性的一些提法也将加以修订，如"联盟外交部长"（Union Minister for Foreign Affairs）将改名为"联盟外交事务与安全政策高级代表"（High Representative of the Union for Foreign affairs and Security Policy）；宪法条约中对新的法律名称的设计将弃之不用，而使用现行的名称；宪法条约中规定的最高效力原则也不再规定在新的条约中，而是以一个政府间会议声明的形式回顾欧盟法院的判例法。

2007年7月23日，在欧盟外长部长理事会上，欧盟轮值主席国葡萄牙提交了一份根据欧盟领导人峰会达成的一致意见起草的新条约的文本，以作为政府间会议讨论的基础文本。条约全称为"修订欧盟联盟条约和欧洲共同体条约的条约（草案）"（Draft Treaty Amending The Treaty On European Union And The Treaty Establishing The European Community），即欧盟领导人所称的改革条约。草案是根据欧盟领导人在峰会上达成的一致意见起草的，保留了机构改革的大部分内容，如欧盟的常设主席、议会席位的分配、精简委员会人数、退出联盟条款，以及完全的法律人格等，但是草案删去了"宪法"的术语，不再提联盟的标志，以及最高效力的规定、新的立法形式等。

在表决权问题上，由于波兰反对宪法条约中的双重表决机制，经峰会协商与妥协，将继续适用《尼斯条约》规定的表决机制，一直到2014年；2014—2017年间为过渡阶段，将适用新的特定多数表决制，但如果有成员国希望继续适用《尼斯条约》规定的表决权重，《尼斯条约》的规定将继续适用。

基本人权宪章在新的条约中不再占有一席之地。英国强烈反对宪章成为具有法律约束力的文件。经过讨论与妥协，在新的条约中不再包括宪章全文，只是规定一个条款提到宪章，赋予其法律效力，并规定它的适用范围，而且在有关条款中明确规定，欧盟仅在成员国赋予其权能的范围内采取行动。

2007 年 12 月 13 日，欧盟各国领导人在里斯本欧盟峰会上签署了改革条约，条约已进入批准阶段。从各方面的信息来看，欧盟峰会对于条约做出重大调整，放弃宪法的概念，不再将基本权利宪章包括在条约之中，很重要的一个原因是欧盟领导人希望对于修改的条约不再经过成员国国内的公投程序，但能否如愿，还是未知数。总体来说，由于新的改革条约涉及的敏感性问题较少，也未使用引起很多人怀疑的宪法术语，相对于宪法条约，获得成员国批准的难度要小一些，通过的可能性较大。

二 欧盟立法新进展

2006 年 9 月至 2007 年 9 月间，欧盟通过的较为重要的次级立法，主要涉及服务指令、民商事领域的司法合作、人权机构设立以及有关避难、避难与人员流动等几个方面，具体如下。

1. 关于服务的指令。

服务自由流动是建立欧共体内部市场的重要因素与条件之一。虽然在共同体条约中规定了服务自由流动，而且在许多领域也或多或少地实现了服务自由流动，但是，与商品流动相比，服务自由流动还存在着不少障碍，特别是对中小企业提供跨境服务的障碍较大，包括行政负担、法律的不确定性以及成员国间的不互信等。对于服务自由（包括在其他成员国提供服务和在其他成员国设立机构提供服务）来说，仅仅依靠条约的规定是不够的，需要对成员国的有关法律进行协调。为了加快服务自由流动，提高欧盟市场的竞争力，保护消费者权益，欧盟委员会早在 2004 年 4 月就提出通过关于服务指令的建议，但是，由于成员国之间存在着分歧，一直到 2006 年底才由理事会与议会通过关于内部市场服务的指令。

服务指令为跨境服务提供了一般性的法律框架，同时也考虑到各类服务活动的特殊性及其规制的制度。该条例并不是全面的消除服务流动的壁垒，而是采用选择性方法，首先消除容易拆除的壁垒，而对于其他短期内难以拆除的壁垒，采取渐进的方法，对特定的问题开展评价、磋商与补充性的协调，以逐步取得一些进展，并使得成员国对服务规制进行协同性地共同现代化（Coordinated Modernisation）。

服务自由和设立机构自由的规定仅适用于已经开放竞争的服务活动，仅适用于具有经济性质的服务，而不要求成员国对具有整体经济利益的服务实行自由化，不要求将提供服务的公共机构私有化，也不要求取消现有在其他活动方面的垄断或某些配给服务（Distribution Services），如交通领域的服务、邮政服务等。在适用范围上，它还有一个特点，即仅适用于服务活动的准入或实施的要求，而不适用于其他方面，如关于道路交通规则、土地开发或利用的规则、城镇与乡村规划、建筑标准及违反这些规则的行政处罚等，这些规则虽然是服务提供商必须遵守的，但是它们并不是专门规制或影响服务活动的。对于向某些类型的供应商提供的公共基金问题，指令也不涉及，如社会服务。指令也不干预成员国根据共同体法所采取的、旨在保护或促进文化与语言的多样性与媒体多元化的措施，包括提供资金在内的措施；指令不禁止成员国适用各自有关新闻自由与表达自由相关的根本性的规则与原则。

在适用范围上，它仅适用于具有经济性质的服务，关系到整体利益的服务不包括在指令适用范围之内。原则上，如果关系到整体利益的服务具有经济性质，则包括在指令适用范围之内。但是，某些类型的具有整体经济利益的服务，如在交通领域的服务，不包括在指令范围之内，而有些具有整体经济利益的服务，如邮政服务，则属于减损适用之列。

欧盟服务指令是近十年来欧盟最为重要的立法之一，欧盟70%的国民生产总值来自服务业，因此开放服务业的指令被认为是欧盟经贸领域立法的重大突破。服务指令的通过，将促使成员国逐步取消服务业贸易壁垒，促进统一的欧盟服务业市场的建立，这将有利于提高欧盟竞争力，促进经济增长。

2. 设立基本权利专门机构。

2007年2月15日，欧盟理事会通过欧盟基本权利专门机构（European Union Agency）条例，并于2007年3月1日生效。根据该条例，欧盟将在现有的欧洲关于种族主义与仇外监督中心（European Monitoring Center on Racism and Xenophobia）的基础上设立一个基本人权机构，它的基本职能是向共同体机构（包括欧盟各机构、办公室、专门机构等）和成员国当局在实施共同体法时提供有关基本权利的信息、协助与专家意见，以支持这些机构与当局在采取措施或行动时全面尊重基本权利。它仅在共同体法实施的范围行事，同时继续原来关于种族主义与仇外监督机构的工作。该机构具有法律人格，并继承种族主义与仇外监督中心的权利与义务。

3. 有关避难、移民与人员流动的法律。

（1）2006 年 10 月 15 日，理事会通过一项关于成员国在避难与移民领域采取措施相互通知程序的决定。为了发展共同避难与移民政策，该决定要求成员国在政策上进行协调，就成员国在此领域采取的措施进行信息交流，这对于在欧盟范围内在避难与移民政策方面的协调具有重要意义。该决定要求成员国对其采取的有可能对其他国家或在欧洲层面上对避难与移民政策具有重要影响的措施，向其他国家通报。通报至迟在措施公开时进行，越早越好。

（2）2007 年 6 月 12 日，欧盟议会与理事会通过了一个建立快速边境干预小组机制的条例。该机制的目的是，在某一成员国面临紧急的、例外的压力情形下，特别是在对外边境上涌入大量企图非法进入该成员国的第三国国民的情况下，提供一种快速的行动上的支持，它规定了快速边境干预小组的任务与小组成员在非其本国行动时的权力。

（3）在人员流动方面，2007 年 6 月 12 日，欧盟理事会通过了一个第二代申根信息系统（SIS Ⅱ）的建立、运行和使用的决定，它规定了第二代申根信息系统的目标，技术结构与财政问题，并规定了其运行与使用相关的规则、进入系统的数据的类型、录入的标准、使用数据的批准、预警相互连接、信息加工与个人数据保护等方面的规定。它将取代根据《申根公约》创设的申根信息系统，构成一个单一的信息系统。它是在自由、安全与公正区域内维持高水平的安全的一种补充性措施，支持警察当局与司法当局在刑事事项上行动合作。

（4）同时，根据 2007 年 6 月 22 日通过的另一项有关申根制度的理事会决定，与申根信息系统有关的申根制度适用于捷克、爱莎尼亚、拉脱维亚、立陶宛、匈牙利、波兰、斯洛文尼亚和斯洛伐克等新入盟的国家。该决定允许申根信息系统的数据向上述相关的国家传送，这些数据的具体使用将使理事会能够查证与申根信息系统相关的申根法律制度在这些国家的正确适用。这些评估计划在 2007 年 9 月进行。2003 年的加入条约规定，所有申根规定在证实已经满足必要的条件之后，通过一项决定适用于一个新的成员国。理事会在 2006 年 12 月和 2007 年 6 月已经做出结论，认为相关的必要条件已经满足。理事会将在评估之后，已决定解除对这些国家的边境控制。

4. 民事事项上的司法合作。

根据共同体条约第 61 条（c）款的规定，为建立一个自由、安全和公正的区域，在第 65 条规定的民事事项上，理事会可以通过司法合作的措施。根据该条规定，为简化跨境民商事司法程序性事项、促进成员国在冲突法与管辖权相关规则的相容性，以及消除民事诉讼事项程序良好运作的障碍，欧盟理事会已经通过了一系列相关的条例。在过去的一年中，欧盟在此方面仍在继续发展。

（1）小额求偿程序。

2007 年 6 月 13 日，欧盟通过了建立欧洲小额求偿程序条例。该条例的目的是通过建立一个欧洲小额求偿程序，简化并加快跨境小额求偿诉讼，减少诉讼成本。它取消了在另一成员国承认与执行判决的中间措施。它将于 2009 年 1 月 1 日起开始实施，但部分条款将于 2008 年 1 月 1 日起实施。实际上，在此之前很多成员国已经通过了简化的小额诉讼程序，但是，对于跨国诉讼来说，随着欧洲范围内四大自由流动的增加，如何通过简易程序以减少诉讼成本与时间上的迟延，已经成为一个日益突出的问题。欧盟小额求偿程序是在成员国现有的法律程序之外提供一种新的选择，它并不影响成员国现有的程序。不仅在诉讼上简化程序，而且在判决的承认与执行方面也是如此。

该条例适用于民商事事项，但是，条例规定的不属于该程序的事项除外，这些事项包括：自然人的地位或法律行为能力；与婚姻、抚养、遗嘱和继承相关的财产权；破产清算的相关程序；社会保障；仲裁；劳动法；不动产租赁；侵犯隐私权或与人格相关的权利。

（2）关于非契约义务准据法的条例。

1999 年 10 月 15—16 日，欧盟的坦佩雷峰会批准了相互承认判决和其他司法机构裁决原则，成为欧盟在民商事事项上司法合作的基石。2000 年 11 月 30 日，理事会通过一份委员会与理事会实施相互承认民商事裁决原则的规划，确定了协调冲突法与促进判决相互承认的措施。Brussels I 规定了欧盟民商事判决承认与执行有关问题，而关于非契约义务准据法条例是欧盟继 Brussels I 之后在国际私法领域立法的又一个重要突破。

该条例主要规定了适用于非契约责任的冲突法问题，规定了一些连接点。在非契约责任冲突法规则方面，一般原则是适用不法行为地法（lex loci delicti commissi），但是，各国对于该原则在实际中的运用各不相同，因此影响了法律的稳定性。条例试图用统一的规则加强法院裁决的可预见性，并在侵权人与受害人的利益之间寻求一种合理的平衡。为此，该条例采用直接损害发生地法（lex loci damni）（第4条第1款），并认为它在侵权行为双方利益之间达到了一个公平的平衡，而且反映了关于民事责任的现代方法以及严格责任制度的发展。但是，在损害发生时，双方当事人在同一成员国拥有常住地的情况下，则适用该国的法律。作为该两种规则的例外，在实际情况很明显地表明，侵权或不法行为与另一国具有更密切联系的情况下，则适用该国法律。

除了一般性规则外，对于一些特殊的侵权行为，它不只是要考虑侵害双方的利益平衡，还要考虑一些特殊的目标与利益，因此，该条例规定了特定的规则。这些特殊情况主要包括：（1）产品责任侵权适用的法律（准据法）首先是受害人受到损害时的惯常住所地，如果产品也是在该地销售的话；如果产品不在该国销售，则考虑其他因素；（2）不公平竞争适用的法律是竞争性关系或消费者集体利益受影响或可能受影响的所在国的法律；（3）限制竞争的非契约责任包括违反国内竞争法与共同体竞争法，其适用的法律是受影响或可能受影响的市场所在地的法律，如果受影响的市场在两个以上国家，在某些情况下，请求人可以根据法院地国的法律进行选择；（4）侵犯知识产权适用知识产权保护地法律（lex loci protectionis）；（5）关于劳工行动，如罢工等，其概念在成员国间差异很大，由成员国国内规则规范，在此方面冲突法的一般原则是适用劳工行为发生地的法律，其目的在于保护工人与雇主的权利与义务。此外，对于不当得利、无因管理等非侵权行为导致的损害问题，该条例也规定了特殊的冲突法规则。

对于非契约损害责任的法律适用，也尊重当事人的意思自治，允许当事人进行选择。这种选择必须是明示的，或者根据具体情况是可证明的。但为了保护弱方当事人，对于当事人的选择，也规定了一些条件。

此外，在特殊情况下，要考虑公共利益以及一些具有特别重要性的强制性规定，特别是如果根据条例中冲突规则指引的准据法，如果导致惩罚性的赔偿，则被认为是与公共秩序相违背的，此种准据法将不予适用。

三 欧共体法院的司法实践与共同体法的发展

2006年9月至2007年9月间，欧共体法院（包括欧洲法院与欧洲初审法院）共做出了 60 余起判决，案件涉及的事项范围广泛，既包括共同体法上的一些基本问题，如重申欧洲法院对共同体法的唯一解释权与国内法院须赋予共同体法全面的效力、在国内法与共同体法相冲突的情况下不得适用国内法等，也涉及共同市场相关的一些法律制度，如四大自由流动、竞争、知识产权、税收等。欧共体法院在这些案件中，一方面，继续重申欧洲法院在很多问题上的一贯立场，另一方面，在传统上较少涉及的领域，也逐渐发展了共同体法。这些发展主要集中在以下几个方面。

1. 与税收相关问题的判例法的发展。

（1）成员国行使有关直接税的权能不得违反共同体法律。

在共同体内，所得税等直接税属于成员国主权范围内的事项，共同体立法不涉及直接税。但是，随着共同体内自由流动与设立商业机构的自由越来越普遍，成员国之间税收政策上的差异对共同体其他法律与政策的执行影响越来越大，成员国之间税收的冲突现象也越来越普遍。在 2006—2007 年度，欧共体法院判决的很多案件都直接或间接地与成员国的税收政策相关，特别是涉及很多成员国对不同税收对象实施不同的税收政策问题。如在 Denkavit Internationaal BV 案①中，根据法国法的规定，住所地在法国的公司向其法国之外的母公司分红时，须扣缴 25％ 的所得税，而对于向在法国国内的母公司分红，则不必扣交此等所得税。在该案中，欧洲法院指出，虽然直接税属于成员国权能范围内的事项，但是，它们行使此等权能必须符合共同体法；而根据共同体法的规定，设立机构自由是共同体法保障的基本自由之一，它要求东道国对于设在其境内的商业机构给予国民待遇，不得基于公司所在地不同而予以区别对待。因此，法国法的规定违反了共同体法上的设立商业机构的自由。在涉及英国税法的一起集团诉讼②中，欧洲法院也指出，虽然是否及在何种程度上避免双重征税的问题由成员国决定，但是这并不意味着成员国可以采取违反共同体条约所保障的流动自由。从总体上看，成员国以公司所在地不同作为适用不同所得税政策的依据均构成对共同体法保障的自由流动的限制，

---

① Judgment of the Court of Justice in Case C—170/05 *Denkavit Internationaal BV*, *Denkavit France SARL v Ministre de l' économie*, *des Finances et de l' Industrie*, 14 December 2006.

② Judgments of the Court of Justice in Cases C—374/04 and C—446/04 *Test Claimants in Class IV of the ACT Group Litigation v Commissioners of Inland Revenue Test Claimants in the FII Group Litigation v Commissioners of Inland Revenue* 12 December 2006 6 March 2007.

成员国只有证明这种限制的合理性，这种税收法律与政策才不与共同体法相冲突。但在多数情况下，成员国此类区别对待的法律都违反了共同体法。

（2）关于增值税。

增值税属于共同体权能范围内的事项，共同体已经形成了共同的增值税体制。共同体增值税制度的目的在于避免因税收上的不同而可能导致的竞争扭曲，并进而影响共同体内的贸易，它在共同体范围内代替了成员国不同的流转税，成员国不得再维持或通过新的具有流转税特征的税种。在增值税问题上，成员国基本上遵守了共同体法律的规定，但是，对于某些税种是否属于增值税及对于某些行为是否征收增值税，在实践中也经常会出现纠纷。

在 *Banca Popolare di Cremona* 案①中，欧洲法院认为，虽然成员国不得维护或增加流转税税种，但是并不禁止成员国征收不具有增值税某项本质特征的税种。增值税是适用于与货物或服务有关的交易，是按价格的一定比例征收的，在生产与销售的每个环节征收，增值税的最终承担者是最终消费者。对于该案中涉及的意大利生产性活动的地区税（IRAP）是否违反了第六号增值税指令问题，欧洲法院认为，IRAP 是针对某一区域内的企业在特定的期间内根据产品的净值征收的，与产品与服务的供应无关；而且纳税人也无法准确估计在产品与服务价格中所占的数量，因此它不符合增值税的特征，也因此不违反第六号增值税指令。

T-Mobile Austria GmbH and Others 案②涉及的是公共机构拍卖 3G 牌照的行为是否适用增值税的问题。在该案中，欧洲法院指出，增值税仅针对经济活动征收，而该案中奥地利、英国有关当局的拍卖行为只是对电磁频率使用权进行分配的一种方式，是一种控制与规制的行为，并不构成这两个机构参与电信市场的经营活动，因而不属于经济活动，不属于第六号增值税指令适用的范围。

从欧洲法院关于增值税的判例中可以看出，对于增值税的征收，取决于所涉及的活动是否属于经济活动，而国内当局征收的是否属于

① Judgment of the Court of Justice in Case C—475/03 *Banca Popolare di Cremona Soc. co-op. arl v. Agenzia Entrate Ufficio di Cremona*, 3 October 2006.

② Judgment of the Court of Justice in Case C—284/04 and Case C—369/04 *T-Mobile Austria GmbH and Others v Republik Österreich Hutchison 3G UK Ltd and Others v Commissioners of Customs & Excise*, 26 June 2007.

流转税关键在于它是否满足增值税的特征。

（3）税收主权冲突问题。

直接税的税收权能在于成员国，成员国采取不同的税收政策可能会导致税收上的冲突，导致双重征收。对于这个问题，欧洲法院在 *Mark Kerckhaert and Bernadette Morres* 案①中指出，共同体法并没有规定成员国之间在税收问题上权能归属的一般标准，因此，只能由成员国采取必要的措施，如适用国际税收惯例等，来解决诸如双重征税之类的问题。

2. 反恐与尊重人权。

反恐怖主义与尊重人权相关的问题近年来一直是欧共体关注的一个重要问题，欧洲法院在此问题上近年来有一系列的判决。在判决中，欧共体法院强调了个人基本权利保护与救济的重要性，即使在共同外交与安全政策领域，个人基本权利保护仍然是必须遵守一个基本原则，特别是要保护当事人的公正听证权、有关当局在决定中陈述理由的义务以及个体的司法保护等；如果有关当局未能遵守这些义务，则相关的决定是可撤销的。但是，反恐也具有特殊性，作为一般规则的例外，如果基于共同体与成员国安全的考虑，或者是由于共同体与成员国在国际关系方面的行为，这些原则的适用可以予以适当的限制。在司法保护方面，考虑到理事会在反恐方面的自由裁量权，欧洲法院对于欧盟理事会决定的合法性的审查仅限于理事会是否遵守了程序性规则，是否陈述了理由，事实是否清楚，对事实评估方面是否存在明显的错误，以及是否在滥用权利，而对于理事会决定的实体性内容则不予审查。

3. 成员国刑事法律与共同体法。

随着跨国犯罪问题的增加以及成员国刑事法律对跨境流动影响越来越普遍，成员国刑事法律与共同体法之间的关系问题日益成为一个不能忽视的问题。如同直接税一样，刑事立法属于成员国主权范围内的事项。但是，在 *Criminal proceedings against Massimiliano Placanica and Others* 案②的判决中，欧洲法院认为，对于此种权力，共同体法律设定了一些限制，即刑事立法不得限制由共同体法保障的基本自

---

① Judgment of the Court of Justice in Case C—513/04 *Mark Kerckhaert and Bernadette Morres v. Belgische Staat*, 14 November 2006.

② Judgment of the Court of Justice in Joined Cases C—338/04, C—359/04 and C—360/04 *Criminal proceedings against Massimiliano Placanica and Others*.

由；法院再次明确指出，对于未遵守行政程管理形式上规定的行为不得适用刑事处罚。

4. 服务自由与资本自由流动竞合的问题及其处理。

四大自由是共同体法的基本原则，是共同市场的核心基础。但是，四大自由在适用范围上不尽相同，如服务自由流动仅限于成员国国民，包括个人与自然人，而资本自由流动则包括非成员国国民。因此，对于一项活动涉及的自由流动的类型不同，个体可主张的权利与可主张权利的主体范围不同。在实践中，同样的活动既可能涉及服务自由流动，也可能涉及资本自由流动，在发生竞合时如何处理，也是实践中经常遇到的问题。在 *Fidium Finanz AG* 案①中，德国法院向欧洲法院提交初步裁决的问题是，从事银行业活动或提供金融服务的活动是属于服务自由流动的范围还是资本自由流动的范围。欧洲法院认为，基于商业考虑提供信贷的活动，既涉及服务自由，也涉及资本的自由流动，关键是要考虑相关的国内法律对两种自由的影响程度。在该案中，德国法律影响的主要是非成员国公司进入德国市场的问题，因此，它主要影响的是提供服务的自由，非成员国的公司无权主张此种自由。从欧洲法院的判决来看，在涉及多种自由竞合时，主要应考虑相关的国内法措施的目的及其对各种自由影响的程度，从而判定其是否违反共同体法。

5. 关于共同立场是否可以提交初步裁决的问题。

在欧盟第二、三支柱下，欧盟理事会可以通过共同立场（common positions）。对于共同立场，成员国负有善意合作的义务，应该采取各种适当的措施履行其共同体法下的义务。但是，欧盟条约并未规定成员国法院可以将有关共同立场的问题提交欧洲法院初步裁决。在 Gestoras Pro-Amnistia 等人诉欧盟理事会的案件②中，欧洲法院认为，考虑到初步裁决程序的目的在于确保在条约解释与适用上遵守法律，在涉及第三支柱情形（该案涉及第三支柱下的共同立场）中，对于理事会通过的所有措施，不论其性质或形式如何，只要其在对第三方

---

① Judgment of the Court of Justice in Case C—452/04 *Fidium Finanz AG v. Bundesanstalt für Finanzdienstleistungsaufsicht*, 3 October 2006.

② Judgment of the Court of Justice in Case C—354/04 P and 355/04 P *Gestoras Pro-Amnistía, Juan Mari Olano Olano and Julen Zenarain Enarrasti v Council of the European Union Segi, Araitz Zubimendi Izaga and Aritza Galarraga v Council of the European Union*, 27 February 2007.

的关系上具有法律后果,均可以提交初步裁决。因此,当一个国内法院审理案件间接涉及第三支柱下共同立场的效力或解释问题,而国内法院对于共同立场在对第三方的关系上是否产生法律效力不甚清楚的情况下,则可以将问题提交欧洲法院初步裁决。在该案的判决中,欧洲法院肯定了共同立场是可以提交初步裁决的欧盟措施,但是,提交初步裁决的问题仅限于共同立场在对第三方关系上是否意在产生法律上的效力,欧洲法院也仅就此做出裁决,而不涉及共同立场其他方面的内容。

欧洲联盟对外关系

本年度，欧盟对外关系的发展引人注目。欧美关系进一步改善，深层矛盾被暂时掩盖；欧俄关系纷争不断，微妙而敏感；欧盟与非加太传统关系继续深化，新型合作模式尚存困难。

欧 美 关 系

2007年欧美关系继续趋向好转，促成因素主要有三：一是欧洲经济恢复，使传统的跨大西洋经济贸易纽带保持强劲势头；二是全球性外交与安全挑战为双方提供了密切合作的动力；三是西欧主要国家领导人的变动以及相关的对美政策调整。

（一）2007年欧盟经济呈现明显复苏态势，预计2007全年增长率将达到2.9%，其中最具说明性的三个数据分别是：（长期受统一代价困扰的）德国经济第一季度的增长率达到了3.6%，全年将达到2.4%；（"高福利、低效率"经济社会的）瑞典2006年国内生产总值（GDP）增长4.4%；（新入盟的原转轨经济体）斯洛伐克、爱沙尼亚和拉脱维亚等年均增速均在10%以上。欧盟经济近期所释放的活力虽可能在一定程度上与其经济周期有关，但更重要的原因在于：首先，各国正在重新审视并有选择地借鉴美国模式，逐渐减少政府干预，加大开放力度，支持创业和技术创新；其次，欧盟"里斯本战略"所推进的向知识经济转型目标开始在诸多成员国奏效，综合改革给投资与消费者带来更大的信心，长期困扰欧洲的高失业率问题有望大幅减弱。2007年4月，德国失业人数（397万）较2005年初减少了103万。

经济复苏有力地拉动了欧美相互投资和贸易。2006—2007年度美对外投资有 60% 流向欧洲,"即使是在比利时、爱尔兰和瑞士等欧洲小国",美资也大大超过中国或印度对欧投资总额。美国公司在瑞士的赢利总额与其在中国、印度的收益相比分别是 4 倍和 23 倍。与此同时,对美投资则占欧洲海外直接投资的 2/3,其近年在美国佐治亚、印第安纳和得克萨斯等州的年均投资超过了美国在中国和日本的全部投资。此外,欧方还力图在更高层次上规划和锻造新的欧美经济纽带。2007 年 3 月,德国借担任轮值国主席之机,代表欧盟提出建立"跨大西洋市场"的倡议,重点是统一双方资本市场法律、结算规定、知识产权与科研资助标准,以及加强能源合作等,力图实现在投资、竞争、公共采购和其他非关税方面新的互惠性安排,率先打破以多哈回合为标志的全球性多边贸易谈判的僵局。对此,美国在 4 月底召开的欧美峰会上表示了原则上的支持。目前,该计划已开始进入工作层面。欧洲议会已拨款 65 万欧元,对实施该计划的可行性及潜在的经济利益进行全面评估。

(二)2007 年世界和地区冲突及挑战加快了欧洲再度接近美国的步伐。除在伊朗核开发问题上继续保持有力协调之外,欧美在许多热点问题上的合作力度有明显提升。

中东问题一直是国际社会关注的热点和各方外交努力的焦点,2007 年 1 月初,欧盟轮值国主席、德国总理默克尔在访美期间,向布什总统提出了在中东问题上加强欧美合作的建议并得到积极回应。2 月,默克尔访问了埃及、沙特阿拉伯、阿拉伯联合酋长国和科威特 4 个中东国家。3 月 24 日,美国国务卿赖斯对中东地区进行了 4 个月来第 4 次外交穿梭。默克尔则紧随其后,于当月底同样造访了约旦、以色列、巴勒斯坦和黎巴嫩四国,重申欧盟坚持中东和平"路线图"和哈马斯必须承认以色列的生存与安全权利的立场,这些都无疑向美国发出"一个积极的信号",即欧盟愿在中东问题上和美国保持原则一致,在有关四方的机制下继续扮演重要角色。

在反恐问题上,欧盟保持与美国积极合作。在 2006 年纪念"9·11"事件五周年之际,欧盟委员会主席巴罗佐和欧盟负责司法、自由和安全事务的副主席弗拉蒂尼分别表示,欧盟将继续在防止不法之徒获得炸药、保护重要基础设施及确保交通运输安全、信息共享、边界安全、打击因特网上的恐怖主义等方面加强与美国的合作。此外,继 2005 年维也纳对话后,第二次欧美及俄罗斯内政部长安全对话会议于 2007 年 4 月初在柏林举行,三方就反恐合作中对恐怖主义定义、打击毒品走私和切断国际恐怖活动资金来源、加强重要基础设施保护、有效实施边境检查以及防范核威胁等具体措施达成了一致，并决定一个由各方高级官员组成的工作小组就进一步合作的细节进行探讨。

在欧美防务协调上，2007年最引人注目的发展是美国在罗马尼亚、保加利亚建立的东欧联合特遣部队。作为美军事变革的一部分，美国通过与罗、保政府签订协议将驻德部队东移，并通过打造轻型化和具有远程机动能力的特遣部队，确保在"一些发生冲突的地区演变成危机地区之前"作出更迅速的反应。目前，美陆军欧洲司令部正在分阶段建立这支新型部队，到2007年底，第一支约900人的营级特遣队将进驻罗马尼亚黑海沿岸的多布罗加地区，利用此地优良的军事基础设施演练部队及各型武器，其中包括野战炮和火箭炮系统、攻击型直升机、战术飞机以及AC-130武装运输机。2008年4月，来自驻德美军第二机械化团的第二个连队将轮换进驻，开展实训。美空军则租用了康斯坦察附近的米哈埃尔·科加尔尼恰努空军基作为飞行特遣部队的大本营，并以此为中心指挥在罗、保两国的军事行动。在保加利亚中部普罗夫迪夫附近的诺沃塞洛训练区和贝兹梅尔空军基地也将是美军主要的训练场、航空中心和后勤基地，布尔加斯港附近的保军器材库也被租用，为美军提供补充军需。到2007年底，由1500人组成的战术空军、空中运输和陆军航空兵混编美军特遣部队将进驻此地。

在全球性问题上，最重要的进展是在2007年6月6日举行的八国集团首脑会议上，经过欧盟国家的艰苦说服，特别是本次会议东道主德国总理默克尔的出色斡旋，美国的立场出现松动。布什总统同意在联合国框架内就气候变化问题进行谈判，并在2009年之前结束谈判，为2012年《京都议定书》失效后的"后京都时代"确定新的温室气体排放标准；同意"认真考虑"欧盟、加拿大、日本等提出的关于到2050年全球温室气体排放量比1990年至少降低50%的建议。用默克尔的话说，这是目前八国能够达成的"最佳妥协方案"，是全球努力防止气候变化的"转折点"。布什的上述转变对改变长期以来双方因全球气候变化问题产生的不睦具有积极影响。

（三）2007年欧洲政坛变化给跨大西洋关系带来的影响也是深远的。继德国于2005年代表中右力量的默克尔接任总理后，2007年5月16日和6月27日萨科齐和布朗分别就任法、英首脑，从而使"欧洲的'政治钟摆'逐渐向右倾斜",因为"三个人都是大西洋主义者,或多或少都推崇自由主义经济,在欧盟问题及政策上都秉承务实的,而不是意识形态决定的理念",这为全面恢复欧美关系提供了有利条件。自2007年下半年始,"新三剑客"有意转向伊拉克问题之外的政策领域寻求改善欧美关系的转机,前述默克尔提出与美国建立"跨大西洋经济合作关系"倡议以及在八国峰会期间默克尔、萨科齐和尚未卸任的布莱尔(布朗已表示赞同)共同推动美国参与防止全球变暖的多边合作框架等事实均表明,一个由新一代欧洲核心国家领导人主导,奉行"有效多边主义"的新型欧美关系有望形成。

与此同时,2007年欧美关系的深层次矛盾依然存在,引起双方紧张关系的事件亦时而凸显。在经济方面,3月,美国宣布对包括欧盟在内的钢铁进口产品加征关税,5月,布什总统批准为本国农业增加1900亿美元补贴;欧盟则宣布限制进口主要由美国生产的转基因食品等,这些举措无疑加重了欧美工业和农产品贸易的冲突。2007年9月下旬,空客和波音这两家全球航空业巨头再次展开相互反补贴贸易指控,从而有可能引发一场欧美全面贸易战。

在反恐问题上,欧美在战略上的分歧来自实际利益和能力上的差异。首先,欧洲抵近伊斯兰原教旨主义集中的中东地区,境内穆斯林群体人多且与主流社会融合程度较低,因而其反恐政策需更多依赖综合治理;其次,欧盟及其成员国军事力量相对不足,无法像美国一样任意在全球动武;第三,欧洲在内部协调机制上远比美国复杂,各国的紧迫感和行动能力不尽一致。因此,欧盟反恐的重点在于本土防范,打恐时兼顾其多重后果以免殃及自身,因而被美国人指责为姑息养奸,而欧洲人则批评美国人冒险好战。双方都认为对方的错误策略助长了恐怖势力发展,故欧美观念的鸿沟在短时间内恐难填平。

在政治方面,欧美因前世界银行行长沃尔福威茨的"女友门"丑闻而爆发争论。2007年5月14日,世行出台最终调查报告后,欧盟的态度更趋强硬,迫使一直力挺沃尔福威茨的白宫不得不接受了沃氏的辞职(沃氏也因此成为第一位因丑闻而辞职的世行行长)。引起欧美冲突的主要原因一是美国长期垄断世界银行的领导权。这个世界上最大的政府间金融机构有185个成员,其表决权按所占股份的比例决定。美国因持有(17%左右)最大股份而长期担任行长并对任何重要决议拥有一票否决权。多年来欧洲国家对世行的贡献颇多,每年分担世行230亿美元贷款中的四成,而美国则一直将援助视为一种政治手段，实施援助的时候会提出相关的条件。这种做法既堵了欧洲承包商的财路，也使世行沦为美国政府的工具，因此欧洲国家对此早已不满；二是欧洲议会和欧盟成员国代表一直对沃氏滥用职权，破坏国际组织制度和信誉的行径深恶痛绝，加上沃是参与发动伊拉克战争"新保守派"代表人物之一，令欧洲人铁心要将其拉下马。

值得一提的是，在共同防务问题上，欧美在美国计划在波兰、捷克等国部署部分美国导弹防御系统（及监视雷达设施）问题上也发生了争议，其核心在于美国多年来一直热衷与欧盟及北约成员国单独订立协议，而将欧盟和北约的集体协商机制搁置在一边，这对欧盟的共同外交与安全政策框架建设无异于"釜底抽薪"，也让北约的转型频频陷入"南辕北辙"的困境。因此，2007年3月欧盟轮值国主席、德国总理默克尔在访问波兰前夕明确表示，德国反对美波之间的导弹部署计划，主张"在北约内部就此事达成解决方案"。此前，因反对这一计划而辞职的波兰国防部长西科尔斯基也发表声明，坚称"美国应该更公开地解释它的计划，以避免分裂北约26个成员国"。此外，德国主要政党、波兰和捷克议会及公众都公开反对美国的计划。德国基民盟发言人表示，讨论导弹防御系统问题不仅应该包括北约各成员国，还应邀请欧盟国家广泛参与，"只有这样，欧洲国家才会受到保护"。而美国则对这类想法毫无兴趣，"因为它不想在北约（甚至欧盟）框架内旷日持久的谈判中陷入困境"。

欧 俄 关 系

2007年欧俄关系出现恶化。其原因是多方面的，概括地说主要有下列三个主要因素：

（一）美国因素。近年来，欧盟内大西洋主义力量回升，欧美关系的恢复与美俄关系的紧张同时发生作用，不可避免地影响到欧俄关系的平稳发展。尽管欧盟不愿恶化与俄国的关系，但默认或追随美国推动北约东扩、"颜色革命"以及在东欧国家建立反导系统等，客观上都削弱了双方的互信基础，加深了俄对欧盟的战略疑虑。

2007年伊始，美国宣布除加强在本土阿拉斯加和加利福尼亚的导弹防御系统外，将在欧洲部署第三套导弹防御系统，包括在波兰境内部署导弹拦截系统，在捷克部署远程雷达警戒系统，并向波捷政府提出就相关问题恢复谈判。俄罗斯方面立即对此作出强烈反应。同年

4月27日，普京总统在捷克放言，美国这一计划"将从根本上改变欧洲安全体系，导致相互破坏甚至共同毁灭的可能性已增大了许多倍"。与此同时，俄不断公开其新研制的导弹武器系统，制订新的军事学说，甚至恢复了可携带核弹头的远程战略轰炸机在北极等地区的巡逻。为阻止美计划的实施，俄罗斯除在军事领域采取必要的措施外，还在外交方面采取了一系列行动。4月底，普京总统在国情咨文中宣布，俄考虑必要时将中止执行被视为是"保持欧洲安全与稳定基石"的《欧洲常规武装力量条约》，并建议在北约—俄罗斯理事会中讨论欧洲裁军问题，在欧洲安全与合作组织范围内讨论美国在东欧部署反导系统问题。2007年5月，俄外长又提出在俄罗斯—北约理事会框架内建立欧洲集体反导系统的建议。这些建议旨在向欧盟方面施加政治压力，联合欧洲有识之士共同反对美国的导弹防御系统。

美俄之间的角力在欧洲引起普遍忧虑。一方面，法、德等"老欧洲"国家基于维系欧洲战略稳定和保证能源供应等考虑，竭力避免美国的举措波及欧俄关系，公开对美计划表示异议。时任法国总统希拉克公开提醒美国应谨慎行事，"不要让欧洲走向新的分裂"。德国总理默克尔则呼吁美国与盟国和俄罗斯进行更多的磋商，特别是要利用好"北约—俄罗斯理事会"这一机制。北约秘书长夏侯雅伯亦称，导弹防御必须基于"盟国安全不可分"的原则，只在某些东欧国家部署反导系统，会使那些没有部署的北约国家产生疑虑；另一方面，以德国为首的部分北约国家也对俄罗斯的举动表示"失望"和"不安"。在俄罗斯的外交攻势下，捷、波两国内部也出现强烈的民意反弹，捷31个市镇市长成立抵制美军基地自由联盟，执政党议员也纷纷改变立场，75%的民众也支持就这一问题举行全民公决。2007年8月在波兰举行的民意调查也显示，65%的公众反对美国在波部署反导系统。在此情况下，捷、波政府的立场有所退缩。从趋势上看，美国在东欧国家部署导弹防御系统的进程有可能长期化，因而对欧俄关系造成的负面影响也将持续下去。

（二）中东欧因素。由于历史等方面的原因，波兰、波罗的海三国等东欧国家与俄罗斯结下的"恩怨情仇"一时难以化解。作为欧盟东扩后的新成员国，其对俄负面看法与强硬政策也从总体上制约了欧盟实施积极、务实的对俄政策。2007年，在中东欧国家与俄罗斯之间的矛盾有所增加，除在波兰及捷克部署导弹防御系统之事外，俄2006年对波兰肉类及农产品所采取的禁运措施、俄罗斯因爱沙尼亚拆除第二次世界大战苏军纪念碑而发生的外交风波及波、爱继而扬言抵制将在俄南部城市萨马拉举行的第19届欧俄峰会等一系列事件都在欧盟内部造成重大影响。欧盟为照顾中东欧成员国的现实关切，对俄总体政策裹足不前，又进一步加大了欧俄间的隔阂。

以"欧俄新伙伴合作关系"协议谈判为例，因欧盟与俄罗斯之间为期10年的合作协定于2007年期满，为在政治、经济，尤其是能源领域进一步深化与俄罗斯的伙伴关系，欧盟大多数成员国期待能在2006年11月底召开的第18届"欧俄峰会"上就延续冷战结束以来欧盟与俄罗斯之间这项最为重要的协议做出决定，希望以此为契机开启有关"欧俄新伙伴合作关系"的谈判。根据欧盟规则，启动此类谈判进程须经欧盟所有成员国的一致同意。波兰正是抓住这一机会，在峰会召开前举行的欧盟外长会议上对此投了反对票。

波兰对俄罗斯的抵触政策由来已久。自从苏联解体以来，波俄之间一直芥蒂甚深，除了地缘政治和经贸往来方面的原因之外，双方矛盾主要集中在能源问题上。在无法通过双边手段解决从俄进口能源的情况下，近年来波兰与立陶宛联手，呼吁欧盟敦促俄罗斯尽快批准《能源宪章》，以此作为开启"欧俄新伙伴合作关系"谈判的前提。然而，在主张温和对俄政策的欧盟内部各方及来自俄罗斯的压力下，立陶宛最终放弃上述立场。"孤军奋战"的波兰遂决定抗争到底，利用欧盟规则在启动"欧俄伙伴合作关系新协定"谈判的关键时刻对俄"还以颜色"。在第18届欧俄峰会之后，作为轮值主席国的德国及其他相关国家在俄波之间进行过一些斡旋和调解努力，但成效甚微。当然，欧俄关系如此"微妙"并非波兰一方所导致。出于外交考虑，俄也不急于同欧盟缔结某种固定的伙伴关系，以免失去在谈判能源问题时讨价还价的优势。在此背景下，虽然第19届欧俄峰会最终于2007年5月17—18日举行，但双方在原定的能源安全、新伙伴关系协定以及科索沃等议题上未达成任何一致，导致此会成为一次"纯属为了会面"的峰会。

（三）俄罗斯的复兴。普京总统执政以来，俄经济形势逐渐好转。特别是世界油价持续走高让俄获利不少，居民收入提高，外汇储备增加，国力有所增强。这不仅使俄罗斯自身重新找回了维护国家利益、发挥大国作用的信心，增强了对西方遏制战略反制的底气，更使西方对俄崛起的担忧与日俱增，"俄罗斯威胁论"重新抬头。尽管正在崛起之中的俄罗斯希望与欧盟发展一种"建设性"和"平等"的战略合作关系，但欧盟仍将其看作是"异类"国家，指责俄国内民主"倒退"，将俄"妖魔化"，引起俄罗斯的强烈反弹。在这一背景下由利特维年科被杀案引发的英俄外交危机，一时间成为欧俄关系中的标志性事件。

利特维年科曾是前俄罗斯特工，后因与政府闹翻被开除，逃到英国寻求政治避难，并被接纳为英国公民。2006 年 11 月，利特维年科因放射性物质钋 210 中毒而身亡。去世前他曾在不同地点与一些人谋面，其中有前俄联邦保卫局人员、俄商人卢戈沃伊。2007 年 5 月英检察部门指控卢戈沃伊涉嫌谋杀，要求将其引渡至英国受审。俄总检察院于 7 月 5 日以宪法规定俄国公民只能在本国受审为由，拒绝了英方的引渡要求。于是，英国在 7 月 16 日宣布驱逐 4 名俄外交官，并中止与俄方有关签证便捷化的谈判。英外交大臣米利班德还建议俄罗斯修改宪法。作为回应，俄罗斯于 19 日宣布限令 4 名英国驻俄外交官在 10 天内离境，并表示俄已不可能与英国在反恐领域开展合作。

利特维年科案尽管涉及俄英两国的公民，但作为一个刑事案件未必一定要上升至政治层面而酿成一场严重的外交危机。究其原因，它折射出欧俄之间战略互信的严重缺失。近年来，俄罗斯同包括英国在内的欧盟国家之间，在意识形态、国家社会政治制度选择等方面的摩擦增多。在英国看来，俄罗斯在人权、民主问题上的作为，以及普京对国内舆论的控制政策都是不可接受的。英国还在车臣问题上对普京横加指责，并收留车臣非法武装头目扎卡耶夫和前俄罗斯金融寡头别列佐夫斯基在英避难。而所有这些，在俄国看来显然是不公正的，构成了对其国家主权和民族尊严的侵犯。利特维年科遇害案无疑给双方不断加深的猜疑与恶感"雪上加霜"，也在欧俄关系上造成大面积的不良影响。此外，此案发生在英俄两国领导人更替的敏感时期，国内政治因素也促成危机决策者"高调"处理这一问题，使布朗首相和普京总统相互大打"口水战"，这样的严重事态也将给未来英俄新领导人之间的关系投下了阴影。因此，虽然此次危机已经基本收场，但利特维年科事件为欧俄关系所抹上的浓重政治色彩将不易消除，使双方的相互关系变得更为错综复杂。

欧盟与非加太关系

欧盟与非加太国家的发展合作关系已持续半个世纪之久，一直是欧盟对外经济战略的重要组成部分。根据 2000 年 6 月签署的为期 20 年的《科托努协定》，欧盟在 2008 年之后将取消单方面的免税优惠，代之以全面的相互市场开放。因此，2007 年的欧盟—非加太关系主线是双方围绕过渡期结束后经济合作问题所展开的博弈。

第一，双方合作的政治前提进一步明晰化。欧盟着眼于在全球治理中实现自身安全与利益的最大化，坚持将"人权、民主和法治"等政治条件作为合作的基本条件。如有违背情况发生，欧方将启动由《科托努协定》第 96 款规定的磋商机制（在正常情况下于 15 天内开始，并在之后的 60 天内结束），根据调查结果单方面采取处罚行动。2007 年 4 月，欧盟依照《科托努协定》第 96 款与通过军事政变上台的斐济政府展开磋商，对其合法性表示质疑，要求斐济方面承担恢复民主和法制等，否则将撤销对斐济超过 1 亿欧元的发展援助。

第二，根据《科托努协定》所明确的"相互间全方位开放，将双方新的贸易框架与 WTO 规则接轨，以实现欧盟—非加太贸易的完全自由化"的最终目标，欧盟已开始分别在货物贸易、服务贸易等方面大力推行自由化，进一步降低或取消对非加太产品的贸易壁垒。2007 年 4 月，欧盟宣布将自 2008 年 1 月 1 日起向非加太国家完全开放市场，对除糖和大米以外的所有进口货物实行零关税，并取消进口配额。欧盟还着手在竞争政策、原产地规则、知识产权保护、标准化与认证、卫生与动植物检疫、贸易与环境、贸易与劳工标准、消费政策与保护消费者健康、税收等问题上开展与非加太国家的对话，加速将双方传统贸易体制向与 WTO 规则一致的全面贸易体制过渡。

第三，《科托努协定》增加了双边合作的维度。一方面，它鼓励非政府机构在双边关系和经济发展中发挥作用，促进私营部分在经济增长、就业、消除贫困等方面分担社会责任，这也意味着欧盟—非加太合作关系开始向严格的政府间主义告别；另一方面，2005 年底召开的第 30 届非加太地区与欧盟成员国理事会会议对《科托努协定》进行修订，明确双方增加全面政治对话，以解决诸如改革财政援助、消除贫困、防止地区冲突、反恐、反对大规模杀伤性武器扩散、与国际刑事法庭合作等问题。在此精神引导下，欧盟—非加太其他合作关系也相应转型。在 2007 年 2 月召开的第 24 届法非首脑会议上，世界失衡、全球化引起的地区间冲突、经济安全与经济合作、财政援助并列为主要议题。

第四，将贸易纳入发展战略，培育非加太国家的多边贸易与经济制度基础，使之生产、供应、贸易和吸引外资的能力有所增强。在 2007 年的非加太首脑会议上，各方就将于 2008 年正式生效的《欧盟与非加太经济伙伴协定》（EPAs）进行深入探讨，对取消非加太国家产品进入欧盟市场的单项优惠条款等进行评估和磋商。同时，会议声明将积极寻求扩大与欧盟之外的其他国家或跨国公司在经济、贸易领域的合作，从而进一步促进发展中国家之间以及发展中国家与发达国家之间的经贸关系。

第五，《科托努协定》明确双方的经济和贸易合作把促进"在非加太国家实现区域一体化"作为最终指向。区域一体化是非加太国家融入世界经济的关键性路径，同时也将决定欧盟与非加太地区未来合作的深度和广度。实质上，欧盟在协定中所强调的这方面合作旨在利用自身一体化的经验和制度输出的优势，"增强非加太国家为促进区域合作和一体化而设立的区域一体化机构组织活动能力，帮助非加太欠发达国家参与创建区域市场并从中获取利益，推进区域层次的部门改革和贸易自由化"。目前，非加太国家区域一体化已初具规模，加勒比共同体（CARICOM）、东非合作组织（EAC）、东南非洲共同市场（COMESA）、南部非洲发展共同体（SADC）、中非经济与货币共同体（CEMAC）、西非经济共同体（ECOWAS）、西非经济与货币联盟（UEMOA）和太平洋岛国论坛等一批区域和次区域合作平台已相继建立，欧盟通过《科托努协定》进一步向这些区域组织靠拢，以促成完全互惠型的南北区域经济合作，从而提供与发展中国家经济贸易合作的新模版，对改善和深化南北经济关系产生深远影响。

总之，随着经济伙伴关系协议（EPAs）的谈判进入倒计时，2007 年欧盟与非加太关系向纵深迈进了一大步。与此同时，尽管欧盟与非加太经济之间的互补性很强，但由于欧盟的市场标准偏高，相关投入有限，双方在一些紧迫的领域仍然难以很快形成综合效益。例如，欧盟为缓解内部劳动力匮乏和控制移民的双重压力，拟在未来 6 年内通过欧盟发展基金在西非国家建立就业培训项目，然而此项预算仅占全部 220 亿欧元盘量的一小部分，对许多劳动力输出国来说还是杯水车薪。此外，由于非加太国家经济基础薄弱，产品结构转型不可能一蹴而就，因此，虽然欧盟一再单方面全面开放市场，但在非加太国家看来不啻为"以退为进"，目的在于撬开非加太国家市场，将对其落后产业构成威胁。它们认为，欧盟进一步减免非加太国家的债务，帮助它们提高生产能力和发展经济才是当务之急。在 2006 年 12

月召开的非加太国家首脑会议上，本届会议主席、苏丹总统巴希尔表示，沉重的债务负担已成为非加太国家在经济发展进程中所面临的难以逾越的障碍，欧洲国家不应该为减免非加太国家债务设置先决条件。由此看来，欧盟与非加太国家之间在建立新型贸易伙伴关系及其步骤上分歧较大。尽管欧盟借其强势地位加以主导，恐难以在短时间内将其化解。

亚 欧 关 系

2007年亚欧合作稳步推进，由于保加利亚、罗马尼亚、印度、巴基斯坦、蒙古和东盟秘书处加入了亚欧会议机制，使得亚欧会议扩大到45个成员，成员国的经济总量占全球经济总量的50%，人口占全球总人口的58%，贸易量则占全球贸易总量的60%。为了更好地密切亚欧伙伴关系，深化务实合作，各成员国积极落实2006年第六届亚欧首脑会议确定的一系列后续行动计划，而中国政府在此进程中发挥了重要的作用。

2007年4月24日，第三届亚欧环境部长会议在丹麦哥本哈根举行，中国国家环境保护总局副局长周建率团出席，并代表中国政府对亚欧在环保领域的合作提出建议。5月28日，第八届亚欧外长会议在德国汉堡开幕，会议着重讨论了能源、环保、朝鲜核问题以及伊朗核问题等。中国外长杨洁篪在发言中指出，经过两轮扩大，亚欧会议的国际影响力进一步提升，亚欧合作前景更加广阔。为提高亚欧对话质量和效率，他强调应推进多边主义，加强政治对话与互信；深化务实合作，促进世界经济平衡发展；加强伙伴关系，确保能源安全和有效应对气候变化挑战；尊重多样性，继续推动文明和文化对话；为体现对亚欧基金的支持，中国政府从2007年起在原有基础上将对基金增加20%的捐款；应面向行动，积极落实首脑会议成果，提高各层次各领域会议的有效性，加强对后续行动的协调管理。欧盟对外关系和邻国政策委员瓦尔德纳在本届外长会议上也宣布：欧盟委员会定于2007年至2013年间建立亚欧对话机制（Dialogue Facility），她表示对话机制有助于加深双方参与程度，"在诸如环境、经济和金融问题、就业和社会政策，以及跨文化对话等诸多热点议题上加深双方参与程度并提高连续性，它也将提供更多机会借鉴彼此经验"。6月19日至21日，第三届亚欧会议不同信仰间对话会议在中国江苏省南京市举行，亚欧会议成员国政府、宗教和学术界代表参会。会议通过了以"深化不同信仰对话，实现和平、发展与和谐"为主题的《南京声明》。

10月29日至30日，亚欧会议高官会在中国广西桂林市举行，会议由中国亚欧会议高官王学贤大使主持，讨论了2008年在北京举办第七届亚欧首脑会议的筹备以及亚欧会议进程相关问题。10月29日至11月1日，亚欧会议中小企业贸易投资博览会在中国山东省青岛市举行，本次博览会共吸引了亚欧会议成员600多家中小企业到会参展，展位数超过1100个，国内外参观者达2万多人次，通过举办各类论坛、洽谈、对接和推介交流活动，为亚欧会议成员中小企业投融资、开拓国内外市场、自主创新与技术研发，搭建了一个全方位的交流合作平台。

10月30日至31日，首届亚欧会议中小企业部长级会议在中国北京市举行，来自亚欧会议45个成员，包括33名部长和副部长在内的300多名代表参会，中国国务院副总理吴仪出席了会议。会议以"创新引领未来、合作促进发展"为主题，通过了《加强亚欧中小企业合作北京宣言》。它突出了亚欧会议成员达成的如下共识：发展中小企业，携手构建和谐世界；加强经贸合作，共促亚欧经济繁荣；优化产业结构，应对全球化挑战；提高创新能力，实现可持续发展；增加就业机会，促进社会普遍富裕；健全社会服务，改善企业发展环境。《北京宣言》在共识基础上还重点选择中小企业普遍关注的一些领域采取相关行动，诸如：开展节约资源、保护环境的技术交流、咨询和合作；支持亚欧中小企业服务机构在人力资源培训、知识产权保护、信息化等方面的交流与合作；建设亚欧会议成员相互分享促进中小企业创新与发展的成功实践和最佳案例；加强亚欧中小企业融资政策交流，完善创业投资机制；促进中小企业产业集群的形成和发展等。为便于亚欧中小企业经贸合作和开拓市场，中国政府承诺建立亚欧会议中小企业部长级会议网站（www.asem-sme.net），为各成员参会参展及沟通和联络提供便利。

11月12日至13日，亚欧会议禽流感防控研讨会在中国北京举行，各成员政府主管部门官员及技术专家，以及联合国粮农组织、世界卫生组织等国际组织的代表近100人出席会议，会议高度评价了中国政府禽流感防控取得的显著成效，密切了亚欧会议成员在禽流感防控政策和技术交流方面的合作。

从亚欧博览会到首届亚欧会议中小企业部长级会议，再到亚欧会议禽流感防控研讨会，充分体现了中国政府积极落实温家宝总理倡议，推进亚欧中小企业合作的诚意和务实举措，发挥了中国在亚欧合作进程中的大国作用。

2007—2008

专题篇

欧洲联盟能源安全战略

　　欧盟的能源安全战略是在经历过几个不同阶段的发展过程中逐渐
丰富和完善起来的，从一种维护单一能源供应安全的战略，发展成为
兼顾多重战略目标的综合性安全战略。其基本架构由外部战略和内部
战略两个部分组成：面向外部的战略包括石油储备战略、构建国际供
应网络战略和国际对话战略，面向内部的战略包括替代能源开发战
略，提高能源效率战略和统一内部市场的战略。战略的基本特点是：
高度重视调查论证，成功整合多种战略目标，依法有序地贯彻落实，
国家进行必要干预，全面开展对话合作。实践证明，这是一种行之有
效的成功战略。

一　欧盟能源安全战略的演变

　　第二次世界大战结束以来，西欧国家的能源安全战略的演变可以
分为 3 个阶段。

（一）20 世纪 60 年代的消极安全战略

　　20 世纪 60 年代是世界能源结构发生重大转折的时期，石油取代
煤炭成为世界主要能源，石油供应安全对西欧国家的战略意义急剧上
升。这种转折也加深了西欧国家对进口石油的依赖。当时国际石油市
场供应量的大约 80% 都来自中东地区，而主要消费国却是欧美日工
业发达国家。尤其令西欧国家感到不安的是，50 年代末和 60 年代
初，石油输出国开始掀起收回石油权益的斗争。西欧国家对国际石油
供应开始产生危机感。为了回应国际能源供应安全出现的挑战，欧共
体 1968 年颁布了"理事会关于原油及油品最低储备的指令"，规定

欧共体成员国有义务储备相当于上年 90 天消费量的石油产品，主要是飞机、汽车和其他燃料油，以便在石油进口出现中断或价格暴涨情况下应急使用。石油生产国的储备量可以酌减，成员国之间也可相互委托储备。这一指令的颁布，标志着欧共体开始为保障能源供应安全采取集体战略。但这种战略是一种比较简单的战略，其战略目标仅限于防范国际石油供应中断和价格上涨，其手段仅限于建立应急储备，只是一种目标单一和手段单一的防范战略，因此是一种消极防范的能源安全战略。

（二）20 世纪 70—80 年代的积极安全战略

20 世纪 70 年代初，欧共体国家所担心的国际石油供应危机终于成为现实。石油输出国从西方石油公司手中收回石油权益的斗争在 60 年代末和 70 年代初开始取得重大进展。石油资源国政府通过提高租让地使用费、增加税收、在石油公司参股，乃至对石油工业实行国有化等形式，削弱了西方石油公司对石油生产和销售的控制，把石油权益逐步收回到产油国政府手中。在这样的基础上，1973 年阿拉伯石油输出国组织成员国把石油当作政治武器，对在第四次中东战争中支持以色列的国家实行石油禁运，并把国际石油价格提高 3 倍，使国际石油市场出现严重的供应中断和价格暴涨。这次石油危机的发生，对全球的石油进口国乃至整个世界经济都造成沉重的打击，证明了国际石油供应安全风险的存在，也进一步推动了欧共体能源安全战略的发展和完善。

由于 20 世纪 70 年代的石油危机直接冲击了所有石油消费国，因此欧共体国家的能源安全战略调整也是在集中世界主要石油消费国的经济合作与发展组织范围内进行的。这次调整的主要标志是，经济合作与发展组织成员国在 1974 年提出了"国际能源计划"并且成立了协调落实该计划的国际能源机构。"国际能源计划"与欧共体原有的能源安全战略相比，最重大的突破在于，它不仅把建立战略石油储备这一短期应急机制普及到所有的经济合作与发展组织成员国，而且提出防范石油危机和保障能源安全的长期性结构调整战略，特别是把提高能效和开发石油替代能源导入能源安全战略的范畴，试图以此逐渐减少石油进口国对石油能源的过度依赖。这一战略不仅考虑到如何在石油危机发生的时候进行被动的紧急应对，而且开始考虑逐步摆脱对石油能源的过度依赖，从而获得能源供应安全的长期主动权。这一新的能源安全战略的时间维度和空间维度都显著扩展，与欧共体原有的能源安全战略相比更加具有积极主动的特征。

（三）20 世纪 90 年代以来的综合安全战略

20 世纪 90 年代，世界和欧洲都发生了重大的变化。这些重大变化给欧盟的能源安全战略带来新的视角，要求欧盟把能源战略与其他战略结合起来，兼顾和涵盖更多的内容。

第一个重大变化是，可持续发展要求把能源安全与环境安全结合起来。以 1992 年召开的联合国环境大会为标志，兼顾经济发展和环境保护的可持续发展战略脱颖而出并成为被世界各国所广泛采用的发展战略。从可持续发展的角度来看，化石能源是空气和水源污染以及全球温室气体排放的罪魁祸首，减少对煤炭和石油等化石能源的依赖不仅成为能源供应安全的需要，而且也成为环境保护的需要，环境安全目标与能源安全目标因此而结合起来。1997 年欧盟签署关于全球气候变化的《京都议定书》，其减低排放数量的承诺在很大程度上必须通过限制化石能源的使用来实现。因此，在可持续发展战略中，能源安全与环境安全之间关系密切，开发清洁的可再生能源和提高能源使用效率不再仅仅是能源安全的需要，而且成为实现能源安全和环境安全的重要途径，受到欧盟及各成员国政府的极大推动。

第二个重大变化是欧洲统一的步伐加快。1993 年欧盟成立，随后开始进行大规模"东扩"，能源市场统一的问题也被提上日程。主张建立统一能源市场的观点认为，实现欧盟成员国之间市场的统一和强化市场竞争，特别是天然气和电力这两项欧洲主要能源市场的统一和竞争，将会大大提高能源的运输和使用效率，同时也有利于能源在欧盟范围内的灵活调度，从而提高欧盟成员国的能源安全。1990 年欧共体颁布"共同体关于改善产业最终用户天然气和电力价格透明度的理事会指令"，拉开了欧洲天然气和电力市场统一的序幕。随着两级格局解体和经济全球化加速发展，这种市场统一的努力逐渐朝着周边的东欧和南地中海国家扩展。

第三个重大变化是苏联解体和冷战结束。这一变化直接导致在中亚和东欧地区出现一大批原受苏联控制的国家，它们有的是新出现的石油天然气资源国，有的是西欧能源进口的过境通道，对欧共体保障能源安全具有重要意义。如何把这些国家纳入欧共体国家的能源安全体系，成为其必须面对的新课题。1991 年和 1994 年的《能源宪章条约》及关于能源效率和有关环境问题的《能源宪章议定书》的签署，是欧盟与东欧国家进行能源合作的开始。欧盟与能源生产国和消费国的对话也逐步展开。

面对新形势的挑战，欧盟从20世纪90年代后期开始重新整合其能源安全战略。1997年4月欧洲委员会发出"关于能源政策和行动的总体看法的通报"，要求把欧盟原来分散在对外关系、内部市场和环境方面的与能源有关的政策加以整合，形成统一的欧洲能源政策，为欧盟国家在能源领域共同行动提供法律依据。按照这一要求，欧盟已实施过3个长期能源政策计划。第一份全面的共同能源政策文件"欧洲理事会关于1998—2002年能源部门行动框架计划的决定"于1998年12月颁布。这一具有历史意义的战略文件把能源供应安全、通过统一市场提高竞争力和环境保护列为欧盟能源政策的三大基本目标；并为实现这些目标制定了6个专项五年计划（有些计划此前已开始执行），即研究市场变化的ETAP计划、强化国际能源合作的SYNERGIE计划、开发可再生能源的ALTENER计划、提高能源使用效率的SAVE计划、在固体燃料领域使用环境友好型技术的CARNOT计划，以及安全使用核能的计划。该计划到期后，欧盟于2003年6月通过欧洲议会和理事会决定，颁布了第二个综合性能源计划，即"聪明能源——欧洲（2003—2006年）"计划，重点放在支持开发可再生能源和提高能源使用效率，并新提出推动运输部门可再生能源燃料多样化的STEER计划和与发展中国家进行可再生能源和能源效率合作的COOPENER计划。2007年4月欧盟理事会通过了"欧盟未来3年能源政策行动计划（2007—2009年）"（EPE），其中长期能源政策主要包括五大措施。一是建立欧盟统一的天然气与电力市场；二是保障能源进口的稳定与安全；三是实施全方位国际能源战略，加强与欧佩克、经合组织等的合作，通过与俄罗斯建立伙伴关系及签署合作协定以确保欧盟能源供给的稳定，特别要保证欧盟中长期的能源安全；强化对中亚、里海与黑海地区能源产业的项目评估、商业投资与技术合作，进一步使能源供给的来源多样化；四是提高能源效率与扩大核能利用规模，达到欧盟至2020年减少能源消耗20%的目标并要求各国明确节约能源的"责任目标"；五是研究新能源技术与开发绿色能源。

能源安全战略与环境安全战略的结合、能源安全战略与欧洲统一战略的结合，能源安全战略与能源外交的结合，使欧盟的能源安全战略成为一种与环境保护战略和欧洲统一进程并行不悖并且相互促进的综合性安全战略。这种战略的关键词是：能源供应安全、产业竞争力、可持续发展。

二 共同能源安全战略的基本架构

如果对 20 世纪 90 年代后期以来欧盟的能源政策文件做一系列分析，便不难看出，欧盟的能源安全战略基本由内部战略和外部战略两个部分组成。这两部分战略所要实现的具体目标不同，但都是为了实现供应安全和可持续发展的总目标。

（一）外部能源安全战略

外部能源安全战略的主要目标是防范国际油气供应中断和价格暴涨。主要措施包括：与主要石油进口国的合作，建立石油和天然气战略储备应急机制；建立可靠的国际运输网络；通过开展能源外交，特别是与油气生产国的对话合作保障能源供应安全和来源多样化。

建立战略储备和应急反应机制仍然是欧盟对外能源安全战略的重要内容。石油迄今仍是欧盟国家的主要能源，2004 年占其全部初级能源消费量的 37%。欧盟国家对进口石油依赖严重，2004 年进入欧盟最初 15 国炼油厂的原油共计 6 亿吨，其中 5.6 亿吨来自进口，占93.3%。因此，防范进口石油供应中断以及对国际石油价格的保障，建立应急机制和手段，提高快速反应能力，一直是外部能源安全战略的要件。尽管人们经常认为，石油战略储备是国际能源机构的安全机制，但也不应忽视欧盟在这一机制框架下发挥的独特作用。例如，国际能源机构对成员国规定的战略石油储备要求是相当于上年 90 天的进口量，但欧盟国家至今所坚持的仍是欧共体原定的 90 天原油消费量标准，而实际储备量往往大于这一标准。又如，欧盟国家的战略石油储备的品种是由欧盟根据其主要石油消费产品决定的，而且储备产品的结构往往随着欧盟调整排放标准，特别是对燃料油标准的调整而不断更新。随着天然气进口的增长，防范国际天然气供应中断风险也开始进入欧盟外部能源安全战略的视野。2004 年天然气在欧盟的初级能源消费结构中的比例已经达到 24%，成为仅次于石油的第二大能源，特别是成为欧盟发电厂的主要燃料。然而，与石油一样，欧盟的天然气也主要依靠进口。2004 年欧盟最初 15 个成员国的天然气消费总量为 4530 万立方米，其中 3017 万立方米来自进口，占 66.6%。2000 年欧盟能源《绿皮书》预计，欧盟到 2020 年对进口天然气的依赖程度将上升到 70%。因此，如何确保天然气的进口供应安全，是与保障石油进口安全同样重要的问题，日益引起欧盟的重视。2004年 4 月欧盟颁布"理事会关于保障天然气供应安全措施的指令"，要求成员国采取包括建立天然气储备、成立欧盟天然气协调小组等措施在内的安全措施。这是"国际能源计划"没有包括的措施，是欧洲能源安全政策的新发展。

营造面向欧盟市场的国际石油天然气供应管道网络。欧盟的地理位置比邻盛产石油天然气的中东、中亚和北非，以管道作为运输手段，比海洋运输更加便利。近年来，为了保证能源供应安全，欧盟国家从以上 3 个方向推动面向欧盟的石油天然气管道建设和升级项目，成为引人注目的新动向。1996—2006 年，欧盟了实施 INOGATE 计划，提供 5600 万欧元，整合原为苏联共和国的中东欧国家的石油天然气管道系统，以确保东欧和中亚国家的石油天然气顺利流向欧盟市场，其中 40% 的资金被用于紧急干预行动。目前欧盟已决定实施或已完成策划的石油天然气管道项目还包括：2007 年建成挪威与英国之间的天然气管道，预计 2010 年完成的波罗的海管道项目，预计2020 年完成的伊朗至奥地利天然气管道项目，阿尔及利亚至西班牙和阿尔及利亚至意大利（GALSI）的跨海天然气管道，埃及经土耳其至欧盟的天然气管道项目，把运送里海石油的俄罗斯敖德萨至波兰布罗迪（Odessa-Brody）石油管道延长到捷克的项目，捷克布拉迪斯拉发至奥地利施韦夏特（Bratislava-Schwechat）油管，保加利亚布尔加什港至希腊亚历山德鲁波利斯（Bourgash-Alexandropoulis）油管，罗马尼亚康斯坦察至捷克特热什季（Constantza-Treste）油管等。此外，意大利、西班牙、英国等国都在修建液化天然气码头，以便从中东北非地区进口液化天然气。到 2020 年前后，随着这些项目的完成，在中东、中亚和北非石油天然气资源国与欧盟市场间将形成一个庞大的石油天然气供应网络。

通过与能源生产国对话推动能源供应来源多样化。西欧国家对进口能源的依赖起初过度集中在对中东地区的石油供应依赖。20 世纪90 年代以来中东地区的冲突和战事频仍，经常出现供应中断的危险，逐渐摆脱对中东地区能源供应的过度依赖，成为欧盟能源外交的重大问题。俄罗斯和东欧地区有大量的石油天然气资源或是这种资源供应欧洲市场的必要过境通道。苏东集团解体后，该地区成为欧盟能源进口来源多样化的主要方向。根据 1990 年荷兰首相的提议，1991 年 51 个国家签署了《欧洲能源宪章》，包括苏联解体后出现的国家和东欧国家，1994 年这些签字国又共同签署关于相互保障能源投资、过境、贸易和解决贸易纠纷的《能源宪章条约》，为欧盟国家获取俄罗斯和中东欧国家的能源奠定了法律基础和共同规则。《能源宪章条约》目前已经得到 51 个国家的批准。俄罗斯以其巨大的资源优势，成为欧盟能源合作的重点国家。1997 年 11 月欧盟与俄罗斯签署《伙伴关系和合作协定》，其中把能源合作列为重要合作内容。2000 年 10 月欧盟与俄罗斯峰会建立了"欧盟俄罗斯能源对话"机制。欧盟在对话中一方面愿意向俄罗斯提供投资和技术，改进能源生产和运输能力；另一方面，则要求俄罗斯向外国企业开放石油天然气和电力市场，接受《能源宪章》所提出的能源投资、运输和贸易条件，为能源部门投资者提供"一站式"服务，建立快速解决纠纷机制，接受国际会计标准等，以此改善投资环境，也为欧盟企业进入俄罗斯市场铺平道路。地中海南岸的北非地区也是欧盟能源进口来源多样化的重点合作对象之一。1995 年欧盟与地中海南岸 12 个国家签署了《欧洲地中海伙伴关系》协定，并建立了"欧洲地中海能源论坛"以及"1998—2002 年行动计划"等专门的能源对话和合作机制。在 2000 年召开的第三次论坛会议上，欧盟提出了多项优先合作领域，其中包括鼓励地中海南岸国家加入《能源宪章条约》，对能源工业实行私有化，建立与欧盟连接的能源基础设施等。

（二）内部能源安全战略

内部能源安全战略的主要目标是减少对化石能源的过度依赖和实现环境安全。主要措施包括开发替代能源，提高能源效率，统一内部能源市场。

开发替代能源特别是可再生能源备受欧盟重视。欧盟的一个基本判断是，在未来 20—25 年，世界上还有足够的石油满足欧盟预期的消费需求，但此后便存在较大的不确定性，因此必须开发石油替代能源，而从环境保护的角度来看，特别需要开发清洁的可再生能源，以替代化石能燃料。1996 年 11 月欧盟委员会发表关于可再生能源的《绿皮书》，提出为保护环境和减轻对石油能源的依赖，在 1996—2010 年期间实现可再生能源在欧盟能源消费结构中的比例翻一番，即从 6% 提高到 12% 的明确战略目标。欧盟从 1993 年开始实施支持可再生能源发展的 ALTENER 计划，10 年期间共拨款 1 亿多欧元，用于资助与开发可再生能源有关的研究、示范、教育培训、监督、评估等项目，资助额可达有关项目总费用的 50%—100%。欧盟 2001 年 9 月颁布"欧洲议会和欧盟理事会关于在内部市场促进可再生能源发电的指令"，决定为落实欧盟对 1997 年《京都议定书》做出的减排承诺，实现 2010 年可再生能源发电量即"绿色电力"占发电总量的比例从 1997 年的 14% 提高到 22.1% 的目标，并要求每个成员国都根据欧盟的总目标制定其国别指导性目标并提出为实现这些目标所拟采取的措施。目前，在欧盟成员国内已有近 100 家研究机构和企业从事绿色能源和可再生能源的研究与开发工作。核能也是一种主要替代能源。尽管欧盟国家对于是否应当发展核能莫衷一是，但从总体看，核能在欧盟能源结构中的比重是趋于上升的。

提高能效被欧盟作为控制能源需求增长和减少排放的重要途径。欧盟从 20 世纪 90 年代初开始从一些具体部门入手，以立法手段制定家电、热水器、建筑能耗标准，鼓励热电联发。1992 年 5 月，欧盟颁布"欧洲理事会关于新热水器能源效率要求的指令"，要求功率在 4 千瓦至 400 千瓦之间的热水器必须符合欧洲统一的能效标准。同年 9 月，欧盟又颁布"欧洲理事会关于家用电器消耗能源和其他资源的标签和标准的指令"，要求各成员国的家用电器生产商和销售商在出售家用电器的时候，必须标明该电器的能耗指标，以便消费者选择购买低能耗产品。欧盟委员会 2000 年发表《绿皮书》并做出欧盟能源对外依赖率将从当时的 50% 提高到 2030 年的 70% 的判断后，欧盟加快了提高能效的步伐。2001 年 5 月欧洲理事会决定在欧盟采用美国的办公设备节能标签计划，即所谓"能源之星"计划。2002 年 12 月，欧盟颁布了"欧洲议会和理事会关于建筑物能源效率的指令"，要求成员国采取共同的方法，制定公用建筑物的能效标准，定期检查公用建筑物的热水器和中央空调系统，并对公用建筑物的能效进行认证。2004 年 2 月又颁布"欧洲议会和欧洲理事会关于根据内部市场有效热力需求推动热电联发的指令"，要求成员国研究分析本国实施热电联发的潜力并对现有的立法和调控措施进行评估，以推动热电联发技术的实施。2006 年 10 月，欧盟委员会根据 2005 年发表的委员会绿皮书《能源效率或以更少的投入做更多的事》，提出"2007—2012 年能源效率行动计划"，以及通过提高能源效率把原定 2020 年初级能源消费量减少 20% 的长期节能目标。

整合内部能源市场的努力从 20 世纪 90 年代开始，主要集中在统一天然气和电力市场方面。1990 年 6 月，欧共体通过"理事会关于改进产业最终用户天然气和电力价格的共同程序的指令"，要求成员国的天然气和电力经营者定期向欧共体统计局通报价格信息，以提高市场透明度，被视为统一能源市场行动的开始。1993 年 6 月欧盟颁布"理事会关于协调水、能源、运输和电讯部门运营实体采购程序的指令"，要求成员国在发包各种能源勘探和生产、运输和销售企业项目的时候，必须在欧盟官方刊物上发布招标通告。1994 年 5 月，欧盟颁布"欧洲议会和理事会关于颁发和使用碳化氢勘探和生产许可证的指令"，要求成员国平等对待在欧共体内成立的实体，但出于国家安全理由，可以拒绝被第三国或第三国国民实际控制的实体从事这些活动。1996 年欧盟通过了"跨欧洲能源网络"计划，目标是建立统一的天然气和电力市场，目前在这一计划下已确定的项目有 74 个，相应的投资总额为 180 亿欧元，有些项目涉及周边国家，特别是地中海国家、中亚和东欧国家。2003 年 6 月，欧盟颁布了"欧洲议会和理事会关于进入跨国电力交易网络条件的规则"，对跨国电力传输所涉及的费用补偿等问题做出了规定。2003 年 6 月欧盟分别颁布了"欧洲议会和理事会关于内部电力市场共同规则的指令"和"欧洲议会和理事会关于内部天然气市场共同规则的指令"，对电力和天然气的生产、运输和销售制定了一系列共同规则。2003 年 10 月欧盟颁布指令，对跨国天然气和电力供应中如何征收增值税和避免双重征税做出了具体规定。欧盟天然气和电力共同市场建设正在不断取得新进展。

三 欧盟能源安全战略的绩效和特点

（一）绩效和问题

从总体上看，欧盟的能源安全战略是一个有效的战略，它的许多组成部分都产生了比较显著的效果。1990—1991 年的海湾危机和海湾战争验证了动用战略储备对防范国际石油供应中断的有效作用。面对伊拉克入侵科威特造成国际石油市场出现每日 450 万桶石油的供应中断，欧盟国家与其他国际能源机构成员国于 1991 年 1 月动用战略石油储备，在欧佩克国家增产的协助下，顺利平抑了一度高涨的国际石油价格。欧盟国家能源进口来源多样化取得显著进展。1976—2002年中东在西欧国家进口石油中的比重已经从 78.1% 下降到 32.2%，前苏联地区、非洲和美洲都已成为欧盟的重要石油进口来源。天然气进口也是来自多种来源。目前 46% 的天然气供应来自欧盟成员国，25% 来自俄罗斯，15% 来自挪威，14% 来自北非。开发替代能源进展明显。在 1971—2002 年这 31 年期间，按照石油当量计算，欧盟国家的初级能源供应总量每年平均增长 1.1%，而同期各类能源的地位因能源结构调整而发生明显变化，煤炭供应年均减少 1.1%，石油仅年均增长 0.1%，水能年均增长 0.9%，而天然气、核能、生物质和垃圾，以及其他可再生能源的供应却分别以每年 4.7%、10.0%、3.1% 和 3.9% 的速度快速增长，替代能源发展保持了强劲势头。提高能效措施的落实情况较好，欧盟国家普遍实现了能源消费增长速度低于 GDP 增长。按照 2000 年美元固定价格计算，欧盟最初 15 个成员国每实现 1 千美元国内生产总值所耗用的能源已从 1970 年的 0.272 吨石油当量下降到 2003 年的 0.186 吨石油当量。应当说，欧盟通过采取共同能源战略，使其能源安全状况正在获得不断的改善。

当然，欧盟能源安全战略的实施仍然存在不少障碍。天然气战略储备的建立比较复杂，并非一日之功。可再生能源尽管发展迅速，但其在初级能源消费结构中的比例变化较慢。据国际能源机构测算，生物质能、废物和其他可再生能源在欧盟初级能源结构中的比例从1971 年的 2% 提高到 2002 年的 4%，2010 年将提高到 6%，很难达到欧盟设定的目标。从电力生产来看，可再生能源发电在欧盟发电总量中的比例提高缓慢，在 1990—2004 年期间仅从 12.8% 上升到14.8%。尽管可再生能源价格各不相同，但多数成本较高，除非加大政策干预的力度，实现这一目标并非易事。在发展核能问题上，欧盟主要国家之间的意见相左，德国等国仍然坚持全部关闭现有核设施的主张，使欧盟的核能潜力难以全面发挥出来。统一内部天然气和电力市场的努力受到一些国家能源垄断企业的和政府的阻力，尽管出台不少法律，但实际进展较慢。能源市场统一将影响到一些天然气和电力企业的利益，特别是一些国家的天然气和电力企业仍归国家所有，政府不愿这些企业被其他国家更有竞争力的公司所并购。波罗的海国家、伊比利亚半岛、英国和爱尔兰等国都还没有与邻国的电网连接。据研究，在 2006—2025 年的 20 年中，欧盟发电能力和电网建设需要投资 7000 亿欧元，天然气基础设施（包括管道、液化天然气码头和地下储存设施）建设需要投资 1000 亿欧元，统一能源市场所需 8000 亿欧元巨资，也是一个巨大的挑战。

（二）欧盟能源安全战略的几个特点

尽管欧盟能源安全战略还存在这样那样的许多问题，但其取得的绩效仍然是主要的。研究取得这些绩效的原因对于亚洲和中国的能源安全战略不无启发。

欧盟能源安全战略之所以能够顺利运行并取得显著的绩效，与它的以下一些特点有关。

1. 高度重视调研论证。

欧盟非常重视决策前的调研工作。调研成果一般以《绿皮书》或《白皮书》的形式发表。这些调研文件对所需解决的问题进行系统调研，明确问题产生的背景，产生的原因，解决问题对能源安全和环境安排以及欧盟统一进程的意义和影响，提出解决问题的对策建议，其中包括解决问题的具体步骤和所要达到的具体目标。欧盟的许多指导性的规划和计划，以及具有法律效力的指令和决定，都采用了《绿皮书》或《白皮书》提出的目标和标准。发表《绿皮书》和《白皮书》也是一个公众咨询的过程，公众对这些调研成果的反应，也是欧盟进行最后决策的重要参考。深入系统的调研工作是欧盟能够制定行之有效的共同能源安全战略的基础。

2. 善于整合战略目标。

欧盟的能源安全战略从一种维护石油供应安全的单一目标的战略发展成为一种综合安全战略，是一个把环境保护和欧盟市场统一战略目标与能源安全的战略目标结合起来的过程。在这种综合战略中，每一项重大举措都可以服务于多项战略目标。这种战略目标的整合，不仅加强了欧盟的多项重大战略的协调性，而且形成了能源安全、环境保护和市场统一这三大战略目标相辅相成、相互推动、和谐推进的局面。

3. 依法有序落实。

欧盟能源安全战略之所以在实践中取得成效，很重要的原因在于各项战略目标和措施能够依靠法律的手段顺利落实。欧盟发布的指令和决定等具有法律效力的文件，有的是对能源政策的全面规划，有的具体规定了要求执行的标准、程序和指标，有的是对成员国一些成功做法的推广。欧盟制定和颁布这些法律文件，体现了成员国把某些立法权赋予欧盟的议会或理事会，但并不意味欧盟是这些法律的执行者。欧盟的各项法律文件一般都是通过转化为成员国的国家法律、法规和标准，甚至分解为量化的任务配额，并通过各个成员国的执行机构加以落实的。例如，1998 年欧洲理事会为落实《京都议定书》达成有关减少温室气体排放的《共同分担协议》，并且把减排指标分配给每个成员国，而每个各成员国则根据其减排配额制定出一系列法律和财税激励措施加以落实。又例如，德国 1998 年颁布的《最大耗能法》就是把欧盟提出的有关降温和冷冻设备的最大能耗标准变成国家标准，同年颁布的《能耗标签法》也是按照欧盟法律，落实对冷冻设备、洗衣机、烘干机、洗碗机和家用电灯强制实行能效标签制度。欧盟和成员国之间法制系统的顺利衔接和运行，为能源安全战略的依法有序落实，提供了基本的保障。

4. 国家进行积极干预。

如果把化石能源和可再生能源的成本进行比较，应当说我们仍然处在化石能源价格比较低廉的时代。在这样的背景下限制化石能源消费和推动可再生能源发展，势必遇到市场力量的巨大障碍，政府干预不可避免。欧盟的经验也是如此。就限制石油能源消费而言，欧盟各国普遍采取收取高额能源税的手段进行干预，如今在不同成员国的油品价格中，能源税的比例高达 1/3—2/3。从鼓励可再生能源发展来看，欧盟成员国的政府干预主要通过以下几种形式。第一，以制定发展目标进行企业导向。例如，德国政府的目标是把可再生能源在全国能源中的比例由目前的 8% 提高到 2020 年的 20%。计划到 2030 年前后使风能占全国发电总量比例由目前的 4% 提高到 25%。对于企业而言，这种目标的制定可以使其明确市场前景，起到激励企业投资的作用。第二，以立法手段为可再生能源开辟进入市场的渠道。以立法手段强制电力公司接受用可再生能源生产的电力入网，是帮助企业克服可再生能源发展初期竞争力弱势和获取能源市场份额的必要手段。例如，德国 1991 年颁布《电力入网法》，要求电力公司购买可再生能源电力；2000 年颁布《可再生能源法》，要求电力公司优先购买用林业废弃物、垃圾和小水电等技术生产的电力。第三，以财税手段鼓励投资和消费。例如，德国为风力发电设备的生产提供补贴，补贴目前为 17%。该国 1998—2003 年推行 "10 万太阳能屋顶计划"，为个人和企业在屋顶安装太阳能设施提供长达 10 年的低息贷款和无息贷款。

第四，推行可再生能源电力入网配额制度。20 世纪 90 年代以来，一些国家开始采用"可再生能源发电配额标准"（Renewable Portfolio Standard），推动可再生能源开发。在这种制度下，每个企业都有使用可再生能源电力的配额，完成这种配额是企业的法律义务，政府允许企业以"可再生能源证"（Renewable Energy Certificate）形式对其配额进行相互交易。已经采用这种制度的欧盟国家包括英国、荷兰和丹麦。

5. 全面开展国际能源合作。

欧盟的能源安全战略并不是一个自我封闭的体系，而是建立在与世界主要能源消费国和生产国广泛合作的基础之上。与能源消费国的合作以国际能源机构为舞台，重点放在协调战略石油储备的建设和使用、推动能源消费结构的转变，以及环境保护方面。与能源生产国的合作主要以欧盟周边的俄罗斯和东欧国家，以及欧盟南翼的北非地中海沿岸国家为重点，主要集中在欧盟周边地区，签署了一系列的宪章、协定、计划。事实证明，这种广泛的国际合作在欧盟应对石油供应中断的紧急情况、推动可再生能源发展、提高能源使用效率、实现能源供应来源多样化，保障能源过境运输安全等涉及能源安全的诸多方面，都发挥了非常重要的作用。

文化欧洲建设

自罗马帝国后期起，伴随着欧洲大陆的基督教化过程，以罗马教廷为首的基督教会网络便逐渐扩展成为中世纪欧洲的文化组织机制。中世纪基督教世界崩溃以后，民族国家兴起，这个文化欧洲的组织机制也随之衰落，但是欧洲文化作为中世纪的遗产却绵延不绝，并以各种不同形式存留于后来的民族国家文化之中。在战后欧洲一体化进程中，共同市场建立、民族国家边界消失、行政权力部分转让等经济、政治领域日新月异的发展，都使文化欧洲的构建进入了一个崭新的历史时期。为欧洲一体化事业创造一种新的集体记忆和一种新的历史意识，成为欧洲精英们的共识。欧共体在建设统一大市场之时明确提出："文化领域显然不能再处于建设欧洲大市场进程之外了：这个进程要求建立一个真正的欧洲文化区。"自此，文化欧洲建设在规则制订、机构建设等组织机制方面，在教育、科研、社会融入、就业、竞争、税收、版权、信息社会、国际关系等各种政策领域当中，都得到了落实和体现；文化欧洲建设不再仅仅涉及欧洲文化艺术，更是一个新兴的经济领域、一项事关欧洲未来的政治事业。

一 欧盟文化政策的法律依据和管理机制

尽管欧洲一体化进程的设计者们从一开始就怀有建设"欧洲人民的联盟"的理想，并将之体现在从《罗马条约》开始的一系列欧共体和欧盟条约中。但是，长期以来，欧洲一体化的文化维度并没有在欧洲一体化建设事业中得到重视。从20世纪50年代到70年代，欧盟官方文献中的一体化话语深受新功能主义理论影响。其假设是，"建设欧洲"首要的任务是为资本、产品、服务和劳动力自由流动清除边界障碍；随后，经济领域的理性化发展和一体化成就将产生"外溢"效果，对政治等其他领域产生一体化的压力。也就是说，欧洲社会和政治一体化将是经济一体化、技术协作发展的副产品。20世纪70、80年代，情况开始发生变化，欧共体的精英们越来越认识到促进欧洲文化、发展欧洲意识的重要性。1977年欧盟委员会发布《文化领域共同体行动》文件；1983年欧共体成员国首脑会议在斯图加特发表联合声明，提出促进文化合作，以加强具有欧洲认同因素的欧洲共同遗产意识；1984年，欧共体各成员国文化部长首次在卢森堡举行正式会议；1990年"梅迪亚计划"（le Programme MEDIA）诞生。

关键性的突破发生在20世纪90年代。欧盟官方的一体化话语发生了重要变化：将文化作为欧洲一体化机制的组成部分。1996年欧盟委员会发表的《在欧共体行动中考虑文化方面的第一次报告》清晰地表达了这一思想："文化政策必须对加强和扩展欧洲社会模式（European model of society）作出贡献，这一模式是建立在欧洲社会（all European societies）共享的一系列价值基础上的。"尤为重要的是，1992年在马斯特里赫特签订的《欧洲联盟条约》（即《马斯特里赫特条约》）为欧洲联盟在文化领域行使权力提供了法律依据。《马斯特里赫特条约》第128条（即《阿姆斯特丹条约》第151条）规定，"共同体应协助促进成员国文化繁荣，在尊重成员国民族和地区文化差异的同时突出共同文化传统"。条约规定，欧盟的文化权力限于四个方面：（1）促进对欧洲人民文化和历史的了解和传播；（2）保存和保护具有欧洲意义的文化传统；（3）非商业性的文化交流；（4）艺术和文学创作，其中包括视听部门。并且规定，欧盟在文化领域的活动应在辅助性原则指导下进行，即共同体的活动支持和补充成员国的活动。教育、文化事务属于成员国政府间合作的领域，而非共同体决策领域，这就意味着任何欧盟层面做出的决定不能直接适用于各成员国，必须经过成员国国内立法转化后才能应用；欧盟做出的决定对成员国没有法律约束力，只有道义的约束力，没有强制执行权。欧盟在这一政策领域的主要作用是相互协商、协调立场、互相合作。另外，《马斯特里赫特条约》第128条第4款（即《阿姆斯特丹条约》第151条第4款）规定，"共同体应在依据本条约其他条款采取的行动中将文化方面的问题考虑进去"。这一条规定为欧盟文化政策的跨领域扩展保留了充分的空间。

具体政策制定和管理机制方面，欧洲议会、欧盟理事会、欧盟委员会都设有专门机构负责文化事务。大体而言，欧洲议会、欧盟理事会是共同决策机构，欧盟委员会是管理机构。欧洲议会下设文化教育委员会，主要职责是讨论欧盟事务中与文化相关的事宜，尤其是促进知识更新和文化传播、保护语言和文化的多样性、保存文化遗产、促进文化交流和艺术创新。另外，文化教育委员会也讨论欧盟教育政策、视听产业政策、青年政策、体育政策、信息和媒体政策、与非欧盟国家在文化教育领域的合作以及与相关国际组织和机构的关系等内容。欧盟层面与成员国在文化政策方面相互沟通，主要是通过部长理事会。因此，欧盟理事会每年都要召集各成员国负责教育、文化、青年和文化传播事务方面的部长举行3—4次定期会议，就共同关心的问题交流信息和经验，讨论相关对策。需要指出的是，在文化事务方面，法律规定，理事会在获得欧洲议会意见后要得到全体一致同意，而非特定多数，才能采取共同立场。文化项目的执行与管理，主要归属欧盟委员会，具体来讲是欧盟委员会下属的教育文化指导委员会。欧盟还通过在成员国建立文化联络点、组织专业文化人员、与驻在国文化管理部门交换信息等措施，推进相关的文化项目。因此，作为一个多民族的超国家政体，欧盟的文化政策运作方式充分地体现了这一特性。概括来讲，欧盟在文化领域发挥作用的方式有三种：部长理事会沟通、交流成员国意见，提供合作框架；在《欧洲联盟条约》授权的领域，运用法律手段，比如视听产业和相互承认学位；通过支持有关项目，补充完善成员国的行动。

欧盟的"欧洲文化模式"，即"多样性中的一致性"，集中体现了欧盟文化政策的目标，即强调保护共同的文化遗产，提高属于一个共同社会的归属感；承认和尊重民族国家和地区的文化多样性，促进各种文化的发展和传播。最终，以文化为工具创建一个"各民族的欧洲"，在欧洲各民族之间创造一个更加紧密的联盟。实现这一政策目标的工具主要是以文化2000框架项目为代表的一系列文化项目。欧盟希望通过这些文化项目的执行，塑造"知识欧洲"、建立共同的欧洲文化区、促进欧洲公民参与一体化进程。

二　作为政治事业的欧洲文化认同构建

欧洲一体化事业从一开始就是一项抱负宏大的创建和平与繁荣的

政治事业。正如让·莫内宣称的："我们不是要建立一个国家联合体，而是要在各族人民之间建立联盟。"一体化不单单是消除贸易壁垒，而是将来自不同民族文化的欧洲各国人民聚集在一起的一项人文事业。文化服务于这项事业。但是，在构建文化欧洲的话语背景下所宣称的"多样性中的一致性"，渐渐变成一个含义模糊而意识形态化的口号，因为它既可以理解为促进多样文化和地方自治，也可以解释为相反的含义，即文化权力集中。从创造一个共同的欧洲文化传统的角度出发，"多样性中的一致性"意味着欧洲的文化马赛克只是一个更大范围的欧洲设计中的碎片，欧洲文化是超越民族文化的复合体，整体大于部分的总和。而创造共同欧洲文化的最终目的就是实现欧洲社会融合、建立欧洲认同、提升欧洲公民的政治参与热情，因为现代社会的政治忠诚不再投向君主、土地或信仰，而是集中于文化。

为了实现"在欧洲人民中间建立一种共同的欧洲情感"的目标，欧盟采取了具体的政策。文化 2000 项目以及教育、青年、信息社会和外交等政策的文化侧面将建立欧洲认同的目标分解为推动跨国合作交流、重构欧洲历史、发明欧洲传统、建设信息网络、促进文化对话等一系列具体举措。

（一）文化 2000 项目及 2007—2013 年欧盟文化项目

文化 2000 项目（Culture 2000 programme）是欧盟在文化领域内一个单独的计划资助项目。项目于 2000 年 2 月 14 日启动，初始投资 1.67 亿欧元，原定于 2004 年底结束，后来延长至 2006 年 12 月 31 日，投资也追加为 2.36 亿。项目目标是，通过推动文化对话、传播欧洲历史知识、促进文化创作、艺术家及其作品自由流动、保护欧洲文化遗产、探索新型文化表达方式、发挥文化的社会经济作用等手段，建立一个共同文化区。这一项目资助的重点是创新性文化活动和跨国文化活动，即富有创造力的艺术家、文化工作者和文化机构共同参与的跨国合作计划。因此，它强调文化作为一个经济要素的重要性，同时指出文化也是推进社会整合和塑造欧洲公民身份的积极因素。具体而言，该项目资助三种类型的活动：（1）创新和/或试验性活动，至少包括来自 3个国家的参与者。这些活动旨在鼓励新型文化表达方式的产生和传播、促进公众（尤其是年轻人）参与文化活动、利用信息社会新技术推进文化传播。如"文艺复兴数字化书库"计划向互联网用户提供电子版的欧洲各地图书馆收藏的 16 世纪文献。"艺术家计划"联合欧洲著名的艺术品博物馆、出版社和新型信息技术领域的合作者，完成高质量绘画复制的数字化、编档和网络传播，为公众通过互联网高清晰度、远距离观看这些收藏提供了可能，为研究者、艺术专业学生、出版界、媒体提供极大便利。（2）由结构性的、多年的文化合作协议规范的一体化行动。这些协议必须是来自至少 5 个国家的文化工作者签订的。通过实施合作协议，项目希望加强某一文化领域的发展，或者推动数个文化部门的整合。如通过"欧盟兄弟城镇计划"，推动各成员国的市镇、城市和村庄建立持久的合作关系。"欧洲文化遗产日"定期邀请公众参加发现或重新发现欧洲各世纪的艺术宝藏的活动。（3）欧洲和/或国家范围的特殊文化盛事。这些文化活动必须达到相当规模，必须有助于增强共同体归属感。如每年文化部长理事会都会选出一定数量的城市作为"欧洲文化城市"，在欧盟的财政支持下，举办音乐会、展览会等各种文化活动并召开欧洲规模的会议，吸引欧洲各地艺术家汇集一城。1998 年欧盟委员会决定，将 1994 年已经开始实施的 3 个计划，即旨在促进欧洲艺术合作的"卡雷多斯哥普计划"（Kaléidoscope Programme）、涉及书籍和讲座的"阿里安尼计划"（Ariane Programme）和保护文化遗产的"拉斐尔计划"（Raphaël Programme），并入文化 2000 项目。

在 2006 年欧洲议会和欧盟理事会第 1855 号决议的基础上，2007—2013 年欧盟文化项目将斥资 4 亿欧元，继续支持各种文化项目，力图通过跨边界的文化合作，打造一个欧洲文化空间。这一期的文化项目主要有 3 个目标和 3 个资助重点。3 个目标是：促进文化领域工作者的跨边界流动；鼓励文化、艺术产品的跨国流通；孕育跨文化对话。3 个资助重点分别是文化活动、欧洲层面的文化团体、文化分析和普及活动。文化活动经费在文化项目预算中占 3/4，主要用于资助欧洲各国文化组织举办各种文化艺术活动。具体包括三类活动：（1）3—5 年的长期合作计划；（2）最长 2 年的合作措施；（3）具有相当规模的文化盛事，其中包括欧洲文化之都。对欧洲层面文化团体的资助占这一期文化项目预算的 10%，主要用于鼓励不同欧洲国家文化组织之间的交流、推进欧洲艺术家共同体建设并与欧盟机构开展事务性合作、参与公众文化问题讨论、设立欧洲文化大使。2007—2013 年欧盟文化项目预算的 5% 将用于资助文化分析和普及活动，以提高用不同方式执行文化项目的自觉性。资助集中于文化合作和政策发展领域的政策分析、文化项目参与国的文化联络点、信息收集和传播三个方面。

（二）与文化相关的欧盟政策领域

欧盟对文化项目的投资在年度总预算中所占比例很小。如 2002 年共同体总预算为 986.3 亿欧元，而"教育、青年、文化、视听产业、信息、社会和就业"仅占 0.9%。但是，根据《马斯特里赫特条约》第 128 条第 4 款"共同体应在依据本条约其他条款采取的行动中将文化方面的问题考虑进去"，欧盟利用文化政策的跨领域特性，在教育、科技和外交政策等领域引入文化因素，加速欧洲新型合作关系的形成。

欧盟将欧洲维度引入教育领域，致力于培育更加团结的、代表明天的欧洲年轻人。苏格拉底计划、伊拉斯谟计划、青年项目资助大学生和青年人在欧洲其他国家居留、学习。2000—2006 年欧盟斥资 18.5 亿欧元投入教育项目苏格拉底二期（SOCRATES Ⅱ），其中包括关于中等教育的孔梅尼乌斯计划（Comenius）、关于高等教育的伊拉斯谟计划（Erasmus）以及涉及成人教育的格伦特维计划（Grundtvig）。苏格拉底二期项目侧重欧洲各学校间的文化合作活动以及研究所、大学之间关于艺术教育的合作。职业教育项目列奥纳多·达·芬奇二期（Leonardo da Vinci Ⅱ）帮助青年艺术家解决职业问题，尤其注重培养音乐家和建筑师。2000—2006 年，15—25 岁的欧洲年轻人利用青年项目开展合作或者参加欧洲志愿服务活动。欧盟委员会还强调从欧洲视角重新书写历史的重要性，如 Jean-Baptiste Duroselle 的著作《欧洲：人民的历史》。在苏格拉底项目和让·莫内计划资助下，欧盟委员会已经在许多欧洲大学中推动了"欧洲一体化"教学。欧盟还制作了一系列影片和录像，分发到各学校和地方政府，如《欧洲历程》、《自由的激情》等作品。

信息传播技术的发展为建立欧洲文化空间提供了物质基础。2000—2006 年 E-TEN 项目每年拨款 380 万欧元，致力于建立经济社会领域的欧洲电子信息网络，学校和博物馆尤其热衷于参与这样的计划。"网络时代的欧洲"（Netd@ys Europe）计划将新型媒体技术运用于教育和文化交流，鼓励人们参与文化生活。1999 年和 2000 年，由欧洲议会倡议的实验性的"联结"项目（le programme CONNECT），已经在教育、文化、信息和交流技术之间建立了联系。在"与市民社会的伙伴关系"框架下，欧盟委员会同意资助涉及欧洲一体化的信息交流活动，这些交流主要是针对公司、非政府组织、欧洲联合会或辛迪加组织的。"欧洲公民信息项目"（PRINCE, Programme d'information des citoyens européens）的目标是建立伙伴关系，主要是提供欧盟扩大的信息。

在对外政策上，欧盟通过向非成员国开放共同体项目、与其他国家建立伙伴关系以及东扩，将文化维度引入对外关系。第一个涉及欧盟对外文化关系的项目是欧洲发展基金（FED, le-Fonds européen de développement），负责欧盟与非加太地区协议框架下的合作。在某些情况下，欧盟允许非成员国加入一些为成员国设计的具有文化维度的项目，如冰岛、挪威和列支敦士登。东欧剧变以后，欧盟启动两项新计划帮助中东欧国家经济转型。"法尔计划"（Phare Plan）是为中东欧国家的入盟做准备，而"塔西斯计划"（Tacis Plan）则是为欧盟与前苏联国家的合作与援助计划提供资金。在整个20世纪90年代，欧盟与它的地中海、非洲、拉丁美洲和亚洲的伙伴国的关系都包含了文化因素。比如欧盟与非加太国家签署的《科托努协议》就包括共同致力于保护参与国的民族遗产、价值和认同。1995年巴塞罗那会议后，欧盟成员国与地中海南部12国的合作进程也包括了文化合作，被称为"巴塞罗那进程"。

三 作为经济部门的文化产业和欧洲文化市场建设

把文化与经济社会发展联系起来，将文化视为一个新兴的经济领域，这是欧盟文化政策不同于传统民族国家文化政策的一个特点。早在1985年，作为欧盟委员会主席的德洛尔在他第一次对欧洲议会发表的演说中就宣称："文化产业将是明天最大的工业，是财富和工作的创造者。在现有条约的基础上，我们没有执行文化政策的资源，但是我们将在经济领域处理文化问题……我们必须建立一个强有力的欧洲文化产业，以控制传播媒介和传播内容、维持我们的文明标准、鼓励富有创造性的人民。"

从传统的民族国家文化政策角度看，欧盟对文化的支持根本不能被看作是一种文化政策。欧洲民族国家文化政策一直以来的目标就是通过资金分配方式，即公共财政支持，来引导文化发展。在欧盟背景下，文化政策日益服务于和传统艺术文化目标不同的其他政策目的。这种政策转向反映了资金分配政策和结构政策的不同。前者包括公共管理机构（财政部、中央银行）的财政、金融政策。后者涉及更大范围的政策领域，目的是改变具有战略意义的社会部门的制度设置和资源分配结构。工业、教育、人力资源或就业、科研发展领域一直是结构政策的主要目标，而艺术和文化则处于边缘地位，因为传统文化政策关注的是艺术创造工作的自主性。然而从20世纪90年代中期开始，文化日益被视为一个经济部门，对于就业、出口和工业附加值都开始具有重要意义。艺术文化作为经济发展的动力源，与经济发展、就业和出口挂钩，经济重要性把艺术文化从边缘拉到了中心。

从欧盟地方政策中可以看出这种戏剧性的转变。欧盟结构基金旨在消除欧盟各地区之间经济、社会发展的不平衡。其资助形式分为两种，一是欧盟根据设定的目标直接将资金分配给需要的地区，如有特殊发展需要的地区、存在结构问题的地区等；二是在咨询地区政策委员会意见的基础上，欧盟设定具体资助项目。从2000年开始，"文化发展"（Le développement culturel）理念进入结构基金项目设计中。"文化发展指的自然环境、人文环境质量，生活的文化维度以及旅游业的发展，这些都在经济和社会发展中有助于提升地区吸引力、创造长期就业机会"。尽管以前的结构基金中也有文化项目涉及文化遗产保护、资助公共图书馆和多媒体图书馆等，但2000—2006年结构基金中涵盖的文化领域工作者更广泛、资助的文化项目也更多样，尤其是各种共同体领域活动项目。例如，在共同体领域活动项目城市 II（危机城市区域复兴计划）支持下，法国波尔多市一个图书公司得到3.3万欧元资助，策划了一系列面向公众的欧洲作家作品展，这个公司还与书店、学校和社会文化中心开展了许多合作活动。

视听产业政策是欧盟文化政策的重要组成部分，其中尤以梅迪亚计划最为著名。该计划旨在促进欧洲视听产业领域更具竞争力，其具体目标是保证视听产品流通，鼓励学习书写，帮助视听产业专业人士扩展其经济能力、商业技能及获得新技术，为电影工作者和欧洲电影节提供资助。梅迪亚计划的预算超过文化2000项目，截至2006年，其预算为5.13亿欧元，共分为"梅迪亚补充"（Media Plus）和"梅迪亚培训"（Media Training）两部分。2007—2013年的媒体项目预算将超过10亿欧元。

欧洲文化产业的健康发展有赖于欧洲共同文化市场的建立。欧盟统一大市场的四大自由流通原则，在艺术文化领域表现为平等对待、不歧视的约定，如欧盟在评估艺术资助申请时，对待不同国家的申请人一视同仁。民族国家关于文化决策领域资助体系的仲裁法规以及税收法和版权法也发生改变。新版权条例为艺术家、创作者和生产者在新交流环境下的工作提供公平的保障。竞争政策通过阻止滥用主导性市场地位和形成不公平竞争或固定价格的垄断，规范文化市场。附加值政策被用于为艺术文化提供免税的优惠。这些变化为公共机构和私营企业的合作提供了基本规则，推进了文化领域的自由竞争和互利合作。欧洲共同市场为文化产业的发展开辟了广阔前景。例如，"热耐计划"（Regnet Plan）将欧洲 10 个国家的博物馆、图书馆、计算机等领域的专家聚集到一起，为文化产品和服务建立了一个共同的电子商务平台。这一计划的顺利实施得益于在文化组织、工业、公共管理部门等各方参与者之间引进了新的合作方式。

在欧洲共同文化市场的推动下，民族国家文化政策出现欧洲化趋势，如媒体政策的变化。民族国家媒体政策变化的推动力主要来自欧盟工业政策。20 世纪 80、90 年代在失业状况日益严重的情形下，传媒产业被欧盟视为关键性的增长企业。1986 年单一欧洲法令出台，许多欧洲国家也纷纷制定法规，开放媒体市场。如法国 1986 年出版和交流自由法、德国 1987 年联邦广播电视法规协定、意大利 1987 年出版法和西班牙 1988 年私营电视法。这些法律法规导致了商业广播电视公司的出现。这些公司要求打破法规束缚、拓宽融资渠道以便采用新技术。在这一背景下，1989 年欧盟出台无国界电视条例（Television Without Frontiers Directive），要求民族国家修订各自的广播电视法规。各国执行这一条例的媒体法规包括：法国 1994 年广播电视法、德国 1991 年联邦广播电视协定、意大利 1990 年广播电视法、西班牙 1994 年无国界电视法、英国 1990 年广播电视法。但是，由于这一条例不能完全与各成员国原来的广播电视法规相适应，因此在执行过程中遇到各种阻碍。欧盟对条例实施情况表示不满，并通过各种渠道施加压力，促进民族国家修订其媒体法规。20 世纪 90 年代末各国再次修订法规，如法国 1996 年信息高速公路法、德国 1996 年联邦广播电视协定、意大利 1997 年新媒体法、西班牙 1998 年数字电视法和英国 1996 年广播电视法。因此，这些国家媒体法律的内容很大程度上是在欧洲法院、欧盟委员会的决定和欧盟委员会政策建议的影响下形成的。

四 文化欧洲建设的主体是精英还是大众

在欧盟政策制定者们看来，欧盟已经为新型的泛欧洲政治体制创造了一个机构框架，而且这个政治体制超越了建立在相互竞争的民族国家基础上的旧国际秩序。欧盟的道德基础和存在理由是一个理想的"欧洲"，这个欧洲是由享有共同文化价值和具有归属感的公民组成的。同时，大众信息传播技术的发展为超越民族国家限制、建设欧洲公共空间提供了物质条件。

首先，欧盟试图通过"文化"媒介在公共舆论领域内发掘文化遗产、重建欧洲历史。欧洲学术界正在批量生产哲学、艺术、思想史、考古、比较宗教学作品，以创造一个新的古代欧洲文化遗产谱系。这些遗产包括古希腊、古罗马文化、中世纪教会、加洛林王朝、哈布斯堡王朝等等。在欧盟官方话语中，一体化的动力正是来自欧洲丰富的文化遗产。在过去几个世纪中欧洲的艺术、科学和哲学思潮超越地域阻隔、宗教差异和政治分歧，彼此影响、互相促进，为今天欧盟的多种文化奠定了共同的遗产基础。这些文化遗产反映了"欧洲人民共享的基本价值"，而欧洲一体化进程就是以这些价值为基础的。许多学者并不认同这种以欧洲精英知识文化传统代表欧洲文化的做法。他们指出，欧盟创造共同欧洲文化的过程与19世纪民族国家创造民族文化和国家认同的过程异曲同工，而且民族认同来自根深蒂固的民族共同体归属感，而欧洲认同相对肤浅，只是知识分子和理想家的乌托邦之梦。

其次，欧盟利用标志、象征、仪式等手段将自己形象化，并试图利用现代传播学手段，为自己做广告。1984年经欧盟理事会同意，"人民欧洲委员会"（Committee for a People's Europe）建立，其任务是提出具体措施，以加强共同体认同和增进欧洲公民及其世界各国对欧共体的印象。欧共体采纳了这个委员会的建议，采用一系列新的标志，以表明欧洲一体化事业建立的原则和价值，如以贝多芬第九交响曲《欢乐颂》为欧共体的乐曲、采用了12颗星欧共体旗帜、实行统一的欧洲护照、选取一体化进程的重要日期作为欧洲公共节日等。1993年的德克勒克报告建议欧盟将欧洲作为一个"品牌产品"推销给公众。这些努力的结果之一是赋予了欧盟某种实体意义，"欧洲"不再是无形的了。但是，人们也可以得出另一个结论，欧洲议会和欧盟委员会是这些变化的动因，它们领导着欧洲一体化事业。而且，有学者指出，新欧洲建立在与 19、20 世纪旧民族国家同样的标志性事物（国歌、国旗等）基础之上。欧盟不是预示了民族国家的终结，而是扩张成为一个超级民族国家。

欧盟创建欧洲认同的另一个策略在地区层面，即通过民众文化活动来建立政治合法性。长期以来它一直鼓励各成员国人民学习和使用除母语以外的两种语言，并通过语言学习培训、资助翻译文学作品、保存地区方言和少数民族语言，力图保护欧洲文化的多样性。这种努力同样遭到学者的批评。他们指出，"多样性中的一致性"这个口号本身是自相矛盾的。在欧盟倡导多样性和地方努力发掘地方特色的时候，建立一个共同的欧洲文化的努力实际上是失败的。

对于欧盟正在进行中的文化欧洲建设，学界和公众指责多于赞同。也许问题的症结在于，在建设欧洲认同、重塑欧洲传统这一过程中，发挥主导作用的应该不单单是欧洲的精英、政治家和知识分子，最重要的恰恰是欧洲的普通民众。他们必须介入这一历史进程，才能最终赋予欧盟合法性。欧盟的"民主赤字"在某种程度上是"文化赤字"的病征，反映出欧洲一体化进程缺乏欧洲公众的参与。欧洲认同建构是一个长时段、多因素共同作用的过程。不断调整中的欧盟文化政策作为一种政策工具能否达到这一目标，还有待考察。但是到目前为止，有一点可以肯定，欧盟文化政策在发掘文化促进经济、社会发展的作用方面的努力已经得到成员国的普遍认同，并对各成员国文化政策产生了深远影响。

中 欧 关 系

2007 的中欧关系正处于一个拐点，中欧之间利益博弈日趋激烈，中欧关系进入调整和磨合期。在政治上，中德关系出现波折，欧洲舆论别有用心地热炒中国；在经贸领域，双方矛盾和摩擦明显增多，欧方强调贸易逆差、中国产品安全、知识产权保护等问题，以技术性壁垒为主的各种非贸易壁垒形式更加多样化。中欧关系中蕴含的复杂性显现，表明欧盟试图用欧洲规制主义来影响中国的外交政策，要求中国尊重欧盟在全球范围的既得利益。

亮点：高层交注保持热度，经贸合作势头迅猛

在政治层面，中欧双边高层互访保持热度，高级别的政治对话持续进行。2007 年，欧盟委员会来华访问的高官主要包括：欧盟对外关系与欧洲邻国政策委员贝妮塔·费雷罗－瓦尔德纳（1 月 16—18 日）、欧盟委员会负责企业和产业政策的副主席京特·费尔霍伊根（4 月 1 日至 4 日）、欧盟信息社会与传媒委员维维亚娜·雷丁（4 月 10 日至 13 日）、欧盟内部市场与服务事务委员查理·麦克理维（6 月 10 日至 12 日）、欧盟消费者保护事务委员梅格莱娜·库内娃（7 月 22 日至 26 日）、欧盟竞争事务委员内莉·克鲁伊（9 月 3 日至 5 日）、欧盟健康事务委员马科斯·基普里亚诺（9 月 6 日至 14 日）、欧盟经济与货币事务委员华金·阿尔穆尼亚（9 月 17 日至 19 日、11 月 27 至 29 日）、欧盟教育、培训、文化与青年事务委员让·菲格尔（10 月 18 日至 23 日）、欧盟渔业与海洋事务委员乔·博格（11 月 7 日至 11 日）、欧盟贸易委员彼特·曼德尔森（11 月 23 日至 28 日）。

访华期间，这些欧盟高官广泛接触中国社会各界，就欧盟关注的

一系列重要话题发表专题演讲，与中方相关部门深入对话和磋商，在一些关键政策领域充分表达了欧方的政治观点和利益诉求。比如，在金融服务、会计审计、证券与资产管理、政府采购以及知识产权领域，强调通过对话加强合作；在渔业、海洋贸易及国际多边渔业管理领域，建立海事政策对话与合作机制；在信息技术领域，希望中欧共同研发开放的 3G 世界标准；在产品安全领域，严格质量控制标准，保护欧盟消费者远离问题产品；在教育和文化领域，探索双边交流的最佳实践模式。欧盟还与中国政府签署了一些相关领域的合作项目财政协议，如：中欧法律学院项目（欧盟出资 1820 万欧元）、中欧知识产权保护合作二期项目（欧盟出资 1085 万欧元）以及中欧商务管理培训项目（欧盟出资 815 万欧元），欧盟委员会在这三个合作项目上的总投入达 3720 万欧元。

在高端互访层面，中欧之间也保持了一个良好的态势。中国方面，2007 年 6 月 6 日至 10 日，国家主席胡锦涛出席在德国举行的八国集团同五个发展中国家领导人对话会议，并对瑞典进行了国事访问。访欧期间，胡锦涛主席会晤了法国总统萨科齐、意大利总理普罗迪等欧盟与会国领导人，全面阐述中国政府对重大国际问题的立场。他对瑞典的访问意义重大，因为这是中瑞建交 57 年来中国国家元首的首次访问，他出席了"哥德堡"号仿古船返航仪式，并就中国与北欧国家的互利合作提出具体建议，如扩大贸易规模、优化贸易结构、完善贸易合作和对话机制、深化新能源和环境保护合作等。

欧洲方面，2007 年欧盟及其成员国领导人先后来华访问的有：葡萄牙总理若泽·苏格拉底（1 月 30 日至 2 月 3 日、11 月 28 日）、斯洛伐克总理罗伯特·菲乔（2 月 5 日至 9 日）、德国总统霍斯特·克勒（5 月 23 日至 26 日）、西班牙国王胡安·卡洛斯一世（6 月 24 日至 29 日）、德国总理安格拉·默克尔（8 月 26 日至 29 日）、匈牙利总理久尔查尼·费伦茨（9 月 2 日至 5 日）、拉脱维亚总理艾加尔斯·卡尔维季斯（来华出席夏季达沃斯论坛年会，9 月 5 日至 8 日）、芬兰总统塔里娅·哈洛宁（来华出席夏季达沃斯论坛年会，9 月 5 日至 8 日）、斯洛文尼亚总理亚内兹·扬沙（11 月 8 日至 11 日）、法国总统尼古拉·萨科齐（11 月 25 日至 27 日）、卢森堡首相兼财政大臣让－克洛德·容克（11 月 27 日至 29 日）、欧盟委员会主席若泽·曼努埃尔·巴罗佐（11 月 27 日至 28 日）。欧洲政要访华的成果主要体现为：一方面，双方就加强中欧友好合作深入交换了意见，在维护世界和平与安全、促进全球经济繁荣、制止主要货币失衡等重大国际问题上密切协商并取得共识；另一方面，在相互尊重、平等互利原则的基础上，签署了一系列双边合作协定，加大中欧在环保、能源、气候变化、科研和技术创新等领域的合作力度，进一步充实了中欧全面战略伙伴关系的内涵。

2007年，中欧还举行了不同级别的政治磋商和战略对话。11月28日，第十次中欧领导人会晤在北京举行，欧盟委员会主席巴罗佐、欧盟轮值主席国葡萄牙总理苏格拉底、欧盟贸易委员曼德尔森和欧盟经济与货币事务委员阿尔穆尼亚出席会晤，他们与中国国务院总理温家宝一道，回顾了中欧领导人会晤机制确立10年来双边关系取得的成就，重点讨论了如何加强气候变化领域的合作、平衡中欧贸易以及改善服务贸易等问题。会议发表了关于打击非法森林开采的联合声明，签署了欧洲投资银行向中国提供5亿欧元贷款应对气候变化的框架协定。与会双方还举行了中欧工商峰会，议题涉及加强中欧互利双赢的商务伙伴关系、利用创新技术应对环境变化以及金融对可持续发展的作用等。此外，2007年中欧双边比较重要的磋商和对话还有：6月12日，中欧经贸混委会布鲁塞尔部长级年会；6月25日至27日，第二次中国和欧盟社会保障高层圆桌会议在德国首都柏林召开；7月2日至7日，欧洲社会党代表团访华，他们关注中方提出的科学发展、社会和谐等新理念，希望在实现"新社会欧洲"进程中能借鉴中方的经验；9月21日，中英第二轮战略对话在北京举行；10月17日，第24轮欧盟中国人权对话在北京举行；10月18日，中欧启动完善1985年《中欧贸易与经济合作协定》首轮实质性谈判。

在经贸和科技层面，中欧合作势头迅猛，主要指标不断刷新。从贸易方面看，根据我国海关统计，2005年中欧双边贸易总额突破2000亿美元，达2173亿美元，同比增长22.6%。2006年中欧双边贸易总额升至2723亿美元，同比增长25.3%。2007年前3个季度中欧双边贸易额达到2561.3亿美元，同比增长27.8%，年底将稳定突破3000亿美元大关。欧盟继续保持中国第一大贸易伙伴地位，并成为中国第一大出口市场。从引进技术和投资方面看，截至2006年6月底，我国累计从欧盟引进技术22855项，合同金额为956.2亿美元；欧盟累计对华直接投资项目24033个，合同外资金额928亿美元，实际投资505.6亿美元。截至2007年6月底，我国累计从欧盟引进技术25416项，合同金额为1045亿美元；欧盟累计对华直接投资项目

27722 个，合同外资金额 1059 亿美元，实际投入 563 亿美元。如果视欧盟为一个整体，那么欧盟已是我国累计第一大技术供应国和累计第四大的实际投资国。再从科技方面看，2006 年 10 月，由中国科技部和欧盟委员会研究总司联合发起的"中欧科技年"活动在欧洲拉开序幕，2007 年 11 月在葡萄牙里斯本落幕。活动期间，双方组织了40 多场展览会、论坛及学术研讨会。2006 年年底欧盟第六研发框架计划（FP6）到期时，中国有近 1000 家科研机构和大学参与了 300余个项目研发，已成为参与欧盟研发框架计划项目最多的非欧盟国家。2007 年初启动的欧盟第七研发框架计划（FP7）第一轮招标结束时，中方参与递交 FP7 项目建议书已达 322 项，将中欧科技合作推向一个新的高潮。

在文化交流层面，2007 年 3 月 21 日，"中欧奖学金"计划启动仪式在中国驻欧盟使团大厅隆重举行，它计划从 2007 年至 2011 年，由中国政府每年向欧盟成员国学生提供 100 个学习中国语言文化的全额奖学金。10 月 4 日至 7 日第二届中欧论坛在欧洲举行，它堪称规模宏大的中欧社会文化对话，共有 1000 多名中欧政府官员、学术机构代表、社会各界人士以及媒体记者参加，议题广泛涉及中欧政治、经济、科技、文化、青年、教育、能源治理、生态环境以及社会模式等。通过对话加深了相互理解，促进了务实合作。另外，2007 年中欧之间还举办了形式多样的各种文化年活动，诸如"西班牙年"、"中西论坛"、"匈牙利节"和"意大利年"等等。

暗点：中欧关系凸显消极因素，贸易摩擦蒙上政治阴影

2007 年的中欧关系并非晴空万里，而是出现了一些乌云，有时还有电闪雷鸣。在政治领域主要体现为中德关系出现逆流，在经贸领域主要体现为贸易摩擦更加政治化。

中德关系一向是中欧关系的风向标，然而 2007 年却凸显一波三折，影响到中欧关系的健康发展。2 月 8 日，《德国金融时报》以《中国加强工业间谍》为题，声称中国在德国的工业间谍活动增多，并引用德国联邦宪法保卫局官员的话说，"过去一段时间里，来自中国的黑客袭击增多"。德国总理默克尔领导的基督教民主联盟通过的一份亚洲政策文件称，崛起的中国在能源、非洲和外贸等领域逐渐成为西方的竞争对手，德国应加强与美、印、日等国的合作加以应对。

8月27日，德国发行量最大、历史最悠久的新闻时政类杂志《明镜》周刊，在第35期刊登了一篇题为《黄色间谍——中国如何侦盗德国技术》的封面文章，配上一张黄色面孔从幕后向外窥探的照片，以耸人听闻的标题和许多虚假数据，大肆诽谤和污蔑中国广大留德学生是中国在德国偷盗技术的间谍，并称德国总理府等国家关键部门的电脑频频遭到"来自中国的黑客攻击，这些黑客显然受到国家的支持，很有可能来自中国军方"。报道还离奇地断言：德国企业和科研机构的中国人经常在周末加班，目的是为了窃取德国方面的情报。

德国《明镜》这一别有用心的造谣被德国各路媒体纷纷转载爆炒，如德国《星期日图片报》头版的题目是《电脑间谍：中国人刺探德国总理》，《法兰克福评论报》的标题则是《来自兰州的黑客袭击》。在德国媒体的诱导下，欧洲其他国家的媒体也纷纷仿效。9月4日，英国《金融时报》声称中国军方黑客6月曾侵入美国国防部长盖茨的电脑，国防部官员被迫将盖茨的电脑系统关闭1个多星期。9月5日，英国《卫报》发表一篇题为《"泰坦雨"：中国黑客如何盯上白厅》的文章，声称"中国军方黑客"攻入英国首相办公室。9月10日，法国某位高官也称"几个星期以来，有明确迹象表明法国也受到中国网络黑客的袭击"。短短半个月内，所谓的"中国黑客门事件"频频曝光，一时间欧洲政治舆论对华群起而攻之。在此背景下，德国默克尔总理无视中国政府事先警告，执意在9月份会见达赖喇嘛，更是将中德关系推到了一个风口浪尖。10月22日，德国内政部举办了一个关于商业间谍的讨论会，中国再度成为诬蔑的对象，德国宪法保卫局副局长伦贝格竟称："我们认为这些间谍攻击背后由中国官方机构主使。"

面对德国政府要员和一些媒体别有用心的攻击、指责和诬蔑，中国外交部一再对德方严重损害中德关系的行为提出严正抗议，要求德国政府做出澄清，但后者却"不予评论"。于是，中国政府被迫采取相关措施以表达中国的不解和不满。据德国《明镜》周刊10月15日报道，称中国已经取消原定于2007年12月在北京举行的中德政府间年度人权对话和中德财长会晤，作为对德国总理会见达赖喇嘛的报复。德国驻华大使施明贤也表示，原定2008年在广州和成都举行的"德中同行"活动准备工作已经中止。

由于中欧贸易伙伴之间正常的贸易摩擦被蒙上了一层厚厚的"政治阴影"，2007年中欧贸易领域的争端尤为激烈，欧盟方面出台了一系列的政策措施，旨在减少欧盟对华贸易逆差，迫使人民币对欧元的汇率升值，以更好地维护欧盟的利益。近年来，欧盟对华贸易逆差持续上升，由 2005 年的 1080 亿欧元上升到 2006 年的 1300 亿欧元，2007 年欧盟对华贸易逆差预计将达到 2000 亿欧元（据中方资料，2007 年前 9 个月，中国对欧贸易顺差为 948 亿美元）。面对不利局面，欧盟打出针对中国产品的"安全牌"和"质量牌"，对中国的食品安全等发起主动进攻，希望通过欧盟标准来限制中国产品的出口。这表明欧盟新一轮的贸易保护主义措施比以往要更具隐蔽性。

欧盟消费者保护事务委员库内娃 2007 年 7 月 24 日访华期间表示："如果是危险产品，即使只占所有产品的 1%，也依然太多；在消费者安全、产品安全问题上，欧洲不会作任何让步和妥协。"她以"确保中欧合作框架充分发挥作用，进一步探索如何更新中国非食品生活消费品的安全记录"的外交辞令，敦促中国政府严厉打击并取缔那些向欧盟出口不符合欧盟标准的不安全、不合格商品的生产商。此外，2007 年不断在中欧贸易逆差及人民币汇率问题上用词严厉的欧盟贸易委员曼德尔森，更是再三表示"欧盟无法继续忍受对华贸易赤字"，声称"欧盟对华贸易逆差正以每小时 2000 万美元的速度增长"。他明确表示，中国的货币政策"正在伤害欧盟和美国"、"在知识产权方面，中国做的还不够"。比利时布鲁塞尔当代中国研究所负责人约纳森·何尔斯拉格公然认为，能对中国与欧盟关系构成最大挑战的是中国顽固的贸易保护主义，"中国政府对新一代民族工业采取很多补贴减税等扶持政策，有助于扩大出口"。总之，欧盟要求中国开放市场、对出口到欧盟的"中国制造"产品在质量和安全等方面的要求越来越苛刻，态度变得越来越强硬。

焦点：欧洲表达"规制主义"，中国企业面临冲击

面对来自欧洲社会各方的压力，欧盟委员会从 2006 年起一改惯常的做法，于 10 月 24 日发表"1 + 1"形式的对华政策新文件，即一份新的对华政策文件和一份新的对华贸易政策文件。前者名为《欧盟与中国：更紧密的伙伴、承担更多责任》，从政治的角度重新审视中欧关系，表达欧洲"规制主义"的外交立场，即：要求中国更多地借鉴欧洲的价值观和法律理念，要求中国尊重欧盟在全球范围的既得利益，要求中国强化对知识产权的保护，要求中国恪守西方主

导的国际贸易规则等。

后者名为《竞争与合作——更紧密的伙伴关系和不断增加的责任》，旨在重新规制中欧经贸关系，制定对己有利的贸易规则。这份文件的第三部分是专门针对中欧贸易及经济关系的。欧盟特别强调"开放"对中国和欧盟都是有利的，指责中国并未全面履行入世承诺，设置新的市场准入壁垒，严重阻碍了双方实现真正互惠的贸易关系，来自中国的进口影响了欧洲产品的销路，欧洲面临着更大的全球化压力。基于上述考虑，欧盟在文件中提出其首要任务是确保在华知识产权的更好保护并结束被迫的技术转让，加快中国金融制度改革，要求中国在 2008 年如期启动加入政府采购协议的谈判，并应在入世承诺之外，进一步开放市场，为欧盟企业创造更多市场准入机会。显而易见，这份文件带有欧洲舆论界鼓吹的"中国经济威胁论"的色彩，在欧盟看来，中国经济的迅速发展已对欧盟传统的优势领域构成了严峻挑战，中国已经从欧盟的潜在大市场发展成为了欧盟的潜在竞争对手。在这种背景下，欧盟急于要改变中欧经贸关系发展中已有的"游戏规则"，强调中欧 1985 年的《贸易与经济合作协定》已不再能够反映双方关系的广度和深度了。

2007 年，一个明显的趋势是欧方由注重对话开始转向规制贸易制度，以限制中国对欧贸易的发展。最典型的一个案例是，6 月 1 日欧盟委员会出台《关于化学品注册、评估、许可法案》（Registration, Evaluation and Authorisation of Chemicals ，缩写为 REACH），这是一部关于对欧盟成员国出口品中所含化学品进行注册、评估和许可的一套法规体系。按照欧盟的要求，今后凡是向欧盟出口的企业，必须严格执行 REACH 体系中规定的三部曲：第一步，企业必须收集和报告其与化学品有关的活动数据，包括该化学品的物理化学性质、各种参数、在产业链上不同环节的流向和用途；第二步，对于被要求进一步做实验进行检测的物质，必须在欧盟认可的 GLP 实验室里进行检测并提交检测报告；第三步，在基本数据和实验数据都完整的情况下，由欧盟授权允许该企业在欧盟市场销售这种化学品。由于这项法规体系长达 200 多页，具体执行起来相当繁琐，既费时又费钱。

无疑，REACH 是"典型的技术贸易壁垒"，将会严重影响中国的对欧贸易额。据中方初步估计，这项法规将会涉及欧盟市场上约 3 万种化工产品、影响中欧之间 90% 以上的贸易额，中欧化工品进出口总额将下降 10%，中国化工生产总值将下降 0.4%，并有可能导致中国 20 万化工及相关从业人员失业。由于所有物质检测和注册的费用均由出口企业承担，保守估计，中国企业每年将自掏 5 亿至 10 亿美元为 REACH 法规"埋单"。

对中国的影响除了上述粗略的成本数量估算外，这一法规体系产生的机制效应已经显现。其一，这是欧盟正式颁布的一项法规，而不是指令，一旦生效，可以在欧盟 27 个成员国中加以实施，不需要经各国议会批准和通过。这就意味着中国面临着欧盟所有成员国共同构筑的"化学品贸易壁垒"，这道技术壁垒极其森严，不符规定者，将一概被拒之门外。其二，这项法规替代了欧盟以往在化学品法规上颁布的其他 40 多个旧法规，受此法规影响的不仅仅是化工产业，更有许多相关的产业和下游企业，例如，建筑业、造纸业、汽车业、纺织业以及计算机行业，等等。其三，政府与企业之间的责、权、利进行了再分配。以前由政府负责对化工产品进行成分和性能的认可、鉴定和批准上市，而现在政府的这些职能将逐渐地转向了企业，今后企业在生产和经营的同时，必然要承担更多的社会和公民责任。总体而言，机制上的变革造成的影响最为深刻、更为长久。

尽管 REACH 不是针对某一个国家制定的，并且具有统一化学品管理的规范作用，但如此高标准严要求仍将对中国这样的发展中大国带来不利，因而这部法规也就具有了"排他性"。对欧盟而言是"利大于弊"。弊处在欧盟的化工业在未来的 15 年内要为此多支付注册和评估费用约 23 亿欧元，如果将一些下游部门的费用计算在内，多支出总额大约在 52 亿欧元以内。其利处则为，欧盟 27 国化工业年产值将增加 0.04%。同时，欧盟今后 30 年内，可节省医疗总开支 500 亿欧元，欧洲人的健康安全大为改善，每年大约可挽救 4500 人的生命。对于非欧盟国家则弊明显的大于利，单单从额外的花费看，至少美国为此花费注册费和评估费在 200 亿美元左右。不言而喻，包括中国在内的欧盟主要贸易伙伴均面临支付这笔数额巨大的额外费用和繁琐的"达标"程序。

拐点：中欧进入利益调整期应妥善处理突出问题

欧盟规制中国的一系列措施，包括 2007 年欧洲舆论热衷于对华关系的恶意炒作及中德关系出现的问题，表明目前中欧关系正处于利益博弈的关键时期，如何体现各自的利益同时又顾及对方的利益？是合作还是对抗？是冲突还是协调？已成为双方关注及议论的焦点。

在中欧经贸关系的看法上，中国学者提出了"非对称性论"、"发展阶段论"以及"东西方文化差异论"等看法。其中，"非对称性论"和"发展阶段论"从中欧在政治、经济、社会文化制度的不对称性以及不同的发展阶段角度，清晰地揭示出中欧之间贸易摩擦和其他冲突的根源。

中国和欧盟国家发达程度的不同，决定了中欧之间的贸易商品构成和进出口贸易额的主要流向。欧洲国家早已跨入发达国家的行列，而中国还是个发展中国家，双方在综合国力和人均收入水平之间存在很大差异。一段时期以来，中欧贸易结构的基本特征并没有出现根本性的改变，中国以劳动密集型、低附加值产品为主，欧洲则主导技术密集型、中高附加值产品。近年来，在中国经济持续高速增长的推动下，中国对欧盟的出口结构开始有所变化，由过去主要以低附加值的轻纺、机电产品为主，转向高新技术产品贸易。据中国商务部统计，2000—2004 年中国对欧盟的高新技术产品出口年均增幅达到了32.5％。然而，这些出口主要是最终产品，关键设备和核心零配件则依靠来自欧盟的进口。从这个角度看，中国对欧洲出口产品以一般贸易和加工贸易为主，中国作为一个以加工贸易为主的国家的基本特征还没有改变。

制度性因素成为中欧贸易摩擦中的一个难解之结，集中表现在中国的完全市场经济地位问题上。欧洲国家早已建立了比较成熟的市场经济制度，而中国正处于经济体制的转型期，资本市场、技术市场、劳动力市场等领域的竞争机制很不健全，劳动力成本、商品价格的市场扭曲现象十分严重，这对中国获得完全市场经济地位带来了不利影响。迄今为止，欧盟尚未真正承认中国的完全市场经济地位，欧盟委员会仍然认为中国还处于市场机制转型的过渡时期，对申请"市场经济"和"分别裁决待遇"的中国企业，分别设定了十分苛刻的"市场经济五条标准"和"分别裁决的四条标准"，欧盟的这些规制成为中国企业在反倾销案件中败诉的主要原因。因此，解决中国的完全市场经济地位取决于两方面的因素：一是欧盟向中国进一步开放市场，二是中国加快市场经济体制的改革。

欧盟长期推行贸易立国战略，重视并不断健全贸易法规体系。例如，不断修正的欧盟反倾销法，具有很强的保护性。相比之下，尽管中国加入世界贸易组织，在贸易法规、法律上的保护意识有所提高，但在现行法律中，仍然存在着法规缺失、法规过时、缺乏针对性和应对性等法律体系方面的大量漏洞，特别是在欧盟对华反倾销案件上，中国方面显得十分被动。欧盟对华反倾销政策是中国扩大对欧洲出口的主要障碍之一，从 1979 年至今，欧洲对华反倾销案件已达数百个。据不完全统计，中国对欧出口中，约有 10% 受欧盟反倾销措施的影响，一些出口产品被征收高额反倾销税后，在欧盟市场上失去了价格竞争能力，被迫退出欧洲市场，极大地影响了中国出口市场的发展。

当然，欧盟对华反倾销的根本原因在于欧盟推行对华贸易保护主义政策。与此同时，中国企业自身的不足和缺陷也是显而易见的。中国企业对欧盟反倾销政策普遍缺乏了解，对反倾销的严重危害估计不足，企业应诉反倾销的态度并不积极，缺乏正常的反倾销应对机制。从法律角度看，今后中方要减少或者规避反倾销案件，必须认真研究欧盟不同时期的贸易法规及出台背景，以及这些法规的适用范围和应用价值，在此基础上，提出适合中国贸易发展的法规体系，这些法规必须是针对性强、具有严格约束力的。

在中国加快与世界经济体系接轨的过程中，中欧之间的传统贸易壁垒正在逐渐消除，在这种情况下，欧盟国家的贸易保护政策变得更加灵活和隐蔽，欧盟通过设置各种各样的非关税壁垒来限制中国出口。与传统的关税壁垒相比，非关税壁垒（指除进口关税以外的任何减少或限制进口的政府政策和措施）包括的种类很多，例如，政府对贸易的参与和政府容忍的限制性做法、海关和行政清关程序、技术性贸易壁垒、卫生和植物检疫措施、特别限制、进口品收费，以及知识产权问题、保障措施，等等。近年来，中欧贸易之间的非关税壁垒层出不穷，以技术、知识产权、特别保障措施等方面的壁垒居多，必然产生各种各样的贸易摩擦。

在如何看待非关税壁垒问题上，长期以来中方存在许多误区。一些人认为设立非关税壁垒就是不正当做法，某些非关税壁垒是不可逾越的，也有人提出非关税壁垒是完全可以克服的。然而，上述看法存在着相当的片面性。实际上，欧盟在设置这些非关税壁垒时，经常打着技术标准、环保理念、知识产权等旗帜，保护欧盟内部市场、限制并控制与第三国之间的正常贸易，一些做法并没有违背国际贸易法。从现实情况看，欧盟国家占据技术和资本优势，在一些高技术含量的高端产品中，制定高规格的技术标准或者产品检验标准，在现有的技术条件下，中国许多企业几乎无法规避或者绕过这些技术壁垒。欧盟国家实行严格的产品环保指标，而中国一些企业为降低成本，在一些对欧出口产品的环保投入上严重不足，导致很多产品不符合欧盟的环保标准或环保理念而无法打入欧盟市场。

另外，中西方在文化观、价值观上的差异，也给中欧贸易带来了许多深层次的冲突和难以逾越的贸易鸿沟。例如，东西方对性的认识不同，关于性方面的书籍、图片、用品在西方国家中可以公开出售。而中国这样一个东方国家，在这个问题上持比较保守的态度，不允许在公开场合出现涉及色情的物品。这种因为社会文化价值取向不同带来的贸易冲突，在相当长时间内，几乎是难以解决的。

综上所述，造成中欧贸易摩擦的深层次原因是多方面的。因此，推动中欧关系的长期健康发展，必须立足于中欧长远的战略利益，考虑到双方的现实需求和长远发展目标。从欧方来说，不能将责任全部推给中国，需要解决自己的问题；同样，从中方来说，克服中欧贸易中存在的问题，也不能将所有问题的症结归咎于欧盟一方，也要寻找中国自身的原因。中方应该加以重视和亟待解决的问题包括：对欧盟贸易法规理论和实践进行系统跟踪研究，中国应尽快加强对外贸易法规和法律的建设，制定对策性强的各项法规和法律，改变中国现行贸易法规中的"空泛"特性，增强规避能力、应对能力，在全球化日益发展的世界中，构建适应中国现实发展的对外贸易体系和秩序。

从中欧关系走向来看，欧盟核心成员国领导人的更替也会影响到双边关系的变化。德国在施罗德任总理期间，同中国保持着最密切的合作关系；同样，法国与中国的关系也因希拉克总统对华的友好态度而显得格外亲密。但如今老的欧洲"三驾马车夫"已谢幕，欧洲新的"三驾马车"时代已经来临。欧盟核心成员国领导人的更迭，导致中欧关系突生变数，这也反映出中欧关系还缺乏一个长效的政治互信机制。值得关注的是，2007年1月15日启动的中欧新的合作框架协定谈判，将会是2007年甚至今后更长一段时间中欧关系调整中最大的一个看点，因为它将决定中欧关系未来的性质。

2007—2008

国别与地区篇

英国和爱尔兰

2007 年，英国和爱尔兰政坛都发生了一些变化。在英国，布莱尔终于将权力交给了等待已久的布朗。尽管布朗领导下的工党政府内外政策不会有太大变化，但"新官"上任总是会有一些不同于以往的举措出台。在爱尔兰，已连续执政两届的共和党在大选中获胜，总体上政策将保持基本稳定，但从新一届政府发布的政府纲要中还是可以看出一些与以往不同的特点。

经济方面，两国依然保持较快速的稳定增长，但由于一系列因素影响，两国经济增长速度在今后两个年度可能会有所减缓。

英　　国

（一）经济形势

2006 年，英国经济增长较快，GDP 增长率达到 2.8%，远远超过 2005 年。主要原因仍在于国内需求的拉动，尤其是固定投资增长迅速。2007 年，尽管经济仍保持稳定增长，但由于政府实行更加紧缩的宏观经济政策，因此国内需求的增速可能会放慢，从而导致整体经济增长速度略有下降。2007 年前两个季度的 GDP 增长率环比分别为 0.7% 和 0.8%，同比均为 3%。预计全年 GDP 增长率约在 2.5% 左右（OECD 的预测为 3.1%）。但 2008 年经济增长率可能会进一步降低。

原因在于，尽管内需近年来一直是拉动英国经济增长的主要原因，但是事实上，从 2005 年开始，英国私人消费的增长速度就已经落后于 GDP 的增长。2006 年私人消费增长率为 1.9%。2007 年第一、二季度居民消费环比分别增长了 0.5% 和 0.8%，同比为 2.9% 和

2.6％。预计全年增长率与上年相比变化不大，在2.1％左右。近两年尽管居民实际收入有一定增长，但由于借贷成本增加，尤其是2007年以来英格兰银行连续三次加息（目前利率已达5.75％），使抵押贷款的负担进一步加重（目前英国家庭债务再创历史新高，已超过家庭可支配收入的150％），因而延缓了私人消费的增长速度。与此同时，由于公共财政状况不甚理想，因此公共消费的增长速度也会略有减缓。而固定投资在上年达到6.5％的增长率之后，2007年可能会下降到5％左右。这些都是不利于经济增长的因素。不过，商业投资的前景仍然比较乐观。

就对经济的总体贡献而言，过去15年间，英国经济增长日益依赖服务业的发展，目前服务业已占英国经济总量的3/4。2006年服务业产出增长3.6％，增长最快的依次是商务服务和金融服务、交通、仓储与通信以及旅馆和修理业。2007年第一、二季度，服务业产出环比分别增长0.9％和0.8％，其中最重要的仍是商务服务和金融服务，尤以法律服务和职业中介服务增长明显。但有专家指出，英国经济过度依赖商务服务和金融服务业可能导致经济增长更具脆弱性，尤其是金融市场的动荡可能会影响到下半年商务服务业的产出，甚至危及整个服务业。

而工业生产仍然没能摆脱不稳定阴影。2006年工业生产仅增长0.1％。2007年第一季度，工业产出环比下降0.1％，其中制造业产出下降0.4％，是2005年第四季度以来的首次负增长。第二季度形势有所好转，工业产出环比增长0.6％，其中制造业环比增长0.7％，同比增长1％，是近8年来最高的一次，并且已经连续4个月保持增长。英国工业生产的这种起伏不定的状况已经持续了相当长的一段时期。预计2007年工业生产增长率在0.8％左右。

在就业方面，尽管2006年就业率有所增加，但是，失业率大幅飙升，从2005年的4.8％剧增到5.3％。这一数字虽然低于OECD国家6.0％的平均水平，但却是英国十余年来失业率第一次出现如此大幅的增长。令人担忧的是，15—24岁青年人的失业率已达到13.9％，预计2007年这一状况仍难以得到扭转。截止到7月底，英国就业人口为2910万，工作年龄人口就业率为74.4％；失业人口165万，失业率为5.4％。

相对欧盟其他成员国来讲，英国的通货膨胀率（以消费价格指数计算）仍处于较高水平，2006年全年平均为2.3％。2007年上半年这一趋势仍然没有好转，3月份甚至高达3.1%。主要原因在于能源与食品价格的上涨。但到7月份，由于食品、饮料等的价格大幅下降，通货膨胀率同比终于降到了2%以下（1.9%）。预计全年平均水平会低于2006年，但仍然很难实现英格兰银行规定的2%的核心目标。

就外贸情况而言，2006年，由于受到循环骗税（carrousel fraud，又称MTIC欺诈，即在欧盟国家内部消失的贸易商欺诈）的影响，英国的进出口增长出现虚高，数据显示进出口增长均在11%以上。贸易逆差仍很显著：货物及服务贸易逆差达到558亿英镑，比2005年的446亿英镑明显扩大。由于2007年英国政府加大了打击贸易欺诈的力度，商品贸易恢复正常化，因此进出口可能会出现大幅下滑。第一季度实际贸易逆差达96亿英镑，其中货物贸易出口下降2.5%，进口下降0.9%。第二季度实际贸易逆差增长到101亿英镑。导致出口不力的另外一个原因还在于英镑对美元和欧元不断升值。2007年下半年，这一情况应有所好转，从而使英国对外贸易的竞争力得到增强。

英国在吸引外资方面的表现十分突出。据英国贸易投资署"2006/2007英国引资年报"公布的数据，在截至2007年4月的2006/2007财政年度，英国吸引外资项目达1431个，比上年度增长17%。至今，英国已连续第4年创吸收外资纪录，并保持着欧洲最大引资国和仅次于美国的全球第二大引资国的地位。

（二）国内政局与政策

2007年6月27日，布莱尔正式辞去首相职务，布朗接任。

自1997年以来，布莱尔已担任英国首相整整10年，而其担任工党领袖的时间则更长（始于1994年）。客观地说，无论是对工党还是对英国而言，布莱尔的"功绩"都是可圈可点的。首先，布莱尔对改革工党、实现工党的"现代化"，从而使工党在野18年后重新执政功不可没。其次，在布莱尔执政期间，无论是在经济、社会还是政治改革方面均取得了令人瞩目的成就：（1）英国经济连续10年保持高速稳定增长；（2）社会保障改革取得初步成效，公共服务有所改善；（3）以权力下放为核心的宪政改革推动了英国政治进一步民主化；（4）成功促成北爱问题和平解决；（5）通过全方位外交攻势，使英国的国际地位得以明显提高。当然，布莱尔的"失误"也不少，主要在于：（1）追随美国发动伊拉克战争，使其本人和工党屡遭质疑；（2）尽管公共服务质量有所改善，但幅度有限；（3）工党陷入了"以金钱换爵位"等一系列丑闻，形象受创；（4）房价居高不下，物价指数不断上涨，贫富差距拉大，以及对恐怖袭击的担忧等，使民众普遍不满。正是这些不满情绪使得工党在 2007 年 5 月初举行的地方议会和地方政府选举中一败涂地。

在此次地方选举中，保守党大获全胜，尤其是在英格兰地区，保守党在全部 312 个选区中赢得 5315 个议席和对 165 个地方政府的控制权，工党则仅获得对 34 个地方政府的控制权。而且，尽管工党保住了在威尔士地方议会第一大党的位置，但是，在工党的传统后方苏格兰，工党以 1 席之差落后于苏格兰民族党，这在 1959 年以来的英国历史上绝无仅有。此次地方选举也是继 2006 年地方选举之后，工党再次遭受重创。连续两年的地方选举失利，使工党的政治势力范围大幅缩小，并直接动摇了其执政基础。因此，布朗要带领工党再次赢得下届大选实属不易。

为此，在保持政策总体延续性的基础上求新求变是布朗政府"新"政策的核心。6 月 28 日，布朗公布了新内阁成员名单，其中既有其亲信，也有布莱尔时期的元老，充分体现了其稳中求变的原则。内阁成员中最引人注目的当属外交大臣戴维·米利班德和内务大臣雅基·史密斯。前者曾对伊战提出过质疑，布朗或许希望借此间接表明自己对伊战的态度；而后者是英国历史上首位担任内务大臣的女性阁员。另外，前贸工大臣阿利斯泰尔·达林被任命为财政大臣，以延续布朗的经济政策；国防大臣仍由德斯·布朗担任，肖恩·伍德沃德被任命为北爱尔兰事务大臣，杰克·斯特劳被任命为司法大臣（原内务部 2007 年 5 月被拆分为内务部和司法部），艾伦·约翰逊担任卫生大臣。此外，布朗废除了副首相一职，并且撤销了贸易与工业部，将其大部分功能转移到新增设的商业、企业和改革部（Department for Business, Enterprise and Regulatory Reform, DBERR），由约翰·赫顿任大臣。该部主要负责与企业、商业关系、地区发展、公平市场和能源政策有关的问题。原贸工部的另外一些功能并入革新、高等院校与技术部。

按照英国 150 余年来的传统，女王每年 11 月驾临议会发表讲话，公布新政府的政策议案。7 月 11 日，布朗一改历史传统，提前 4 个月向女王提出了 23 项议案，全面阐述了新政府的施政纲领，为的是让公众更多地参与讨论，彻底改变布莱尔时代"沙发政府"的弊端，着力打造亲民、惠民的新形象，这充分体现了布朗"求新求变"的意愿。

新政府内政方面的重点是教育、住房以及医疗、养老金等与国民生活密切相关的问题。在教育方面，布朗提出要创建"世界一流的英国教育"，并提出"教育机会议案"，要求全国所有的年轻人18岁以前必须接受教育和培训。在住房方面，政府7月份公布了"绿皮书"，提出到2020年，全国将新建300多万套住房，其中每年修建7万套社会住房，以满足低收入人群的需要。此外还配套有用地开发、建设机制和长期贷款等措施，目的是让所有人都买得起房子。此外，还拟兴建5个生态城（eco-towns），为购买力弱的年轻人家庭提供可供购买或租赁的房屋。在医疗方面，提出对国家医疗系统实行改革，目的是建立新的机制取代目前效率低下的医疗体系。在养老金方面，提出的目标是让所有就业者都能享受到养老金待遇，并提出雇主有义务为此做出努力。

在反恐、环保和宪政改革等方面，布朗也提出了一系列具体措施。尤其是宪政改革，也将是新政府的工作重点之一。布朗于7月初公布"宪政改革绿皮书"，其正式标题为《英国的统治》，描绘了一幅大胆改革英国宪政的路线图。主要包括四个方面的内容：限制政府权力；让政府更加负责；复兴民主政治；加强个人和国家之间的关系。绿皮书提议首相放弃或缩减一些权力，如宣战权（英国首相目前可以在未获议会批准的情况下对外宣战）、批准国际条约的权力、任命英格兰教会主教的权力和对法官任命的影响等。此外，布朗还表示，为使政府对议会和人民更加负责，将对现有的政府部门行为守则进行补充，其中包括政府主要部门汇报支出制度和简化议会辩论的程序。另外，他还提议对诸如起草一部成文宪法、起草人权法案等立法问题进行辩论。所有这些措施的目的均在于改变布莱尔时期的"专权"形象，让议会和人民更多地行使权力，使政府更加对人民负责，以恢复公众对政府的信任。此外，由于反恐问题任重道远，布朗还建议建立一个"国家安全委员会"，定期公布国家的安全战略，发布安全警戒信息等。

在外交方面，在保持政策延续性的基础上，对外援助以及非洲和亚洲等地区事务则将成为布朗政府关注的焦点。

布朗上任以来，已成功化解一系列危机。首先，他上任刚刚3

天，在伦敦和格拉斯哥等地就发生了三起未遂的恐怖袭击事件；接下来，英格兰和威尔士又遭遇了50年来最严重的洪涝灾害；随后不久，英国部分地区又爆发了口蹄疫，出口遭到欧盟封杀。面对这一系列"天灾人祸"，布朗政府沉着应对，在处理这些突发事件的同时，有条不紊地按原计划在伦敦举行诸如温布尔登网球赛、戴安娜王妃逝世10周年音乐会、F1汽车大奖赛等一系列大型活动，从而赢得公众初步认可。《泰晤士报》民意调查显示，布朗上任一周，支持率就上升了4个百分点，达到37%。

（三）北爱尔兰和平进程与苏格兰独立问题

英国是单一制国家，但又具有长期的自治传统，地方党派要求独立的声音不绝于耳。2007年，北爱和平进程取得重大进展，自治政府重新开始运作。但是，关于苏格兰独立的声音又有所抬头。

在2003年北爱议会选举中，民主统一党和新芬党得票最多，但双方无法达成妥协进行联合执政，因此，该届议会从来没有运行过，英国政府也没有恢复北爱自治。直到2006年5月，才成立了一个由2003年选出的议员组成的不具有立法权力的"议会"，作用是督促各政党进行谈判，以期为新政府做准备。经过艰苦谈判，2006年10月11日至13日，英爱两国政府与北爱有关各方代表在圣安德鲁斯举行会谈，达成了关于恢复北爱自治政府的"圣安德鲁斯协议"，要求各党派承认警察和法院的权力，并对权力共享达成明确协议。与会者还要求民主统一党和新芬党必须在11月10日之前就是否同意"圣安德鲁斯协议"做出回应。11月10日，英国和爱尔兰两国政府发表声明，宣布，由于北爱尔兰议会主要政党已在规定时间内分别就"圣安德鲁斯协议"做出了回复，因此它们将开始实施该协议。当月24日成立过渡议会。2007年1月30日，过渡议会解散，随后各政党开始了竞选活动。

北爱尔兰第三次议会选举于2007年3月7日举行，选出108名议员。民主统一党获得30.1%的选票，成为议会第一大党，拥有36个议席；新芬党紧随其后，获得26.2%的选票，28个议席；社会民主工党获得15.2%的选票，16个议席；乌尔斯特统一党获得14.9%的选票，18个议席；联盟党获得5.2%的选票，7个议席。

3月26日，民主统一党与新芬党达成协议，决定从5月8日开始建立地方自治联合政府，分享政权。5月8日，英国首相布莱尔、爱尔兰总理埃亨、北爱尔兰事务大臣兼威尔士事务大臣彼得·海因、民主统一党领袖伊恩·佩斯利和新芬党领导人马丁·麦吉尼斯在位于贝尔法斯特的议会大楼会晤。当天，佩斯利宣誓就任北爱新政府第一部长，麦吉尼斯担任第二部长。地方政府的 10 个部长席位中，民主统一党占 4 个，新芬党占 3 个，剩下 3 个由其他 3 个地方政党分享。经过如此漫长艰难的历程之后，北爱地方自治政府终于正式恢复行使自治权，这对实现北爱和平是非常重要的一步。但今后的道路绝非一帆风顺，真正实现北爱和平，相关各方依然任重道远。

北爱和平好不容易看到了曙光，苏格兰独立问题又浮出水面。

2007 年 5 月 4 日，苏格兰地方选举结果揭晓，在 129 个议席中，苏格兰民族党获得 47 席，一举增加 20 个议席，成为苏格兰议会第一大党。苏格兰民族党向来主张苏格兰独立，而且该党领袖、当选为苏格兰首席部长的萨蒙德此前曾明确表示，只要获胜，就将向苏格兰议会提交关于苏格兰独立的议案，并推动就此举行全民公决，从而引起政界和舆论界的普遍担忧。2006 年 10 月以来，苏格兰民族党在民意调查中的支持率不断上升。更令人忧虑的是，除苏格兰以外其他地区的很多英国人也认为，英格兰和苏格兰应该成为两个独立的"国家"：有 52% 的苏格兰人支持苏格兰完全独立，更有 59% 的英格兰人希望苏格兰"离开"英国。

当选后不久，以萨蒙德为首的苏格兰自治政府就向苏格兰议会提交了题为《审视宪政选择》的"白皮书"，并于 2007 年 8 月予以公布。"白皮书"的措辞比苏格兰民族党在竞选中的言语缓和了很多。它尽管提出了苏格兰人民是拥有"主权"的人民，也提到了苏格兰的"可能"独立问题，但是，"白皮书"并没有强硬地要求完全独立，而是列出了三种未来的可能"选择"：（1）维持 1998 年"苏格兰法令"规定的权力下放纲要，只是在时机成熟时进一步扩展这些权力；（2）采取一系列扩大苏格兰议会和政府权力的措施，甚至包括财政自主权；（3）独立。"白皮书"建议展开全国性对话，使苏格兰人民能够讨论、反思并最终决定最适当的政府形式。

目前，苏格兰议会正在对这一白皮书进行审议。但无论从哪方面看，苏格兰通过正式的政治途径获得独立的可能性至少在可预见的将来几乎不存在。即使将该问题付诸全民公决，大多数苏格兰人也不大会投赞成票。他们在地方议会选举中的投票在很大程度上是出于对工党的不满。但可以肯定的是，民众中这种对立和分裂情绪（包括英格兰人的态度）无疑会给英国的政坛注入新的不稳定因素。

（四）对外关系

本年度，英美、英欧以及中英关系等基本保持稳定，但英俄关系充满了变数。

在布朗正式接替布莱尔担任英国首相之前，对于布朗上任后英国的外交政策走向问题有种种猜测。但是，不管是从英国的历史还是从现实状况来看，无论是哪个政党执政、也无论是谁担任首相，除非出现重大变故，英国的对外政策都不可能发生重大变化。当然，不同的具体情况会决定某个阶段外交政策的侧重点不同，这是不可避免的。

首先，从英美关系来看，由于普遍认为布莱尔对外政策的最大"败笔"在于处处唯美国马首是瞻，因此，布朗上任后在某些方面刻意弱化与美国的关系，在某些问题上甚至还会表现出与美国完全不同的态度，以改变布莱尔在民众心中留下的不良形象。但是，布莱尔"追随"美国绝不仅仅是出于个人原因，而是有着深刻的历史和现实原因。从历史上看，"三环外交"对英国外交政策的影响至今犹存，而英美关系恰恰是这"三环"中最重要的一环。从现实上看，英国若要想在当今世界上发挥超出其实际能力以外的影响力，就必须与美国保持这种"特殊关系"。因此，尽管布朗上任后出访的第一个国家不是美国，但他却不可能弃美国而不顾。布朗将出访美国的日期安排在担任首相一个月之后。在起程之前，布朗便明确指出，英美关系是最重要的双边关系，而且可能还会"更加巩固"。在与布什会谈的过程中，他还特意引用了丘吉尔关于英美关系的名言，即，英美两国"承继了英语世界的共同遗产"，这不仅包括"共同的历史"，更包括"基于共同目标的共同价值观"。而且，从个人角度来看，事实上布朗本人同样是一位"大西洋主义者"。由此可见，至少在布朗任内，英美关系的实质不会有所改变。当然，为了力求与其前任布莱尔拉开距离，适度的、无伤大局的变化还是必要的，而且布朗会注重不再像布莱尔那样一味给予美国无条件的支持。例如，布朗上任伊始便公开承认出兵伊拉克是个"错误"，同时也指出接任后会做出调整（但至今尚无具体措施出台，也没有任何关于从伊拉克撤军的明确表示）。此外，与以往的英国首相上任后一般首先拜会美国总统不同，布朗最先会晤的外国领导人是爱尔兰总理埃亨，而最先访问的国家则是欧洲的德国和法国。再如，布朗在和布什进行会谈时，尽管伊拉克问题、伊朗问题、阿富汗问题等是不可回避的话题，但他刻意突出全球反恐、气候变暖、世界贸易、对第三世界的援助和达尔富尔等问题。这些问题也将是英国新政府整体外交政策的重点。

其次，在对欧关系方面，布朗在上任后首先出访德国被媒体普遍认为是英国重新重视欧洲的一个信号。在布朗与德国总理默克尔的会谈中，双方强调加强两国在欧盟与国际问题上的合作。布朗表示将推动对欧盟宪法条约的修订，重新考虑是否加入欧元区问题，以及愿意在反恐问题上与德国加强合作。其后，布朗又访问了法国，与总统萨科齐就加强双边关系以及欧洲问题举行了会谈。有评论认为，欧洲一个新的"铁三角"正在浮出水面。事实上，这也并不算太出人意料的举动。因为自布莱尔1997年上台执政起，就已经在寻求改变英国作为"三心二意的欧洲人"的形象。因为只有立足欧洲，英国在同美国打交道时才能有足够的"底气"。另一方面，英国与德法两国的接近在一定程度上也与默克尔和萨科齐的对美态度有关。当然，不管英国政府采取"亲欧"还是"疑欧"的政策，其落脚点永远都是英国的国家利益，这一点毋庸置疑。而且，正如在6月底召开的欧盟峰会上讨论欧盟宪法修订问题时布莱尔坚决不肯从4条"红线"退却一样，布朗在同欧洲国家打交道时同样会在这些问题上保持坚决立场，甚至会更坚决（英国的4条"红线"是，新条约包含的《基本权利宪章》不能迫使英国修改本国法律、不能迫使英国改变对外政策、不能迫使英国改变司法及警察体制、不能扩大"双重多数"表决制的适用范围）。除此之外，布朗还反对将特定多数投票制用于刑事领域，也反对将与欧洲社会权利有关的条款纳入到新条约。

第三，在中英关系方面，双边贸易持续稳定增长，政治交往频繁。2007年上半年，中英两国贸易额为102.36亿英镑，同比增长19.28%。其中英国从中国进口85.25亿英镑，同比增长20.89%；英国向中国出口17.11亿英镑，同比增长10.24%。可以肯定，中英两国关系不会因英国首相的交接而受到影响。

本年度，英俄关系一度紧张，在双边关系中发生了一系列"恶性事件"，起因是利特维年科案。利特维年科曾供职于俄联邦安全局，因批评政府被开除后，于2000年到英国寻求政治避难，2006年10月获得英国公民身份。11月1日，利特维年科在伦敦一家餐馆用餐后突感不适，23日不治身亡。英国有关方面事后宣布在他体内发现了放射性物质钋-210。随后，英国外交部召见俄罗斯驻英大使，请求俄方在该案的调查中提供帮助。俄方表示可以协助调查，但反对将此事政治化。2007年5月23日，英国检察部门指控俄商人卢戈沃伊在英国下毒杀害利特维年科，要求俄将卢引渡至英国受审。俄总检察院7月5日以俄宪法规定本国公民只能在本国受审为由，拒绝了英国的引渡要求。由此，英俄关系不断恶化：先是英国宣布驱逐4名俄外交官；作为回应，俄也宣布驱逐4名英国外交官。另外，俄罗斯还曾出动两架图－95轰炸机从俄军位于北极圈的科拉半岛起飞，一度逼近英国领空，导致英空军紧急派出战斗机予以拦截。这些事件使英俄关系一度陷入"20年来的最低谷"。这些事件绝非表面看起来那么简单，原因有多重。首先，近年来，俄英因引渡问题发生龃龉已非首次。此前俄方就曾三番五次要求引渡在英国流亡的金融寡头别列佐夫斯基与车臣非法武装头目扎卡耶夫，均遭英国拒绝。不仅如此，英国还为上述两人提供政治庇护。俄罗斯对此一直耿耿于怀，此次拒绝引渡卢戈沃伊也在情理之中。其次，近几年来，西方对俄罗斯的提防意识明显加强，诸如北约东扩、美国计划在东欧部署反导系统等举措均与此有关，欧盟也因能源问题对俄多次表示不满，这也是导致此次俄英外交危机的重要因素之一。当然，由于俄罗斯与英国目前的经贸关系十分密切，例如，仅2007年头3个月，俄罗斯就吸引了31亿美元的英国投资，再加上英国对俄罗斯的能源需求，因此，可以预见，此次外交战应该不会发展到失控的地步。

爱 尔 兰

（一）议会选举

2007年是爱尔兰的大选年。4月29日，总统玛丽·麦卡丽斯解散议会，5月24日举行大选。

直到大选前一周左右，总理埃亨领导的共和党与进步民主党组成的选举联盟在民意调查中的支持率一直落后，尤其是由于反对党抓住埃亨十几年前担任财政部长期间接受朋友"捐助"一事大做文章，招致选民质疑，普遍不被看好。而由在野党统一党和工党结成的竞选联盟则一度呼声颇高。但此后共和党突然峰回路转，支持率后来居上，并最终赢得大选。

选举结果表明，共和党获得41.6%的选票，以78席稳居议会第一大党之位，仅比上次大选减少 2 个议席。统一党获得 27.3% 的选票，51 个议席，比上次选举增加 19 个议席；而共和党的传统盟友进步民主党则损失惨重，失去了其原有 8 个议席中的 6 个，仅获得 2 个席位，甚至其党魁米歇尔·麦克道威尔也失去了议员席位。大选结果揭晓后，共和党立即与绿党、进步民主党和独立派人士等频繁接触并进行多次谈判，最终与绿党达成协议，由两党与进步民主党共同组成新一届"彩虹"政府。共和党在爱尔兰连续三次作为议会第一大党组成联合政府，这在其历史上还是头一回。

共和党之所以能在最后实现"逆转"，主要原因在于：首先，在埃亨领导的两届联合政府执政期间，爱尔兰经济实现了快速稳定增长，失业率也控制在 4% 左右的低水平，再加上降低税率等承诺，在选民中深得人心；第二，北爱和平进程取得实质性进展，北爱自治政府恰在大选前不久恢复运作，同时诸如英国首相布莱尔、美国前总统克林顿等人也在不同场合对埃亨为此做出的贡献多加赞扬，这为其领导的共和党加分不少；最后，也是西方选举中一个看似不太重要，但实则不可轻忽的因素是，埃亨本人在选民中的个人魅力胜于统一党领袖艾达·肯尼，而且其 10 年的总理生涯带给他的政治经验也是后者所不可比拟的。所有这些因素促成了共和党的再次胜出。

（二）政策走向

爱尔兰历届政府向来高度重视提高本国的研发能力。同时，作为一个以外向型经济为主导的国家，爱尔兰高度重视吸引国外投资。2007 年 1 月，爱尔兰政府公布了 2007—2013 年国家发展计划。该计划总投资 1000 亿欧元，其中 329 亿欧元用于交通基础设施，82 亿欧元用于研究和发明。根据此项计划，爱尔兰政府继续推行支持企业发展和技术创新的政策，特别是加大对包括信息通讯技术和生物工程两大支柱产业在内的研发投资，并斥巨资支持其世界级研究设施—爱尔兰科克大学的丁多尔研究院的扩大与发展，目的是以科技创新不断保持本国的国际竞争力，从而继续吸引更多外国企业来爱尔兰投资，并鼓励原有外资企业增加投资。上半年，包括美国 TELEFLEX 医疗公司、惠氏公司和英特尔公司等在内的一批国际知名企业加大了对爱尔兰的投资力度，不仅为爱尔兰创造了不少就业机会，而且促进了其经济向更高层次发展。

新一届联合政府组成后，公布了 2007—2012 年政府纲要。纲要长达 86 页,几乎涵盖了国民生活的各个方面,但其重点在以下三个方面:第一,大力发展全国的基础设施。拟将 GNP 的 5.4% 用于基础设施建设,尤其要大力发展和改善公共交通;拟设立"都柏林交通局",全面负责大都柏林地区的交通管理和建设;第二,保护环境,重点是保证环境的可持续发展,颁布了《国家气候变化战略》(national climate change strategy),以及采取针对气候变化的一系列措施,旨在使爱尔兰跻身于"环境表现指数"(environment performance index)的前五名;第三,继续大力改善公共服务。包括:(1)实现完全现代化的、以病人为核心的医疗卫生体系,拟投资 21 亿欧元发展现代化的一级护理设施,并投资 24 亿欧元用于医院建设;(2)改革社会福利、完善养老金制度。拟将每年 GNP 的至少 1% 用作工人的养老金,目的是让所有爱尔兰人都能享有适当的养老金,到 2012 年时使养老金数额达到平均每周 300 欧元;(3)在教育方面,拟每年增加 3.5 亿欧元用于发展新的教育服务;增加教师数量,至少增加 4000 名小学教师;投资 45 亿欧元建造新学校、维修现有学校;改革课程设置,以适应技术需要和保障更广泛的教育机会;加大对教师的培训,等等。

纲要指出,致力于经济发展是一切之本。它提出了一些指导性经济原则:保持经济以年均 4.5% 的速度增长;实行以预算平衡和减少债务为目的的负责的财政政策;全面、按时实现"国家发展计划",尤其是保证高质量的就业水平;减少税收负担,并承诺改革 PRSI 税收体系(一种与收入挂钩的社会保险,由医疗保险和社会保险构成)等,此外还准备建立一个"税收委员会",对爱尔兰税收体系进行重新评估;增加就业岗位(承诺 5 年内创造 25 万个就业岗位,同时建立灵活的管理体系);致力于科技发展和革新,并注重提高工人的技能;重视社会伙伴的作用,等等。

在国内政治方面,纲要还提出了选举改革、地方政府改革(年底将出台相关绿皮书)等一系列措施。

(三)经济形势

据爱尔兰中央统计局数字,爱尔兰 2006 年 GDP 增长率为 6.0%,GNP 为 6.5%。爱尔兰已经连续 10 年实现了较快的经济增长。2006 年爱尔兰经济快速增长的主要原因仍然在于强劲内需的拉动,尤其是房地产市场。2007 年第一季度,爱尔兰 GDP 和 GNP 同比分别增长了

7.5%和6.4%。预计全年经济增长率可能略有下降，但仍将保持较快增长，GDP增长率可达到5.3%左右，仍将高于欧盟和欧元区的平均水平。

爱尔兰经济的持续稳定增长首先归功于有利的国际形势，尽管美国的经济增长有所放缓，但全球其他地区，特别是欧元区以及亚洲的中国、日本和印度等国的经济继续保持强势增长，这是爱尔兰经济得以继续以较快速度发展的有利外部条件。

从国内来看，拉动爱尔兰经济快速增长的主要因素与前几年基本上差别不大，仍然是靠内需的拉动。首先是个人消费的快速增长。2006年个人消费增长了5.7%，尽管较2005年有所下降，但增幅仍然较大。2007年一季度个人消费同比增长5.4%，保持了较好的增长态势，尤其是出境旅游和添置新车方面的消费仍继续以较快速度增长。据估计，2007年全年个人消费增幅可达7.3%左右。其中最主要的原因在于工资水平继续上升。一季度增幅为5.5%，其中银行保险部门的工资增长最快，其次是建筑业和工业部门。

其次，固定资产投资进一步增加。2006年全年固定资产投资增长率仅为3.1%，预计2007年会增加到5.4%，尽管与2005年的情况不可同日而语，但仍属比较快的增长速度。2007年一季度资产投资有较快增长，增幅达13.3%。尤其是航空设备、非运输设备等方面的投资，其中机械设备的投资增长更为突出，增幅高达38.5%。建筑业继续呈高速增长态势，但其内部投资比重有所变化，非住宅建筑投资达11.2%，而住宅建筑投资则呈下滑趋势，只增长了1.2%。另外，虽然房地产市场仍然"炙手可热"，房价继续以较大的幅度上涨，2006年全年新房价格平均上涨10.6%，二手房价格平均增长12.4%，首都都柏林的房价涨幅更高。但是，从2006年下半年开始，房价的上涨速度就已明显放慢，下半年的涨幅仅是上半年的一半左右。从2006年6月到2007年5月的12个月内，全国和首都的房价分别下降了2.1%和0.6%，尽管统计数据表明，2007年5月，全国和首都的房价同比分别增长了2.6%和7.6%，但是，专家普遍预测，今后两年爱尔兰住宅建筑的发展速度将会大幅下滑，可能对爱尔兰经济造成一系列负面影响。

从2006年下半年以来，爱尔兰工业生产一直呈现良好的发展态势。2006年，爱尔兰工业生产同比增长5.0%，其中制造业增长5.2%。2007年第一季度，工业生产出现了2002年以来少有的强劲增长，增幅高达 14.1%，其中制造业增长 15.0%。"现代行业"仍领先于"传统行业"，同比增长 17.7%，而"传统行业"同比只增长 6.2%。如果这一态势能够保持，全年工业生产将创 5 年来的最高纪录。但是，第二季度工业生产又出现下滑，跌幅同比为 1.6%，其中制造业同比下降 1.7%。尤其是"现代行业"下跌严重，同比下降 2.9%，环比下跌幅度高达 10.9%。服务业则表现比较稳定。

就进出口而言，从 2007 年 1—5 月的情况来看，形势比较乐观：货物出口同比增加 6%，尤其是化工产品、饮料以及工业机械的增长速度最快。进口也有较快增长，为 5%，主要是交通设备、钢铁和医疗用品。与此同时，服务出口已从 2000 年占总出口的 22% 升至 2006 年的 39.5%。2007 年一季度，服务出口更以 11.7% 的水平快速增长，其中商业、金融和计算机服务出口均呈强势增长，同比分别增长 18.6%、16.9% 和 15.6%。服务进口同比则增长 6.4%，主要是因为版权和特许进口增长较快。预计全年出口增长 4.9%，进口增长 6.2%（2006 年均为 4.4%）。

在就业方面，爱尔兰总体就业状况仍然比较乐观，失业率仍维持在较低水平，在欧盟国家中排第三位。2006 年总就业率为 68.6%，2007 年第一季度仍然维持这一比例；妇女就业率 2006 年为 59.3%，2007 年一季度为 59.8%；55—65 岁的老年人就业率 2006 年为 53.1%，2007 年第一季度为 53.3%。这三个指标均高于欧盟和欧元区国家的平均水平，也高于欧盟里斯本战略所确定的指标。但就业增长较上年有所放缓，同比增长 3.9%，其中建筑业的就业增长仍很突出，占新增就业的 37%，从业人数增长 11.2%。上述情况使得一季度失业率维持在 4.4% 的水平，与 2006 年全年的失业率（4.2%）大体相同。但第二季度，受住宅建筑业下滑的影响，建筑业就业增长缓慢（6.7%），另外上半年企业遣散人员也比上年同期增长了 8.3%，使得失业率有所上升，6 月份达到 4.6%，是 2003 年第三季度以来的最高水平（但新增失业人口多为短期失业）。预计全年就业率仍将有适度增长，年度失业率也将维持在 4.5% 的较低水平。

但是，爱尔兰的通货膨胀问题仍然没有得到有效解决。2006 年通货膨胀率为 4.0%。由于国际能源价格上涨和住房抵押贷款利率居高不下，致使住房和能源价格继续上涨，2007 年上半年爱尔兰平均通货膨胀率达到 5%，远远高于欧元区 1.9% 和欧盟 2.8% 的平均水平。预计 2007 年全年通胀率将为 5% 左右。但专家普遍预测，如果欧洲中央银行不继续采取紧缩货币政策，则爱尔兰通货膨胀率有望在未来两年内下降到 3% 左右。

目前，住房市场的持续走低已经开始对爱尔兰经济产生一些负面影响，尽管还不甚明显。再加上失业率可能上涨和政府开支压力过大，因此，专家普遍预测爱尔兰经济会在 2008 年左右出现下滑，预计 2008 年爱尔兰经济增长率将降为 3.3% 左右。OECD 也已经对爱尔兰的经济前景提出了警告。此外，由于爱尔兰单位劳动成本相对较高，因此一旦内需崩溃，国民经济便有出现"硬着陆"的风险。

法　国

　　2007 年，法国经历了总统和立法大选，萨科齐当选新一任总统，希拉克时代宣告结束；人民运动联盟获得议会多数席位，继续执政。法国经济形势喜忧参半，经济处于不稳定增长状态，但就业状况持续改善。新总统在政治、经济和社会领域同时、同步、同轨地推出一系列改革，意将带领法国进入一个前所未有的"破旧立新"的时代。在外交政策领域，法国表现出向美国靠拢等不同于希拉克时代的新特点，但是其"独立自主"的对外政策基调不变。

政 治 形 势

（一）萨科齐当选新总统　人民运动联盟继续执政

　　2007 年，法国举行了总统和立法大选。包括右翼执政党人民运动联盟主席萨科齐、左翼社会党全国领导人罗雅尔、中间派法国民主联盟领导人白鲁、极右翼法国国民阵线领导人让－马利·勒庞、法国共产党领袖玛丽－乔治·布菲和绿党领袖多米妮克·伍瓦纳等在内的 12 人参加了总统大选角逐。4 月 22 日，总统大选进行了第一轮投票，萨科齐和罗雅尔分别以 31.18% 和 25.87% 的得票率胜出，进入第二轮角逐。白鲁和勒庞以 18.57% 和 10.44% 的得票率分列第三、第四。法共继 2002 年总统大选 3.37% 的低得票率后，继续衰退，得票率仅为 1.93%。5 月 6 日，总统大选进行第二轮投票，萨科齐以 53.06% 对 46.94% 的绝对优势击败罗雅尔，当选法兰西共和国第 23 位总统和第五共和国第 6 位暨第 9 任总统。两轮的投票率分别高达 83.77% 和 83.97%，是法国建立总统直接普选制度以来参选率最高的一次。

总统大选后，法国于6月10日和17日举行立法选举两轮投票，人民运动联盟获得国民议会577个议席中的313席，继续执政。社会党获186席，位居第二，依然是议会中最大的在野党。十余个其他政党占据了其余78席。萨科齐随后任命弗朗索瓦·菲永为总理，组成新政府。

萨科齐当选的主要原因是：首先，乱世呼唤强人。近年来法国整体形象日趋没落，经济长期停滞不前，失业率居高不下，社会问题严重，几乎进入历史上最为萧条的时期。同时，法美关系紧张，欧宪在法遭遇翻车，国际影响力下降。在内外交困的背景下，法国迫切需要一位强势领袖来遏制颓势。萨科齐凭其敢想敢干的作风和任内政部长期间平息两次大的社会动荡（2005年末巴黎郊区骚乱和2006年初由"首次雇佣合同法案"引发的抗议运动——详见2006—2007年度欧洲发展报告）给法国人留下了深刻印象，在很多选民看来，他正是目前法国所需要的那种能够力挽狂澜、挽救国家于危难之中的铁腕人物。

其次，竞选口号深得民心。一段时期以来，法国在第二次世界大战后形成的"高工资、高福利、高税收"的发展模式已越发显露出不适应当前全球化现实的弊端，严重阻碍了经济发展，亟须改革。本届选举创纪录的投票率也说明，在希拉克当政12年之后，法国老百姓渴望改变。萨科齐从青年时代起就步入政坛，曾任内政部长、经财部长、国务部长等要职，积累了十分丰富的执政经验，深谙法国亟须改革和以前历届政府未能把改革进行到底、令百姓失望的形势要求，因此提出了"与过去平静决裂"的口号，表示要进行彻底深入的变革，从而抓住了选民。更重要的是他针对法国民众最关心的问题，提出明确而具体的对策：在移民问题上，主张收紧移民政策；在经济问题上，主张从观念和制度两方面鼓励"勤劳致富"，制定以"研发和创新"为主题的工业政策；在社会福利问题上，主要改革退休制度，减轻国家财政负担；在治安问题上：主张严厉打击青少年犯罪，信奉"惩罚"就是最好的"教育"；在失业问题上，主张通过减免税费激活劳动力市场。由于言之有物，加上以前的政绩，老百姓觉得他不是在开空头支票，因而对他的改革寄予期待。

罗雅尔是萨科齐最强劲的对手，也有很高的民意支持率，最终失利，主要原因首先在于她虽然以贴心亲民、关心家庭问题、提倡"参与式"民主等形象出现并赢得众多法国人支持，但却并不符合目前法国之最急需。其次，与萨科齐相比，罗雅尔的竞选纲领模糊、可操作性差。罗雅尔的竞选口号是"更公正，法国就会更强大"。她一方面将社会公正作为重点，另一方面也希望进行经济改革；她想在经济现实主义、自由主义和社会理想主义、保守主义之间寻求折中，在捍卫基本社会原则的同时为僵硬的经济体制松绑，但受自身执政经验和社会党基本理念的制约，在社会保障、就业等关键问题上只能作"模糊"处理，难以说服选民。第三，虽然是社会党的唯一候选人，但罗雅尔并未得到本党人士特别是若斯潘等重量级人物的一致拥护和支持，也使一部分选民对她的执政能力产生怀疑。第四，和萨科齐相反，罗雅尔在移民问题上持温和人道主义立场。在相当一部分法国人依然仇视移民的今天，这也让她失分不少。统计数据表明，极右翼势力在第一轮投票中被淘汰后，2/3 的极右势力选民在第二轮投票中转向了萨科齐，只有约 15% 转去支持罗雅尔。最后，罗雅尔在国际事务上的外行也让她显得比萨科齐逊色。

临近大选前，中间派候选人白鲁异军突起，民调指数直逼萨科齐和罗雅尔，使舆论一度认为这将构成法国政坛第三极，让左右翼两大政党主宰政坛的传统格局受到挑战。选举结果表明，中间派虽然是一股不可忽视的力量，但是短时间内依然难成大气候。白鲁的竞选口号虽然超越左右分野，主张走一条"中间道路"并吸引了不少厌倦了左右之争的选民。但他在抨击了旧格局之后，并没有拿出可行的替代方案，也没有指明"中间道路"究竟是什么？有"破"无"立"，难以继续吸引选民。

极右势力在这次大选中表现出衰退迹象，一方面是 2002 年后法国主流社会提高了对极右翼的警惕；另一方面是萨科齐在移民问题上的强硬态度及保护法国企业免遭全球化冲击等言论使相当一部分勒庞的支持者转投到他的旗下。

（二）两极格局继续存在，执政党立志改革，社会党陷入分裂

大选之后，法国继续保持着左右翼对峙的传统格局。萨科齐领导的右翼执政党，正立志改革。改革首先表现在新政府的构成上，新政府有下列几个特点：（1）年轻化。大多数政府成员年龄在 50 岁左右，最年轻的仅 31 岁；（2）开放化、多样化。萨科齐改变传统做法，在组阁时吸纳中间派甚至左翼反对派人士，在全部 33 名政府成员中，中间派占了 3 名，左派 6 名，如外交部长和国防部长两要职分

别委任给了左翼社会党人库什内和中间派的莫兰；（3）男女平等。在 15 位部长中，7 位为女性。其次，在执政风格上，萨科齐表现出不同于前任的鲜明特色：作风强硬，事必躬亲，表现出加强总统权力的倾向；第三，萨科齐兑现大选时的诺言，同时、同步、同轨地在政治、经济和社会领域推出改革措施。从现在起至未来几年内，"改革"都是新政权的首要任务。

左翼则在分裂中反思失败。早在大选之前，社会党就由于"宪法条约"被否决的缘故而发生分裂，为应对总统大选才勉强走向联合。社会党内部志在参选总统的人不在少数，后虽出于集中选票的考虑选出单一候选人罗雅尔，但是很多人并不服气。随着罗雅尔的落选，社会党已是 17 年、连续 3 届在总统大选中落败。面对严峻形势，社会党的脆弱联合顷刻间土崩瓦解，党内立即掀起了对竞选纲领、罗雅尔本人乃至社会党战略的抨击浪潮。党内中间派人士认为，社会党落选的原因在于没有"与时俱进"，因此亟须改革；左翼人士则认为，社会党败北是因为没有坚守党的传统，模糊了与右翼的界限，因此应尽快回到左翼价值观上来。在今后由谁来领导社会党的问题上，党内五巨头罗雅尔、奥朗德、斯特劳斯－卡恩、法比尤斯和雅克·朗也争论不休。社会党内部尚乱之际，冷不防萨科齐在组阁时又"招安"了几人，这无疑进一步加剧了社会党阵营的裂痕。因此，在目前乃至今后相当长一段时期内，社会党面临的首要任务是如何重新走向团结。

经 济 形 势

（一）经济指标喜忧参半

1. 增长不稳定。2006 年，法国经济增长率为 2%，基本实现 2%—2.5% 的预期目标。增长的主要动力来自内需增加：2006 年是自 2000 年以来内需增幅最高的一年；失业率自 2005 年 3 月开始下降起，继续保持降势，12 月降至 8.6%，为 20 多年来的最高水平；通胀率下降，全年平均通胀率为 1.5%；2006 年财政赤字为 360 亿欧元，占 GDP 的 2.5%，低于 2005 年的 3%；公债占 GDP 的比重为 64.6%，比 2005 年减少 2 个百分点；2006 年出口创历史新高，尽管如此，外贸逆差仍高达 292 亿欧元，也创历史新高，致使外贸对全年经济增长的贡献率为负（-0.4%）。

受 2006 年良好势头的鼓舞，法国政府将 2007 年的经济增长预期定为 2%—2.5%。但是第一季度只增长了 0.5%，低于上年第四季度的 0.6%，也低于预期。其中出口增长 1.5%，高于上年第四季度；投资总额增长 1.2%；家庭消费开支增长 0.5%，高于上年第四季度，是增长的主要因素。第二季度，受国际石油价格上涨、欧元升值、美国次级信贷危机引发金融市场振荡等因素的影响，仅增长 0.3%，远低于预期的 0.6%。其中家庭消费开支增长 0.6%；出口增长 1.1%；投资总额仅增长 0.1%。贸易赤字和投资萎缩是导致二季度增长骤降的主要因素。法国国家统计及经济研究所预计第三、第四季度将分别增长 0.7% 和 0.5%，并将年均增长率预期下调至 1.8%。

2. 贸易逆差先下降后回升。2007 年头 3 个月，得益于能源价格回落、原油进口成本降低等因素，一度困扰法国经济增长的外贸赤字问题曾转好：出口总额达 1322.8 亿美元，同比增长 11.9%，创历史纪录；贸易逆差 110.8 亿美元，同比增长 3.6%，逆差增幅放缓。但是，从 4 月份开始，由于国际石油价格的回升和欧元的升值，外贸平衡状况再度恶化，外贸逆差逐月扩大，由 4 月的 24.93 亿欧元一路升至 7 月的 33.04 亿欧元。前 7 个月逆差累计 182.66 亿欧元，创历史新高。除石油价格持续上涨、欧元坚挺外，造成巨额贸易赤字的因素还有以下方面：（1）法国传统出口市场如美、日、加等国经济不振，进口能力下降；（2）中国、印度等新兴国家对外贸易大幅增长，不断压缩包括法国在内的发达国家的国际市场份额；最后也是最为关键的一点在于中小企业国际竞争力不足。法国的出口长期依靠空客等大企业，然而大企业数量有限，占据大多数的是 500 人以下的中小企业。但中小企业由于劳动力成本高、产品缺乏价格优势、创新能力不足等因素普遍缺乏国际竞争力，在空客等大订单受石油价格、汇率因素的影响而锐减的情况下，难以救场。

3. 失业率持续下降。2007 年法国就业形势继续好转，1—7 月失业率稳步下降，从 8.5% 递降至 8.0%，为 25 年来最好水平。失业率持续下降主要原因是：（1）就业岗位增加，特别是私营企业招工日趋活跃。法国权威部门预计，2007 年全年法国将新增就业岗位 34 万个，其中岗位增加最多的部门是商业服务业。（2）劳动力人口增长放缓。进入退休年龄的人口不断增加，而进入劳动力市场的年轻人减少，减缓了整个劳动人口的增长速度。（3）新总统萨科齐在治理失业问题上采取的种种措施如加班收入免税、减轻企业社会福利负担、鼓励创办中小企业等开始产生效果。

4. 通胀率稳定在低水平。2007 年，法国通货膨胀率继续走低，1—6 月通胀率稳步保持在 1.0%—1.3% 的低水平。6 个月平均通胀率为 1.17%，为 8 年来最低，使法国成为欧元区通胀率最低的国家，预计这一趋势将持续到年底。低通胀率的首要原因在于制造业产品价格的下降，特别是大众电子消费品，年均降价率达 12.1%；其次是其他消费品价格涨幅微弱，全年消费品价格仅上涨 1.2%，为 2001 年 11 月以来的最低水平。

5. 公共财政状况堪忧。截至 2007 年 8 月底，法国财政赤字为 632 亿欧元，同比增加 115 亿欧元。究其主要原因，一是德维尔潘政府于 2005 年 9 月制定的调整所得税计划从 2007 年 1 月 1 日起开始生效，使政府收入减少；二是政府财政支出增加超过上年同期水平。截至 6 月底，法国公共债务总额达 1.2164 万亿欧元，占国内生产总值的 66.6%，继续超出欧盟规定的 60% 的上限。2007 年 9 月 26 日，萨科齐公布 2008 年政府财政预算案，将赤字定为 417 亿欧元，将占国内生产总值的 2.3%，其中公共债务将占国民生产总值 64%，依然高于欧盟的规定。新预算受到欧盟批评，欧央行行长称法国是欧洲"头号花钱大户"，认为其 2007 年的公债水平将列欧盟 27 国第一。总理菲永也拉响了财政危机警报，称自 1974 年以来，法国的预算就未平衡过，政府正面临破产。专家认为，财政赤字的扩大是政府正在发起的减税、加大科研教育投入等改革措施在初期带来的不可避免的代价，如科教经费将增加 18 个亿，增幅高达 7.33%，随着经济好转，扩大的部分会逐步得到弥补。萨科齐总统表示将通过裁减公务员、改革特殊退休制度等措施来削减公共支出，争取在 2012 年实现将公共债务降至占国民生产总值 60% 的目标。

（二）新政权进行经济改革

萨科齐上台后，针对多年来困扰法国的经济增长难题，开始进行深入改革。首先是减税。2007 年 7 月，法国国民议会审议通过《工作、就业及购买力法案》，俗称"一揽子减税法"。法案汇集了萨科齐在经济领域的所有竞选承诺，主要包括加班收入免税，大学生打工收入免税，降低房贷利息税，降低巨富税，减免捐赠税和继承税，将税收盾牌即纳税人直接交纳的各种税收占其收入的比例从 60% 降至

50%，设立"团结互助收入"等。其中重点是减免加班税，即在不废除现行35小时工作制的基础上，免除以前对加班收入征收的个税，这其实是以变通手段为35小时工作制松绑，目的是鼓励多劳多得；同时减少雇员和雇主的社会保险分摊金，以鼓励企业雇用员工，这两条措施从10月1日起正式付诸实施。其次是提高企业竞争力。新政府于2007年夏天推出一系列措施，以加大对企业的扶持力度；鼓励企业增加研发投入；鼓励创办新企业，主要措施有：将企业在研发上所缴的税款（上限为1亿欧元）减少10%—30%；若企业的研发开支超过1亿欧元，超出部分可获5%的减税；对新创办、力主创新的企业给予减征社会分摊金等优惠。第三是改善出口状况。为扩大出口、改善法国外贸赤字，政府出台五项措施：简化企业的出口手续；对出口型中小企业在政策上予以倾斜并提供优惠贷款；降低出口型中小企业的税收；方便中型企业融资和促进中小企业壮大；鼓励中小企业出口，为它们的持续出口提供信贷担保。

社 会 改 革

（一）继续收紧移民政策

数量众多的移民特别是非法移民，一直是困扰法国社会的一大难题。继2006年在内政部长任上推动议会上下两院通过《移民与社会融入法案》、走上"选择性移民"的道路后，2007年，当选总统后的萨科齐将移民问题作为其社会改革的一个重要部分，继续收紧移民政策。他首先将原来分属内政部、外交部和社会与司法事务部的移民事务抽出来，并入一个专门设立的新机构——移民、融入、国家认同和共同发展部（以下简称移民部）。其次，为驱逐非法移民设定"指标"，即每年驱逐2.5万名；加大打击非法移民的力度，如严查饭店、酒店等大量雇用外来移民的工作场所，无证件者一经发现，立即遣返。第三，施行移民配额制度，按职业和地区筛选移民，总的原则是鼓励技术和经济移民，控制家庭团聚类移民。7月份，萨科齐给移民部长奥尔特弗下达指标，要求将经济移民和家庭团聚移民的比例从目前的1∶9降至1∶1。

为增加家庭团聚类移民的入境难度，提高移民准入门槛，奥尔特弗提出"奥尔特弗法案"。与现行移民法相比，新法案主要增加了四项规定：（1）移民申请者须接受详细背景调查，必须会讲法语；（2）申请家庭团聚的移民要签订《移民协议》，保证履行公民义务；（3）接受亲人的家庭必须提供月收入达到 1600 欧元的证明；（4）借鉴其他欧洲国家的做法，建议申请家庭团聚者自愿接受 DNA 鉴定，以证明血缘关系，严防"作假"。新法案引发了很大争议，特别是有关 DNA 鉴定的条款，尤其受到左翼和人权组织的严厉批评。在此背景下，虽然国民议会于 9 月 20 日一读通过了奥尔特弗法案，但参议院仍然在随后的讨论中以 24 票对 13 票建议删除其中的"DNA"条款。

民意调查表明，对日渐收紧的移民政策，法国人总体上持支持态度：74% 的受访者同意限制外籍移民来法团聚，但也有 70% 的民众希望本着人道主义精神，对已在法生活多年却无身份的移民视具体情况而予以承认。不过移民配额制度和把移民与认同联系在一起的做法招致不少批评的声音，认为法国日渐保守和退步。在移民问题上，法国还希望借助欧盟的力量。奥尔特弗建议欧盟设定一个移民总限额，鼓励经济和技术移民，打击非法移民；禁止大规模"大赦"非法移民；在避难以及与难民来源国开展对话等方面协调政策。法国还计划利用 2008 年任欧盟轮值主席的机会举行一次欧—非移民会议。

（二）改革特殊退休制度

由于失业率居高不下和人口老龄化，法国退休保障制度早就入不敷出，给国家财政带来沉重负担。从 20 世纪 90 年代起，法国各届政府就开始对退休制度进行改革，但是由于牵扯到各方面利益，改革始终无法深入，严重妨碍了法国的经济、社会发展。萨科齐上任后开始兑现诺言，打算对退休制度中最为棘手的，也是社会改革中最为敏感的特殊退休制度进行改革。

特殊退休制度是法国退休制度的一个组成部分，涵盖公务员、国企和国营公共服务机构，如法国国营铁路公司、巴黎独立运输公司、法国电力公司和法国煤气公司等。由于历史原因，享受特殊退休制度的退休者只要缴纳 37.5 年的分摊金就可领取全额退休金。而覆盖私企员工的普通退休制度的退休者则需缴纳 40 年。目前特殊制度下领取养老金的退休者有 110 万人，缴纳分摊金的在职者只有 50 万人，在财政上严重入不敷出，为此法国政府每年都要拿出约 50 亿欧元予以填补。2003 年拉法兰政府曾出台《菲永法》，对退休制度进行改革，规定到 2020 年止，将公务员领取全额退休金的缴费年限逐步与私营员工拉平，但未触及上述的几个国营公共服务机构。萨科齐宣布立刻彻底改革特殊退休制度，其中一项重要内容就是将拉法兰改革未触及的铁路、电力等部门员工 37.5 年的缴费时间逐步拉到和普通制度一致，即 40 年。至于用多长时间拉平，他表示需要在未来几个月通过具体的谈判确定。

民意调查表明，68% 的法国人支持这项改革。2/3 的法国人认为萨科齐敢于对特殊退休制度动手可谓"勇气可嘉"。但是此举风险颇大，以前的法国政府就曾因此碰到激烈的对抗。改革之风刚起，法国国营铁路公司下属的五个工会就已经动员起来，宣布举行罢工，以示抗议。其他部门也拭目以待。政府则希望在对话的基础上尽快落实改革行动，而不是久拖不决。前景如何，还需拭目以待。

外 交 政 策

政权的更迭给法国外交政策带来变化。首先，萨科齐仿照美国的外交体制，设立了国家安全委员会，任命勒维特为委员会主任。其次，在 2007 年 8 月 27 日法国第 15 届驻外使节会议上，萨科齐发表了其执政以来的首次重要外交政策演说，系统阐述与前任不同的新政策，表示要回到"真正的现实主义"道路上来。透过这次讲话及萨科齐的其他演说和执政几个月来在外交领域的表现，可以窥见萨科齐外交政策的基本轮廓。

（一）欧洲建设——法国外交重中之重

按照萨科齐的说法，"欧洲建设绝对是压倒一切的头等大事"，"没有欧洲就没有强大的法国"。因此，解决好欧洲的问题是法国关注的重点，新政策的主要内容是：（1）推动欧盟走出制宪危机，重新启动一体化进程。萨科齐倡导简化欧盟宪法条约，抽出其核心即具有"宪法"性质的部分，形成一部简化版"条约"。法国将在 2008 年担任欧盟轮值主席国期间推动这部简化版"条约"获得通过，并保证法国率先通过，使之争取在 2009 年春欧洲议会选举前生效；（2）强调法德轴心的作用并将之扩大为法、英、德、西、意联手。在扩大至 27 国的大欧盟中，法德轴心显得力不从心。因此，法国准备联合英、德、西、意四大国共同发挥作用；（3）加强欧盟防务力量。法国正积极思考这一问题以备日后提出富有创意的提案，同时也考虑在必要时重返北约军事组织；（4）关注欧盟的未来。萨科齐认为欧盟扩大太快，消化能力不足，因此提醒进一步的扩大务必慎重，对土耳其入盟依然持保留态度。在 9 月中旬的电视采访中，萨科齐还建议欧盟 27 国在年底前成立一个由 10—12 名专家组成的"智囊团"，研究、思考欧盟的前途与使命，并建议该机构于 2009 年欧洲议会选举之前提交报告和建议；（5）号召欧盟保护成员国的利益。在驻外使节大会上，萨科齐提出"欧盟是作全球化的传送带还是缓解全球化冲击"的问题。法国希望利用欧盟来缓解全球化对法国造成的压力。

（二）对美关系——向美靠拢但不盲从

萨科齐上台带来的最大的外交政策变化是法美关系。与前任总统希拉克不同，萨科齐在政治上奉行亲美立场，在当选前后都不止一次发表亲美论调，并称法国将回到传统的美国、以色列等盟友阵营。还把当选后的第一次休假地选在美国。种种迹象表明，萨科齐正在改变希拉克总统奠定的反美基调，努力弥补因伊拉克战争而恶化的法美关系。在他看来，得罪美国对法国只有弊没有利，因此必须改变，以提高法国在国际舞台上的回旋余地。加强与美国的合作，在外交行动中更多地向美国靠拢将是萨科齐对美政策的主旋律。

虽然萨科齐比希拉克对美国友好得多，但是法美之间的结构性矛盾并不会因此得到根本解决。作为忠实的"戴高乐主义者"，萨科齐仍会奉行独立自主的外交原则，维护法国大国地位并倡导多极世界，同时努力把欧洲建设成独立的一极。因此在原则问题上，特别是涉及法国重大利益时，法国还是会坚持自己的立场。如在土耳其加入欧盟的问题上，新政府持与美国不同的态度；在伊拉克问题上，萨科齐呼吁美国尽快确定外国军队从伊拉克撤军的时间，并认为"只有政治解决方案可行"；在全球气候变暖问题上，萨科齐也指责美国没有尽到该尽的义务。其实在法美关系上，萨科齐在当选前就曾表示过，"伙伴关系意味着允许对方有不同见解"，"朋友不意味着处处顺从"。美报也认为萨科齐虽然"是个更'容易'的盟友，但是也别对他的'大西洋主义'抱太大幻想"。

（三）中法关系——"蜜月"结束，基调不变

萨科齐对中国的了解和喜爱远逊于希拉克，并且更加看重法美关系，因此在他当政后，中法关系不可能像希拉克时代一样。在驻外使

节会议上，萨科齐指出，中国是增长的发动机，但也是造成严重不平衡的因素；称中国希望得到世界认可，但并不打算遵守对大家都有利的规则。他还提到了中国的知识产权、环境保护、人民币汇率、在非洲获取资源以及社会等方面的问题，口气比较强硬。总体而言，由于中法两国的战略合作伙伴关系基础比较牢固，在全球的共同利益较多，加之中国的崛起让法国无法等闲视之，因此，两国关系的友好基调不会发生大的改变，但在知识产权、中法贸易逆差、人民币汇率、环境保护、非洲问题等领域的摩擦在所难免。萨科齐曾批评希拉克的对华政策没有得到什么实惠，因此，他正在走一条更加务实的道路，各个具体领域的对华政策完全视法国的国家利益而定。

德　国

　　2007 年德国经济在上年基础上继续保持强劲增长。经济发展创造了更多的就业岗位，失业率显著降低。大联合政府继续贯彻"整顿、投资和改革"的路线，通过推动一系列经济和社会改革，促进经济增长、税收增加，成功地将财政赤字控制在欧盟《稳定与增长公约》规定的范围内。但同时，经济增长引发新一轮劳资谈判，经济和社会改革给民众带来不安全感。德国就任欧盟轮值主席国和八国集团主席国期间的出色表现为大联合政府的政绩添上浓重的一笔。虽然距 2009 年大选还有两年的时间，但各政党已经开始为大选进行筹划。

经 济 形 势

（一）经济增长强劲

　　10 年来增长率一直徘徊在 1% 左右的德国经济，经过 2006 年迅速复苏和 2007 年强劲增长，展现出蓬勃生机。2006 年国内生产总值达 23027 亿欧元，经济增长率为 2.7%。除农业外，其他经济部门都呈增长态势，其中工业和建筑业增长最快，比上年增长 5.9%。税收增幅达到 6.2%。通胀率为 1.8%，财政赤字降到占 GDP 的 1.7%，是自 2001 年后首次低于欧盟《稳定与增长公约》3% 的上限规定。2007 年即将提高的增值税成为 2006 年零售业增长的催化剂，仅在2006 年 11 月和 12 月零售业销售额达到 757 亿欧元，拉动全年销售额增长 0.75 个百分点。出口是拉动经济增长的重要因素，2006 年德国再次成为世界出口冠军，出口增长 14%，达 8940 亿欧元，贸易顺差为 1620 亿欧元。出口的热销品是汽车、机械和化学产品,其中有2/3的商品出口到欧盟国家。据统计,在 2006 年 2.7% 的经济增长中,出口的贡献率约为 0.8 个百分点。

从 2007 年全球经济形势看,美国次级贷款危机、居高不下的石油价格以及欧元对美元的持续走强都可能导致德国经济增长放缓,但就目前情况看,上述因素在 2008 年前还不足以对德国经济增长构成威胁。联邦政府预测 2007 年的经济增长率为 2.3%,而基尔世界经济研究所则预测 2007 年德国经济增长可达 2.7%。

2007 年上半年税收增加 18.4%,预计联邦、州和地方三级政府全年将增收 155 亿欧元。持续的经济增长和税收盈余及失业保险金和其他社会福利开支的削减,有利于降低财政赤字和减少债务。联邦财政部发布数字显示:2007 年德国预算赤字将仅占 GDP 的 0.1%,离实现公共财政预算平衡仅一步之遥;2007 年德国的债务将减少2.5%,占 GDP 的 65.1% (15870 亿欧元),为 2003 年以来的最低水平。但由于取暖用油和食品价格的上涨,德国 9 月的通货膨胀率升至2.7%,为 6 年来最高。

2007 年欧元屡创新高,已突破 1 欧元兑 1.40 美元大关。人们开始担心强势欧元会危及德国出口,给持续上升的德国经济造成急刹车。基尔世界经济研究所预计 2007 年经济增长的重点将从出口转移到国内市场,内需保持活力成为经济增长的重要支柱。从 2006 年下半年开始,丰厚的订单使企业生产能力得到充分发挥,其中主要是德国本土企业需求增长所致。专家认为,德国长期的出口繁荣反过来引发了国内市场上的投资热潮。德国机械制造商协会预测,2007 年机械制造行业的产量将创下 11% 的增幅 (220 亿欧元),是 1969 年以来增长最为强劲的一年,如果不是遭遇原材料供应的瓶颈,产量将更高。由于经济强劲增长,订单猛增,生产商的产能利用率已达到92%,几乎处于饱和状态。

(二) 失业率下降、专业技术人才短缺

经济的稳定发展带来就业增长,从而使失业率显著降低。2006年登记失业的平均人数为 450 万人,失业率为 10.8%。联邦劳动署报告显示,在 2007 年 1—6 月失业人数大幅减少的基础上,7—9 月的劳动力市场继续改善,9 月登记失业人数降至 354.3 万,为 15 年来最低。预计 2007 年失业率将降到 8.7% 左右,为 1995 年以来最低

水平。慕尼黑伊福经济研究所预测经济良性增长将带来更多就业，这一趋势至少还将持续到年底，而目前美国的金融危机还不会对劳动力市场产生影响。如果经济增长势头持续，估计 2008 年失业人数将降至 350 万以下，2009 年形势仍将继续好转。

经济复苏和失业人数下降使降低失业保险费率成为可能，2007年初联邦政府将职工缴纳的失业保险费比率从原来占工资总额的 6.5% 减少到 4.2%。基于 2007 年失业人数又有显著下降，联邦劳工办事处计算出 2007 年度的失业救济金将有数百万元的盈余，这一结果为继续调低失业保险缴费比率创造了机会。联邦政府决定从 2008年 1 月起，职工缴纳的失业保险费比率下调到占工资总额的 3.9%。

伴随经济的好转，专业技术人才的紧缺慢慢显现出来。经合组织2007 年 9 月 18 日发表的教育报告对德国专业人才的短缺提出了警告。德国的专业人才短缺正在使企业蒙受巨大损失，2006 年德国工程师空缺岗位数达 48000 个，由此减少价值创造至少 35 亿欧元。和其他经合组织国家不同，德国的高校毕业生数量不足以填补离开劳动力市场的工程师留下的空缺，目前工程师、技术员、医生和企业经济学人才尤为抢手。为解决专业技术人员的匮乏，联邦政府在 2007 年9 月 19 日内阁会议上批准了劳动部长明特费林提出的向外国人大规模开放劳动力市场的规定。从 2007 年 11 月 1 日起，中东欧欧盟成员国的机械、汽车和电气工程师进入德国劳动力市场将更为容易，劳工署将不再核查某一职位是否同时有德国人应聘。毕业于德国高校的外国毕业生，也将得益于打破德国人优先的原则，他们将不受专业方向限制而进入劳动力市场。但本地专业人才的培训和进修以及失业者的技能培训仍将按照德国人优先的原则进行。

（三）增值税改革和企业税改革

增值税改革对零售业产生了消极影响，同时也造成部分行业国内销售额下滑和企业减员，但总体上对经济增长没有造成大的影响。2007 年 1 月 1 日，增值税由 16% 提高至 19%。受其影响，2007 年上半年零售业一直呈现持续不景气的状况，到 7 月份零售业销售额扣除物价上涨因素，与上年同期相比减少 0.9 个百分点，与 6 月相比只微弱增长了 0.3%。增值税的上调对部分行业产生不利影响，例如汽车消费市场因增税走势低迷，并直接影响到汽车生产企业的效益。近几个月以来，汽车工业的部分供应商和整车制造企业的产值均有所下降。2007 年 2 月，大众汽车公司曾宣布实施重组计划，影响到两万多名员工的工作岗位和待遇。奔驰和欧宝公司也计划大批裁员。另一方面，增值税率上调为各级财政带来好处，2007 年联邦政府、州及乡镇可增加约 350 亿欧元的税收收入，将大大缓解财政亏空的状况。

为了将更多的企业（或者说是它们的盈利）留在德国而不是转移到国外，从根本上提高德国的税收收入，酝酿已久的企业税改革方案终于在 2007 年尘埃落定，将从 2008 年起为企业减负数十亿。届时资合公司（包括股份公司和有限责任公司）营业税的总负担比例将从现在的 38.65% 降低到 29.83%。目前占德国企业绝大多数的人合公司所有者的个人所得税的最高税率在德国是 42%，今后人合公司的利润最高税率将降至 28.25%。这项减税措施将使国家税收收入损失 300 亿欧元，德国政府为把由此带来的税收损失控制在 50 亿欧元，将取消税收优惠政策，填补财政漏洞。

政 治 形 势

（一）联盟党成为改革路线的直接受益者

2007 年，由基民盟/基社盟和社民党组成的大联合政府继续贯彻改革路线，政局平稳，没有出现重组内阁的迹象。由于经济复苏、失业率下降、财政收入增加，以及稳定而持续的经济改革和德国就任欧盟轮值主席国和八国集团主席国期间的出色表现，使得本年度大联合政府的政绩可圈可点。默克尔及联盟党成为这一成绩的直接获益人，联盟党支持率自 2006 年 10 月的 31.6% 一路上扬到 2007 年 10 月的 40%，达到 2006 年初以来的最高值。默克尔的受欢迎度也不断上升，在 2007 年 10 月达到 67%，为两年以来的最高。而社民党支持率却从 2006 年 10 月的 30.4% 跌到 2007 年 10 月的 27%，而在 10 月份的民调中，社民党主席贝克支持率仅为 19%，与默克尔相差甚远。

不断上升的支持率使默克尔对自身的总体工作表现非常自信。在对政府工作进行中期总结时默克尔说，经济的良性发展已经证明红黑政府两年前推行的"整顿、投资和改革"路线的正确性。本届联邦政府任期后半段政策的重点是稳定的财政政策，要使尽可能多的人融合到劳动力市场中。

（二）改革之路在争吵中探询前行

是否进行改革、改革速度如何是大联合政府中经常辩论的问题。在医疗卫生制度改革、劳动力市场改革、企业税改革、联邦制改革中，联盟党和社民党的争吵更是家常便饭。可以说，大联合政府的执政双方在众多问题上都存在根本性分歧，在通过不断争吵为自己争取选民的同时，也对改革有所推进。

在劳动力市场改革中，执政两党就是否引入覆盖全国的法定最低工资产生根本分歧。联盟党认为，虽然有 20 多个欧洲国家实施了最低工资，但并不意味着这种做法适合德国。默克尔明确反对，她主张在"特定范围内"扩大外派劳工法的适用范围。社民党赞成引入全面的最低工资，认为把外派劳工法的适用范围扩大到更多行业固然好，但不够。作为劳动部长的社民党人明特费林认为，在本届立法任期内施行法定最低工资的可能性很小，现实的做法是在每个行业引入协议最低工资。最终联盟党和社民党达成妥协，通过扩大劳务派出法适用范围来扩大引入工资下限的行业范围，目前这一工资下限仅存在于建筑业和大楼清洁业。

由于医疗卫生改革涉及全体国民利益，因而异常艰难。为维护各自团体的利益，联盟党和社民党就医疗改革的要点进行了长达数月的激烈论战，最终达成了《增强法定医疗保险竞争法》，由联邦议院以绝对多数通过，并自 2007 年 4 月 1 日起逐步实施。其基本内容包括：2009 年建立"医疗卫生基金"和"财政风险平衡机制"；医疗保险费率平均提高 0.5 个百分点；筹备成立一个国家性质的法定医疗保险机构联合会；法定和私人医疗保险机构都要向参保人提供基本医疗保险合同；逐步改革医生酬金制度等等。这项法案对投保人、患者、医生、医院和医疗保险机构都有了新的规定。

（三）政治格局的新发展：左翼党正式成立

本年度德国政治生活中，左翼党的成立特别引人关注。2007 年 6 月，前身为民社党的左派党和从社民党左翼力量分裂出来的劳动与社会公正党合并成立了左翼党。虽然德国东、西部的两股左翼势力在两年前大选中就以"左翼党"的名字联合竞选，前社民党主席拉方丹曾率领左翼党赢得 8.7% 的选票，成为德国政坛一股不可小觑的力量，但直到 2007 年 5 月两党党员才通过投票决定合二为一。新成立的左翼党拥有 7.2 万名党员，其中 6 万人生活在德国东部。它成为德国联邦议会 6 个政治党派中仅次于基民盟、社会党和基社盟之后的第四大政治力量，超过绿党和自民党。合并后的左翼党主席由左派党主席比斯基和劳动与社会公正党主席拉方丹共同担任。拉方丹是劳动与社会公平党创始人、前社民党主席并担任过联邦财政部长。2005 年起，拉方丹在联邦议会担任由两党组成的联合议会党团主席。左翼党的成立将导致德国政治格局发生微妙变化。

目前，左翼党在东部 3 个州属第二大政治势力，在柏林州政府中是联合执政党之一。对大多数西部德国人来说，左翼党是在两德统一后，由德国东部那些对统一感到失望的人组成的。但左翼党也逐渐开始吸引西部低收入阶层的人群，并从社民党左翼阵营中拉走一些选民，其目标是从德国西部招募更多的党员。对于社民党来说，左翼党的出现是一个不小的威胁。社民党自从与联盟党组成大联合政府以来，其声望一直在走下坡路，而由于社民党与左翼党党纲上存在的差异以及两党领导人之间的龃龉，也不大可能实行两党的联合。

（四）《基本纲领》修改年和 2009 年大选的前奏

2007 年，基民盟、社民党、基社盟分别组织党员进行讨论，以完成各自对《基本纲领》的修改。三党先后提出修改《基本纲领》的主导原则，基民盟强调"给予更多自由从而获得新型公正"；社民党主张"建立预防性福利国家"；基社盟主张"建立互助式效率社会"。三党都希望在坚持本党基本价值观的基础上，从时代发展出发，提出适合新时代发展需求的党的理念，并以此为起点为 2009 年大选进行准备。

距离 2009 年联邦议院大选还有两年时间，但目前各政党就已开始预测可能的政党联合。其中社民党秘书长胡贝图斯·海尔提出由社民党、自民党和绿党三党联合组成"交通信号灯式"联合政府，这种方案受到很多人的推崇。社民党与绿党在国内安全、外交、教育、生态和社会福利政策领域有许多共同点；与自民党在外交、内政、科教领域也有许多共同语言，但是在经济和社会福利政策领域存在差异，如果要组成三党联合政府，还要看自民党是否能进行纲领性改革。而自民党虽并不抗拒这一模式，但自民党的首选还是希望自身到 2009 年时能发展得足够强大，可以与联盟党组成稳定的联合政府，毕竟自民党与联盟党的共同点更多。民调显示，在社民党目前的领导人中，还没有人有足够的实力挑战默克尔。

对于联盟党在下届选举中倾向与哪个政党联合，党内意见并不统一。默克尔认为联盟党首先应争取获得多数，必要时则与自民党结盟获得多数，其他可能性不在考虑范围内。基社盟主席施托伊伯也认为联盟党首先应当努力促成单独执政；他表示反对联盟党、自民党和绿党组成所谓"牙买加联盟"。但联邦内政部长朔伊布勒认为联盟党不应排除与绿党结成"黑绿联盟"的可能，他认为如果联盟党选择与绿党合作，将能更好地实现联盟党的政治目标。

社 会 问 题

（一）东西差异问题

德国东部和西部的差距虽然正在缩小，但非常缓慢，东部的生活水平要赶上西部，可能还需要 20 年时间。联邦统计局报告显示，德国有近 1/8 的人面临贫困威胁，东部贫困率较高，为 17%，西部为 12%。长期失业是德国东部的核心问题，虽然 2006 年东部经济增长率为 3%，高于联邦平均 2.7% 的增长率，但东部的失业率为 14.7%，是西部的两倍。2007 年长期失业率在西部降低了 20%，在东部则只降低了 8%。东西部不同的工资水平使年轻人不断离开德国东部，东部正成为"低工资的试验场"。在东部经济发展中，经济活动和扩建交通路线受到重视，而教育设施和文化发展受重视程度不够。另外极右势力在东部有所抬头，许多政治家呼吁以"强有力的国家手段"展开攻势与极右势力作斗争，并警告必须遏制目前的发展趋势，不能让极右势力通过进入议会等方式在东部各州站稳脚跟。

据德国《2006 年社会报告》披露，2006 年东部居民的情绪跌落到最低点，职业的不稳定性、经济问题以及社会的不安全感使得东部德国的居民除了对私生活以外，几乎对所有的事情都不满意。自从两德统一以来，东部居民的满意度一路走低，其中妇女和中老年人的满意度最低，人们的担忧来自社会保障问题、贫困问题等。

（二）养老金问题

2006 年 11 月 29 日，联邦政府提出改善中老年就业机会以及将退休年龄延后两年至 67 岁的综合措施。提前退休者要遭受退休金的损失，而已缴纳养老保险45年的从业者可以仍在65岁退休。由此遭受损失者有：手工业从业人员，如建筑工人、屋面工人，他们经常处于失业状态，一般难以满足45年的缴费规定，另外妇女由于养育子女、高学历者由于较长的受教育时间都可能无法达到缴费年限的规定。

这一措施使许多德国公民感到有可能陷入生存危机或老年贫困。德国有2000万人领取养老金，而养老金连续四年的零增长使得越来越多的德国公民对将来是否能够依靠养老金生活产生疑问。最新研究成果表明，约有86%的人非常怀疑他们将来能指望养老金生活。在2000年有85%的被访者还指望依靠政府，让他们有足够的收入面对生病、失业和养老。87%的公民对中、长期内能解决这些问题不抱任何幻想。被访者认为政府必须尽一切可能保障所有公民的正常生活不受生存危机的影响和避免陷入老年贫困危机。

（三）为提高工资展开新一轮劳资谈判

随着德国经济前景被看好，各大工会纷纷提出大幅提高工资的要求。他们指出，在经济繁荣、企业盈利增加的情况下要求多涨工资顺理成章。而德国工商大会主席布劳恩则认为，德国通过适度的工资政策所达到的竞争优势不应由于无谓提高工资而遭到损害。

2007年3月，化工行业劳资双方经过谈判，达成本年度第一个有效期为14个月的劳资协议，除一次性给付外，约55万名员工获得3.6%的加薪。2007年5月金属与电气行业工会经过举行警戒性罢工和长达19个小时的劳资谈判获得4.1%的工资增幅。

德国的工会联盟在传统上都是联合在一起，以便在覆盖整个地区和行业的工资收入上达成共识。近年来医生、飞行员等专业性强的行业已打破常规，要求独立签订工资协议。2007年火车司机也加入这个行列，要求单独签署本行业劳资协议，并希望增加31%的工资。铁路集团拒绝与工会就此事谈判，因为已经与其他工会签署劳资协议。几个月以来一系列罢工事件使德国铁路系统几乎瘫痪，成千上万的乘客滞留，德国正全力应对越来越多的铁路罢工事件。

对 外 关 系

2007年是德国外交的高峰年，欧盟轮值主席国和八国集团主席国的"双主席国"身份使德国在众多国际事务中表现活跃,不仅充分显示了外交能量,而且提高了德国在国际舞台上的地位和影响力。

(一) 欧盟轮值主席国任期内成绩斐然

本着"欧洲只有携手才能成功"的思想,德国在 2007 年上半年欧盟轮值主席国的任期内取得的最大成就是推动欧盟各国就"宪法条约"改革达成一致,摆脱了欧盟宪法条约危机,将欧盟从改革停滞状态中解救出来。2007 年 3 月 25 日,为庆祝《罗马条约》签订 50 周年,欧盟 27 国领导人共同发表《柏林宣言》,表示要在 2009 年欧洲议会选举前结束欧盟制宪危机,使欧盟建立在"一个新的共同基础之上"。《柏林宣言》的发表为此后新条约草案的达成奠定了思想基础。在 6 月 21 日开始的欧盟 27 国首脑会议上,经过马拉松式的磋商,提出了代替"宪法条约"的新条约草案。根据德国提出的新条约草案,欧盟理事会将实施"双重多数"表决制,即一项决议如能获 55% 的成员国支持且支持国人口达到欧盟总人口的 65% 便可通过。这一机制曾遭到波兰强烈反对,并且提出"平方根"计算方案加以替代。但经过德国总理默克尔、法国总统萨科齐、英国首相布莱尔和卢森堡首相容克的外交斡旋,最终说服波兰总统莱赫·卡钦斯基接受了新的妥协方案。根据这一妥协方案,"双重多数"表决制将于 2014 年开始实施,但在 2014 年至 2017 年间,任何一个成员国可在任何一次投票中要求恢复使用现行表决机制。在英国首相布莱尔要求下,新条约包含的《基本权利宪章》也给予英国一些特殊规定。

在德国任欧盟轮值主席国期间,欧盟共同外交和安全政策以及欧洲安全和防务政策得到了加强;各成员国就整合气候和能源政策达成了广泛共识,制定了关于减少有害气体排放和提高可再生能源比例的"20/20/20"计划,即二氧化碳排放减少 20%、能源利用率提高 20% 以及到 2020 年可再生能源的比例扩大到 20%;通过开展国际间对话,欧盟在减少非法移民、改善合法移民途径方面取得进展;将建设欧洲社会模式和增强竞争力列入欧盟优先解决的问题。

(二) 执掌八国集团主席国展现信心

2007 年,德国出任八国集团主席国,其最初设定的议题几乎涵盖当今世界面临的全部问题,从气候保护到能源安全,从非洲的苦难到世界贸易中的忧虑,从保护知识产权到对冲基金问题。在联邦政府

2007 年 3 月公布的题为《增长与责任——德国主席国任期的主导动机》的八国集团主席国任期工作文件中，将"增长和责任"作为德国的工作口号，并提出两个工作重点：应对全球经济面临的挑战和重视非洲的发展。其中，世界经济方面的重点议题包括通过应对世界经济不均衡、促进和保护创新、开放投资、提高国际资本市场透明度、气候保护、改善能源效率，谋求重塑国际经济秩序。非洲发展方面的重点议题是通过促进良好治理、改善在非洲的投资、保障非洲和平与安全、改进非洲医疗卫生系统这四个行动领域，来加强工业国家与非洲的伙伴关系。德国担任八国集团主席国期间力求拉住中国、印度等新兴国家，着力应对气候、能源等新型问题，谋求"从社会政策的角度、公平地塑造全球化"。此外，伊朗核危机、科索沃问题、多哈会谈以及俄美关系等问题也是德国任期内的议题。德国再次采用"8＋5形式"，即无论是峰会还是其他部长级会议，都邀请中国、印度、巴西、墨西哥和南非 5 个发展中国家参加。

2007 年 6 月 6—8 日，2007 年度的八国峰会在德国召开。尽管由于美国的抵制，德国没有能如最初设想的那样制订出明确的"目标和时间表"，但经过艰苦谈判，八国集团还是就应对气候变化达成妥协，承诺大幅降低全球温室气体排放量，同意在联合国框架内进行减排谈判，并在 2009 年之前结束谈判，为 2012 年《京都议定书》失效后的"后京都时代"确定新的温室气体排放标准。本次峰会对非洲问题予以特别关注，不仅重申两年前提出的到 2010 年将援助额提高到 500 亿美元的目标，而且承诺将在未来几年中提供总额 600 亿美元资金用于帮助非洲抗击艾滋病、疟疾和结核病。但是如何切实落实这些承诺仍有不少困难和障碍。

（三）外交关系

受到基民盟/基社盟历史上亲美的影响，默克尔就任总理后一直致力于改善德美关系。而在阿富汗维和问题、伊拉克重建问题及伊朗核问题上，两国正在谋求发展更加紧密的德美合作。默克尔政府一改其前任施罗德在对俄关系上的亲密态度，德俄关系一再被冷却。德国一方面刻意减少对俄罗斯能源进口的依赖，另一方面对俄罗斯的法治和人权状况给予特别关注，这两点导致两国关系疏远。作为欧盟轮值主席国，德国对欧俄关系也负有不可推卸的责任。德、俄对待美国在波兰和捷克部署国家导弹防御系统的不同态度，也进一步使德俄关系和欧俄关系降温。在 2007 年 5 月的欧俄高峰会议上，默克尔和普京在同一新闻发布会上表现出的一系列观点分歧显示德俄关系和欧俄关系已出现了裂痕。

2007 年是中德建交 35 周年，中德关系现状喜忧参半：一方面双方继续推进中德具有全球责任的伙伴关系，另一方面，默克尔会见达赖喇嘛给正常发展的中德关系蒙上了阴影；此前没有任何德国总理会见过达赖喇嘛。德国总统克勒和联邦总理默克尔分别在 2007 年 5 月和 8 月访华，中国国家主席胡锦涛在 2007 年 6 月出席了在德国举行的八国集团同发展中国家领导人对话会议，并会见默克尔总理。通过双方高层频繁会晤以及政府各部门的频繁交往，双方对进一步密切和深化两国关系，加强经贸、文教、环保、知识产权、气候变化等领域的交流与合作达成共识。德方希望与中方共同努力，推动发达国家与发展中国家的对话与合作，并希望中国能够积极参与应对气候、能源等新型问题，中国始终对此做出积极的响应。2007 年 9 月 23 日德国联邦总理默克尔在柏林总理府会见达赖喇嘛引起中方强烈不满。中国外交部发言人表示：默克尔总理对达赖的会见"是对中国内政的粗暴干涉"，"严重伤害了中国人民的感情，也严重损害了中德关系"。此事已对中德关系造成负面影响。

意 大 利

2007 年，意大利经济增长速度略低于上年，重大并购案件震惊金融证券界，意义深远；劳动力市场改革收到明显效果；尽管出现一些小波折，但从总体上讲，政局基本保持稳定，两大左翼政党实现合并，政党格局正在发生改变。预计 2008 年普罗迪政府的既定方针仍不会改变，经济改革还将继续深入；在不发生意外情况下，意大利政治保持基本稳定，并会继续在多元外交关系中努力发挥更大的作用。

经济增长水平略低于上年，重大并购案震惊金融界

根据意大利经济财政部长 2007 年 9 月所做的《2008 年国家经济预测和计划报告》，尽管 2007 年上半年意大利经济增长与 2006 年第四季度强有力的增长相比，速度略有放慢，但全年平均增长率仍可以达到 1.9%，与上一年基本持平。

经济增长的动力主要来自于国内需求，年均同比增长可达 2.0%。其主要原因是：一方面，由于劳动力市场状况得到明显改善和消费物价有所降低，从而使人们的可支配收入购买力有所增长，特别是用于耐用消费品、半耐用消费品和服务的家庭支出有所增长；另一方面，最近几年，意大利利用消费信贷的家庭越来越多，商业银行的消费信贷规模不断扩大，从 1999 年的 170 亿欧元猛增到 2006 年的 500 亿欧元，2007 年据保守估计至少会达到 520 亿欧元，仅 7 月份就比上年同期增加了 6.4%。固定资产投资也对经济增长做出了一定的贡献。虽然机器设备投资增长率也比 2006 年略有下降，仅为 1.7%，但建筑业投资增长率仍保持较高水平，达 3.4%，高于最近 5 年的平均增长速度。

从外部需求来讲，2007年1—7月，意大利货物和服务出口价值同比增长12.6%，大大高于同期的货物和服务进口价值增长率（7.4%），从而使贸易逆差同比明显减少，由142.33亿欧元减少到55.49亿欧元。从出口货物量来讲，2007年的1—6月增长了2%，也超过同期进口货物量的增长率（1%）。传统的"意大利制造"部门的出口明显增长，特别是冶金和金属制品业、机械与仪器、板材与家具、交通工具、皮革及其制品业。

消费物价增长率仍然保持着低水平，2007年1—8月仅为1.7%，大大低于上一年的同期水平（2.2%）；预计全年平均水平在1.8%左右。

2007年1—7月，意大利工业生产销售额同比增长7.1%，其中对国外销售额增长尤为突出，达12.5%，大大高于对国内销售额的增长速度。按生产部门来讲，冶金部门的同期销售额增长最快，达16.9%。同期，工业生产部门接到的订单同比增长了7.2%。特别值得一提的是，连续亏损6年的菲亚特集团在2005年扭亏为盈，获得利润10亿欧元。2006年，销售额达518.32亿欧元，比上一年增加52.88亿欧元，增长11.36%；获得利润19.51亿欧元，几乎是上一年的2倍。根据该集团2007年8月公布的财务报表，1—6月，销售额总计289亿欧元，较上年同期增长10.3%；获得利润为15亿欧元，同比增长57%。菲亚特集团利润大增主要得益于汽车业务，2007年上半年汽车业务销售额达142亿欧元，同比增长11.7%。其中菲亚特汽车公司表现突出，销售利润从2.4亿欧元增长到3.85亿欧元。约72万辆新车销售到西欧市场，较上年同期增长5.2%。1—6月，仅BRAVO车型就接到订单5.5万辆。

意大利经济得以保持良好发展的主要原因有：

（一）欧洲经济发展势头良好，从而刺激了外部市场对意大利产品需求的增长。2007年上半年，尽管受到美国次级信贷危机和能源价格上涨的影响，欧元区经济发展速度较2006年同期有所放缓，但总的发展势头仍呈现良好，预计全年增长率可达2.5%，仅比2006年低0.3个百分点。欧元区是意大利产品出口最重要的市场，因此，欧元区经济发展势头良好必然会刺激意大利的出口增长。2007年1—7月，意大利对欧盟其他成员国出口同比增长12.6%，进口增长8.3%，贸易顺差达45.61亿欧元，而2006年同期，意大利对欧盟其他成员国贸易曾呈现逆差，达3.11亿欧元。

（二）企业结构调整收效明显，从而提高了厂家的生产和销售能力和工作效率。以菲亚特集团为例。菲亚特集团是意大利按资产排名（包括银行集团和保险公司）的第七大法人集团，对意大利经济，特别是制造业具有举足轻重的影响。55 岁的意大利裔加拿大人塞尔焦·马尔基奥内（SERGIO MARCHIONNE）于 2004 年 6 月出任菲亚特集团首席执行官，并亲自整顿股价暴跌 80%、几乎将整个集团拖到破产边缘的菲亚特汽车制造公司。马尔基奥内首先巧妙地解决了菲亚特与美国通用汽车公司 2000 年 3 月签署的所谓"错误"协议①，并在 2005 年 2 月 14 日争取到通用公司给付的高达 15 亿欧元（相当19.9 亿美元）的赔偿，使急需自救资金的菲亚特公司有了极大的回旋余地。随后，马尔基奥内亲自出任菲亚特汽车公司的首席执行官，大刀阔斧地对该公司进行整顿：彻底扫除菲亚特家长式的管理遗风，建立快速有效的决策机制；重组管理层，提高干部的责任心，采用以市场和利润为目标的管理方式；引进一流的国际汽车人才，组成强有力的创新团队，特别是着力在车型上推陈出新；当然，为了削减成本，马尔基奥内也采取了裁员手段，但他尽量避免行动过激，以免激化劳资矛盾。由于采取措施得当，马尔基奥内不仅使菲亚特汽车公司起死回生，而且重组了菲亚特旗下的阿尔法·罗密欧公司，拯救了已被抛弃的 LANCIA 品牌。

2007 年，两大并购案震惊了意大利金融证券界，乃至欧洲金融证券界。

第一件重大并购案是指伦敦证券交易所并购位于米兰的意大利证券交易所。2007 年 6 月伦敦证交所为了取得并购成功，向意大利证交所提出了现金加股票的优惠报价。8 月，这一并购计划不仅得到两个证交所股东大会的支持，还得到意大利反垄断机构的批准。10 月 1日，伦敦证交所最终完成了对意大利证交所的并购，总交易额达到23 亿美元。这一并购案对意大利经济的发展意义重大。

首先，它使意大利证交所迅速搭上了国际化的便车。意大利证交

---

① 2000 年 3 月菲亚特与通用公司签署协议，以汽车部门 20% 的股份交换通用公司5.1% 的股份（当时市值为 24 亿美元）。根据协议规定，在 2004—2009 年的期间内，菲亚特随时都有权将剩余股份全数出售给通用公司，以作为对菲亚特的保护。然而，由于通用公司随后的经营状况不佳，至 2003 年 10 月，通用公司持有菲亚特汽车股份减少到 10%。鉴于难以"消化"菲亚特欠下的巨额债务，通用公司有意要结束对菲亚特做出的承诺。马尔基奥内抓住这一机会，获得了一笔可观的赔偿金。

所位居欧洲第四，仅次于泛欧证交所、伦敦证交所和德国证交所，并且经营状况良好，2006 年总交易额达 1.232 万亿欧元，为连续第四年上升，创下历史最高纪录。但长期以来，意大利证交所一直没能上市，并在其他欧洲证交所纷纷结成联盟之时，它还游离在外，显得十分孤立。伦敦证券交易所不仅是世界上历史最悠久的证交所之一，同时，在全球影响很大，拥有的外国公司股票的交易量和市值都超过了本国公司的股票，截至 2007 年 4 月，在伦敦证交所上市的公司有1585 家，市值达 45.67 亿英镑；其中外国公司 320 家，市值 25.83 亿英镑，外国公司的市值超过交易所上市公司总市值的 56%。这一总值高达 57.8 亿欧元的并购案实施后，伦敦证交所得到的好处是，不再是全球交易所界竞相追逐的对象，相反其交易规模将超过由巴黎、阿姆斯特丹、布鲁塞尔、里斯本等证券市场组合成的泛欧证券交易所，重新获得欧洲第一的宝座；而意大利证交所得到的好处也十分明显，它虽然处于次要位置（在 12 名董事会领导成员中，意大利占据5 个席位），但却得以摆脱了孤立处境，更重要的是能够参与全球资本市场游戏规则的制订中去。总之，此并购案有助于提升合并后新交易所的全球竞争力，并加速实现双方发展成为"世界资本市场"的共同愿望。

第二件重大并购案是意大利银行界的老大联合信贷银行（UNI-CREDIT）和位居第三的意大利资本银行集团（CAPITALIA）的合并案，这是意大利历史上规模最大的银行合并案。2007 年 5 月，意大利最大的银行联合信贷银行宣布，将以超过 200 亿欧元的价格并购排行第三的意大利资本银行，合并后的新银行将冠名为"联合信贷集团"，是欧元区市值最高的银行，达到约 1000 亿欧元，在整个欧洲地区位居第二，仅次于英国汇丰银行，在全球范围将位居第六。两大银行合并后，拥有 9200 个分支机构，其中 5000 个在海外，在全球拥有客户 4500 万，新银行资本的 3/4 将投向股票市场。8 月，这一并购案分别获得意大利联合信贷银行和意大利资本银行股东大会的支持，也得到意大利反垄断机构的批准。10 月 1 日，两个银行最终完成了并购行动。预计到 2010 年，合并后的新银行将可节省约 12 亿欧元（约 16.2 亿美元）的管理费用，节省 68% 的相关费用并带来 32% 的增收。2006 年年初，马里奥·德拉吉出任意大利中央银行行长后，出台了新的并购政策，取消了央行对商业银行并购的否决权，鼓励跨国并购。在新政策的刺激下，2006 年和 2007 年意大利大规模银行并购行动接连不断，先是位居意大利第二的联合商业银行（BANCA IN-TESA）和位居第三的圣保罗意米银行（SANPAOLO IMI）于2006年8月宣布合并，成为当年意大利最大的零售银行；尔后是意大利联合信贷银行于2006年10月并购德国裕宝银行成功，开启了欧洲银行业迄今最大的一宗跨国并购交易，总值达154亿欧元（约合187亿美元）；2007年联合信贷银行和意大利资本银行的合并催生了欧元区市值最高的银行。这一连串的大规模整合与变革，大大扭转了意大利银行业规模小的不利格局，使新合并的银行能更好地抗击经济冲击、降低运营成本、提高效益，从而增强了意大利银行在全球金融业中的竞争力。

劳动力市场改革收到明显效果

长期以来，就业率低、失业率高、劳动力市场僵化等问题曾严重困扰着意大利各届政府。20世纪末，意大利的劳动就业率仅为53.5%，是欧盟最低的成员国之一。不仅如此，在意大利南部和北部、男性和女性、成人和年轻人之间就业率不均衡的现象尤为突出。据意大利国家统计局2003年4月份的数字表明，全国失业率为8.7%，但北方失业率为3.7%，中部为6.6%，南方为18.4%；妇女失业率为11.6%，青年失业率为27%，而年轻妇女失业率高达31%，这一指标在欧盟15国是15.9%。更严重的是，意大利长期失业率达到8.3%，处于欧盟最高位，而欧盟平均水平仅为4.9%。1970年代的《劳动法》一直沿用至今，它规定雇员在15人以上的企业单位必须设立工会，而且雇主不得随意解雇雇员。其结果是，一方面使得企业规模难以扩大，最终影响了意大利的竞争力，使经济增长缓慢；另一方面使就业受到限制，劳动市场变得越来越僵化、低效。为此，欧盟委员会多次要求意大利加快劳动市场的改革，增加就业，特别是在南方和其他经济落后地区。

进入21世纪后，意大利政府加紧对劳动市场进行改革，并专门成立了由当时的劳动和社会政策部副部长马乌里齐奥·萨可尼和政府劳动政策顾问、波伦亚大学教授马可·比亚吉领导的劳动市场改革小组。2001年10月，小组提交了《劳动市场白皮书》，对现行劳动法的修改提出了大胆建议。白皮书认为，经济增长与就业增加密不可分，只有将扩大生产基础、提高生产率、在劳动市场中引入灵活机制、将地下经济"地上化"等措施相结合，才能使经济出现飞速发展，使就业率大幅度提高。这是一个系统性战略。白皮书紧急呼吁，必须对意大利劳动市场进行重大改革，特别提出了修改劳动法第18条（即雇主不得随意解雇雇员条款）的建议，要求制定新的规定，使劳动市场的"灵活性"和"安全性"能达到一种新的平衡。《劳动市场白皮书》的公布，使意大利劳资关系顿时尖锐起来，罢工浪潮随之而来，而且一浪高过一浪。极左恐怖组织还枪杀了白皮书主笔者之一的比亚吉教授。然而，欧洲一体化形势的发展，特别是意大利综合竞争力在世界排名不断下滑的现实，已经容不得意大利政府在劳动市场改革方面再有一点迟疑。

近年来，意大利加紧了对劳动市场进行改革。

首先，颁布"比亚吉法律"，以建立一种新的劳动市场。2003年2月5日，以比亚吉教授姓氏命名的有关劳动市场改革的第30号法律得到议会通过，并于同年10月24日正式生效。根据这一法律，意大利要在新进入劳动市场的人中间推行一种新的劳动市场，即向他们大力推广灵活就业机制，创造或引入各种具有较大灵活性的工作形式，例如"长期临时工合同制"、"项目合同制"、"学徒工合同制"、"部分时间合同制"（只在每天的某个时段上班）、"分担式合同制"（一份工作由多人共同完成）、"灵活工作时间合同制"、"临时工合同制"、"人员出租合同制"、"随叫随到合同制"等，并为之提供合同保障。为了使劳动市场变得信息通畅、透明有效，根据"比亚吉法律"，有关人才交流工作改变了以往集权、垄断的做法，取而代之的是权力下放、鼓励各地成立公有或非赢利性私营就业服务机构，并将运作形式由"管理"改为"服务"。截止到2006年年底，全国共有就业服务机构4200多家，其中公有机构1400多家，私营机构2800多家。公有就业服务机构一律免费，所有费用均由政府承担；私营就业服务机构只向被服务企业收取相当于被推荐成功人才月工资10%的服务费，而对被推荐人（包括被推荐成功人才）实行免费服务。就业服务机构的职责是公开向求职者提供劳动岗位供给信息，提供择业指导、岗位选择、就业培训等服务。

其次，努力解决妇女、青年的就业问题。意大利政府鼓励妇女就业，在要求就业服务机构做到信息公开透明、企业提供机会均等的同时，在南部地区还实施了"玫瑰基金"项目，即凡自主创业的各类女性人才可一次性获得政府10—15万欧元的创业扶持资金贷款，其中有 5 万元不用偿还。同时，各级政府大力推行免税或低息信贷的优惠政策，采取"劳动奖学金"、"见习就业培训"等方式，以促进青年就业。

第三，重视保护弱势人才群体的就业权利。意大利法律规定：雇员超过 35 人的企业，应至少聘用 5% 的残疾人员，并提供相对稳定的就业岗位，对不执行此规定的企业施以重罚。

第四，努力降低南部地区失业率。为了创造更多的就业岗位，意大利政府每年拨出专款，仅 2004 年政府用于促进就业的专项经费高达 163 亿欧元，其中很大部分投到了南部。欧盟为了帮助意大利解决南部就业难的问题，同期也投入了 21.68 亿欧元。为了解决南部人才资源缺乏问题，意大利政府每年选送 5000 名南部人才到北部发达地区培训，并每月发给每位学员 400 欧元的奖学金。

通过几年的努力，意大利劳动市场有了很大改善，灵活性大大增强，就业人数增长较快。根据意大利国家统计局公布的最新数字显示，2006 年，意大利全国的就业人数比 2005 年新增了 42.5 万人，比 1997 年新增了 260.4 万人，其中妇女就业人数增加最多，达 158.2 万人。而 1997—2006 年的失业人数减少了 91.1 万人，其中妇女失业人数减少了 47.9 万人。2006 年，意大利全国就业率上升至 58.4%，就业人口达 2298.8 万人；失业率为 6.8%，是近年的最低水平。

2007 年，意大利的就业形势继续看好。预计全国平均失业率下降到 6.5% 以下。根据意大利国家统计局公布的有关劳动力的最新数据，2007 年第二季度，意大利就业人数达到 2329.8 人，比上年同期增长了 0.5%；第一季度，妇女的就业人数达到了 901.3 万人，比 2006 年同期增长了 0.8%。据意大利商会总联合会和意大利劳动部 2007 年 6 月底共同发布的预测认为，2007 年预计新雇用就业人员 83.9 万人，减去由于退休和劳工合同到期等因素提供的 75.6 万个就业机会，净增 8.3 万个新就业机会，比 2006 年增加 0.8%。在 2007 年企业所需的 83.9 万就业人员中，有 39.2%（约 32.9 万人）在工业行业就业，其余的 60.8%（超过 51 万人）进入服务行业。

经济发展情况良好的北部地区，就业情况继续得到改善，特别是皮蒙特大区、伦巴第大区、威尼托大区和艾米利亚·罗马涅大区，就业率分别是 64.8%、66.6%、65.5% 和 69.4%，大大高于全国平均水平，而它们的失业率仅为 3.4%—4.1%，也明显低于全国平均水平（6.8%）。在 2007 年新增定期合同制就业人数中，北部地区公司企业招聘比重达到 52.6%。此外，具备较高学历和专业技能的人才需求量在进一步增加，并受到大型企业的青睐。

尽管意大利各级政府做了很多努力，但与欧盟"里斯本战略"提出的目标（2010 年就业率达到 70%）还相差很远，特别是妇女的就业率（45.3%）在欧盟 25 国中名列倒数第二，仅高于马耳他。经济落后的南部地区的就业状况改善不大，南北地区差别依然严重存在。意大利在改善就业方面还任重道远。

为了进一步改善劳动市场，2007 年 7 月 23 日，意大利中央政府、大区政府与各雇主联合会和各工会等社会伙伴签署了《关于社会保障、劳动和竞争力议定书》，对于劳动市场改革提出了新的目标：继续采取措施，促进妇女和青年的就业；加强对 50 岁以上劳动者的专业技能培训，以促进他们的再就业；加强对新劳动形式的推广和给予法律保障。

政局基本稳定，左派两大政党合并意义深远

2007 年，意大利政局基本稳定，只是在 2 月份出现一次短暂的政府危机。2 月 21 日，外交部长达莱马在参议院发表外交政策演说，强调意大利未来的外交主轴是唾弃战争及增强意大利在国际组织（特别是联合国）中的作用，并就一段时间内继续维持意大利在阿富汗的驻军和同意位于意北部维琴察的美军基地扩建等外交政策上表明了态度。但由于个别左派议员坚持马上从阿富汗撤军，结果使政府外交政策在参议院投票表决时意外以两票之差落败（在出席的 319 名议员中仅获 158 票赞成，136 票反对及 24 票弃权）。普罗迪政府内阁立即向总统提出辞呈，引发了政府危机。而反对党派趁机要求总统授权他人另组过渡政府，解散议会、准备新的大选。面对这种严峻的形势，中左联盟各党派表示要加强团结，并很快达成一致，要给予普罗迪充分支持，并通过了普罗迪提出的一份"无谈判余地"的十二点政治计划（其中包括规定在执政联盟内部出现分歧时，普罗迪拥有最终决定权）。2 月 26 日意大利总统纳波利塔诺也退回了普罗迪的辞呈，决定让他继续留任总理。28 日，普罗迪政府赢得了参议院的信任投票（162 票赞成、157 票反对），走出了这次战后以来最短暂的政府危机。

这一由外交政策引起的政府危机再次印证了两个论点：第一，不

管是中右联盟组成的政府，还是由左翼政府组成的政府，坚持北大西洋公约立场是意大利政府对外政策的两个基本方针之一（另一个是支持欧洲联合），不会轻易改变；第二，由于意大利是西方大国中的小国，强国中的弱国，富国中的资源穷国，它的对外政策具有较强的中和性、务实性和灵活性。尽管左翼政党在议会选举时一再强调反对美国政府在中东的战略，但在执政过程中，意大利中左政府还不能不权衡与美国的关系。

2007年，意大利政坛发生的另外一件大事是，中左联盟中的两个大党——左翼民主人士党（Democratici di Sinistra，简称"左民人士党"）与"民主即自由—雏菊联盟"（Democrazia e 'liberta'—La Margherita，简称"雏菊党"）——宣布合并，成立新的政党——"民主党"（Partito democratico）。4月中下旬，左民人士党在佛罗伦萨召开第四次全国代表大会，雏菊党在罗马召开第二次全国代表大会，分别在各自党内就合并成立民主党达成基本共识。

左翼民主人士党是在暂不解散各自组织前提下，由意大利左翼民主党（Partito democratico della sinistra italiana）率先倡议并推动，联合工党、共和党左翼、团结共产党人、基督教社会运动等四支左翼力量于1998年2月组成的。其中左翼民主党前身为1921年成立的意大利共产党，1991年改为此名。2002年，左民人士党有60多万党员，是目前意大利最大的执政党。

"雏菊联盟"由意大利人民党（PPI）、民主人士党（Democratici）、意大利革新党和欧洲民主联盟（UDEUR）等中左阵营的中间党派组成。是目前仅次于左民人士党的第二大执政党。

10月14日，筹建中的民主党举行了首次选举活动，以全民选举的形式推选党内最高领导人、委员会成员和地区负责人。新党将于2008年春季召开代表大会，宣布正式成立，并在2009年欧洲议会选举时，作为一个新的力量参选。

从现有资料看，民主党强调要将"自由、民主、平等、和平、劳动、团结"等传统口号与"可持续发展、尊重多样性、鼓励创新、机会均等、追求效绩"等现代口号相结合。在政治上，民主党主张推进国家体制改革进程，真正实现"两党轮替制"，以提高公共服务的竞争力与质量；在经济上，其首要目标是促进经济增长和提高就业水平；在对外政策上，继续支持欧洲联合和欧盟东扩，努力帮助美国摆脱孤立状态以使大西洋两岸重新恢复共同的看法和行动，坚持多边主义，打击恐怖主义，防止和制止战争与冲突，积极发挥意大利在联合国及国际组织中的作用，主张确定意大利在地中海地区的核心地位，使意大利成为东西方的桥梁及地中海地区的主要物流平台。

中左联盟中两大政党的合并，标志着意大利政党格局将出现重大变革，即由众多政党参选、选票极为分散、小党联合组阁、执政党地位软弱的格局，向两党规模扩大、选票相对集中、逐渐形成两党轮替执政的格局。如果这一行动能够刺激中右联盟内部出现大党合并的话，在不久的将来，意大利政治有可能实现"完全两极制"的转化。

当然，新政党的筹建过程中还可能会遇到许多障碍和困难，意大利政党政治的改革成效还有待于观察。

2008 年意大利经济政治发展趋势

2008 年，普罗迪政府的既定方针仍不会改变，经济改革还将继续深入。根据意大利工业家联合会研究中心 2007 年 9 月 20 日公布的数据，预计 2008 年，意大利国内生产总值可望增长 1.3%，低于 2007 年的增长水平。2007 年石油价格上涨幅度超过预期，7 月份达到 75 美元/桶，10 月初曾冲到 84 美元/桶，受此影响，意大利私人消费和固定资产投资的增长率将低于 2007 年，预计分别为 1.5% 和 1.7%。尽管如此，意大利进出口贸易形势将好于 2007 年，货物和服务的进口和出口预计将分别增长 2.9% 和 3.1%。在各级政府与雇主联合会、工会达成一致的情况下，意大利劳动市场将会继续得到改善，预计就业率会提高 0.8 个百分点，达到 65% 以上，而失业率还将继续下降，预计为 6.2%。通货膨胀率还将稳定在 2% 以下。

在不发生意外情况下，意大利政治保持基本稳定，新党——民主党将正式成立。普罗迪政府将继续在多元外交关系中努力发挥更大的作用。

荷兰、比利时、卢森堡

2006—2007 年荷比卢三国的经济均有不同程度的增长，就业率有较大提高。但是，外来移民与本地居民的就业竞争、种族矛盾以及人口老龄化等问题仍将长期困扰三国政府。2007 年由基督教民主联盟、工党和基督教联盟 3 党组成的新一届荷兰联合政府决定采取较为灵活宽容的移民政策。比利时的情况较为复杂。2007 年比利时全国大选，右派倾向的荷语基督教民主党／弗莱芒联盟在新一届联邦议会中占据优势。但是，由于北部荷语区和南部法语区政治分歧严重，组阁谈判失败，分裂的阴影笼罩着这个联邦国家。

荷　兰

（一）经济强劲复苏，就业形势乐观

2006 年荷兰经济复苏势头强劲，增长率约为 3%，略高于欧元区其他国家。出口贸易额的上升得益于欧元区快速增长的需求和价格竞争优势。2006 年，荷兰吸引了 113 个外国投资项目，其中研发项目大幅增长，是创新与高端技术劳动力结合的典型。这些项目创造了 2425 个工作岗位和总共超过 4.6 亿美元的资本投资。

2005 年的失业率为 4.1%，2006 年最后一个季度失业率下降至 3%。在就业大幅度增加和实际收入提高的基础上，国内需求保持旺盛，私人消费增长 2.4%。2006 年 1 月 1 日开始实施的新健康保险体系使保健支出从个人转移到政府部门，对消费增长起到相当大的促进作用。然而，工资增长还不甚稳定，2006 年合同工资仅增长 2%。主要通货膨胀率适度，尽管 2006 年第四季度开始上升，到 2007 年 3 月

达到 1.8% 。随着生产者信心的提升，企业固定投资、房地产投资都会继续增长。

由于公司税、能源税的大笔收入以及过去的各种调整措施，2006年荷兰政府预算节余达到国内生产总值的 0.5% ，大大超过预期。《经济合作与发展组织 2007 年经济展望》预计，2007 年荷兰政府财政预算赤字会再次出现，暖冬导致过低的能源税收入、高于预期的公共开支（尤其是保健方面的开支）和新政府形成联盟协议的额外花销都会抵消经济强劲增长带来的正面影响。

《经济合作与发展组织 2007 年经济展望》预计，2007 年荷兰经济将持续增长。旺盛的国内需求和发展良好的出口市场继续为经济增长提供动力。就业率和实际工资都进一步增长，私人消费继续推动经济增长。工商业投资也会继续增加。但是，经济过热有可能导致过快的工资增长和价格增长，进而对出口造成消极影响。

从长期来看，人口老龄化将要成为制约荷兰经济发展的瓶颈。据 2007 年 2 月荷兰统计局发布的人口预测数据显示，由于移居海外人口增多以及新生儿数量减少，荷兰人口总数 2006 年仅增长 2 万，创历史新低。同时，荷兰人均寿命越来越长。预测显示，到 2038 年，荷兰 65 岁以上人口与 20 至 65 岁适龄劳动力人口供养比例将发生较大变化，即由现在平均每 4 名劳动力供养一名退休者，变成平均每 2 名劳动力供养一名退休者。随着外来移民不断增加和越来越多的荷兰人移居海外，荷兰的人口构成也将发生明显改变。到 2050 年，荷兰人在总人口中所占比例将从目前的 81% 降至 71% 。而移民及其后代人口比例将从目前的 19% 升至 29% 。

（二）荷兰新政府就职，移民政策趋向宽容

2006 年鲍肯内德政府因连续经历 3 月地方选举失利、6 月六六民主党因移民问题退出执政联盟、联合政府倒台和 10 月阿姆斯特丹拘留中心失火事件报告出台等打击，沦为少数派内阁，多位阁僚辞职，执政根基不稳，政府人心涣散。

2006 年 11 月 22 日，荷兰举行国会第二议院（150 个席位）选举，其结果是国会旧有格局被打破，各派势力分布更为分散。极左翼社会党与极右翼新自由党异军突起。原先执政的基督教民主联盟获得 41 席，继续为国会第一大党，获得下一届政府组建权。工党赢得 33 席，居第二。基督教联盟虽然只有 6 席，但由于其政纲较为中立，成

为合适的执政伙伴人选。经过两个月的组阁谈判，三党于2007年2月上旬就组阁和新政府的施政纲要基本达成一致。

2007年2月22日，新一届荷兰大臣会议（政府）在海牙宣誓就职。由基督教民主联盟、工党和基督教联盟三党组成的联合政府包括16位大臣和11位国务秘书。基民盟领导人鲍肯内德继续担任首相一职，两位副首相分别为工党领导人乌特·博斯和基督教联盟领导人安德鲁·鲁沃特。

根据联合执政协议，新一届联合政府在4年任期中将改变上届中右政府的紧缩财政政策，扩大公共支出，在旧城区改造、环保、教育和福利等方面加大投入。为应对日益严重的人口老龄化问题，新政府还打算通过税收杠杆及一些优惠政策，鼓励民众到65岁后退休。

移民问题是此次国会选举和组阁过程中的焦点问题。根据联合执政协议，新政府将改变严厉控制移民的政策，改而采取较为灵活宽容的移民政策。荷兰新一届国会于2006年12月决定停止遣返难民。2007年5月，荷兰政府宣布将给予2001年4月以前进入荷兰的约25000名申请避难但遭拒绝的难民以居留权，此举表明鲍肯内德领导的三党联合政府已经彻底改变前政府实行的强硬的移民政策。

虽然面对日益突出的族群矛盾，荷兰新一届联合政府正积极采取措施，努力缓和矛盾、加强社会融合，但是消除国内主流社会与穆斯林等外来移民之间的隔阂并非一朝一夕之功。

（三）外交务实进取，多边合作发挥影响

在外交方面，荷兰新政府继续秉承"小国中的大国"的务实进取路线，积极参与联合国、欧盟和北约的事务，谋求在欧洲和国际舞台上"发挥积极和建设性的作用"，巩固拓展自身利益，不断扩大国际影响。

作为欧共体六个创始国之一，荷兰一直积极参加欧盟一体化建设。在欧盟开放劳动力市场、外贸政策、预算返款及决策机制等问题上，极力维护荷兰切身利益，同时积极推动欧盟在移民、环境、能源、安全、反恐、打击有组织犯罪等跨界问题上采取强有力措施。荷政府在多数民众仍对"宪法条约"抱有疑虑的现实面前，力图在尊重民意的同时，继续在欧盟内发挥建设性作用，主张修正"宪法条约"，剔除其中的宪法性内容，借鉴其中的有益元素，完善现有条约，并与对"宪法条约"也持有异议的法、英两国密切合作，共同

推动"简版非宪法条约"。根据三党联合执政协议，荷兰新政府暂不会就宪法条约再次举行全民公决，而是把是否就宪法条约再次举行全民公决这一棘手问题交由全国宪法问题最高咨政机构——国务委员会斟酌。但只有在对遭否决的宪法条约进行修改后，该委员会才有可能依据新的文本重新提供意见。

借助联合国、欧盟、北约等多边机制，荷兰积极参与国际与地区热点问题。2006 年 11 月接管北约驻阿富汗南部指挥权并决定向阿增兵。2007 年 8 月荷兰首相鲍肯内德致函联合国秘书长潘基文，同意将负责审理黎巴嫩前总理哈里里遇害案的国际法庭设在荷兰。荷兰还向中东、非洲、拉美国家提供资金与技术援助，进一步巩固其在全球发展援助领域的重要地位，提升国际影响力。

荷兰对美国的态度更趋务实，从自身长远利益出发，对美有取有予，谋求建立更加坦诚、紧密的盟友关系。由于阿富汗安全局势明显恶化，2006 年年底以来，美国多次呼吁北约盟国向阿富汗增派军队。目前荷兰在阿富汗共有 2200 余人的驻军，主要集中在乌鲁兹甘省。2007 年 3 月，荷兰三军总司令迪克·伯莱恩表示，规模有限的荷兰国防军为维持其驻阿部队目前已经承受很大压力，荷兰驻军只能完成其预定的两年任期，2008 年夏天任期结束后不能延期，到期后应由其他北约成员国部队接替。伯莱恩的最新表态与美国的期待相去甚远。

荷兰积极发展与新兴大国的关系，能源外交活跃。2006 年，荷兰出台针对印度、印尼等国的双边政策文件，规划未来合作政策与优先领域。荷兰在与周边国家深化能源合作的同时，与中东、非洲、拉美、独联体等产油国来往密切，力图将自身打造成欧洲能源特别是天然气传送枢纽。2007 年 2 月荷兰女王贝娅特丽克丝访问土耳其首都安卡拉，会见土耳其总理埃尔多安，以期进一步推动两国经贸关系的发展。

荷兰政府日益重视对华关系，荷中两国经贸关系长足发展，双边合作进一步深化，两国在水利、清洁能源、生物科学、环保技术、食品安全和传染病防治等诸多领域合作前景广阔。2006 年 6 月，荷兰政府发布政策备忘录，明确表明荷兰视中国为伙伴和朋友，两国合作符合双方的国家利益。2007 年是中荷两国建交 35 周年。3 月，中国外交部部长助理孔泉会见荷兰外交部地区政策与领事事务总司长琼斯·博斯一行。4 月，中国国务院副总理回良玉在海牙分别会见荷兰首相鲍肯内德、王储威廉·亚历山大以及运输、公共工程与水管理大臣卡米尔·厄尔林斯。5 月，荷兰外交大臣马克西姆·费尔哈根访华，会见中国全国人大常委会委员长吴邦国、中国国务院副总理回良玉、外交部长杨洁篪等多位中国领导人。中国外交部与荷兰外交部签署了关于加强双边合作的联合声明。2007 年 3 月，"荷兰援华贷款计划联合评估研讨会"在北京召开。中国科技部科技评估中心与荷兰外交部评估局共同发起并于 2006 年完成的荷兰援华贷款计划（ORET/MILIEV 计划）联合评估，共涉及援助项目 84 个，援助金额 5 亿欧元，评估报告已由荷兰外交部正式提交荷兰议会，并公开出版中、英文版。这是在中国首次尝试由受援国主导的评估，其成功经验受到国际评估界的高度重视与充分肯定。5 月中国科技部科技评估中心和荷兰外交部评估局签订"合作备忘录"，双方将保持长期的合作伙伴关系。随着中荷各领域交往的深入发展，双方人员往来大幅增长，2006 年中国公民赴荷人数已达 12.5 万人次，荷兰公民来华人数达 10 万人次。2007 年荷兰旅游局针对中国游客量身打造一系列的旅游产品，3 月 17—21 日，"探访世界上最美丽的春天暨荷兰风情周"活动在北京王府井大街举行。

比 利 时

（一）经济增速渐趋放缓，就业率略有上升

2006 年比利时经济大幅增长，增长率高达 3%。《经济合作与发展组织 2007 年经济展望》预计，2007—2008 年度比利时经济增速将放缓。国际货币基金组织表示，比利时 2007 年的经济增长率可能降至 2.2%。从 2006 年年中起，就业率有所上升，达到工作年龄人口的 61.1%，而欧盟里斯本计划规定的目标是 2010 年就业率达到 70%。2007 年第一季度失业率为 7.6%。就业率逐渐提高、多年税收改革完成，为消费者实际工资增长提供了保障，2006 年小时工资上涨约 2.5%。2006 年 12 月，社会伙伴就 2007—2008 年工资增长达成一致，私人行业 300 万工人在未来 2 年工资将增加 5%。消费者信心充足，所以私人消费水平虽然在 2006 年下半年也增速放缓，但仍保持相当水平，支持着国内需求。

2006 年秋市镇选举之后，公共基建投资大幅下降。反之，2006

年年底，企业固定投资却节节攀升。2006年下半年，主要通货膨胀率、核心通货膨胀率均有所下降。2007年第一季度，这两类通货膨胀率再次上升至1.75%。2007年3月，欧盟统计局发布的年度报告显示，比利时劳动效率在欧盟中名列第二，仅次于卢森堡。2000—2006年间，比利时劳动生产率上升近4%。根据制造业中单位劳动力成本计算，劳动生产力提高，竞争力提升，进而有助于提升出口业绩。

2006年政府财政取得少量盈余，之后财政政策的目标是每年增加约国内生产总值0.2%的财政盈余，以减少债务负担、实现财政稳定。《经济合作与发展组织2007年经济展望》预计，2007年6月全国大选后组建的比利时新政府需实现约国内生产总值0.5%的财政盈余，才能达到2008年的财政目标。因此，必须确保各级政府各项公共开支紧缩，以保存最近完成的税收改革的成果。同时，财政政策的长期目标是千方百计推动劳动力市场参与率，并将公共就业补助更好地集中在扶助低收入工人上。国际货币基金组织也指出，比利时政府需要继续推进三大关键领域的改革。其一是简化复杂的财政责任体系，加强联邦政府、地区和地方政府的协调能力；其二是削减财政支出；其三是全面推进劳动力市场改革。

（二）全国大选右派胜出，南北矛盾组阁困难

2006年10月，比利时举行地方选举，各派政治力量争夺激烈，南北矛盾和朝野矛盾均十分突出。2007年6月10日，比利时举行4年一度的大选，全国770多万选民参加投票并选出新一届联邦议会。比利时联邦议会由参众两院组成，包括150名国会众议院议员和71名参议会议员，任期4年。其中，众议员和40名参议员通过直接选举产生，其余31名参议员通过语区指派及遴选方式产生。议席的分配情况将直接影响联邦政府的组建。

比利时是一个由语言区和大区组成的联邦国家，社会文化多元、政治格局复杂。各个派别最先是围绕天主教、自由主义和社会主义这三种亚文化而发展起来的，之后又由于语言的差异进一步分裂。法语流行于南部瓦隆地区，弗莱芒语则在北部佛兰德通行，语言问题成为一个地区问题。在联邦国家中，各个地区、各种语言都建立了自己的公共权力，而首都布鲁塞尔则保留了特殊的地位，它同时使用两种语言。由于语言纠纷，比利时的主要政治党派和团体从20世纪60年代

以来一直都是"二分式"的，即分别组成相互独立的法语党和荷语党，这是比利时政党的重要特点之一。基督教党、社会党和自由党是比利时政坛的三大主要政党。荷语基督教民主党和法语基督教社会党代表着比利时社会的保守力量，而其中荷语基督教民主党的选民绝大多数属于右翼。弗莱芒联盟是极右政党。法语社会党和荷语社会党属于左翼政党。在内阁组成方面，比利时堪称合作式民主制的典范。由于选举是一种比例代表制，每一种亚文化群体大致可以按照它的选票数量在立法机构中占有一定席位比例，所以最终在各政治领导人之间会形成一个大的联盟。比利时1994年宪法明确规定，内阁中应有同等数量的操法语和荷兰语的大臣。因此，比利时内阁严格地在佛兰德人和瓦隆人之间保持着平等。比利时实行世袭君主制。国王权力虽然只具有象征意义，但在国内民族矛盾尖锐、地区分离主义倾向严重、政府危机不断的情况下，国王也起着仲裁、缓冲和弥合的作用。

根据比利时内政部发布的2007年6月10日选举结果，在野8年的荷语基督教民主党/弗莱芒联盟成为最大赢家，在众院赢得30席，击败了联合执政的法语改革运动党、社会党、荷语社会党和自由党四党联盟。法语民主人道主义党赢得10席，荷语及法语绿党各赢得4及8席，原执政的荷语社会党是这次国会选举最大输家，在众院仅获得14席，而荷语自由党仅赢得18席，原执政法语改革运动党获得22席，法语社会党赢得21席，极右派弗莱芒利益党赢得17席。6月11日，4党联盟政府首相伏思达赴比利时王宫，向国王阿尔贝二世递交辞呈。

2007年7月，荷语基督教民主党领袖莱特姆受命筹组新的联合内阁政府。组阁谈判在比利时荷语自民党、法语革新运动党、荷语基督教民主党和法语基督教民主党这4大政党之间进行。但谈判分歧严重，荷语大区和法语大区各党提出不可调和的改革计划，再加上莱特姆个人行事风格不为法语区民众所接受，故筹组新政府的谈判极不顺利。经过一个多月努力，莱特姆知难而退，于8月辞去筹组新政府的职务。谈判中止之后，国王阿尔贝二世会见荷语大区和法语大区政党领导人，以期重开谈判。而比利时国内越来越多的人主张应考虑将国家一分为二。极端组织示威者在各地示威，要求国家分裂。比利时国会已完全瘫痪。最新民调显示，3/4的荷语区民众赞成"分家"，法语区民众也有1/5支持此观点。

（三）广泛参与多边事务，开展全方位外交

比利时 2006 年轮任欧安组织主席国，当选联合国建设和平委员会成员，2006 年年底又高票当选 2007—2008 年度安理会非常任理事国。这均为其积极参与国际事务提供了广阔舞台。2007 年 3 月，比利时内阁决定将比利时驻黎巴嫩维和部队的驻扎期限延长半年，并同意比驻阿富汗部队于 10 月 7 日起接管喀布尔机场的指挥权，在之后的 6 个月内负责机场的空中指挥和安全，以确保北约驻阿国际安全援助部队行动的顺利进行和后勤支持。4 月，比利时向刚果（金）派出 40 名军人，他们同来自联合国、非洲和欧洲国家的代表一起对新组建的刚果（金）陆军进行评估，评估任务主要集中在作战、指挥、后勤、医疗支持以及相关设施和人员培训等方面。欧盟将根据这一评估结果决定是否向刚果（金）陆军的培训工作增加投入。

2006 年，比利时积极介入俄乌天然气纠纷、白俄罗斯选举等国外国际事务，德古赫特外交大臣多次出访巴尔干、中亚、外高加索等地区，表现活跃。2007 年 3 月，比利时首相伏思达出访俄罗斯，表示比利时在天然气输送和分配方面与俄的合作空间巨大。俄罗斯总统普京在与之会谈时也表示，比境内有通往欧盟各国的天然气管网，具备建设一个天然气存储设施的得天独厚的地位优势。俄罗斯的天然气存储设施可以建在比利时，以使其成为俄向欧洲各国出口天然气的中心。9 月，由法国和比利时联营的能源与环保公司苏伊士和法国国有的法国燃气公司宣布合并，全球第三大能源公司"苏伊士—法国燃气"（GDF-Suez）就此诞生。2007 年 9 月 5 日，由比利时建造的世界第一座不依靠化石燃料供能、废物循环利用、实现"零排放"的极地考察站在布鲁塞尔举行揭幕仪式。比利时政府决定，今后在南极科学考察和研究方面，将首选中国作为合作伙伴。

比利时坚定支持欧盟建设，积极参与欧洲事务。2006 年初，比利时完成批准"欧洲宪法条约进程"，成为欧盟内第 14 个批约国家，表明比对欧盟一体化建设的坚定支持。比利时首相伏思达 2007 年 4 月表示，比利时准备在宪法条约的修改问题上做出"新的妥协"，但他排除放弃宪法条约的可能性，他认为，如果全部推翻重来，那将是对包括比利时在内的 18 个已批准宪法条约成员国的一种"侮辱"。欧盟委员会 2007 年 2 月 21 日批准在 2007—2013 年间对比利时和丹麦的地区性援助分配计划。该计划的目的是对地区间的经济不平等进

行重新调整，从而促进经济的发展。

比利时大力发展与亚洲、非洲的关系，开展全方位外交。比利时积极发展对华关系，在台湾、欧盟对华反倾销等问题上继续支持中国，两国在经贸、核能、环保、教育等领域的合作富有成果。2006年9月，曾培炎副总理出访比利时。10月底、11月初，比利时众议长德克罗、副首相兼财政大臣雷德尔斯、瓦隆区外贸大臣、法语区教育大臣等政要相继访华。2007年是中国与比利时建交35周年。6月比利时王储菲利普王子率经贸代表团访问中国，力图吸引中国投资者前往比利时开拓商机，主要目标是海运、石油化工、汽车制造、家用电器、电子和电信等六大产业，着力促进中比经贸关系的发展。他会见了国务院副总理吴仪等中国领导人。

2007年2月，比利时第15届亚洲博览会在布鲁塞尔开幕，中国首次成为博览会主题国。同月，故宫博物院和布鲁塞尔美术宫共同策划的《中比绘画五百年》展在比利时布鲁塞尔美术宫隆重开幕，6月下旬展览移至北京故宫午门和武英殿。

卢 森 堡

（一）经济形势

得益于占卢森堡经济1/3的金融业和商业服务行业的良好发展，2006年卢森堡国内生产总值增长达到6.2%。尽管引入了对利息收入的抑制性税收，国际金融市场的良性发展和国际投资者的增多，仍推动了卢森堡金融服务业的发展。2006年失业率下降至4.4%。随着就业率增加和消费者信心的提升，私人消费也恢复增长。在节节攀升的金融服务出口的基础上，经常账户余额进一步增加。商业服务业也为经济复苏做出了贡献。由于能源价格下调，主要年度消费价格通货膨胀率从早先的3.9%降至2007年初的1.8%。另一方面，核心通货膨胀率增至2.3%，这部分是由于过快的工资增长。在欧盟国家中，2006年卢森堡综合竞争力排名第三，宏观经济表现居首位。

2006年，政府达到公共财政收支平衡，主要是三个因素共同作用的结果。一是国内生产总值的增长超出预期；二是通过实行政府工资的低增长和社会资金转移来控制政府财政支出；三是政府出台其他财政措施以增加岁入，比如提高汽油税和保健支出。政府还计划实行进一步的紧缩财政措施，包括减缓公共投资的速度、抑制养老金支出增长。

2007 年卢森堡出口增长缓慢，经济复苏暂时减弱。但《经济合作与发展组织 2007 年经济展望》预计，2008 年经济增长势头将再次增强，主要原因是国际金融市场和国内需求的双重推动。另外，由于可支配收入受到转账和间接税提高的影响，2007 年私人消费水平的提高也变得缓慢。主要通货膨胀率大幅下降，但预期将随着核心通货膨胀率再次上升，主要原因是 2008 年失业率降至结构水平，高工资趋势驱使通货膨胀。

近年来，卢森堡政府持续推进经济结构转型与产业多元化，通过税收、贷款等政策倾斜，加快电讯、网络等高科技领域的基础设施建设，重点支持物流、电子商务等新兴产业发展。多元化改革分散了经济风险，创造了新的增长点，增强了经济竞争力和吸引力，为其经济实现平稳和较快增长提供了条件。

（二）政治与文化

卢森堡基社党—社工党联合政府在加速推行经济社会改革的同时，缓和经济社会矛盾，注重保障就业、维护民生。政府支持率不断上升，主要在野党也调整策略，加强同执政联盟的协商与合作。在外交方面，卢政府立足欧盟，坚持多边主义，继续推动欧美、欧俄关系的改善与发展，国际地位有所提升。

2006 年 12 月 9 日，2007 年"欧洲文化之都"活动揭幕典礼在卢森堡首都火车站广场举行。同时，2007 年正式加入欧盟的罗马尼亚的文化古城锡比乌也当选为"欧洲文化之都"。2007 年正值欧盟成立50 周年，这一事件更增添了欧盟新老成员融合的象征意义。

卢森堡"欧洲文化首都"活动的主题有二，一为"跨越边境"，一为"跨越四季"。这是继 1995 年后卢森堡市第二次当选为"欧洲文化之都"，这次当选归功于其"大卢森堡区域"概念。"大卢森堡区域"包括卢森堡及邻近的法国洛林地区、德国萨尔州和莱茵兰 -普法尔茨州以及比利时的法语和德语区。因此，2007 年"欧洲文化之都"活动不只属于卢森堡一国，而将成为由 5 个地区、4 个国家、使用 3 种语言的数百家机构以及数千名艺术家共同参与的超级文化交流项目。以上 5 个地区还将按照 5 个不同主题举办活动：卢森堡地区的主题是"移民"；萨尔州是"文化与工业遗产"；莱茵兰 - 普法尔茨州为"欧洲名人";洛林地区为"文化与记忆";而比利时法语和德国区的主题则为"现代化诠释"。在 2007 年整整一年中,有包括话剧、歌剧、音乐会、展览、舞蹈、电影以及青少年节目会演等 500 余场文化活动陆续上演。其中,尤以毕加索 20 世纪 50 年代作品展、法国女艺术家卡莱摄影展、德国现代音乐大师戈培尔作品演奏会、洛林地区陶瓷及玻璃工业历史回顾展和法国著名的"阿康特"乐团巡回演出等最为引人注目。此外,全球顶级独立策展人侯瀚如也将于 2007 年 4 月在卢森堡展示个人作品。"大卢森堡区域""欧洲文化之都"的丰富活动,将为各地区艺术界和国际间创作提供对话空间,为生活在这片地区的 1100 多万拥有不同国籍、使用不同语言的民众提供交流场所。

奥地利和瑞士

本年度，奥地利和瑞士均进行了大选。奥地利社会民主党蛰伏多年，重新回到政坛中心。奥地利经济表现不错并将继续走强。瑞士经济继续走势良好，将收紧避难和移民政策。中瑞经贸关系取得重要进展。

奥　地　利

（一）2006 年奥地利国民议会选举与新政府的内政外交政策

2006 年 10 月，奥地利进行国民议会选举，6107851 名选民参加了选举投票。选举结果为奥地利社会民主党以 35.3% 的得票率居于各党派之首，奥地利人民党以 34.3% 得票率居第二位。其次为绿党、自由党。2005 年从自由党脱离出来的"未来奥地利联盟"首次参加国民议会选举并首次获得议会席位，得票率为 4.1%。在国民议会的 183 个席位中，社民党占 68 席，人民党 66 席，绿党和自由党各 21 席，未来奥地利联盟 7 席。由于社民党和人民党均无力单独执政及取得议会多数，两大党经过艰苦谈判，于 2007 年 1 月 8 日就组成大联合政府及执政纲领达成一致。

2007 年 1 月 11 日，奥地利新政府正式成立，社民党主席阿尔弗雷德·古森鲍尔（Alfred Gusenbauer）出任总理。社会民主党经过 7 年的蛰伏，终于重返执政舞台。上届政府总理、人民党主席许塞尔没有在新政府中任职，而是接替莫尔特雷尔出任人民党议会党团主席。

战后几十年的大部分时间里，社会民主党和人民党都一直掌控着奥地利政府大权，两党长期共同决定着奥地利的发展。尽管利益分歧持续存在，但是两党的合作取得了公认的成就。除了 20 世纪 70 年代社会民主党一党执政外，其他时间只要一方作为反对党存在，奥地利的政治形势就会处于不稳定状态之中。70 年代中期以后，西欧社会民主党先后出现执政危机，在大选中纷纷落马。相比之下，奥地利社民党的地位相对稳定，主要原因就是奥地利"红黑联盟"在一定程度上化解了社会民主党面临的国际性危机。因此，两大党联合执政成为当前奥地利政治稳定的最佳选择。

根据此次大选后两党的联合执政纲领，奥地利新政府将以保障公民安全为中心工作，致力于奥地利的社会、行政和卫生制度改革，通过完善教育和科研政策提高奥地利的经济竞争力以及生活和环境质量，促进就业和经济增长，削减财政赤字，其政策的重点包括：（1）促进经济增长、提高创新能力、提高经济竞争力、保障和增加就业岗位、降低失业率；（2）强调社会公正、保障现有社会福利体系、侧重关心社会弱势群体、为青年人提供平等的受教育机会；（3）逐步稳定国家财政、加大国家行政管理改革力度；（4）加强对移民的管理和控制，促进外来移民与奥本国人的融合；（5）保持奥以欧盟为依托的对外政策的连续性、加强国际合作，谋求在欧洲和国际事务中发挥独特作用。

2007 年 5 月 6 日，奥地利总理古森鲍尔宣布新政府上任后奥地利外交的重点与态度：（1）积极应对全球气候变化与贫困问题；（2）积极致力于维护人权；（3）积极倡导核裁军；（4）主张限制核武器；（5）以实施积极的欧洲政策作为本届政府最重要的工作目标。古森鲍尔表示，奥地利将全力支持联合国消除贫困计划，同时支持联合国在核裁军和人权领域的工作方向。在欧盟的深化与扩大问题上，奥地利主张欧盟应考虑接受新成员国的能力问题，维护欧洲一体化进程扩大与深化的平衡发展。

（二）奥地利对保加利亚、罗马尼亚入盟的态度

保加利亚和罗马尼亚于 2007 年 1 月 1 日起正式加入欧盟。奥地利外长普拉斯尼克将其誉为"欧洲联合进程中的又一具有历史意义的进步"。对上述两国的加入，奥地利经济学者表示，奥地利将是此次东扩中欧盟受益最多的国家，年经济增长可能因此增加 0.07 个百分点，虽然增幅很小，对奥地利而言却意味着每年 1 亿欧元的新增产值。目前，奥地利是保、罗两国最大的外来投资国家，并对两国保持

较高的外贸顺差，两国入盟将鼓舞更多的奥地利中小企业前去投资。

新成员国的加入对于欧盟老成员国最迫切需要解决的问题之一就是劳动力市场的流动与限制问题。欧盟成立的初衷之一就是构建统一大市场，以提高欧盟的国际竞争力。实现包括劳动力流动在内的人员自由流动，是建设统一大市场的重要内容之一。为此，欧盟在东扩时就规定，2011年前必须实现劳动力自由流动的目标。欧盟对于新成员国的劳动力限制最迟到2009年，届时老欧盟国家将对新成员国开放其劳动力市场。根据欧盟老成员国公布的新的劳务市场开放措施，西班牙、葡萄牙、芬兰和希腊四国将取消所有对新成员国劳动力的限制措施，其他老成员国虽然仍旧保留了"过渡期"，但也都不同程度地放松了对新成员国劳动力的限制。以法国和比利时为例，两国将允许在如医护、水管工、机修工和会计等一些特定行业内取消对欧盟新成员国劳动力的限制。荷兰也表示将要按照行业不同逐步开放劳务市场。丹麦和卢森堡则宣布放宽劳工证的申请要求，意大利也准备将对欧盟新成员国劳工证的配额增加一倍。在欧盟所有老成员国中，只有德国和奥地利没有宣布取消和放松对新成员国劳工限制的任何新措施。主要原因是这两个国家在地理上紧邻新入盟的中东欧国家，最容易成为这些国家移民的目标。不过，德国和奥地利并非真正对欧盟新成员国的劳工完全关上了门。奥地利外长普拉斯尼克甚至乐观地认为，对于奥地利而言，罗马尼亚与保加利亚的加入，并不会给本国的劳动力市场带来冲击。她对欧盟成员国在7年过渡期内完全实现取消对新成员国劳动力限制的目标充满信心。她强调，"罗马尼亚与保加利亚加入欧盟，带给奥地利的将是更多的安全感、出口贸易机遇和劳动岗位"。

（三）经济形势

2006年奥地利在经济增长方面取得不错的成绩，2007年面临的内外条件还是比较有利，经济持续增长的动力充足，特别是其对外经济的发展，包括对外贸易和投资，仍将是其经济发展的一大亮点。奥地利经济面临的主要风险在于外部环境可能发生的不利变化，如美国经济减速、油价上涨加上欧元升值导致欧洲经济增速放慢等。

1. 经济仍将保持有力增长。

过去一年中在欧元区经济繁荣的大环境下，奥地利经济表现出色。2007年7月9日，奥地利政府发布《奥地利经济2007年度报告》，对 2006 年国民经济发展给予高度评价，对 2007 年、2008 年两年的经济前景充满信心，预计 2007 年的奥地利经济发展速度将高于预测值。2006 年奥地利经济年增长 3.3%，是 2000 年以来的最高水平。根据欧盟统计局数据，按购买力计算奥地利 2006 年人均 GDP 居欧盟第四位。出口依旧是拉动奥地利经济增长的主要动力；截至 2006 年底，奥地利货物出口增长了 12.7%；投资需求保持强劲，建筑业投资增长显著，而个人消费需求增长却相对缓慢，仅增 1.9%。

奥地利经济的走势在很大程度上将取决于世界经济和欧元区经济的发展状况。2006 年世界经济继续保持扩张态势，但增长速度有所减缓。美国和日本经济的增长速度有所放慢，而欧洲经济的繁荣则进一步巩固。欧元区经济在出口需求继续保持强劲的同时，内部需求逐步进入稳定增长的阶段。欧盟新成员国的经济增长已明显超过欧盟的平均增长率。

2007 年第一季度，奥地利经济增长持续呈现较强走势。2007 年 6 月 28 日，奥地利经济研究所（Wifo）和高等教育学院（IHS）预测，2007 年奥地利经济增长率将会比 2006 年提高 0.2 个百分点。经济研究所预测 2007 年和 2008 年奥地利国内生产总值增长率为 3.2% 和 2.5%，高等教育学院的预测分别为 3.1% 和 2.8%。2008 年欧洲经济增势有可能减弱，奥地利经济增长速度也将减缓至 2.3%。2006 年奥地利经济从欧洲经济繁荣中获益匪浅，欧洲经济的繁荣带动了奥地利的投资需求。2007 年内部需求仍会对经济起到刺激作用，但是一些外部因素会对经济增长有所抑制。2008 年欧洲经济景气度虽有下降，但是奥地利经济仍会强劲增长，预计其增长率仍会高于欧元区平均水平。

2. 内需稳定增长。

在消费方面，到目前为止，奥地利的私人消费在实际收入增长的情况下增加不多。预计 2006 年的私人消费支出增长 2%，而储蓄率仅增加四分之一个百分点。维也纳高级研究所对 2007 年和 2008 年的预测是：私人消费分别增长 2.2% 和 2.1%，储蓄率保持不变。

在投资方面，根据现有数据，2006 年奥地利投资需求十分旺盛，其中建筑业增长强劲。维也纳高级研究所估计 2006 年设备投资增长 5%，2007 年将增长 4.5%。建筑业投资增长极为强劲，估计 2006 年增长 4.3%。预计 2007 年将增长 2.5%。全社会投资总额 2006 年估计增长 4.4%，2007 年减弱为 3.4%，2008 年在 3% 左右。

3. 外贸继续发挥火车头作用。

据奥地利联邦统计局最新公布的 2006 年度进出口最终统计数据显示，2006 年全年奥地利对外贸易总额为 2079 亿欧元，其中进口总额为 1042 亿欧元，同比增长 8%，出口总额为 1037.4 亿欧元，同比增长 9.5%，贸易逆差 4.6 亿欧元。

奥地利对欧盟国家的贸易总额为 1493 亿欧元，占其外贸总额的 72%；其中进口商品总额为 768 亿欧元，比上年增长 6.1%，出口总额为 725 亿欧元，同比增长 7.5%，逆差 43 亿欧元。2006 年，奥地利从欧盟以外的其他国家进口商品为 274.1 亿欧元，同比增长 13.7%，出口额为 312.4 亿欧元，同比增长 14.5%，贸易顺差 38.4 亿欧元。

随着 2007 年海外和欧元区需求趋于平稳，奥地利出口增长逐渐减弱，但仍有望保持在 7% 左右的高水平。与此同时，直接投资对奥地利经济发展的作用也更加明显。2006 年奥地利企业对外直接投资额达 610 亿欧元，占 GDP 的比重为 24%；同期吸引外来直接投资 531 亿欧元，占 GDP 的比重为 22%；这两个比重在 1996 年时仅为 6% 和 9%，表明奥地利经济的国际化水平在全球化和欧盟一体化过程中不断提高。

近年来，中奥贸易发展势头良好。奥地利联邦统计局最新统计显示，2007 年 1—5 月份奥地利与中国贸易总额达到 23.12 亿欧元，同比增长 15.90%；其中奥地利从中国的进口额为 17.11 亿欧元，同比增长 14.4%；奥对华出口额 6.01 亿欧元，同比增长 20.4%。

4. 稳定的物价与就业。

2006 年奥地利的通货膨胀保持较低水平。一方面能源价格持续上涨，而另一方面休闲、文化和传媒等产业的发展则对通货膨胀起到抑制作用。维也纳高级研究所认为，总体而言，2006 年全年通胀水平为 1.5%。考虑到 2007 年工资增长幅度温和以及油价趋于稳定，预计通货膨胀将保持在同一水平，对 2008 年通货膨胀率的预测依然是在 1.5% 左右。

2007 年 8 月份，奥地利联邦商会零售商分会及奥中小企业研究所共同发布了奥地利上半年零售业数据。数据显示，2007 年上半年奥地利零售业的名义增长率为 3.5%，扣除通胀因素，实际增长率为 1.7%。专家预计，全年零售业的实际增长率将超过 2%。历经七年低迷之后，奥地利零售业重现增长曙光。

由于经济保持繁荣，奥地利劳动力市场状况有望得到进一步改善。2006 年，奥地利就业率为 70.2%，在欧盟成员国中名列首位，新增就业岗位约 6 万个。出口经济为奥地利就业市场提供了大量就业岗位，2006 年新增就业岗位中有 2/3 来自进口贸易。截至 2007 年 6 月，奥地利失业率回落至 4.3% 的较低水平。在《奥地利经济 2007 年度报告》发布会上，联邦总理古森鲍尔称，2008 年奥地利的失业率有望降低至 4%，但同时奥地利女性就业率有待提高，主要途径之一便是通过扩大兼职工作岗位的途径。

5. 财政赤字有所增加。

2006 年，由于经济景气度造成的税收大幅增长，使国家财政赤字按照《马斯特里赫特条约》规定的标准（3%）明显减少，控制在 1.2% 的水平。但是要对 2007 年和 2008 年奥地利财政赤字做出预测却十分困难，因为新政府刚成立，既没有预算，也没有政府的预算说明。维也纳高级研究所预测 2007 年和 2008 年财政赤字将分别为 1.35% 和 1.4%。这就是说，财政赤字有可能增加。这主要是考虑到政府为保护奥地利经商环境而采取的多项措施（教育改革、改造铁路基础设施、鼓励研发、降低财政收支率、财政收支占国内生产总值的比重）、降低劳动密集度等有可能在一定程度上扩大公共财政支出。

瑞　士

（一）新政府的外交政策

2006 年 12 月 13 日，米什琳娜·卡尔米 - 雷伊（Micheline Calmy-Rey）在瑞士联邦联合大会上以 192 张有效选票中的 147 张赞成票当选为 2007 年瑞士新任联邦委员会主席，同时兼外交部长。

雷伊在接受日内瓦媒体专访时阐述了作为政府首脑的工作重点：在外交方面，作为中立国的瑞士不会执行带有"双重标准"的政策，将以积极的态度维护与所有国家的良好双边关系。

在中东问题上，瑞士支持新成立的巴勒斯坦民族联合政府，希望它的成立有助于重启中东和平进程。2007 年 4 月，雷伊在与来访的巴民族权力机构主席阿巴斯会谈后举行的记者招待会上说，巴民族联合政府的成立是"一个重要的政治步骤"，瑞士希望新政府的成立能够促使该地区冲突各方恢复谈判。她说，只要巴新政府致力于促进对话与和平，并尊重法律、信守承诺，瑞士就愿意与它进行合作。同时，雷伊还对约旦河西岸和加沙地带新近发生的暴力冲突表示谴责，呼吁巴以冲突各方进行对话。

2007年8月29日，在伯尔尼召开了瑞士驻外使节年会，150余名瑞士外交官参加会议。雷伊在发表大会讲话时称，瑞士之所以在国际上拥有积极的外交形象，主要原因应归功于瑞士一直以来致力于国际诚信形象的努力，同时积极维护国际法律和信守积极的和平外交政策。这种"诚信"的外交形象，应该成为今后瑞士外交政策制定、实施的核心。

（二）良好的经济发展态势

本年度瑞士经济继续走势良好。2007年第一季度GDP比前季度提高0.8%，与上一年同期相比提高2.4%。消费与支出领域的增长主要来自私人消费和净出口，生产领域增长的推动力主要来源于面向国内市场的服务业和金融部门的增加值。2007年第二季度，瑞士GDP比第一季度再次提高0.7%，与上一年度同期相比提高2.8%。瑞士经济依旧保持充沛的活力和增长势头。

瑞士政府早先预测2007年的经济增长为2.3%，2007下半年的增长将会有些放缓。这种明显的谨慎与保守的态度，主要是考虑到欧洲经济增长的放缓和美国次级债务市场造成的损失打击了出口和收入预期。欧洲经济连续两年第二季度增长疲软限制了出口增长，近期次级债务市场波动又削减了包括瑞士银行在内的银行收益，瑞士经济增长可能放缓，维持了近十年的最快增幅将难以延续。但是近5年来低失业状况支持了消费支出，因此瑞士经济放缓的幅度可能有限。

相对于政府的保守估计，瑞士其他经济研究机构对瑞士未来的经济预测普遍较为乐观，苏黎世州银行预测的增长率2.5%。苏黎世大学经济研究中心（KOF）发布的最新预测，2007年瑞士的GDP增长为2.6%，高出早先2.4%的预测；2008年，瑞士GDP预计增长为2.2%，尽管比2007年有所降低，但还是比最初预测的2.1%要高。同时该机构还预测，2007年瑞士全年出口将增长8个百分点，高于早先6.4个百分点的预测；2008年出口增长将有所减弱，为5.4%左右。另外，2007年瑞士的失业率也将回落至2.7%，并有望在2008年继续下降到2.5%。

（三）社会保障体系面临挑战

瑞士拥有完善的社会保障体系。但是，近年来瑞士社会保障体系逐渐面临诸多实际问题的挑战。

首先是养老保险制度问题。瑞士养老保险制度建立在由国家、企业和个人共同分担、互为补充的三支柱模式上。长期以来，这种制度以其健全、完善和覆盖面广的特点成为瑞士社会稳定的重要保障。但是近年来，随着瑞士人口出生率降低、老龄化趋势不断加剧，养老金短缺问题日益引起人们的关注。尽管瑞士的养老保险制度相当完善，但在人口老龄化的冲击下，养老保险的负担越来越重。近年来，瑞士相关部门正在加紧研究应对人口老龄化问题的各种对策。

瑞士联邦统计局 2007 年公布的数据显示，瑞士全国人口为 746万人，其中 65 岁以上人口约占全国人口的 15%，老龄化现象严重，而且还会日益严重。由于从业人员减少和退休人员的增加，瑞士的社会养老保险制度面临严峻的挑战。如今瑞士平均每 4 个纳税人负担一名退休老人的生活，纳税人的负担越来越重。

为了应对日趋严重的老龄化问题，瑞士有关专家提出了诸多建议，其一是鼓励生育以解决生育率偏低的问题。其二是吸收外国移民，尤其是年轻的外国劳动力以减缓瑞士的老龄化过程。然而这一提议遭到瑞士一些政党的反对，他们担心外国劳动力的增加会减少本国劳动者就业机会。三是延长退休年龄。随着瑞士人口出生率的降低和平均寿命的延长，领取养老金的人越来越多，延长退休年龄能在一定程度上缓解养老金短缺问题。

瑞士社会保障制度面临的另一难题是儿童与青年贫困人口剧增。2007 年 8 月 28 日瑞士联邦儿童青年委员会发表报告说，瑞士接受社会救济的人口中，45% 是 25 岁以下的儿童和青年，"瑞士儿童和青年的贫困问题是一枚社会定时炸弹"。报告说，这些儿童和青年人数之多出乎意料，他们通常生活在单亲、移民或多子女家庭，父母往往失业在家。在接受社会救济的成年青年中，70% 没有完成职业教育，面临就业困难。报告建议瑞士各级政府与商界合作，保证青年不受家庭经济条件或文化背景的影响，平等进入社会；普及学校作业辅导，以帮助学习或生活困难的学生；加强国家安排青年就业的责任意识，辅导和帮助青年就业；鼓励信贷消费企业将 1% 的营业额用于预算咨询和预防负债服务；各州制定低收入家庭补充救济政策。

可见，处于经济与社会改革中的瑞士所面临的挑战十分严峻。在世人眼中，瑞士始终是"富有、祥和、安全、衣食无忧"的"乐土"，如何将瑞士的国家形象持久地维护下去成为摆在今后瑞士政府面前的最为棘手的现实问题。

（四）紧缩的避难移民政策与首个"融入瑞士社会协定"

瑞士于 2006 年 9 月 24 日举行全民公决，分别以 67.75％ 和 67.96％ 的高票通过有关限制避难权和移民的两项新法律。这表明瑞士将收紧避难和移民政策，以严格控制不断增加的向瑞士申请避难和移民的人数。由于新法律涉及瑞士宪法中有关避难和移民的内容，因此瑞士议会将先行修改宪法有关条款，然后再实施新法律。全民公决的结果反映出瑞士公众对大批移民涌入的担心，以及需要安全、秩序和保护的愿望；但是新法律可能造成更多的非法移民。

瑞士是具有接纳避难者和移民传统的中立国家，1848 年制定通过的瑞士宪法对此做出明确规定。在 20 世纪两次世界大战期间，瑞士曾接纳大批外国难民。随着 20 世纪 60 年代和 70 年代移民高潮的到来，避难者和移民的情况发生了变化，许多人出于摆脱贫穷的经济目的来到瑞士。从 20 世纪 80 年代到 21 世纪初，政治和经济难民和移民一起涌入，使瑞士全国 745.9 万人口中移民的比例超过 21％，远远高过其他欧洲国家。瑞士国土面积只有 4 万多平方公里，其中适宜居住的地区仅占 25％。外国移民的大量涌入超出了瑞士的接纳能力。这种状况不仅改变了瑞士国民的构成，而且带来了日益严重的政治、经济和治安等一系列问题，迫使瑞士政府不得不重新审视其有关避难和移民的政策。此外，欧洲国家近年来纷纷紧缩移民政策，加大打击非法移民的力度也促使瑞士政府紧缩其移民政策。瑞士有关专家认为，在法国、西班牙、意大利出现的非法移民及由此产生的社会问题引起了瑞士政府和公众的注意，瑞士不能在欧洲国家采取措施处理非法移民问题时继续维持原有的开放政策。

对于如何让外来移民更好地融入社会，瑞士的每个州都有不尽相同的法律和计划。2007 年 3 月 21 日，瑞士联邦院接受了自由民主党提交的关于确立在语言和融入社会方面的最低要求的一项议案。该法将于 2008 年 1 月 1 日起实施，实施细则中已经包含了这项议案中所提到的类似要求。基督教民主党和瑞士人民党认为，应该将居留许可和语言课的毕业证联系起来。人民党还提出，申请人应自己承担为融入社会的课程所支付的费用，并且参加必要的测试。

最近，巴塞尔州推出一部针对移民的"融入社会协定"（Integrationsvertrag），成为瑞士第一个将外国人融入社会提高到法律高度的州。依据该协定，部分外国人可能会被强制要求学习当地语言与习俗。

（五）中瑞经贸关系取得重要进展

据瑞士联邦海关统计，2006 年 1—11 月中瑞进出口贸易总额为 73.14 亿瑞郎，同比增长 19.48%。其中，从中国进口 36.10 亿瑞郎，同比增长 17.58%，对中国出口 37.04 亿瑞郎，同比增长 21.39%，贸易顺差增至 0.96 亿瑞郎。

在 2007 年 1 月 8 日召开的新闻发布会上，联邦经济部长多丽斯·洛伊特哈德在谈到对外经济政策时称，巴西、俄罗斯、印度和中国将是瑞士 2007 年主要的贸易促进国。联邦政府将采取措施促进瑞士企业进入上述四国市场，保护瑞士企业在四国的投资。近 10 年来，瑞士对四国出口贸易额已经翻番。2007 年，洛伊特哈德将率经贸代表团出访巴西和中国，在瑞士接待俄罗斯和印度商务部长，商签自由贸易协定，加强技术层面对话，为重启多哈回合谈判牵线搭桥。

2007 年 7 月 8 日，中国商务部长薄熙来与洛伊特哈德在北京举行会谈，就双边经贸关系的广泛议题交换意见。会谈结束后，双方签署了《中国商务部与瑞士经济部联合声明》，强调双方将加强在贸易、投资和知识产权方面的联系。同时，瑞士宣布承认中国完全市场经济地位，成为第五个承认中国市场经济地位的欧洲国家；之前分别是冰岛、俄罗斯、白俄罗斯和乌克兰。薄熙来欢迎瑞士企业积极参与中国振兴东北老工业基地、中部和西部的开发，加强双方在节能、环保、高技术、农牧业、中小企业及教育培训方面的合作。中方注意到瑞士政府和经济界对中瑞自由贸易区问题的关切，双方可就自贸区问题开展评估和研究，并朝建立自贸区的方向共同努力。洛伊特哈德表示，瑞士政府和企业对与中国开展经贸合作高度重视，对中国经济的前景充满信心。瑞士承认中国完全市场经济地位，正是看到了中国经济快速发展的现实，相信这有利于深化两国经贸关系，并使双方共同受益。瑞士愿与中方就建立瑞中自贸区问题进行商谈，尽早启动可行性研究，为两国经贸关系的持续发展创造新的条件。

中瑞双方还签署了《关于设立中瑞联委会知识产权工作组的谅

解备忘录》，双方将通过由双方政府部门、工业及商业团体代表组成的知识产权工作组建立对话机制，通过制度与法律途径寻求解决问题的方法。同时，双方重申了在世界贸易组织关于贸易与知识产权间相关协议框架下的相互间的利益与义务，承诺共同为保护知识产权做出努力。

南 欧 四 国

本年度，西班牙巴斯克地区要求民族自决、加泰罗尼亚地区提出更多地方自治的要求，预示着西班牙中央集权与地方自治问题上的长期争论更趋激烈。葡萄牙执政党在社会经济改革进程中遭遇阻力。葡萄牙第三次担任欧盟轮值主席国，发挥葡国在欧盟中的特殊作用。希腊大选提前，执政党以微弱多数蝉联执政。塞浦路斯作为一个欧盟新成员国，积极参与一体化进程，有望很快踏入欧元区。

西 班 牙

（一）巴斯克地方自治"和平进程"宣告失败

自2006年3月西班牙分裂组织埃塔宣布永久性停火以来，西班牙执政党工社党一直致力于和平解决巴斯克民族自治问题。为此，萨帕特罗首相对激进的民族主义行动作出积极姿态：他暗示埃塔的非法政治力量"Batasuna"建立一个新政党在政治和司法上已经不存在很大的障碍。政府将会赋予新建政党更大的活动空间，并且不以新党宣布永久放弃暴力为前提条件。现政府的这一姿态，实际上为Batasuna实现政治合法化和参与政治谈判、改革巴斯克州的地方自治法案开启了绿灯。

但是，执政党的这一表态遭到国内最大反对党人民党的反对。人民党在这个问题上一直采取强硬态度，两党联手解决巴斯克民族独立问题的梦想基本破灭，如果政府在该地区民族自决问题上做出让步，那么不同党派之间的政治分歧将会越发严重。

与此同时，巴斯克激进主义分子却不断给政府施压，2006年8

月中旬埃塔警告政府：如果政府迟迟不愿履行永久性停火以来埃塔提出的各种自治要求，他们将"时刻准备出击"。2006年9月23日，三个头戴盔甲和面罩的人出现在一个激进民族主义分子的公共集会上，宣布他们要采取武力，实现巴斯克州独立目标。

这一系列行动预示着埃塔所谓的"永久停火"是有期限的，一旦政府不能满足他们提出的自治要求，暴力活动随时可能发生。2006年12月30日，埃塔在马德里巴拉哈斯机场制造了一起汽车爆炸案，炸死两名年轻的厄瓜多尔新移民，机场主要建筑也遭到破坏。这起爆炸案严重损害了执政党的威信，反对党也借机贬低执政党的领导才能。2007年1月13日，人民党发动了一场群众性游行活动，提出反对暴力活动，寻求安全、稳定的局面。萨帕特罗首相仍重申应不懈地寻找任何对话的可能性来结束暴力。

（二）加泰罗尼亚新的自治法"惹下"麻烦

2006年6月，加泰罗尼亚公决通过了新的自治州法案，并与中央政府达成协议：赋予加泰罗尼亚更多的新的地方自治权。然而，一些地方政府却对加泰罗尼亚的新的自治法提起上诉，认为其中的一些条款不符合宪法规定。这些案子的最终裁决面临两难困境：一是如果胜诉，地方权力的下放进程倒退到3年前的艰难的谈判中；二是如果被驳回，那么其合法性依然会受到质疑。

加泰罗尼亚新法的焦点在于：加泰罗尼亚州拥有了比其他各州更大的财政支配权。该州自治宪章中提出了一个新的地方财政制度，政府承诺将这个新财政制度推广到全国所有地区和州。在现有税收制度下，西班牙所有地区（除了巴斯克和纳瓦拉州）享有的全部自治权包括：各州征收的个人收入税的33%、增值税的35%和包括烟草、酒精和燃料在内的40%的消费税，以及100%的汽车注册税、遗产、财富和博彩税。而加泰罗尼亚州财税方案显然与目前全国其他地区的明显不同，加州政府可以享有的全部自治权包括：50%的个人收入税、50%的增值税、58%的消费税。一旦实施，便将扩大地方财税权，削弱政府再分配财税的权利，减少了从富裕地区向贫困地区的资金净转移。因此遭到了一些较为落后地区的强烈反对，他们提出制订一个替代财税机制方案，以补偿他们的资金损失。这对中央政府的预算开支构成很大的压力。

随着公共财权的不断下放，现在西班牙州和地方政府控制了西班牙公共总支出的49%，中央政府仅控制公共总开支的22%（其余的29%归社会保障体系，行政上归中央管理，各地方政府独立支配）。全国17个州均有独立预算报告。

（三）移民问题升级

近数十年来，大量移民的涌入，给西班牙政府造成了前所未有的压力和挑战。2006年夏季，大约2.5万非法移民进入加那利群岛，引起政坛和媒体极大关注，移民问题成为国内政治的一大焦点问题。西班牙公民对移民的态度也发生了很大转变，据西班牙社会研究中心的一项调查，在2006年初，约有29%的公民认为移民问题是国家主要问题，到了下半年，持这一看法的公民比例上升到59%。在这个问题上，执政党与反对党向来存有分歧：反对党认为，政府在2005年初颁布的大赦政策导致大批非法移民蜂拥而入；当时大约58万人因此获得了合法身份。如今，这一政策依然在发挥作用，很多非法移民正期盼着从下一次大赦中获得合法居住身份。面对反对党的严厉指责和公民对非法移民态度的改变，执政党对此问题上的立场和看法也有所变化，工社党总书记何塞·布兰科在接受国家报的访谈时认为："劳动力市场不可能吸收更多的非法移民了"；"大多数居住在西班牙的非法移民（大约有80万人之多）最终要被驱逐出境。"在2006年的前8个月中，被遣返的非法移民大约为53000人。在2006年10月底政府宣布不会自动地让保加利亚和罗马尼亚公民获得在西班牙工作的权利；尽管这两个国家在2007年成为了欧盟成员国。

（四）经济依然保持强劲增长势头

2006年第四季度，西班牙GDP增长率同比增幅达到了4%，在私人消费、机器、设备以及各种公共消费需求的推动下，预计2007年经济保持持续增长态势，GDP增幅为3.6%左右，2008年放慢增长步伐，预期的GDP为2.8%。外贸成为拉动经济的主要因素，出口增幅较大，经常项目账户赤字持续攀升，预期到2008年，有可能达到GDP的10%左右。就业形势较好，失业率基本保持在8.25%左右。

（五）中西关系

当前是中国与西班牙两国关系发展的最好时期。2005年，中西两国发表了建交以来的第一份联合公报，宣布两国建立全面战略伙伴关系。2005 年，西班牙政府先后出台"中国市场开发计划"和"亚太行动计划"；"亚太行动计划"把发展同中国的关系放在重中之重的地位。根据这一计划，在 2005 年至 2007 年的 3 年期间，西班牙政府将投资 6.9 亿欧元来鼓励和支持西班牙企业在中国发展投资、贸易和旅游事业。

2007 年为中国西班牙年。西班牙国王胡安·卡洛斯一世及索菲娅王后一行于 2007 年 6 月 24—29 日对中国进行国事访问，与中国领导人举行会晤，并出席中西企业家工商峰会。在活动期间，举行了包括弗拉明戈、绘画、视觉艺术、电影、骑士艺术等西班牙传统文化艺术的多种展览和系列文化推介活动，开创了中西文化交流史上的新篇章。

近年来，中西两国经贸关系出现良好的发展势头。2004 年中西双边贸易额为 72.23 亿美元；2005 年突破 100 亿美元大关，达到 105.24 亿美元；2006 年又创新高，达到 145 亿美元。值得注意的是，2006 年西班牙对华出口增幅较大，这对于逐步实现两国贸易平衡是个积极迹象。西班牙企业对华投资和寻求与中国企业合作机会的热情也持续高涨，在华投资和进行合作的企业越来越多。据西班牙外交部官员介绍，目前在中国投资与合作的西班牙企业达到 450 家，预计今后两年将达到 800 至 1000 家。西班牙商会以及一些自治区纷纷在北京和上海等城市设立办事处，为西班牙企业在华投资与合作提供信息和服务。

葡 萄 牙

（一）政府改革计划遭遇阻力

从 2006 年下半年以来，葡萄牙政府加快了在政治、社会、经济等多个领域的改革进程，包括政府行政管理、社会保障制度、司法等领域的改革全面展开。所有这些改革均以削减公共开支，实现稳健经济为目标，但却遭到了重重阻力，进展不大，直接影响执政府的威信和选民支持率。

政府行政管理部门的改革以精简机构、裁减冗员、提高行政管理效率为宗旨，主要包括：雇佣限制、削减补贴、缩小部门间养老金差异、调整公共管理部门结构、公共服务网络的合理化、特殊流动计划、职业结构和评估等措施。按照这些措施，葡萄牙政府计划将现有的518个行政管理部门精简为331个，761个高官职位削减为544个，争取到2009年，在现有的73.8万公务员和行政管理人员计划削减雇员75000人。这样规模庞大的裁员计划一开始就遭到公务员的强烈反对，改革面临阻力超过了预期。迄今为止，这一改革取得的最大成效仅仅是颁布了新的机构法，就部门结构进行重新设置，但实施过程中，进展十分缓慢。许多政府部门还没有透露有多少雇员将被分流到特殊流动计划中，以等待重新分配工作。截至2007年4月中旬，仅有两大部委呈报了减员情况。文化部中分流人员只有2个，农业部上报的分流人员为3250人，而其他各部委似乎还"按兵不动"。

在社会保障制度领域，2006年10月10日，政府与社会伙伴达成一项协议，旨在确保社会保障制度的长期可持续性，应对出生率下降、寿命预期提高和养老金的新的形势变化。按照这一协议，法定退休年龄保持65周岁不变，但如果平均寿命预期高出现有水平，收入相应会被调低。提前退休工人的养老金低于法定年龄退休者6.5%，退休金将按照退休者总的缴费情况而定，而不是现在以最近15年中缴费情况最好的10年的标准来计算。养老金的增幅将与GDP增长和通货膨胀相挂钩，同时还限定了养老金上限。新协议的另一个创新之处在于：任何工人均可将额外的社会保险缴费注入由国家管理的个人基金账户中。

在政府改革计划遭遇重大阻力的同时，政府的里斯本新机场计划也陷入了困境，进一步加重了政府的压力。政府希望在里斯本以北45公里之处的Otta地区建立新机场。而葡萄牙工人联合会则表示反对，他们提交的最新选址报告认为，Otta选址存在重大缺陷，提议在里斯本以南的Alcochete建立新机场。第三种意见来自里斯本市民，多数人主张扩建里斯本Protela国际机场。三方各执己见，迫使政府不得不采取拖延战术，公共事务部部长宣布在未来6个月内暂不考虑选址问题，委托国家民用工程试验室就两大候选机场进行比较。不管政府的最终决策如何，政府的举棋不定已经产生一定的负面影响，并导致社会党政府的选民支持率大为下降。Marktest在2007年6月29日的一项民意测验表明：葡总理苏格拉底在2007年5月和6月的选民支持率下降了16个百分点，选民支持率仅为40%，下降到了2005年2月赢得大选以来的最低点。

（二）第三次出任欧盟轮值主席国的雄心

从 2007 年 7 月 1 日起，葡萄牙接替德国，第三次担任欧盟轮值主席国。葡萄牙前两次的轮值成果可圈可点，在 2000 年上半年第二次担任轮值主席国期间，欧盟推出的"里斯本战略"被誉为"欧盟的世纪战略"。在担任第三次欧盟轮值主席国之际，葡萄牙高调宣布了轮值期行动计划——"一个强大的欧盟：为一个更为美好的世界"。这个计划针对当前欧盟所面临的最为棘手和最为关键的问题，提出了一项优先目标和三大重点目标。

压倒一切的优先目标，即葡萄牙将敦促欧盟各成员国尽快履行在德国任期内就修改欧洲宪法条约达成的各项共识。第一大重点目标是遵循《里斯本新战略》中的欧洲模式理念，实现经济、社会、环境保护的均衡发展。第二大重点目标是加强地区的自由、安全和司法能力。第三大重点目标旨在加强和发展欧盟与外部世界的关系，全面提升欧盟的国际形象和影响力，尽快实现欧盟在全球重大事务中更加"协调一致的声音"。葡萄牙将积极构建欧盟与地中海国家之间的新型关系，制定欧洲与非洲的新的联合战略；加强与跨大西洋之间的经济联系，借助葡萄牙与巴西之间的特殊关系，在推动欧盟与巴西之间战略伙伴关系的建立方面发挥其特殊作用。为此，葡萄牙对外交政策进行重大调整：开始特别重视与非洲国家的关系。2006 年 7 月 6 日，葡萄牙外交部长路易斯·阿马多出席由《每日新闻》报刊举行的非洲会议时，公开宣布葡萄牙的外交政策将有些调整，其对非政策上将从原来过分注重与传统的五大非洲葡语国家的关系，转向致力于改善与其他非洲国家，特别是与南非等国家的双边关系。

从 6 个月的轮值期间成果来看，葡萄牙有望实现一些欧盟大国也无法企及的目标。首先，在谋求建立欧盟与巴西之间战略伙伴关系中，葡萄牙发挥了其特殊的、无可替代的纽带作用。2007 年 7 月 4 日，欧盟与巴西首次峰会在葡萄牙举行。会议最终宣布欧盟与巴西建立战略合作伙伴关系，这不仅有利于加强欧盟在全球政治事务的影响力，同时也使欧盟获得了争夺巴西特有的生物能源优势，扩大应对全球气候变化方面的发言权。其次，借上任轮值主席国德国为欧盟一体化发展所创造的工作基础，力促欧洲宪法新条约尽快出台并获各成员国议会所批准。2007 年 7 月 23 日欧盟政府间会议正式启动，葡萄牙如约提交了欧洲宪法新条约草案，将制宪从政治协商阶

段转入了技术性落实阶段。在欧洲宪法新条约草案审议阶段,欧盟
"小国"葡萄牙在处理表决权这类问题上比德国那样的大国更具说服
力,它可以从"小国"角度,提出尽可能让欧盟大小国、欧盟新老
成员国均能接受的方案。再次,推出新移民法,为打击非法移民和
制定新的移民政策提供思路和模板。近年来大量的非法移民涌入欧
盟,对各成员国的社会、经济、文化等领域造成巨大的冲击,葡萄
牙在轮值主席国期间将设法提出解决移民问题的新思路和新方案。
葡萄牙采取的是"自下而上"的策略,先从本国移民法入手,继而
向欧盟层面溢出并施加影响。为此,葡萄牙已于 2007 年 6 月初颁布
了新《移民法》。这部移民法总基调是放宽对外国移民入籍的限制,
这一宽松入籍的新移民法规,必然会对其他欧盟成员国的移民政策
产生影响。一方面,至少会激起欧盟层面上关于欧盟新移民"放松"
与"限制"的辩论。另一方面,该法将起到"投石问路"的作用,
可敦促欧盟委员会尽快协调各国移民政策,将加快新移民入盟的机
制化建设提上议事日程。

(三) 财政状况持续好转

2006 年葡萄牙预算赤字状况好于预期。2007 年 1—5 月的统计数
据表明,财政趋于稳定,总的国家收支年均增幅为 10.9%,为 163
亿欧元,但在控制政府开支上并不成功,公共支出增幅为 4.9%,达
到了 173 亿欧元。2007 年第一季度的实际国内生产总值环比增幅为
0.8%,预计 2007 年全年 GDP 为 2%,这可能是自 2004 年第二季度
以来增长最快的年份。经济增长主要来自持续强劲的出口增长,而国
内需求依然不足,第一季度国内需求增幅仅为 1%。同期,私人消费
依然疲软,环比增幅为 0.6%,利率持续上升、燃油、烟草税上调、
失业率较高的情况下,葡萄牙家庭负债消费率较高,家庭耐用品消费
需求更为疲软,2007 年第一季度的同比增幅仅为 0.1%。消费者信心
指数持续下降,6 月份降到了 -33%。

从消费价格指数看,通货膨胀率在 2007 年前 5 个月基本保持稳
定。推动 GDP 增长的主要动力来自净出口,2007 年第一季度,商品
和服务出口同比增幅为 8.1%,预计全年商品和服务出口增幅为
6.3%,进口增幅为 3.0%,经常项目账户赤字为 8.8% 左右。

希　腊

（一）希腊再次提前大选

从希腊历次大选的情况看，没有一次是在政府届满时举行的；提前大选已经成为希腊执政党的"宿命"。但 2007 年提前大选的原因却极为偶然，一场看似寻常的森林大火，最终不仅引发了政府危机，而且还引发了诸如全球环境保护等重大问题。据媒体报道，2007 年 7 月 24 日起，希腊全境山林大火肆虐，从西部的伊奥尼亚群岛到东北部的约阿尼纳州，直至希腊南部地区，总共发生大约 170 多场火灾，死亡人数约 70 人。森林大火对执政党造成的影响是显然的。据希腊 ALCO 民意调查机构的数据，火灾发生前，执政党领先反对党 1.3 个百分点，火灾发生后，仅为 0.8% 的微弱优势。

森林大火引起国内公众对现政府的强烈不满，指责政府在应对重大危机时的无能。为此希腊总理卡拉曼利斯只得紧急召开特别内阁会议，宣布提前举行大选。在 2007 年 9 月 16 日提前举行的大选中，新民主党以微弱多数蝉联执政。据不完全统计，新民主党得票率为 41.8%，议席数 152 个，低于上届 13 个议席。泛希社得票率为 38.1%，议席数为 102 个，少于上届 15 个，是 30 年来获得的议席数最少的一次。

（二）修宪成为执政党与反对党较量的焦点问题

实际上，大选的结果并不取决于森林大火这样的突发因素。大选之前，执政党和反对党在重大问题上的较量已经反映了两党的选举前景。

早在 2007 年年初，执政党和主要反对党就开始了较量。为了取悦更多选民，各个竞选党派均采取各种手段，诋毁对方的公众形象，自 2004 年上台以来，新民主党利用各种场合，以自私自利的和高度腐败诋毁泛希社的公众形象。与此同时，泛希社也将新民主党描绘成为"唯利是图"的政党，调动各种媒体和报刊，攻击新民主党执政期间的种种纰漏和重大失误。从大选结果来看，新民主党蝉联执政主要有两大原因。

一是新民主党主张在达成共识基础上的渐进式改革。

在一些重大结构改革推行前，卡拉曼利斯首先与社会伙伴之间进行各种对话。在颇有争议的高等教育改革方案问题上，从草案到法案出台，前后历经 10 个月时间，反复征求社会伙伴和各种利益集团的看法；在养老金改革问题上，政府成立一个专门委员会，负责养老金改革的白皮书起草工作。这些做法提高了执政党的公众威信，赢得了社会的广泛支持。

而泛希社的做法却不同。帕潘德里欧推崇参与式民主，致力于改革泛希社党内组织，而忽视了对希腊社会发展中一些重大问题的关注及与民众利益相关的一些制度性建设问题，致使威信一落再落。

二是新民主党适应社会发展，提出了修宪问题。

希腊总理卡拉曼利斯认为需要对宪法进行重大修改，包括创建宪法法院、将议员成员增加为现在的二倍，对新公务员采用合同制，废除长期雇佣制，聘请雇员监督政府行为，维护公众利益，等等。而主要反对党抵制这些提法，提出公务员依然实行终身制等等。

修宪问题还因两党在改革公立高等教育制度问题上的看法迥然不同而产生严重的对抗。新民主党提出加快公立高等教育制度改革的步伐，草拟了公立高等教育改革草案。呼吁抬高入学门槛，限制享有政府补贴上学的期限，杜绝本科生为了享受政府教育津贴，将通常的四年的学制延长至八年或更长的做法。同时，新民主党提出改革教学大纲，改变传统的以教授制定教科书的授课方式，而是提供一个门类齐全、内容广泛的参考书目，让学生掌握更多的知识。改变教师评估体系、大学校长经全体学生选举产生，改变以往那种学生代表选举校长的做法，等等，所有这些改革措施就是为了赋予大学更多的自治权利。

而对高等教育改革方案表示不满的帕潘德里欧却采取强硬态度，他提出，如果政府不作任何让步的话，他将不再参与制宪进程。按照规定，宪法改革需要二大基本程序：本届议会批准的改革法案，需要待下届议会批准后方能生效。如果一个法案在本届议会以 3/5 的议席数通过（180 个议席），那么在下届议会中只要简单多数通过便能生效（即 151 个议席）。但如果本届议会以简单多数通过的法案，在下届议会必须获得 3/5 的议席数，增补宪法条款需要所有党派达成共识。按照这一规则，如果泛希社持反对态度，宪法改革，包括增补宪法条款第 16 条，也许要拖延到 2012—2016 年。

（三）希腊与欧盟

本年度，希腊稳定和增长公约计划勉强得到欧盟委员会的通过。2006年12月18日，希腊提交了2006—2009年的稳定和增长计划。该计划提出：在2006—2009年期间，希腊GDP年均增长率为4%，私人消费预期年均增长3.7%，投资年均超过8%，建筑业的投资年均增幅为8.2%。计划还预测到财政赤字从2006年的2.6%下降到1.2%，政府债务从占GDP的104.1%下降到91.3%。尽管这份报告已于2007年2月27日获得了欧盟经济和财长理事会的批准，但欧盟委员会对希腊能否达到计划中的目标持疑虑，提出希腊要在2012年实现预算平衡目标，必须在很多方面做出更大的努力，比如，努力减少债务水平、严格监管支出，尽可能就成年人未来医疗和养老金支出进行数据统计。欧盟委员会认为2006和2007年的目标基本可行，但是2008—2009年的情况却并不乐观，特别是缺乏长期养老金开支情况。为此欧盟在2007年2月13日公布的理事会民意测验建议中提到："希腊在公共财政的可持续性方面似乎存在着高风险。"

欧盟委员会的这些担忧不无道理。从2007年头四个月的财政数据看，希腊的公共开支超出了预期水平，头四个月的财政收入仅为2007年全年的28.5%，而支出占了全年的32.2%；同期，净收入为140亿欧元，与全年的预期财政收入目标492亿欧元相差较大，相应地财政赤字和政府债务均超过了稳定和增长公约的规定。为此，在2007年4月22日，欧盟委员会发表报告，希腊政府2007年赤字比例将高达5.3%，虽然其2005年的赤字目标是2.8%，但从希腊政府目前采取的措施看，这一目标似乎难以实现，欧盟委员会已经提请欧盟部长理事会同意对希腊启动赤字超标处理机制。

2007年6月5日，欧盟经济和财长理事会决定撤销对希腊启动的赤字超标处理机制。欧盟委员会在5月16日中的报告中提出：希腊达到了稳定和增长公约目标，财政赤字正以一个"可信赖和可持续"的方式从2004年的占GDP的7.9%下降到2006年的2.6%，2007年有可能下降到占GDP的2.4%。政府债务在2004—2006年从108.5%下降到104.6%。

私有化是政府增加财政收入的一种途径。2007年希腊预计的私有化收入为17亿欧元，截止到2007年6月底，希腊电信公司出售了10.7%的国有股份。在国内需求持续旺盛的强劲推动下，2007年希腊的实际的 GDP 有望继续保持在4%以上。由于单位劳动力成本的上升、石油价格一路上扬，通货膨胀率要高于欧元区平均值的一个百分点。出口商品的竞争能力受到削弱。在进口增长快于出口的态势下，经常账户赤字仍在攀升，预计 2007 年约占 GDP 的 9%。失业率有所下降，从 2006 年的 8.5% 下降到 8% 左右，但青年人、妇女的就业水平普遍低于国际标准。

（四）希腊与中国

2006 年中希贸易额为 22.83 亿美元，同比增长 12.9%，其中中国对希出口为 21.78 亿美元，自希进口为 1.04 亿美元，分别增长了 12.6% 和 20.3%。尽管希腊对华出口增长迅速（2005 年增幅仅为 0.4%），但对华贸易逆差仍不断扩大，2006 年达 20.74 亿美元。贸易逆差的增加导致双边贸易摩擦增多。2006 年共有各类贸易纠纷案件 50 起，同比增长了 40%。

由于中国即将在 2008 年举行奥运会，因此与上一届奥运会举办国希腊交流成为本年度中希间的大事情，也进一步促进了双方在多个领域的合作。2007 年 5 月 10 日，国务院总理温家宝在北京会见了希腊外长芭戈雅妮。温家宝说，中希建交 35 年来，双边关系平稳发展。中希 2006 年建立了战略伙伴关系，赋予了双边关系新的内涵，带动了两国各领域互利合作。2007 年希在华举办"文化年"的活动，将进一步增进两国人民之间的相互了解和友谊，深化各领域的互利合作。中国希望与希方进一步加强奥运交流，共同办好 2008 年北京奥运会。

塞 浦 路 斯

（一）政府调整内阁成员

据塞浦路斯政府新闻网消息，在劳进党宣布退出联合政府，其 4 名部长辞职以后，塞浦路斯总统帕帕多普洛斯任命了如下 4 位新部长：交通工程部长玛丽亚·马拉杜—潘巴里，卫生部长戈斯达斯·卡蒂斯，外交部长埃拉杜·伽扎顾—马古利斯，内政部长科瑞斯多斯·巴萨利蒂斯。4 位新部长 2007 年 7 月 16 日在总统府宣誓就职。

（二）塞浦路斯积极融入欧洲一体化进程

2007 年 6 月 22 日，在布鲁塞尔召开的欧洲理事会上，欧盟各成员国首脑决定，根据"欧共体条约"第 122（2）条，批准欧盟委员会和欧洲央行关于塞浦路斯和马耳他加入经货联盟的报告，同意塞浦路斯从 2008 年 1 月 1 日起加入欧元区，使用欧元作为其国家货币。塞浦路斯总统帕帕多普洛斯出席了会议并发表讲话称：欧盟各成员国首脑关于塞浦路斯加入欧元区的决定对塞浦路斯具有重要的历史意义，是对塞过去几年来遵循建立健康公共金融经济政策的肯定。加入欧元区将给塞浦路斯带来具体实惠，使塞浦路斯更进一步地融入欧盟，他还坚信塞浦路斯一定会在 2008 年 1 月 1 日成功转换成共同货币，顺利加入欧元区。

塞浦路斯逐渐从欧洲一体化中获得好处。据塞浦路斯《金融镜报》报道，塞部长理事会决定从 4 月 1 日起，将塞浦路斯最低工资从每月 384 塞镑增至 409 塞镑（699 欧元），从 10 月 1 日起，增至 434 塞镑（742 欧元）。最低工资标准提高后，塞浦路斯的工资水平将排到欧盟 27 国的第二组和第三组之间。据不完全统计，第一组包括 9 个欧盟成员国（保加利亚、罗马尼亚、拉脱维亚、立陶宛、斯洛伐克、爱沙尼亚、波兰、匈牙利和捷克）以及土耳其，最低工资在 92 欧元至 298 欧元之间。第二组包括 5 个成员国（葡萄牙、斯洛文尼亚、马耳他、西班牙和希腊），最低工资在 470 欧元至 668 欧元之间。第三组包括 6 个成员国（法国、比利时、荷兰、英国、爱尔兰和卢森堡），最低工资在 1250 欧元以上。德国的最低工资是 676 欧元。在欧盟内，最低工资在 92 欧元（保加利亚）至 1570 欧元（卢森堡）之间。土耳其的最低工资是 298 欧元。

塞浦路斯是一个严重依赖进口的国家，国民经济发展和国民生活保障用品，如工业产品的机械和运输设备、燃料、食品主要靠进口，2006 年进口总额是 31.8 亿塞镑（约合 67.1 亿美元），比上年增长 7.3%，低于 2005 年 9% 的增幅。出口总额 6.44 亿塞镑（约合 13.59 亿美元），比上年负增长 10.5%。贸易逆差 25.4 亿塞镑（约合 53.51 亿美元），比上年增长 13%。大多数进口产品种类的进口额都有所上升，增长最大的是石油产品和消费品的进口。出口下滑的主要原因是由于国外的需求减少和价格缺乏竞争力。2006 年塞进出口总额占GDP 的 43.38% 左右。塞浦路斯的主要贸易伙伴是欧洲，50% 以上的出口和 60% 以上的进口都是在欧洲范围内进行的，塞入盟后，这一情况更加突出。

据塞浦路斯《金融镜报》报道，受食品和非酒精饮料价格上升的驱动，2007 年 5 月份塞浦路斯的欧盟统一通胀率第三个月持续增长，从 4 月份的 1.6% 升至 1.9%。食品和非酒精饮料 5 月份的价格同比增长 6.5%，环比增长 6%。除此之外，按月统计，环比增长最大的是交通，上升 1.9%，房屋，水、电和煤气上升 1.3%。这可能与 1 月份石油价格上涨有关。2007 年 5 月份的统一通胀率符合加入欧元区的指标。

北 欧 五 国

2007 年 3 月，世界经济论坛公布《2006—2007 年全球信息技术报告》，北欧国家竞争力连续六年位居世界前列。《全球信息技术报告》是研究信息技术对各国发展进程和竞争力影响的最具权威性的评估报告，其中"网络就绪指数"是衡量国家利用信息技术推动经济发展及提高竞争力的主要指标。丹麦的这一指标名列世界第一，其他北欧国家也一直保持着信息技术迅速发展的态势，均位居前 10 名。

芬　兰

2006 年，芬兰经济受外部需求增强的影响，国内生产总值增长5.5%，比上年增长翻了一番；预计 2007 年经济增长 3.1%，接近长期经济增长趋势水平。2006 年芬兰经济增长主要依靠出口带动，出口增长迅速，达到 10.4%，进口增长缓慢，仅为 5.3%，净出口对经济增长的贡献率呈现大幅度上升，由 2005 年的 - 1.1% 上升为2.5%；受个人消费增长缓慢的影响，国内需求对经济增长贡献略有下降。近十年来芬兰的失业率持续下降，2006 年在经济快速增长的推动下，失业率进一步下降为 7.7%，低于欧元区的平均水平，预计2007 年将继续下降为 7%。芬兰通货膨胀率仍然处于较低水平，2006年仅为 1.3%；受经济快速增长和劳动力短缺的影响，2007 年通货膨胀率将略有上升，预计为 1.5%。

近年来，芬兰的老龄化速度明显快于其他欧盟国家，致使芬兰的养老福利支出居高不下，1987—2007 年的 20 年间该项支出增长近 2倍。2004 年，芬兰养老支出占其国民生产总值的 10.7%，预计到2050 年将上涨到 13.7%。据专家推测，2030 年芬兰的养老福利支出在欧盟国家中可能是最高的。芬兰有着长期的社会医疗和养老系统，在整个北欧都遥遥领先，但是日益增长的养老福利支出也使得芬兰的养老负担越来越沉重。

在经济形势发展较好的情况下，芬兰于 2007 年 3 月举行了四年一度的全国议会选举，现任总理万哈宁领导的中间党在选举中获胜，以 23.1% 的选票，继续保持芬兰第一大党地位。芬兰议会为一院制，由选民直接选举的 200 名议员组成。执政的中间党虽然在议会中保持了第一大党的地位，但所拥有的议席从原来的 55 席减至 51 席。在野党联合党获得 22.3% 的选票，在议会中所拥有的议席从原来的 40 席增至 50 席，超过社民党，成为第二大党。执政的社民党在选举中仅获得 21.4% 的选票，45 个议席，比原来减少了 8 席。

芬兰第一大党的领导人在选举后进行组阁，由于社民党在这次选举中失利，最终中间党、联合党、绿色联盟和人民党建成新一届四党联合政府。3 月底芬兰新议会举行第一次全体会议，芬兰最大政党中间党议会党团主席蒂莫·卡利在会上当选为新议长，联合党人伊尔卡·卡内尔瓦和社会民主党人约汉内斯·科斯基宁分别当选为第一和第二副议长。4 月芬兰议会举行全体会议，通过投票表决选举中间党主席、上届政府总理万哈宁为新政府总理。万哈宁出生于 1955 年，曾获政治学硕士学位，1991 年首次当选议员进入议会，1994 年至 2001 年担任中间党议会党团副主席，2003 年起任主席。他曾担任过国防部长，并于 2003 年至 2007 年出任政府总理。除总理外，新政府共有 19 位部长，其中来自中间党的有 7 人，联合党 8 人，绿色联盟和瑞典人民党各两人。新内阁 20 位成员中女性人数多达 12 位，这是芬兰历届政府中女性人数最多的一次。

新政府在施政纲领中承诺，本届政府将采取措施促进经济增长，改善就业状况，争取在执政的四年内增加 8 万至 10 万个新的就业机会。在外交和安全政策方面，新政府将发展本国防务和保持可靠的防务能力，致力于欧盟的共同安全，同时也将发展同北约的和平伙伴关系，对是否申请加入北约持保留态度。

在欧盟成员国中，芬兰一直积极支持创立"宪法条约"，认为该条约的生效符合芬兰乃至整个欧盟的利益。2006 年 12 月，芬兰议会以 125 票赞成、39 票反对、4 票弃权的表决结果，批准了"宪法条约"，从而使芬兰成为批准这一条约的第 16 个欧盟国家。早在 2006 年 6 月，芬兰总理万哈宁就明确表示，希望议会能在芬兰 2006 年下半年担任欧盟轮值主席国期间批准宪法条约，以推动欧盟其他成员国的批准工作。欧盟25国首脑于2004年10月在意大利签署了宪法条约。按照规定，这个条约将在所有成员国批准后于2006年11月1日正式生效。然而，法国和荷兰在2006年先后举行全民公决否决了"宪法条约"，使得该条约的前景不甚乐观。2006年6月，出席欧盟首脑会议的欧盟国家领导人一致同意，拟在2008年年底前就"宪法条约"的问题达成一致。

是否加入北约的问题，仍是芬兰国内关注的热点之一。2006年11月，美国总统布什在北约首脑会议上提出一项包括芬兰、瑞典、日本、韩国和澳大利亚五国在内的新的全球伙伴关系计划，以便使北约与这五国建立密切的伙伴关系。五个国家将参加北约举行的各种会议以及北约领导的维和与控制危机行动。芬兰总理万哈宁表示与北约的关系并不意味着芬兰将加入北约。芬兰目前的地位比以往任何时候都稳定，其周边安全环境也在继续向更好的方向发展。如果加入北约，芬兰将不得不参与北约的控制危机行动，向高危地区派遣部队，这不仅会增加芬兰的军费负担，还会增加芬兰人的担忧。而且，由于芬兰现已加入欧盟快速反应部队，因此芬兰没有必要再加入北约的快速反应部队。他表示芬兰希望更多地参与联合国以及欧盟授权进行的控制危机行动。2006年11月，芬兰最大日报《赫尔辛基新闻》公布的一项最新民意测验结果表明，在芬兰全国公民中，59%的人反对芬兰加入北约。大多数芬兰人担心，一旦芬兰加入北约将会卷入与芬兰没有直接关系的国际冲突。

瑞　　典

瑞典仍然是欧盟经济增长速度最快的国家之一，2006年瑞典经济增长4.4%，达到最近30年以来的最高水平。这主要是由于个人消费稳定增长，以及投资处于周期的上升阶段而导致国内需求旺盛，从而带动经济的快速增长。2006年国内需求对经济增长的贡献率达到3.3%，是净出口对经济增长贡献的近三倍，成为经济增长的主要驱动力。2007年，瑞典经济增长略有回落，但仍然保持着较快的增长速度，预计全年经济增长3.8%。由于国内需求增长促进了对进口商品的需求，而在良好的就业形势、税收减少和实际工资增加的推动下，个人消费将稳定增长，因此国内需求仍是2007年经济增长的主要驱动力。由于经济快速增长，劳动力市场得到明显改善，2006年失业率下降为7%。根据瑞典就业服务局的统计数据，2007年5月底，失业率达到16年以来的最低水平，预计2007年失业率将进一步下降为6.4%。尽管经济增长迅速，但是通货膨胀率仍处于较低水平，2006年为1.5%，预计2007年为1.2%。

2006年9月，由在野的瑞典温和联合党、人民党、中央党和基督教民主党组成的中右联盟，在四年一度的瑞典议会选举中获胜，取代了以社会民主党为主的联合左翼党、环境党组成的中左联盟，将在之后的四年内执政。在大选中失利的瑞典社会民主党政府首相约兰·佩尔松辞去首相和社民党主席职务，莫娜·萨林接任社民党主席职务，佩尔松从此告别政坛。作为一名政治家，58岁的佩尔松已在瑞典政坛活跃了30年。他从1996年起担任瑞典首相长达10年，是一名出色的政治家，甚至他的竞争对手也都对他持高度评价。在佩尔松卸任之后，中右联盟的赖因费尔特当选为首相，年仅41岁的赖因费尔特成为瑞典1926年以来最年轻的首相。赖因费尔特于1991年当选瑞典议会议员，1992年成为温和联合党青年组织的领导人，2003年开始担任温和联合党主席。赖因费尔特在选举中提出对瑞典的福利制度进行适当的小幅调整、减少中低收入家庭的所得税及鼓励就业等一系列主张，赢得了许多选民的支持。温和联合党成员佩尔·韦斯特贝里担任议会新议长。

2006年10月，以赖因费尔特为首的新政府公布了政策纲领，主要包括改善中小企业税收状况，鼓励企业雇用新人，减少公共财政支出，取消房地产税收，改善学校教育现状，提高平等和移民融入社会的状况，减少医疗排队现状等。在外交政策上，新政府将更开放和积极地参与欧盟内部的工作，为2009年瑞典做欧盟轮值主席国做准备。

瑞典公众对欧盟继续持积极态度。2007年5月，根据瑞典哥德堡大学的调查，由于欧盟对环境的关注，和国内食品价格的下降，瑞典反对欧盟的人数降至历史最低水平。根据2006年年底的民意调查，对欧盟持积极态度者的比重（43%）首次明显超过反对者比重（31%），其中要求瑞典退出欧盟的人仅占27%，为历史最低水平。然而，对于是否加入欧元区，大多数瑞典人仍然持反对态度。2006年12月瑞典统计局的民意调查显示，从2003年的公民投票以来，反对加入欧元区的瑞典民众仍占多数。2006年10—11月的电话调查结果表明，反对加入欧元区的人数占51.5%，赞成加入的占34.7%，尚未决定的占13.8%，因此瑞典在一段时期内仍然可能不会加入欧元区。

丹　麦

2004到2006年，可以称得上是丹麦经济的黄金增长时期，2006年经济增长3.2%，达到2001年以来的最高水平。随着房地产价格的下降，预计2007年经济增长将略有下降，为2.3%，经济增长速度放缓将有助于缓解经济过热的压力。在就业增加、房地产市场发展良好和低利率的推动下，2006年个人消费增长3.4%，继续成为经济发展的主要驱动力。另外，投资迅速增长11%，也有效地推动了经济增长。2006年丹麦进口和出口均迅速增长，但是进口增长速度显著快于出口，因此净出口仍然为负值，净出口对经济增长的贡献率为－1.9%，远低于国内需求4.4%的贡献率。伴随着经济高速发展，丹麦呈现出就业增加、通胀率低和政府财政盈余巨大的良好发展势头。失业率继续呈下降趋势，2006年失业率为3.9%，2007年1月失业率降至3.8%，创历史最低纪录，预计2007年失业率继续下降为3.3%。丹麦经济在保持快速增长的同时，总体物价和工资水平保持了平稳增长，2006年通货膨胀率为1.9%，2007年将继续保持这一增长速度。

丹麦的养老金保障体系明显优于其他欧盟国家。2007年3月，根据欧盟有关机构的调查，丹麦养老金保障体系在欧盟中排名第一。调查主要是从四个方面来评估的：劳动力市场养老金的分配、仅依靠养老金作为生活来源的老人的生活水平、国家目前和将来在养老金方面的公共开支、国家人口构成。丹麦在这四个方面均名列第一。

2007年4月，世界经济论坛的最新调查报告表明，2007年在高科技推动经济增长方面，丹麦跃居榜首，然后依次是瑞典、新加坡和芬兰。这主要是由于丹麦政府较早确定科技发展目标，并为此实施了一系列行动计划。例如，丹麦较早地开放了电信产业，重视信息和通信技术的教育、创新和推广等，所有这些措施都促进了丹麦科技产业的发展。从世界经济论坛公布的排名看，北欧国家均名列前茅，而欧洲其他主要发达国家的排名则相对落后，例如德国、法国和意大利分别位于第16、23和38位。

丹麦对欧盟的支持态度呈上升趋势。2007年6月，欧盟监测数据显示，66%的丹麦人支持丹麦作为欧盟成员，支持率居欧盟成员国的第三位，仅次于波兰和斯洛文尼亚，较上一年增加5%，达到1994年以来最高点。另有79%的丹麦人认为，丹麦作为欧盟成员国从中受益，这一比率仅排在爱尔兰和立陶宛之后。分析人士认为，多数丹麦人对欧盟前景报有信心主要得益于丹麦的强势经济，有99%的丹麦人认为本国经济发展状况良好，这一比例在欧盟各国名列榜首。

挪　　威

2006年挪威经济增长2.9%，预计2007年将增长3.1%。2006年经济增长的主要驱动力仍然是国内需求，这主要表现为在实际收入快速增长的影响下，个人需求迅速增长4.3%，同时房地产投资也出现快速增长。2006年挪威的出口和进口均呈现快速增长，出口增长1.5%，进口增长9.1%，由于进口增长迅速，净出口对经济增长贡献率仍然是负值，但是比上年略有回升，贡献率为 – 1.9%，2007年受出口增长迅速和进口增速减缓的影响，净出口对经济增长的贡献率继续回升，预计为 – 0.3%。

受经济增长的影响，劳动力市场形式较好，2006年失业率由2005年的4.6%下降为3.4%，2007年将继续下降为2.7%。为防止通货膨胀，2007年8月，挪威再次提高利率，增加了0.4个百分点，利率水平达到4.75%。由于石油价格的攀升曾导致挪威经济一度过热，并引起全国范围的购买热潮。为避免通货膨胀，挪威央行采取一系列利率微调措施，这是近两年的第11次调息，目前的利率水平已经比2005年增长了两倍之多。2006年挪威通货膨胀率为2.3%，2007年预计将下降为1.1%。总之，由于通货膨胀率低，就业增长接近历史最高水平，国际货币基金组织对挪威的经济的评估也表现出乐观态度。

本年度，挪威与美国的关系出现微妙的变化。2007年9月，美国通过其驻挪威大使馆对挪威草拟《反恐法》提出异议，引起挪威各方不满。挪威议会司法委员会副主席、议员贡纳尔·巴洛表示，如果按照美国的方式反恐，对挪威来讲意味着整个国家朝着背离法治国家的原则走了一步。挪威司法大臣克努特·斯托尔博格说，美国的意见不会对挪威立法带来影响。9月13日，就在北约准备下周在挪威举行军事演习之际，挪威军方以节约军费开支为由退出了此次演习。

为了节省开支，迪森还建议关闭在挪威斯塔万格的北约军事基地，但是由于担心造成失业而被当地政府否决。

挪威仍然是欧盟中未加入欧元区的少数国家之一，但是近期挪威有可能将欧元作为支付货币。为了降低银行间的跨国交易费用，从2008年1月1起，顾客可以采用欧元用电子方式付账单。

冰　岛

冰岛经济增长明显减缓，2006年经济增长由2005年的7.2%下降为2.6%，2007年将继续下降，预计增长0.8%。这主要是由于近几年冰岛经济高速增长，为了防止经济过热，2004年中开始实行紧缩货币政策，以减缓经济增长速度。2006年尽管住宅投资仍然强劲，但是已经有效地抑制了个人消费，使得个人消费由2005年的12.9%降到4.6%，预计2007年将继续下降为 -0.1%。另外，随着与铝业相关的投资项目接近尾声，商业投资增长速度也显著减缓。受国内需求锐减的影响，进口和出口增长都迅速减慢，2006年进口增长由2005年的29.3%迅速下降为8.8%，出口增长由7.2%下降为 -5.6%；2007年进口将继续下降，出口出现回升，预计进口和出口增长速度分别为 -4.7%和8.3%，净出口将成为拉动经济增长的主要动力，其对经济增长的贡献率将由持续多年的负值转变为正值，预计2007年净出口贡献率将为5.1%。尽管冰岛经济增长明显减缓，但是仍然存在通货膨胀的压力，2006年通货膨胀上升为6.7%，预计2007年将回落至3.3%。失业率仍然保持在较低水平，2006年失业率为2.9%，预计2007年仍然保持这一比率。

2007年5月，冰岛举行四年一度的议会选举。本届选举有6个政党参加，选民按比例代表制在全国6个选区选出63名议员。冰岛近年来经济发展迅速，就业情况良好，选民对当前经济生活比较满意，这对现任政府在选举中赢得了有利的支持。选举前的多次民意调查显示，联合执政的独立党和进步党的支持率领先于其他政党，但是本届议会选举仍然是冰岛历年来最势均力敌的一次选举。选举结果是现任总理吉尔·哈尔德领导的独立党获得25个议席，仍为议会第一大党，但是与独立党联合执政达16年的进步党仅获得7席，这为新政府的组成增添了变数；两党联盟随后宣告解体。由社会民主党、人民联盟和妇女组织组成的左翼的社会民主联盟获得18个议席，成为议会第二大党。独立党与社会民主联盟领导人在会晤后表示两党将合作组阁。

在总统格里姆松的授权下，独立党与社会民主联盟正式组成冰岛新一届政府。冰岛独立党和社会民主联盟在内阁中各占 6 个部长职位。独立党主席、前任总理吉尔·哈尔德继续担任总理一职，社会民主联盟主席英伊比约格·索尔伦·吉斯拉多蒂尔担任外交部长。另外，曾在哈尔德内阁中担任交通部长的独立党人士斯图德拉·博兹瓦尔松将担任冰岛议会议长。

冰岛新政府表示本届政府将是一个和解的政府，将把冰岛社会所有成员间的平等当作政府关注的重点之一。新政府将建立一个自由、注重改革的政府，致力于发展有活力的经济，加强福利制度，改善每个家庭的财经状况，增强冰岛公司的市场竞争力。

中东欧诸国

2007 年，中东欧各国经济发展速度在欧盟成员国范围内依旧名列前茅，但每个国家均不同程度地存在着各种问题，这些问题也是制约他们加入欧元区的关键。政治上，维谢格拉德集团 4 个国家出现不稳定迹象。在外交方面，中国与中东欧各国的交往显示出勃勃生机。

经 济 形 势

根据匈牙利中央统计局 2007 年 9 月发布的数据显示，匈牙利2007 年上半年 GDP 增长为 1.9%。相对于第一季度 2.8% 的增长，第二季度仅为 1.2%，经济增长趋缓势头非常明显。下降主要原因为国内市场需求停滞、个人消费低迷、投资特别是建筑业下滑幅度大。2007 年 1—7 月份匈牙利全国职工人均税前工资同比增长为 8.2%（2006 年 12 月为 11.9%），净工资增长为 1.8%（2006 年 12 月为8.3%），但考虑到通货膨胀因素，其人均收入实际上下降了。2006年底匈牙利国内消费品价格指数就有升高趋势，但全年平均水平保持在 3.9%。从 2007 年 1 月开始，通货膨胀率同比直线上升，达到7.8%；1—8 月份平均在 8.5% 以上，在全部 27 个欧盟成员国中，排在第一位。其中，与居民生活水平息息相关的食品价格涨幅最明显，1—8 月份同比增长均在 10% 以上。二季度匈牙利国内经济投资总体下降 0.4%，其中建筑业投资下降尤甚，为 8.2%。对外贸易增长是匈牙利经济发展中不多的亮点之一。2007 年 1—7 月份对外贸易额为1034.5 亿美元，同比增长 26.4%。其中出口额为 513 亿美元，同比增长 27.5%；进口额为 521.5 亿美元，同比增长 23.6%。贸易逆差为 8.5 亿美元，同比下降 47%。

波兰中央统计局发布的数据显示，2007 年波兰经济运行良好。第一季度 GDP 增长为 6.8%，估计全年增长为 6.5%，投资的增长成为推动经济的主要因素。1—6 月份，总体投资同比增长 31.4%，其中工业投资增长 28.7%，建筑业增长 77.9%。本年度，困扰波兰多年的失业率过高问题也有所缓解。第一季度月平均失业率为 11.3%，第二季度为 9.6%，下降幅度非常明显。值得注意的是，波兰国内企业界人士对于快速的经济增长及良好的经济运行环境的成因给出了不同的解释。他们认为，这些成果并不归功于政府的作为，而主要是大量的劳动力外流到其他欧盟国家就业，同时本国企业加速技术进步的结果。而政府在推动经济发展方面则乏善可陈，长此下去经济增长将难以为继。在国际贸易方面，2007 年贸易逆差加大。2007 年上半年波兰外贸出口 630.76 亿美元，同比增长 22%，进口 727.29 亿美元，同比增长 24.7%，外贸逆差 96.53 亿美元，据预计全年出口将增长 14.5%，进口将增长 16%。欧盟各国是其外贸的主要对象，占出口总额的 80%，进口总额的 65%；中国为波兰第四大进口国，占其进口总额的 6.8%。

2007 年捷克经济呈快速增长态势。第二季度 GDP 同比增长 6%，与第一季度相比增长 1.4%。其中，制造业增长 10.5%，批发零售业和机动车修理业增长 14.2%，不动产租赁及销售业增长 11.3%。对外贸易快速增长，1—7 月份进出口分别增长 15.3% 和 17.3%。据捷克中央统计局数据，上半年，捷克对外贸易总额增长 15.4%，自 20 世纪 90 年代以来第一次在上半年产生顺差。捷克进出口快速增长的主要原因有：经济快速增长，工业生产扩大；欧盟国家经济稳定发展，为捷克出口提供了良好的市场；国际市场原料价格稳定，进口成本下降；捷克企业从中国进口原材料和半产品增加，降低了生产成本。在就业方面，捷克 2007 年二季度失业率为 5.3%，较上年同期下降 1.8%，达到近九年来最低水平。大学毕业生的失业率稳步下降，为 1.2%，受教育较低人群的失业率仍旧很高，为 20.1%。与此同时，捷克的一些岗位缺少劳动力，尤其是熟练的技术工人，目前缺口为 5 万人，据预测在 25 年内这一数字将达到 40 万。造成上述现状的主要原因在于近年来捷经济持续保持高速发展，各领域外资企业不断涌入捷克市场，同时捷本土发展势头较好的企业也不断扩大生产规模，对熟练技工的需求日益扩大。

2007 年斯洛伐克经济高速发展，第二季度 GDP 增长达 9.4%，在所有欧盟成员国中名列第二。促进经济发展的主要因素为多个行业产值增加，国内需求旺盛和对外贸易增长强劲。工业增长为 15.9%，交通运输、通讯、电、气、水供给都比同期增长了 12.6%，建筑业增长为 9.6%。2007 年 1—7 月，斯洛伐克出口总额达 237 亿欧元，增长 19.9%，进口 242 亿欧元，增长 14.1%。中斯贸易增长迅速，斯从中国进口总额增长 62.2%，出口增长 55.7%，但值得注意的是中斯贸易的绝对数量还是不多，仅占其进口额的 4.7%，出口额的 0.7%。斯洛伐克最大的贸易伙伴仍旧是欧盟各国，进、出口分别占其总额的 70.3% 和 87.4%。随着波兰失业率的下降，斯洛伐克成为欧盟失业率最高的国家，2007 年第二季度失业率为 11.1%，同期欧盟平均失业率为 7%。

根据拉脱维亚中央统计局统计，2007 年上半年，拉 GDP 同比增加 11%，是欧盟所有 27 个成员国中经济发展最快的国家。其中贸易增加 14%，服务业和交通运输业均增长 9%，建筑业增长 16%。但是，对拉经济发展存在着不同意见，其中有人认为拉高速增长是以牺牲宏观经济稳定为代价的。国内需求旺盛，出口竞争力下降，导致经常项目赤字已经突破 GDP 的 20%。同时，外国资本的大量流入引发了前所未有的借贷增长，根据标准普尔的预测，对私有企业及除银行以外公共行业的贷款在 2008 年可能达到 GDP 的 100%。拉脱维亚货币紧盯欧元提高了稳定性，但因为减少了汇率风险，更刺激了借贷增长。拉脱维亚 200 亿美元的外债相当于 GDP 的 100%，其中 43% 的外债是短期及私营企业的，而提供贷款的银行，以外资居多，它们提供贷款时往往不会过多地考虑宏观经济形势。紧盯欧元又限制了中央银行利用货币政策控制通货膨胀的能力，致使通胀率大幅上升。从 2007 年 1 月开始，通胀率一直在 7% 以上，8 月份更是达到了 10.1%。其中，食物平均增长在 10% 以上，服务行业价格增长在 12% 以上。2007 年前半年，拉脱维亚对外贸易大幅增加，增长幅度居欧盟成员国第二位，进、出口增长分别达到同期的 29% 和 24%。

2007 年爱沙尼亚经济高速发展，第二季度 GDP 增长 7.6%，预计全年经济增长约为 8%，但和前几年 10% 以上的发展相比增长趋缓。其主要原因是国内需求减少、经济行为的附加值降低以及对外贸易增长的放缓。建筑业增长放缓明显，第二季度仅为 7%，与之前若干季度 20% 以上的涨幅形成巨大反差。与之相关，但并不包括在国内需求之中的房地产消费第二季度增长了 12%，为近 7 个季度的最低点。同时，物价上涨过快，8 月份通货膨胀率达到 5.7%，其中住房价格上涨最为迅速，同比涨 16.6%；另外，食品、医疗、服装等与百姓生活息息相关的行业产品价格涨幅均在 5% 以上。2007 年上半年，爱沙尼亚对外贸易额同比略有增长，但 6 月单月进、出口都出现了负增长，与前一个月相比均下降 8% 左右，与上年同期比较也下降了 2%。爱沙尼亚经济发展的另外一个问题是由于劳动力缺乏而导致的工资增长过快，这一现象在某些行业中体现得尤为明显。与上年同期比较，2007 年二季度平均月工资增长 21%，矿石开采、建筑业的工资都存在 30% 以上的增长。据预测，劳动力缺乏的现状将使雇员工资持续走高，要抑制这种状况只能对现代生产企业和科技进行投资。

2007 年第二季度立陶宛国内生产总值达到 92.6 亿美元，比 2006 年同期增长 8%，预计 2007 年全年经济增长 8.6%。其中建筑业产值同比增长 17.3%，贸易、餐饮、交通、通讯业产值同比增长 10.7%，工业、农业产值增长缓慢，分别比上年同期增长 4.3% 和 1.9%。2007 年一、二季度人均月收入均比 2006 年同期增长 20% 以上，其中第二季度公共服务部门的人均月收入同比增长 16.5%，私营部门人均月收入同比增长 22.7%。物价十分稳定，8 月份通货膨胀率仅为 0.3%。就业状况良好，失业率为 2.8%。对外贸易平稳增长，进、出口同比分别增加 15.4% 和 7%，但贸易赤字进一步加大，1—6 月份约 33 亿美元，比上年同期增长 42.4%。

政　治　形　势

近两年来，由捷克、匈牙利、波兰和斯洛伐克 4 个中东欧国家组成的维谢格拉德集团开始出现不稳定迹象。从 2006 年匈牙利声势浩大的反政府示威，斯洛伐克带有极右色彩的新政府的成立，到捷克连续几个月的无政府状态，再到 2007 年波兰议会提前进行大选，各国政坛风波接连不断。

2006 年 6 月，捷克进行国会大选，戏剧性的结果是两对立的党派联盟均获得总数为 200 个议席中的 100 席，导致第一大党公民民主党领导的基督教民主联盟与人民党、绿党三党联和组成的新政府欲获得议会通过异常艰难。2006 年 9 月 4 日，总统克劳斯任命以公民民主党主席托波拉内克为总理，包括 15 名部长的新政府。10 月 3 日，新政府在议会表决中以 96 票赞成、99 票反对的结果未能获得议会支持，随后政府提出辞职。这是捷克成为独立国家后议会首次未通过对新政府信任案。根据捷克宪法，议会政党有 3 次组阁机会。如果 3 次组阁失败，总统有权解散众议院，在 2 个月内重新举行议会选举。2006 年 11 月 8 日，克劳斯再次任命托波拉内克出任政府总理，负责组阁。就在第二次议会表决前不久，两名在野的社民党党员突然与三党执政联盟签署协议，支持新政府获得通过。此举使得议会内本来 100 对 100 的天平发生倾斜。社民党上下声讨"叛徒"，并指责公民民主党用金钱收买，手段卑劣。然而两名社民党议员却声称：长期的政坛争斗只符合个别集团的私利，损耗的却是国家的尊严和时间，他们愿意站出来结束这一局面。2007 年 1 月 19 日，众议院以 100 票赞成、97 票反对的表决结果通过对新政府的信任案，结束了长达 7 个月之久的无政府状态。政府虽然成立，但总理托波拉内克却只能抱谨慎的乐观态度。在党内，由于他的政府把财政部长、地方发展部长以及外交部长的重要席位都拱手让给另外两个党派，遭到党内部分势力的谴责。在党外，三党联盟的政策中涉及的减税、减少政府的社会补贴、关闭泰梅林核电站等一系列问题都遭到在野的社民党和共产党的一致指责。未来各种改革法案是否能在议会中得到通过，前景颇多疑云。

2007 年波兰发生了议会被解散的政治风波，其根本原因可追溯到 2005 年的国会大选。当时的议会第一大党法律与公正党在大选后上台执政。该党于 2006 年 5 月与波兰家庭联盟和自卫党组成执政联盟，三党在共计 460 个席位的国会中分别占据 156、37 和 46 席，但三党联盟内在内政外交上一直分歧不断。一方面自卫党和波兰家庭联盟强烈指责法律和公正党以反腐为名滥用强力部门的权力，另一方面三党在美国计划在波建立反导系统、波向伊拉克和阿富汗出兵等问题上争吵不休。执政联盟内讧加剧并走向解体。2007 年 7 月初，法律与公正党领袖卡钦斯基兄弟（弟为总统，兄为总理）以自卫党主席莱佩尔（时任政府副总理兼农业部长）与腐败丑闻有牵连为由解除其在政府中的一切职务，莱佩尔随后宣布自卫党将退出联合政府，三党执政联盟正式解体。波兰家庭联盟和自卫党所有内阁部长被尽数解职，法律与公正党一党独立执政，陷入议会"少数派"的境地。随后，在反对党的联合对抗下，议会基本上陷入瘫痪状态，法律和公正党面临极为困难的选择，如果继续单独执政，政府将难有作为，除了提前举行议会大选，已别无选择。根据波兰宪法，提前举行大选须经议会2/3多数表决通过，即波兰议会众议院460名议员中至少有307名议员投票支持。9月7日，国会以377票赞成、54票反对、20票弃权通过由波兰民主左派联盟党提出的议会自动解散议案，新一届的选举将在10月21日举行。虽然提前举行议会选举被波兰主要党派当做结束危机的唯一出路，但波兰政坛的力量对比并没有发生根本变化。民意调查显示，各政党的支持率基本保持在上次大选前的水平。新一届大选后仍将没有一个政党能够在议会赢得独立组阁所需的多数支持，因此下一届波兰政府仍可能是联合政府。自1990年以来，波兰没有一届联合政府圆满结束任期，因此很难保证下一届联合政府不会重蹈覆辙。提前议会选举的决定能暂时缓解波兰政坛目前面临的危机，但很难从根本上解决波兰国内政坛动荡的局面。

2007年3月5日，爱沙尼亚举行议会选举。现任总理安德鲁斯·安西普领导的中右翼政党改革党获得27.8%的选票，在总数为101的议会席位中得到31席，成为第一大党，被赋予组阁权。中间党获得26.1%的选票和29个席位，位居其次。第三位为祖国联盟，获得19个席位。4月2日新议会举行第一次会议。在当天有98名议员参加的无记名投票中，来自议会党团祖国与自由联盟的埃尔格马获得91票的支持，当选为新一届议会议长。现年63岁的埃娜·埃尔格马曾在2003年至2006年期间任爱沙尼亚议会议长，是爱沙尼亚历史上的首位女议长。此次议会选举还有一个新奇之处，选民们可以从网上投票，由此爱沙尼亚成为世界上第一个通过互联网举行议会选举的国家。合格选民从4日至7日可以在网上投票。因为有人担心在家里或工作地点上网投票可能会使选民受到压力，不能按自己的意愿投票，从而影响选举的公正性。所以爱沙尼亚法律规定，已在网上投票的选民还有第二次投票的机会，即如果选民对网上投票反悔，还可以在11日去投票站用纸质选票再投一次。如果一名选民投了两次票，那么他在网上投的票将作废。4月3日，改革党舍弃了之前的盟友——中间党，与其存在相同政治理想的祖国与自由联盟及社会民主党达成协议，联合组成中右翼政府，在议会中占有60个席位，总理仍由安德鲁斯·安西普担任。中间党则在本届议会中成为反对党。

2006年10月7日拉脱维亚举行1991年独立以来第四次议会选举。根据拉脱维亚宪法，议会为国家最高立法机构，实行一院制，由100名议员组成，任期4年，所有议席将由大选中获得5%以上选票的政党按得票比例进行分配。当地时间 7 日上午 7 时起，各地选民陆续前往投票站。本次选举共有来自 19 个政党的 1024 名候选人参加角逐。在全国 229 万人口中，合法登记选民近 148 万。全国各地设有 953 个投票站，在国外还设有 53 个投票站。来自美国、挪威、乌克兰、瑞典等 10 个国家和欧安组织及欧洲议会的 100 多名观察员参与监督这次选举。8 日，最终选举结果揭晓，人民党共获得 19.33% 的选票，在 100 个席位的议会中获得 23 席。现议会议长乌德列的绿党和农民联盟获得 16.56% 的选票，得到 18 席。新时代党获得 16.15% 的选票，也得到 18 席。左翼的和谐中间党获得 14.35% 的选票，在议会占据 17 个席位。此外，拉脱维亚第一党和拉脱维亚道路竞选联盟、祖国与自由联盟、为了统一的拉脱维亚人权党也均突破 5% 的门槛进入新一届议会，分别获得 10 个、8 个和 6 个席位。选举结果揭晓后，共有 59 个席位的人民党、绿党和农民联盟、拉脱维亚第一党和拉脱维亚道路竞选联盟以及祖国与自由联盟同意组建联合政府，并共同推举现总理卡尔维季斯继续领导政府。2006 年 11 月 7 日，拉脱维亚新一届议会以 58 票赞成、41 票反对的表决结果通过政府组成名单。总理卡尔维季斯表示新政府的主要任务是加强法治，打击腐败、犯罪和走私活动，保证政府工作公开和透明，把拉脱维亚建设成一个社会稳定、有竞争力和高速发展的国家。

对 外 交 往

2007 年，爱沙尼亚与俄罗斯的摩擦引起了世界广泛关注。2007 年年初，爱沙尼亚议会通过《军人入葬保护法》，规定国家在建设新的公共设施需要用地时或者是出于安全考虑，可以将军人墓地、纪念碑等搬迁。随后，爱沙尼亚官方以墓地建在市中心影响交通为由计划拆除位于首都塔林市中心的苏联红军纪念碑。显然，这一行动有更深层次的原因，更多人相信这是爱沙尼亚民族情绪的一种表现。自从独立后，爱沙尼亚一直不遗余力地进行去俄罗斯化的运动，如用英语替换俄语成为官方语言之一，加入北约，加入欧盟，等等。苏联红军纪念碑则被一些爱沙尼亚族人视为俄国人统治爱沙尼亚的象征，务要拆除之而后快。但在爱沙尼亚 130 万人口中有 30 万俄罗斯族人，他们将苏联红军纪念碑视为反法西斯战争的象征，因此这一问题引发了爱沙尼亚国内的民族矛盾。在爱沙尼亚政府表态有意拆除铜像并搬迁墓地后，一些爱沙尼亚的俄罗斯族人组成了"守夜队"，日夜看护在墓地周围。2007年4月26日，守护墓地的人与爱沙尼亚警察发生首次冲突，但并不严重。26日傍晚过后，1500多名示威者开始聚集到公墓，其中部分人试图冲破警察封锁线。警方用高压水枪、橡皮子弹、声光弹和催泪瓦斯还击，激烈的冲突造成1人死亡，50多人受伤，并有300多人遭逮捕。后经确认，被刺死青年为永久居留爱沙尼亚的俄罗斯公民。28日俄罗斯外交部谴责爱沙尼亚警方"对示威者过度使用武力"，同时表示要对爱沙尼亚进行经济制裁并威胁断绝外交关系。至此，这一事件已上升为爱、俄两国的外交争端。爱沙尼亚拆除苏联红军解放塔林纪念碑而引发的爱俄关系恶化反映了两国深层次的矛盾，其背后又有欧盟和北约的影响，因而爱俄关系恐怕难以在短时间内得到真正缓解。

2007年，中东欧各国与中国交往频繁。从5月23日开始，中国全国人大常委会委员长吴邦国对匈牙利和波兰进行访问。在匈牙利访问期间，吴邦国分别同总统绍约姆、议会主席西利和总理久尔恰尼等匈牙利领导人举行会见或会谈。会谈过程中，吴邦国肯定了双边良好的政治关系，这种关系有力地推动了经贸合作的发展，双边贸易额快速增长，相互投资日趋活跃，更为可喜的是，企业已成为中匈贸易、投资和产业合作的主体。他希望两国企业通过多种方式进一步加深了解，寻找合作机会，拓展合作领域，创新合作方式，实现互利双赢。匈牙利高层也强调中国是匈牙利在亚洲最重要的合作伙伴，通过加强匈中经贸合作从而进一步促进欧中合作，使匈牙利成为中国与欧盟合作的物流、金融、贸易中心。

吴邦国在波兰访问期间会见了波兰总统莱·卡钦斯基、众议长多恩及波兰总理雅·卡钦斯基。在这些会谈中，吴邦国肯定了中波关系的发展，同时提出了双方从三个方面加强合作的建议：一是进一步改善贸易结构。应充分发挥两国政府和双边经济联委会在推动经贸合作中的指导和协调作用，增加两国企业的接触和了解。中方鼓励中国企业进口适销对路的波兰产品，希望波兰企业利用广交会、哈交会等平台推介其优势技术和产品，积极开拓中国市场。二是进一步拓展合作领域。2008年北京将举办奥运会、2010年上海将举办世博会，波兰与乌克兰将于2012年共同举办欧洲足球锦标赛，双方在场馆和基础设施建设领域的合作大有可为。三是促进相互投资。中国政府支持中方企业到波兰投资兴业，与波兰企业共同开拓欧洲市场，也欢迎波兰企业来华发展。

本年度中东欧国家领导人频繁访问中国。匈牙利总理久尔恰尼·费伦茨、斯洛伐克总理罗贝尔特·菲乔均对中国进行了国事访问。

在文化交流方面，横跨 2007 与 2008 年的中国"匈牙利节"包括了匈牙利文化周、音乐会、经贸洽谈会、文学讨论会等多项活动，对双方的文化交流与发展将起到不可估量的作用。2007 年，中国教育部在波兰还建立了孔子学院，旨在弘扬中国文化、推动汉语教学和促进中波文化交流。

巴尔干地区

本年度巴尔干地区政治、经济形势引人注目。目前巴尔干地区国家的首要问题是加入欧盟，并以入盟为目标带动本国的经济发展和社会改革，摆脱贫困落后和消除种族冲突。保加利亚和罗马尼亚在2007年1月1日正式加入欧盟，进一步刺激了巴尔干地区其他国家的入盟愿望；土耳其在入盟问题上继续遭遇阻碍，西巴尔干大多数国家因欧盟内部原因而被推迟入盟议程。经济上，巴尔干各国继续上一年的良好发展势头，各国 GDP 稳定增长，但发展速度参差不齐，经济领域的结构性问题比较突出。本年度中国与巴尔干国家的双边关系发展顺利，但双边贸易逆差依然严重。

经 济 形 势

巴尔干国家近年来在市场经济改革方面取得明显进展，但结构性问题仍旧比较突出，对外援依赖较大，企业抵御市场风险能力较低。该地区绝大多数国家已经完成中小企业的私有化，但在大型企业的私有化方面困难重重。本年度巴尔干国家经济继续增长但发展速度参差不齐。

据罗马尼亚国家统计局 2007 年 3 月 6 日公布的数据，2006 年罗马尼亚 GDP 增长 7.7%。经济增长迅速，但贸易赤字比较严重，2007年第一季度罗贸易赤字再创新高，同比猛增 72%，其中与欧盟其他国家贸易逆差更是增长了三倍。2007 年是罗马尼亚入盟的第一年，是罗经济社会等各领域发展的至关重要期。随着在法律规范等方面与欧盟的进一步接轨，罗经济将保持平稳较快增长，社会将更趋稳定，投资环境也将进一步改善。2006 年 11 月罗国家预测委员会对未来 5

年国家经济情况进行了预测：2006—2010 年，随着罗马尼亚经济规模不断扩大，增长速度将呈逐步放缓趋势，但仍将高于欧盟国家的平均水平。受工业摆脱低迷、建筑业、服务业和消费强劲增长的拉动，2007 年，罗 GDP 预计将增长 6.7%。罗未来工作重点是进一步强化企业竞争力和抵御市场波动能力，实行稳健的财政政策，进一步抑制通货膨胀。

据保加利亚国家统计局统计，保 2006 年 GDP 增长 6.1%，是 1989 年以来增长最快的年份，但低于政府预期的 6.5%。国际货币基金组织对于该国 2007 年的评价是经济表现良好，并一直在稳定和持续的增长，就业率也逐渐提高，通货膨胀适中，这一切都归因于政府谨慎的财政政策和不遗余力地进行结构性改革。微观经济表现富有生机，2007—2008 年经济增长仍会稳定在 6% 左右，通货膨胀会进一步下降。但国家的财政赤字仍保持高位运行，财政稳定与否受国际市场影响较大，抵御经济危机风险的能力很低。因此，保加利亚未来经济政策仍是保持稳健的财政政策，按照欧盟的要求加强企业的结构性改革，维持企业的竞争力，提高居民生活水平，提高劳动力政策的灵活性。

近年来土耳其经历了令人瞩目的经济复兴，合理的经济政策、稳定的政治形势、良好的国际环境使得土耳其经济自 2002 年以来一直保持年平均 7.5% 的增长率。私人消费和投资增加是主要推动力，实际利率下降和大量资金涌入、快速信贷增长和日益提高的生产率是发展的另外动因。目前，土耳其经济已不再依靠传统的经济部门而是更多地向贸易和对外投资开放。土耳其经济也存在一些问题，尤其在微观经济领域过分依赖外资，还有其他一些结构性挑战仍摆在土耳其面前，比如低就业率、有限的财政调节政策，电力供应困难等。国际货币基金组织建议土耳其未来的政策仍要立足于实行严格的财政政策，增加财政透明度，对个人所得税制度进行改革，加强财政金融领域的安全立法，创造更多就业机会。

据国际货币基金组织预测，阿尔巴尼亚 2007 年 GDP 增长率为 6%，财政赤字有望被压缩在 GDP 总量的 7.5% 以下。阿本年度微观经济发展稳定，通货膨胀率也控制在预想的 3% 左右。阿本年度最大的经济问题出现在能源部门，国营电力公司 KESH 管理不善，亏损严重，发电量减少 30%，电力供应不足严重影响了国家和社会的稳定。2006 年，由于天气状况恶化和水资源储备管理不善，该公司对水资源的有效收集率降到 50% 以下，进口电量剧增，但整个东南欧紧张的电力供应状况使电力价格 2007 年又增长了 50%。如果阿政府不采取其他措施，KESH 财政状况恶化将消耗整个国家 GDP 的 1.75%。国际货币基金组织认为，继续追求合理而稳健的微观经济发展战略是该国未来发展战略的重点。针对 KESH 日益恶化的状况，2007 年阿要采取措施改善发电质量，加强公司管理，减少国家对电力公司的资助，加快国营公司的私有化并在国际货币基金组织等的支持下走上可持续发展的道路。

据克罗地亚国家统计局的统计，2006 年克全年 GDP 增长率为 4.8%。但克经济分析家对这种经济发展势头并不乐观，克经济过去几年的增长特别是 2006 年的增长主要来自进口、消费性开支和国家对基础设施的投入，而工业生产仅恢复到 1989 年的 85%，出口和研发投入没有显著增长，甚至克经济发展最主要的行业旅游业也没有成为经济增长的动力。服务业已基本被外资垄断，利润完全被外资拿走。世界著名的商业信息服务机构邓白氏在 2007 年 5 月份的报告中认为，克罗地亚信用评级仍为 DB3d，表明仍有轻度投资风险。维也纳国际经济研究所预测克 2007 年 GDP 增长率有望达到 5%。2007 年资本投资将仍是经济增长的主要动力，不过克银行业竞争将会加剧，养老金补发和借贷方便导致个人消费持续增长。因此，国际货币基金组织建议克本年度工作重点是减少财政赤字，改进预算环节并增加财政透明度，加快企业的结构性改革，吸引"绿色产品"投资，改善商业交易环境等。

2006 年 11 月 2 日，塞尔维亚经济部长布巴洛宣布了政府重点讨论的 46 个议题，其中最重要的是 2007 年的预算草案和经济政策以及 2008 年和 2009 年的工作规划。他指出，最近 3 年塞尔维亚的 GDP 增长都在 7% 左右，在国家战略中，计划今后 6 年的 GDP 增长至少要达到 7%。塞经济之所以高速增长，一是能源进口增加；二是消费需求加大；三是出口快速增长。但塞在经济领域也面临一些严重的问题，2007 年前 10 个月的通膨率为 5.6%，预计到年底能达到 7%。预算草案制定 2007 年通膨率为 7.5%。2007 年的预算草案以及 2008 年和 2009 年工作规划的主要目标是围绕入盟开展工作，继续执行严格的经济政策，保持预算平衡和经济持续增长，加速经济体制改革。

黑山经济从 2000 年到 2004 年每年的增长率都高达 6%，2005 年增长率放缓为 4%。目前黑山已完成大规模的私有化项目，经济比较稳定，市场比较成熟。国际货币基金组织的预测和建议是 2006 年 GDP 增长为 5.5%，2007 年为 6%。黑山经济运行良好主要得益于外资的强势投入。国际货币基金组织认为黑山致力于建立一个开放、透明和贸易友好型经济模式，采取低关税和国家最低程度的对经济的干预，这些做法值得鼓励。但存在的问题是高失业率和劳动力市场就业参与率不足，就业政策相对僵化。黑山未来的发展目标仍是建立一种高增长、高就业、低税率和低债务的灵活性经济体系。

2007 年 6 月 20 日，马其顿总理宣布 2007 年第一季度 GDP 增长 7%，为马其顿独立 17 年来经济增长之最快。国际货币基金组织预测，2007 年马其顿的 GDP 增长有可能超过 4.5%。但马目前仍面临许多挑战，外贸进出口增加，贸易逆差继续拉大，仅 2007 年第一季度外贸逆差就达到 3.4 亿欧元。失业率居高不下，官方公布的失业率为 37%，解决贫困问题任重道远。另外马政府管理水平有待提高，政治干预经济管理现象比较普遍。劳动力市场的规定僵化苛刻。2007 年宏观经济政策主要目标是改善商业环境，增加就业，提高人民生活水平，为加入欧盟做准备工作。政府需努力发展市场经济，保证所有公民的经济自由，平等的工作条件；努力进行经济结构改革，通过改革提高企业的竞争力，改善劳动力素质；积极发展私有经济，创造新的就业岗位；提高行政机关办事透明度和效率；改善基础设施；打击腐败；通过各种手段吸引国内外投资者。

2006 年斯洛文尼亚经济增长 5.2%，比上年增幅提高了 1.2 个百分点，为近十年来 GDP 增幅之最。欧盟委员会 2006 年度经济报告高度评价斯能够顺利加入欧元区。报告指出，斯洛文尼亚在 2007 年 1 月加入欧元区前做了充分准备，经济基本标准完全符合欧盟要求：通胀率为 2.5%；财政赤字低于 GDP 的 3%；公债水平低于 GDP 的 30%；人均购买力水平达到了欧盟 79% 的水平；失业率为 6.1%。取得这些成绩的主要原因是：欧盟整体经济环境趋好；斯税改后，基础设施及房地产投资大幅增加；通胀率和利率较低导致信贷的增长。由于欧盟和本国经济持续增长，斯洛文尼亚宏观经济分析与发展研究所（IMAD）预测 2007 年经济增幅为 4.7%。国际货币基金组织建议进行财政改革来抵御市场风险和长期的财政压力，增加财政预算的灵活性，通过银行业的进一步私有化来提高效率，增加劳动力市场流动，减少雇佣成本。

自 2000 年以来，波黑经济平均每年增长 5% 左右。2006 年波黑

GDP 总值达 112 亿美元，同比增长 5.5%。波黑市场物价平稳，通货膨胀率低，货币汇率相对稳定。国际货币基金组织预测波黑 GDP 增长将会维持现在的发展势头。但波黑财政赤字问题较为严重，2006年依靠出口的强劲增长才将赤字减少到占到整个国家 GDP 的 11.5%。到目前为止，波黑主要基础设施的修复还没有全部完成，工业生产只是部分恢复，经济发展总体水平还未恢复到战前水平。更严重的问题是，波黑复杂的宪法安排和种族之间的分歧导致政府政策游移不定。如果这种情况继续下去，财政赤字还可能稳步增长，经济增长良好势头会被破坏，对外国的净负债的数量会进一步增加。政府总体上没有一个中期的计划框架，财政政策的协调能力很弱，改革势头放缓。为了加快经济发展，波黑正在加速公司和国有资产私有化及吸引外国投资。政府的未来政策是维持谨慎的财政政策，通过企业的结构性改革保持它们的竞争力，进一步加快企业私有化和适应市场的能力，建立统一经济体，确保财政稳定。

地 区 政 治

（一）巴尔干国家入盟难度加大

随着罗马尼亚和保加利亚在 2007 年 1 月 1 日正式加入欧盟，许多巴尔干国家纷纷表示出对尽快入盟的渴望：2007 年 8 月塞尔维亚副总理博集达尔·吉里奇在接受媒体采访时称，塞经济战略目标是利用欧洲一体化进程的优势，使塞尔维亚成为最具经济竞争力的欧洲国家之一。吉里奇指出，塞渴望能够尽快加入欧盟，并计划在 2008 年上半年提出入盟申请，下半年可望成为入盟候选国，2014 年成为欧盟正式成员国；克罗地亚萨格勒布经济研究所预测克将在 2009 年加入欧盟；2006 年 6 月黑山正式独立后，新政府副总理久罗维奇立即宣布，黑山的首要战略目标是加入欧盟。

与此同时，欧盟重申先前的承诺，东扩委员会委员瑞恩表示，"欧盟继续向东南欧国家敞开大门"。但 2006 年 12 月中旬欧盟峰会对未来欧盟东扩的定调则表明问题没有那么简单，该次峰会要求欧盟各国对自身的扩大政策进行调整，暂缓接纳新的成员，强调欧盟改革自身制度和增强吸纳新成员能力的重要性。瑞恩强调"欧盟必须在吸收下一个成员之前解决宪法问题"，另外，欧盟理事会也强调欧盟的扩大必须要得到民意支持，并且在考虑经济承受能力和完成宪法改革的基础上来讨论欧盟接纳新成员能力的问题。根据法国的提议，欧盟将会在2007年秋天对所有要求加入欧盟的新国家给欧盟带来"总体和个体的冲击"进行研究，以保证未来吸收新成员国入盟不会影响欧盟保持和深化自身发展。

事实上，欧盟东扩后随着成员国增多，利益博弈的结果更加复杂和不确定。本年度土耳其与塞浦路斯的矛盾表明欧盟内部关系的复杂性。另外，希望入盟的很多巴尔干国家的问题和矛盾都比罗、保突出，政治和经济形势更加复杂，欧盟对它们采取的入盟标准和条件将会更多、更高，条件将不会同以前入盟国家的标准看齐。也就是说欧盟将采取弹性的条件限制政策：一方面通过强化入盟标准来缓解巴尔干国家急切要求入盟的压力；另一方面也想通过更为全面和严格的条件来完整地改造这些国家。在欧盟看来，罗、保两国更像是上一轮东扩的尾声而不是新一轮东扩的先声。

（二）罗马尼亚和保加利亚入盟

2007年1月1日，罗马尼亚和保加利亚正式加入欧盟。从地缘格局来看，罗、保两国的加入使欧盟的版图首次伸向黑海，欧盟在欧洲乃至国际事务中有了更大的权利领域，影响力进一步得到扩张。欧盟委员会的委员人数增加到27人，欧洲议会新增18名保加利亚和35名罗马尼亚的议员。在欧盟最高决策机构理事会内，罗马尼亚将获得14个投票权，保加利亚将获得10票，整个投票权将扩大到345票，特定多数的门槛将提高到258票。

入盟后，罗、保两国将获得更多的资金支持，两国经济也将获得进一步发展的空间。它们的公民在欧洲出行更为便利，可以更方便地到其他欧盟国家学习、工作。同时，入盟对两国的冲击也不可忽视。两国公共服务等方面的价格和消费税将逐步与欧盟接轨，从而可能引起物价水平的上涨。入盟后由于关税取消，欧盟国家的工业产品和农副产品将大批进入两国市场，对其经济产生巨大冲击。另外，欧盟虽然同意罗、保两国如期入盟，但也设定许多条件限制：几乎所有欧盟成员都不允许罗、保两国劳工自由进入；两国的许多肉类产品及奶制品将因卫生标准问题而无法向欧盟出口；欧盟一旦发现其向两国提供的农业补贴或地区补贴被挪用或侵吞，则会立即叫停该类补贴。这些都会对两国融入欧盟产生障碍。

（三）土耳其遭遇入盟难题

土耳其入盟最大的阻碍来自于塞浦路斯。

塞浦路斯自 1974 年以来一直处于分治状态，南部是希腊族控制并得到国际社会承认的"塞浦路斯共和国"；北部则是由土耳其族控制只得到土耳其承认的"北塞浦路斯土耳其共和国"。虽然在联合国的支持下，双方进行了一系列的谈判，但有关塞浦路斯统一问题仍未能达成最终的政治解决方案。2004 年，塞岛南北双方分别举行公决，土族同意接受联合国秘书长安南倡议的南北统一计划，但为南部的希腊族人所拒绝，并以塞浦路斯共和国名义在 2004 年 5 月正式加入欧盟；作为成员国它对土耳其的入盟谈判拥有否决权。

2005 年 7 月，土耳其与欧盟签署《安卡拉协定补充协议》。根据该协议，土耳其将在 2006 年向塞浦路斯开放机场和海港。2005 年 10 月欧盟按时启动了与土耳其的入盟谈判。在谈判过程中，塞浦路斯要求土耳其必须无条件开放对塞的海空口岸；土耳其则坚持向塞浦路斯开放海空口岸的前提是塞必须放弃对塞浦路斯土族人的孤立政策，欧盟必须首先解除对仅得到土承认的"北塞浦路斯土耳其共和国"的经济封锁。欧盟则希望土耳其和塞浦路斯尽快实现关系完全正常化，并强调土耳其应全面执行《安卡拉协定补充协议》，开启与塞浦路斯的贸易关系。2006 年 10 月 16 日土耳其与欧盟再度会谈，欧盟建议塞浦路斯土族将其控制区内的马拉什地区在两年内转交联合国管理；控制区内的马古斯塔港口在联合国的控制下尽快开展对外贸易，土耳其先对塞浦路斯开放一些港口。土耳其不接受这一要求，2006 年 11 月 27 日谈判陷入僵局而不得不宣告结束。

同年 12 月 6 日土耳其向欧盟再提建议，拟向塞浦路斯开放一个港口和一个机场，以挽救谈判僵局。2006 年 12 月 7 日塞浦路斯拒绝了土耳其新建议，要求土方不折不扣地落实自己的承诺，无条件向塞浦路斯开放其港口和机场，而土则表示无法接受，欧盟最终部分冻结了与土耳其的入盟谈判。

欧盟为候选国设定的入盟谈判框架包括 35 个领域的分别谈判，分初期、中期和长期三个阶段逐渐由较次要领域延展到重要领域直至全部领域。目前欧土启动的只涉及初期阶段中的 10 个最次要领域谈判。自 2005 年欧盟和土耳其开启入盟谈判以来，只有科学研究和工业企业政策两个领域的谈判正式启动。同时，欧土间的谈判是"开放式的", 并不能保证土耳其最终能够入盟。如果出现欧盟认为不能接受的情况, 谈判可被随时中止。可见, 土耳其的入盟之路将是漫长而艰难的。

(四) 欧盟与国际社会启动新一轮科索沃未来地位谈判

关于科索沃最终地位问题的谈判是 2006 年 10 月启动的。2007 年 2 月, 时任联合国科索沃问题特使的阿赫蒂萨里提出了解决科索沃问题的方案, 其核心内容是让科索沃成为独立国家, 在最初阶段由国际社会监督, 待政治、经济、社会等方面走上正轨后, 国际社会再从科索沃撤出。这一方案得到科索沃的欢迎和欧盟、美国的支持, 但是由于塞尔维亚的坚决反对和俄罗斯的暗中支持, 3 月 10 日谈判宣告破裂。

2007 年 3 月, 阿赫蒂萨里再次向安理会递交科索沃未来地位问题的综合性建议, 仍主张科索沃在国际社会监督下实现独立。美国等国在阿建议基础上提出多项关于科索沃问题的决议草案, 但由于俄罗斯的反对, 美国等西方国家于 7 月 20 日决定不寻求安理会对决议草案进行投票表决, 转而支持国际联络小组推动塞尔维亚和科索沃之间进行有时间限制的谈判。联络小组由美国、欧盟和俄罗斯代表组成并主导新一轮会谈。2007 年 8 月 11 日, 联络小组在科索沃首府普里什蒂纳启动新一轮科索沃未来地位的谈判。

在新一轮谈判中, 塞尔维亚方面重申了固有立场, 即科索沃问题要在国际法和联合国安理会 1244 号决议基础上公正解决; 科索沃是塞尔维亚不可分割的领土; 联合国拥有科索沃问题的最终裁决权。同时, 塞尔维亚也声明将做出最大让步: 给予科索沃最广泛、最高的、"超越世界其他任何先例"的自治地位, 包括可以成为世界银行、国际货币基金组织等一些国际组织的成员, 可以在国外开设代表处等。8 月 16 日塞尔维亚更是要求根据联合国 1244 号决议让塞尔维亚安全部队重返科索沃。科索沃方面由于塞尔维亚方面的强硬要求而对新一轮谈判表现冷淡, 并认为新一轮谈判不应谈科索沃独立问题, 不谈科领土主权问题, 不谈划分科索沃问题, 只涉及技术层面的问题。从目前情况来看, 未来的科索沃谈判形势仍然错综复杂, 塞方和科索沃在统独方面的激烈角逐, 美国、欧盟和俄罗斯在科索沃未来地位问题上的众多分歧, 这些都可能使得对科索沃未来地位的新一轮谈判无果而终。

巴尔干国家与中国关系

巴尔干国家与中国保持着良好外交关系，双边经贸合作发展迅速，合作领域日益多样化。本年度中巴经贸关系发展顺利，双边贸易稳定增长，交流与合作日益增多。巴尔干国家都能坚持在"一个中国"的基础上加强与中国的政治和经贸往来，许多国家如保加利亚、罗马尼亚、土耳其等国把发展同中国的关系作为对外关系的主要支柱，土耳其还举办了土中"文化年"。中巴经贸领域合作中突出的问题是贸易逆差加大。

目前双边合作的主要动力在经济领域，在贸易日益扩大的同时，巴方与中国的贸易逆差逐渐拉大。其中代表性国家是土耳其、克罗地亚、罗马尼亚、保加利亚。2007 年 1—6 月，中土双边贸易额为61.83 亿美元，与上年同期相比增长了 28.2%。其中中国对土出口57.28 亿美元，增长 26.8%；土对华出口 4.55 亿美元，增长 48.7%，土对华出口虽有增长但贸易逆差仍然很大。2007 年 1—5 月，中克贸易总额达 6.00 亿美元，其中克对华出口 643.4 万美元，进口 5.94 亿美元，贸易逆差 5.87 亿美元，分别比上年同期增长 41.1%、87%、40.7% 和 40.4%。2007 年 1—4 月，罗马尼亚对中国内地贸易总额为4.25 亿欧元，与上年同期相比增长了 37%。其中，罗出口 4624 万欧元，同比下降了 8.4%；罗进口 3.78 亿欧元，同比增长了 45.3%，罗方贸易逆差 3.32 亿欧元，同比猛增 58.8%。2006 年全年罗方对华贸易逆差 19.69 亿美元，全年同比增长 38%。2007 年头 5 个月，保加利亚对华出口 2733 万欧元，进口 209693 万欧元，保方贸易逆差23703 万欧元。

2007—2008

资料篇

统计资料目录

统 计 资 料

表1　　　　欧洲主要国家国内生产总值（GDP）及增长率　　　单位：亿美元

项目 国家	GDP①			GDP 增长率（%）②			
	2004 年	2005 年	2006 年	2005 年	2006 年	2007 年	2008 年
奥地利	2041	2083	2152	2.6	3.4	3.2	2.6
比利时	2467	2494	2573	1.4	3.0	2.5	2.3
捷 克	641	682	725	6.1	6.1	5.5	5.0
丹 麦	1660	1711	1772	3.1	3.2	2.2	1.7
芬 兰	1342	1381	1450	3.0	5.5	3.0	2.7
法 国③	14155	14397	14683	1.2	2.1	2.2	2.2
德 国	19399	19551	20112	1.1	3.0	2.9	2.2
希 腊	1739	1804	1883	3.7	4.2	3.9	3.8
匈牙利	569	592	615	4.2	3.9	2.5	3.1
冰 岛	100	107	110	7.2	2.6	0.8	0.8
爱尔兰	1176	1241	1312	5.5	6.0	5.5	4.1
意大利	11348	11358	11570	0.2	1.9	2.0	1.7
卢森堡	227	236	250	3.9	6.2	4.8	5.2
荷 兰	4029	4090	4213	1.5	2.9	2.9	2.9
挪 威	1828	1877	1931	2.7	2.9	3.1	2.6
波 兰	1924	1994	2116	3.6	6.1	6.7	5.5
葡萄牙	1167	1173	1188	0.5	1.3	1.8	2.0
斯洛伐克	241	256	277	6.0	8.3	8.7	7.6
西班牙	6581	6819	7082	3.5	3.9	3.6	2.7
瑞 典	2642	2718	2832	2.9	4.7	4.3	3.5
瑞 士	2598	2661	2747	1.9	2.7	2.1	2.2
英 国	15972	16281	16730	1.9	2.8	2.7	2.5
欧元区	65672	66627	68468	1.5	2.8	2.7	2.3

资料来源：OECD：*Main Economic Indicators*，October 2007.

　　　　　OECD：*Economic Outlook*，No. 81，June 2007.

　　① 按2000年价格和2000年汇率计算。爱沙尼亚、塞浦路斯、拉脱维亚、立陶宛、马耳他、斯洛文尼亚六个欧盟成员国不在经合组织机构内。

　　② 2006—2008年为估算、预测数字。

　　③ 包括海外领地。

表 2 　　　　　　　　欧洲主要国家工业生产指数①

2000 年 = 100

年 国家	2004	2005	2006	2007 第二季度
奥地利	112.3	117.3	126.9	132.2
比利时	104.3	103.9	109.2	112.3
捷 克	125.7	134.0	149.0	160.0
丹 麦	103.2	104.9	108.6	106.0
芬 兰	108.4	108.7	117.5	118.7
法 国	102.1	102.3	102.7	103.5
德 国	102.2	106.0	112.2	117.6
希 腊	100.2	99.5	100.1	99.9
匈牙利	121.5	129.9	142.9	152.9
爱尔兰	123.8	127.6	134.1	136.7
意大利	96.7	95.9	98.4	98.5
卢森堡	117.8	125.2	122.6	116.9
荷 兰	104.6	103.5	104.7	105.3
挪 威	97.5	96.7	94.4	92.0
波 兰	124.8	129.9	145.5	157.1
葡萄牙	100.0	100.3	103.1	104.1
斯洛伐克	124.2	129.0	141.7	160.9
西班牙	101.6	102.4	106.4	108.7
瑞 典②	105.4	107.3	112.0	115.9
瑞 士	98.4	101.1	108.8	117.8
英 国	97.1	95.2	95.2	95.8
欧洲联盟③	102.8	104.0	108.0	110.8
欧元区③④	102.5	103.8	108.0	110.7

资料来源：OECD：*Main Economic Indicators*，October 2007.

①　工业生产主要指由采矿业（包括石油开采）、制造业，电子、天然气和水利等行业制造的产品。爱沙尼亚、塞浦路斯、拉脱维亚、立陶宛、马耳他、斯洛文尼亚六个欧盟成员国不在经合组织机构内。

②　为官方年度数据，不同于月平均数据。

③　由工业 GDP 和 2000 年 GDP 购买力平价加权计算而来。

④　OECD 估算数字。

表3 　　　　　　　　　欧洲主要国家商品和服务贸易收支① 　　　　　单位：亿美元

年\国家	2004	2005	2006	2007	2008
奥地利	135	151	193	252	292
比利时	145	108	102	156	154
捷 克	−6	23	27	51	66
丹 麦	120	123	80	56	63
芬 兰	151	108	138	160	158
法 国	53	−206	−369	−302	−314
德 国	1363	1439	1550	2219	2382
希 腊	−233	−203	−238	−271	−271
匈牙利	−32	−15	10	63	96
冰 岛	−7	−20	−29	−20	−7
爱尔兰	273	255	251	269	294
意大利	126	−11	−152	−162	−219
卢森堡	70	78	116	149	171
荷 兰	438	485	511	538	557
挪 威	351	494	597	570	602
波 兰	−48	−10	−26	−24	−25
葡萄牙	−139	−160	−151	−143	−152
斯洛伐克	−11	−24	−25	−3	6
西班牙	−419	−604	−757	−950	−1037
瑞 典	279	273	316	359	373
瑞 士	263	248	263	255	289
英 国	−641	−807	−995	−1096	−1242
欧元区	1964	1440	1194	1916	2015

　　资料来源：OECD：*Economic Outlook*，No. 81，June 2007.

　　① 按国民核算计算。2006—2008 年为估算、预测数字。爱沙尼亚、塞浦路斯、拉脱维亚、立陶宛、马耳他、斯洛文尼亚六个欧盟成员国不在经合组织机构内。

表 4　　　　　　　　欧洲主要国家进口额和出口额①

项目　国家	进口额（亿美元，月平均数）				出口额（亿美元，月平均数）			
	2004 年	2005 年	2006 年	2007 年	2004 年	2005 年	2006 年	2007 年
奥地利	99.8	106.0	114.3	127.5	98.5	104.2	114.2	130.0
比利时	237.7	265.3	293.2	339.2	255.4	278.4	305.7	348.7
捷　克	56.7	63.7	77.7	93.7	55.9	65.0	79.1	95.3
丹　麦	54.2	61.1	69.8	79.1	62.3	69.0	75.7	81.6
芬　兰	42.8	49.1	57.4	66.2	51.2	55.0	64.2	75.5
法　国②	392.0	419.7	445.6	503.6	376.3	385.8	408.5	455.5
德　国	595.8	646.9	756.9	861.4	757.4	808.3	926.3	1084.3
希　腊	43.9	45.0	52.8	60.7	12.7	14.3	17.2	18.6
匈牙利	49.6	54.5	63.2	74.3	45.6	51.6	61.2	74.3
冰　岛	3.1	4.2	5.2	4.8	2.4	2.6	2.9	3.0
爱尔兰	51.5	57.1	60.7	63.7	87.2	91.3	91.4	100.7
意大利	295.7	320.3	364.4	412.0	294.5	310.6	342.0	404.7
卢森堡	16.7	18.2	22.2	21.4	13.5	15.6	19.0	17.5
荷　兰	266.1	302.9	347.2	397.8	297.5	338.3	386.2	442.7
挪　威	40.3	46.3	53.5	64.9	68.6	86.5	101.7	113.6
波　兰	74.3	84.6	105.8	123.8	62.1	74.4	92.3	107.1
葡萄牙	45.7	50.9	55.5	61.8	29.8	31.8	36.1	41.1
斯洛伐克②	24.3	28.6	37.5	47.3	23.0	26.6	34.9	45.3
西班牙	215.0	240.4	263.6	299.9	152.0	160.4	171.2	196.2
瑞　典	83.8	92.9	105.8	121.2	102.6	108.3	122.7	134.0
瑞　士	92.7	100.9	115.2	125.9	98.9	104.9	121.5	133.0
英　国	386.5	413.3	465.1	495.3	291.7	321.4	376.1	351.9
欧元区	1117.0	1268.0	1452.7	1620.7	1189.9	1283.3	1441.3	1669.5
欧洲联盟③	3127.8	3438.9	3924.0	4418.2	3131.7	3384.1	3811.5	4310.4

资料来源：OECD：*Main Economic Indicators*，October 2007.

①　2007 年进、出口额为第二季度数字。爱沙尼亚、塞浦路斯、拉脱维亚、立陶宛、马耳他、斯洛文尼亚六个欧盟成员国不在经合组织机构内。

②　进口数据为 f. o. b. 。

③　包括欧盟地区内部贸易。

表5　　　　　　　　　欧洲主要国家消费物价指数

2000 年 = 100

年 国家	2004	2005	2006	2007（第二季度）
奥地利	108.1	110.6	112.2	114.5
比利时	108.0	111.0	113.0	114.7
捷 克	109.8	111.8	114.7	117.6
丹 麦	108.3	110.2	112.3	114.4
芬 兰	105.3	106.0	107.6	110.3
法 国	108.0	109.9	111.7	113.3
德 国	106.2	108.3	110.1	112.2
希 腊	114.1	118.2	122.0	125.7
匈牙利	128.3	132.9	138.1	148.7
冰 岛	117.8	122.5	130.7	136.2
爱尔兰	116.1	118.9	123.5	129.3
意大利	110.5	112.7	115.1	116.8
卢森堡	109.3	112.0	115.0	117.6
荷 兰	111.2	113.1	114.4	116.7
挪 威	107.4	109.1	111.6	112.1
波 兰	111.8	114.3	115.7	118.5
葡萄牙	114.2	116.9	120.5	123.9
斯洛伐克	129.2	132.7	138.7	142.0
西班牙	113.4	117.2	121.3	124.8
瑞 典	107.0	107.5	109.0	111.1
瑞 士	103.1	104.3	105.4	106.5
英 国	105.3	107.5	110.0	112.6
欧洲联盟①	110.5	113.1	115.7	118.3
欧元区①	109.2	111.6	114.0	116.4

资料来源：OECD：*Main Economic Indicators*，October 2007.

① 数字来源于欧洲统计局。爱沙尼亚、塞浦路斯、拉脱维亚、立陶宛、马耳他、斯洛文尼亚六个欧盟成员国不在经合组织机构内。

表6 欧洲主要国家短期利率和长期利率①

年 国家	2004		2005		2006		2007（第二季度）	
	短期利率	长期利率	短期利率	长期利率	短期利率	长期利率	短期利率	长期利率
奥地利	—	4.15	—	3.39	—	3.80	—	4.38
比利时	—	4.06	—	3.37	—	3.81	—	4.41
捷 克	2.36	4.75	2.01	3.51	2.30	3.78	2.77	4.23
丹 麦	2.14	4.30	2.17	3.40	3.13	3.81	4.21	4.39
匈牙利	11.30	—	7.00	—	6.91	—	7.61	—
芬 兰	—	4.11	—	3.35	—	3.78	—	4.38
法 国	—	4.10	—	3.41	—	3.80	—	4.39
德 国	—	4.04	—	3.35	—	3.76	—	4.33
希 腊	—	4.26	—	3.59	—	4.07	—	4.57
冰 岛②	6.08	7.49	8.96	7.73	12.84	9.33	14.64	9.69
爱尔兰②	—	4.06	—	3.32	—	3.79	—	4.42
意大利	—	4.26	—	3.56	—	4.05	—	4.54
卢森堡	—	2.84	—	2.41	—	3.30	—	4.45
荷 兰	—	4.10	—	3.37	—	3.78	—	4.37
挪 威	2.01	4.37	2.21	3.75	3.10	4.08	4.63	4.93
波 兰	6.24	—	5.20	—	4.20	—	4.43	—
葡萄牙	—	4.14	—	3.44	—	3.91	—	4.50
西班牙	—	4.10	—	3.39	—	3.78	—	4.39
瑞 典	2.11	4.43	1.72	3.38	2.33	3.70	3.40	4.21
瑞 士②	0.48	2.74	0.81	2.10	1.56	2.52	2.51	3.01
英 国	4.57	4.88	4.70	4.41	4.80	4.50	5.72	5.21
欧元区	2.11	4.14	2.18	3.44	3.08	3.86	4.06	4.43

资料来源：OECD：*Main Economic Indicators*，October 2007.

① 欧元区各国汇率自1998年以后（希腊自2000年）没有变化，因为此后其短期利率等同于欧元区利率。爱沙尼亚、塞浦路斯、拉脱维亚、立陶宛、马耳他、斯洛文尼亚六个欧盟成员国不在经合组织机构内。

② 期末数字。

表7 　　　　　　　　欧洲主要国家经常项目收支^①　　　　　　　单位：亿美元

年 国家	2004	2005	2006	2007	2008
奥地利	50	64	104	148	173
比利时	126	96	79	111	99
捷 克	− 65	− 32	− 59	− 48	− 45
丹 麦	57	97	65	54	60
芬 兰	147	99	123	149	152
法 国	23	− 246	− 277	− 252	− 252
德 国	1172	1292	1479	2182	2369
希 腊	− 133	− 178	− 297	− 331	− 339
匈牙利	− 86	− 76	− 65	− 49	− 34
冰 岛	− 13	− 26	− 44	− 37	− 27
爱尔兰	− 11	− 53	− 73	− 39	− 31
意大利	− 158	− 279	− 448	− 508	− 563
卢森堡	40	41	44	43	51
荷 兰	520	490	596	601	597
挪 威	327	465	561	566	662
波 兰	− 107	− 51	− 79	− 108	− 114
葡萄牙	− 138	− 180	− 183	− 192	− 216
斯洛伐克	− 14	− 41	− 46	− 22	− 21
西班牙	− 549	− 831	− 1066	− 1416	− 1571
瑞 典	241	254	259	311	317
瑞 士	490	602	653	692	745
英 国	− 353	− 526	− 801	− 870	− 765
欧元区	1087	317	81	497	469

资料来源：OECD：*Economic Outlook*，No. 81，June 2007.

① 本表基于国际货币基金组织《国际收支手册》（第五版）的概念和定义。2006—2008 年为估算、预测数字。爱沙尼亚、塞浦路斯、拉脱维亚、立陶宛、马耳他、斯洛文尼亚六个欧盟成员国不在经合组织机构内。

表 8　　　　欧洲主要国家经常项目收支占 GDP 比重（％）①

年 国家	2004	2005	2006	2007	2008
奥地利	1.7	2.1	3.2	4.1	4.5
比利时	3.5	2.6	2.0	2.5	2.1
捷 克	-6.0	-2.6	-4.2	-2.9	-2.5
丹 麦	2.4	3.8	2.4	1.8	1.8
芬 兰	7.8	5.1	5.8	6.3	6.1
法 国	0.1	-1.2	-1.2	-1.0	-1.0
德 国	4.3	4.6	5.1	6.7	7.0
希 腊	-5.0	-6.3	-9.7	-9.4	-8.9
匈牙利	-8.4	-6.9	-5.8	-3.6	-2.2
冰 岛	-9.8	-16.1	-26.7	-19.9	-13.5
爱尔兰	-0.6	-2.6	-3.3	-1.5	-1.1
意大利	-0.9	-1.6	-2.4	-2.5	-2.6
卢森堡	11.8	11.1	10.6	8.8	9.7
荷 兰	8.5	7.7	9.0	8.1	7.6
挪 威	12.6	15.5	16.7	15.4	16.9
波 兰	-4.3	-1.7	-2.3	-2.6	-2.5
葡萄牙	-7.7	-9.7	-9.4	-8.8	-9.5
斯洛伐克	-3.5	-8.7	-8.3	-3.1	-2.5
西班牙	-5.3	-7.4	-8.7	-10.1	-10.5
瑞 典	6.9	7.1	6.7	7.1	6.8
瑞 士	13.6	16.4	17.2	17.3	18.0
英 国	-1.6	-2.4	-3.4	-3.2	-2.7
欧元区	1.1	0.3	0.1	0.4	0.4

资料来源：OECD：*Economic Outlook*，No. 81，June 2007.

①　本表基于国际货币基金组织《国际收支手册》（第五版）的概念和定义。2006—2008 年为估算、预测数字。爱沙尼亚、塞浦路斯、拉脱维亚、立陶宛、马耳他、斯洛文尼亚六个欧盟成员国不在经合组织机构内。

表9　　　　　　　　欧洲主要国家总固定资本投资增长率（％）①

年 国家	2004	2005	2006	2007	2008
奥地利	0.2	1.3	4.1	4.1	2.7
比利时	8.1	4.3	5.7	4.8	4.0
捷　克	4.7	1.3	7.3	7.4	8.0
丹　麦	5.6	9.6	11.1	6.7	3.6
芬　兰	3.0	3.8	5.8	4.5	3.7
法　国	2.6	3.7	4.0	3.9	2.0
德　国	-1.4	1.0	6.4	4.9	2.7
希　腊	5.8	0.2	14.6	6.3	5.7
匈牙利	7.7	5.6	-1.8	1.0	4.1
冰　岛	28.0	34.3	13.0	-18.0	-21.1
爱尔兰	7.5	12.8	4.0	2.8	2.7
意大利	1.3	-0.2	2.4	3.2	2.8
卢森堡	0.5	2.2	2.9	5.1	4.5
荷　兰	-0.8	3.7	6.7	6.0	5.0
挪　威	10.2	11.2	8.9	8.1	2.6
波　兰	6.4	6.5	16.5	14.8	10.0
葡萄牙	1.2	-3.2	-1.6	0.8	5.2
斯洛伐克	5.0	17.5	7.3	7.4	7.1
西班牙	5.0	7.0	6.3	4.8	2.7
瑞　典	6.4	8.1	8.2	6.6	4.4
瑞　士	4.5	3.2	3.7	3.1	2.0
英　国	6.0	3.0	6.5	7.6	5.3
欧元区	1.8	2.7	5.1	4.3	3.0

资料来源：OECD：*Economic Outlook*，No. 81，June 2007.

　　① 2006—2008 年为估算、预测数字。爱沙尼亚、塞浦路斯、拉脱维亚、立陶宛、马耳他、斯洛文尼亚六个欧盟成员国不在经合组织机构内。

表 10　　　　　　　　欧洲主要国家财政赤字占 GDP 比重（%）[1]

年 国家	2004	2005	2006	2007	2008
奥地利	-1.3	-1.7	-1.2	-0.8	-0.6
比利时[2]	-0.1	0.0	0.1	0.2	0.0
捷　克	-2.9	-3.5	-2.9	-3.7	-3.5
丹　麦	1.9	4.6	4.2	4.3	3.7
芬　兰	2.1	2.5	3.8	3.5	3.2
法　国	-3.6	-3.0	-2.6	-2.3	-1.7
德　国	-3.7	-3.2	-1.7	-0.7	-0.4
希　腊	-6.2	-4.5	-2.9	-1.9	-2.2
匈牙利	-6.4	-7.8	-9.2	-6.7	-4.8
冰　岛	0.2	5.2	5.3	1.8	-0.3
爱尔兰	1.4	1.0	2.9	2.0	1.7
意大利	-3.5	-4.3	-4.5	-2.5	-2.5
卢森堡	-1.2	-0.3	0.1	0.5	1.1
荷　兰	-1.8	-0.3	0.5	-0.7	0.3
挪　威	11.1	15.2	19.3	19.0	18.8
波　兰	-5.7	-4.3	-3.9	-3.2	-2.4
葡萄牙	-3.3	-5.9	-3.9	-3.3	-2.4
斯洛伐克	-2.4	-2.8	-3.4	-2.7	-2.1
西班牙	-0.2	1.1	1.8	1.5	1.5
瑞　典	0.6	1.8	2.1	2.6	2.5
瑞　士	-1.1	0.0	1.1	1.0	1.0
英　国	-3.3	-3.3	-2.9	-2.7	-2.6
欧元区	-2.8	-2.4	-1.6	-1.0	-0.7

资料来源：OECD：*Economic Outlook*，No. 81，June 2007.

① 2006—2008 年为估算、预测数字。爱沙尼亚、塞浦路斯、拉脱维亚、立陶宛、马耳他、斯洛文尼亚六个欧盟成员国不在经合组织机构内。

② 2005 年数据不包括由政府估算的比利时全国铁路公司铁路债务，占国民生产总值共计 2.5 个百分点。

表 11　　　欧洲主要国家政府债务总额占 GDP 比重（%）[①]

年 国家	2004	2005	2006	2007	2008
奥地利	69.5	69.6	68.9	67.6	66.4
比利时	98.5	95.0	90.7	87.5	84.8
捷　克	35.5	35.5	35.6	35.3	36.0
丹　麦	50.1	42.0	34.7	30.6	27.0
芬　兰	51.4	48.4	46.2	47.9	50.5
法　国	73.3	76.1	75.0	73.7	71.9
德　国[②]	68.8	71.1	71.4	68.8	67.6
希　腊	99.6	97.7	92.5	89.7	87.6
匈牙利	65.1	68.6	73.2	74.2	74.3
冰　岛	34.5	25.5	31.5	31.0	33.6
爱尔兰	33.5	32.5	30.4	30.2	29.5
意大利	117.3	120.0	119.9	118.9	118.2
卢森堡	8.8	7.9	9.8	12.8	11.9
荷　兰	61.9	61.4	59.7	59.2	57.7
挪　威	52.7	49.0	41.3	40.7	36.9
波　兰	49.7	50.2	49.8	48.1	46.3
葡萄牙	67.9	72.0	73.2	73.9	74.4
斯洛伐克	47.6	39.1	37.0	35.5	33.9
西班牙	53.2	50.8	47.1	42.9	39.6
瑞　典	60.9	61.3	53.9	50.2	46.7
瑞　士	58.5	59.6	59.1	58.8	58.3
英　国	43.7	46.6	46.6	47.2	47.9
欧元区	75.5	76.8	76.1	74.2	72.7

资料来源：OECD：*Economic Outlook*，No. 81，June 2007.

①　2006—2008 年为估算、预测数字。爱沙尼亚、塞浦路斯、拉脱维亚、立陶宛、马耳他、斯洛文尼亚六个欧盟成员国不在经合组织机构内。

②　1995 年起包括德国继承债务基金。

表 12　　　　　　欧洲主要国家政府债务净额占 GDP 比重（％）①

年国家	2004	2005	2006	2007	2008
奥地利	42.2	41.8	41.0	39.8	38.5
比利时	83.8	80.3	75.7	72.5	69.7
捷 克	-4.3	-1.9	0.9	4.3	7.3
丹 麦	12.9	9.9	2.6	-1.7	-5.4
芬 兰②	-45.6	-57.5	-60.8	-61.4	-62.2
法 国	44.3	43.7	42.5	41.2	39.5
德 国③	49.3	51.5	51.9	50.2	48.9
希 腊	76.6	73.0	66.8	64.3	62.1
匈牙利	41.6	46.1	50.8	51.8	52.0
冰 岛	20.9	9.5	8.5	8.7	11.1
爱尔兰	9.7	7.0	3.4	1.0	-0.9
意大利	92.7	94.7	94.6	93.7	92.9
卢森堡	-53.1	-50.0	-44.6	-41.0	-38.9
荷 兰	37.6	35.7	34.0	33.4	31.9
挪 威	-106.5	-125.1	-143.5	-167.8	-187.7
波 兰	14.0	12.6	11.6	10.1	8.3
葡萄牙	40.9	44.0	45.5	46.7	47.4
斯洛伐克	6.9	3.7	1.8	0.0	-1.9
西班牙	34.5	30.9	25.7	21.9	18.4
瑞 典	0.9	-3.9	-15.6	-17.4	-18.9
瑞 士	17.2	18.2	17.6	17.2	16.8
英 国	36.5	39.9	39.7	40.3	41.0
欧元区	51.4	51.5	50.3	48.5	46.9

资料来源：OECD：*Economic Outlook*，No. 81，June 2007.

①　2006—2008 年为估算、预测数字。爱沙尼亚、塞浦路斯、拉脱维亚、立陶宛、马耳他、斯洛文尼亚六个欧盟成员国不在经合组织机构内。

②　自 1995 年起住宅公司股份不被纳入金融资产。

③　自 1995 年起包括德国继承债务基金。

表 13　　　　　　　　　　欧洲主要国家失业率（%）①

年 国家	2004	2005	2006	2007（第二季度）
奥地利	4.8	5.2	4.7	4.3
比利时	8.4	8.4	8.2	7.8
捷　克	8.3	7.9	7.1	5.6
丹　麦	5.5	4.8	3.9	3.7
芬　兰	8.8	8.3	7.7	6.8
法　国	9.6	9.7	9.5	8.8
德　国	9.5	9.4	8.3	6.5
希　腊	10.5	9.9	8.9	8.4
匈牙利	6.1	7.2	7.4	7.2
爱尔兰	4.5	4.3	4.4	4.4
意大利	8.0	7.7	6.8	5.9
卢森堡	5.1	4.5	4.7	4.9
荷　兰	4.6	4.7	3.9	3.3
挪　威	4.4	4.6	3.5	2.6
波　兰	19.0	17.7	13.8	9.9
葡萄牙	6.7	7.6	7.7	8.2
斯洛伐克	18.2	16.3	13.3	11.3
西班牙	10.6	9.2	8.5	8.1
瑞　典	6.3	7.3	7.0	5.9
瑞　士	4.4	4.5	4.0	3.6
英　国	4.7	4.8	5.3	5.3
欧元区	8.8	8.6	7.9	7.0
欧洲联盟	9.0	8.7	7.9	6.9

资料来源：OECD；*Main Economic Indicators*，October 2007.

　　① 欧盟国家失业率数据由欧洲统计局提供，其他国家数据由 OECD 提供。爱沙尼亚、塞浦路斯、拉脱维亚、立陶宛、马耳他、斯洛文尼亚六个欧盟成员国不在经合组织机构内。

表 14　　　　　　　　　　　　欧盟 27 国前 15 位贸易伙伴　　　　　　　　　单位：亿欧元

出　口　额				进　口　额				
出口国家和地区	2004 年	2005 年	2006 年	排次	进口国家和地区	2004 年	2005 年	2006 年	排次
美　国	2355	2529	2689	1	中　国	1287	1604	1943	1
瑞　士	752	826	876	2	美　国	1594	1638	1780	2
俄罗斯	460	569	722	3	俄罗斯	840	1126	1408	3
中　国	484	519	637	4	挪　威	553	672	793	4
土耳其	401	446	498	5	日　本	747	741	772	5
日　本	434	437	448	6	瑞　士	620	666	715	6
挪　威	308	339	384	7	土耳其	327	361	416	7
加拿大	221	239	266	8	韩　国	307	344	391	8
阿拉伯联合酋长国	189	256	252	9	巴　西	217	241	271	9
印　度	172	213	243	10	中国台湾	239	241	265	10
韩　国	179	202	229	11	利比亚	137	198	258	11
中国香港	192	204	216	12	阿尔及利亚	153	209	240	12
澳大利亚	199	207	213	13	沙特阿拉伯	163	226	236	13
南　非	161	181	199	14	印　度	164	191	226	14
新加坡	162	174	198	15	加拿大	164	174	198	15

　　资料来源：European Union：*External and Intra – European Union Trade*，*Monthly Statistics*，9/2007.

表15　　　　　　　　中国与欧盟成员国进出口贸易

(2006年)

单位：亿美元

项目\国家	进出口总额	增长率[①]（%）	中国对该国的出口	增长率[①]（%）	中国从该国的进口	增长率[①]（%）
比利时	142.13	21.0	99.09	28.0	43.04	7.4
丹麦	49.55	24.5	36.46	30.7	13.09	10.0
英国	306.70	25.2	241.63	27.3	65.06	17.8
德国	781.94	23.6	403.16	23.9	378.79	23.3
法国	251.89	22.0	139.10	19.5	112.79	25.2
爱尔兰	54.63	18.6	39.18	23.0	15.45	8.6
意大利	245.77	32.0	159.73	36.7	86.03	24.2
卢森堡	21.85	-0.2	20.16	-1.2	1.69	12.3
荷兰	345.12	19.8	308.61	19.3	36.51	24.8
希腊	22.83	12.9	21.79	12.6	1.04	20.3
葡萄牙	17.14	38.7	13.60	49.1	3.54	9.3
西班牙	144.92	37.7	114.89	36.1	30.03	44.3
奥地利	31.06	24.6	10.49	18.8	20.57	27.8
芬兰	80.83	29.2	49.58	36.7	31.25	18.9
瑞典	67.25	18.0	32.78	27.2	34.48	10.4
匈牙利	39.87	39.5	32.88	31.9	6.99	91.3
马耳他	8.26	53.2	4.75	57.8	3.51	47.3
波兰	46.72	48.2	40.04	54.3	6.67	19.7
爱沙尼亚	7.41	100.8	4.56	46.5	2.85	394.2
拉脱维亚	4.53	56.1	4.39	56.0	0.14	60.4
立陶宛	5.71	53.5	5.56	54.1	0.16	35.9
斯洛文尼亚	5.41	67.7	4.46	68.1	0.95	65.8
捷克	28.82	41.3	23.65	41.8	5.17	39.0
斯洛伐克	9.14	85.9	5.77	87.2	3.36	83.8
塞浦路斯	3.54	21.9	3.51	22.1	0.03	5.3
欧盟25国[②]	2723.02	25.3	1819.83	26.6	903.19	22.7

资料来源：中华人民共和国海关总署：《海关统计》，2006年第12期。

①　增长率为与2005年同期相比的±百分比变化。欧盟增长率为25国平均数。

②　自2004年5月起，欧盟的统计范围增加塞浦路斯、匈牙利、马耳他、波兰、爱沙尼亚、拉脱维亚、立陶宛、斯拉文尼亚、捷克、斯洛伐克。本表在计算对欧盟贸易与上年同期增长率时，按照新的范围口径对2003年同期的数据进行了调整。

表 17　　　　　　　中国与欧盟成员国进出口贸易

（2007 年 1—8 月）　　　　　　单位：亿美元

项目 国家	进出口总额	增长率① （%）	中国对该国 的出口	增长率① （%）	中国从该国 的进口	增长率① （%）
比利时	116.37	31.0	83.11	37.1	33.26	17.8
丹麦	41.83	37.5	30.45	38.7	11.38	34.4
英国	244.19	28.9	195.57	32.8	48.62	15.2
德国	586.12	18.6	299.29	17.7	286.83	19.6
法国	207.09	32.2	126.54	50.4	80.55	11.2
爱尔兰	38.91	17.8	27.26	14.6	11.65	26.0
意大利	208.17	32.3	141.38	39.7	66.79	18.8
卢森堡	12.69	- 0.3	11.09	- 3.3	1.59	26.4
荷兰	278.49	35.8	247.30	36.1	31.19	33.4
希腊	22.70	56.7	21.54	55.8	1.16	76.8
葡萄牙	14.76	35.2	11.82	34.8	2.94	36.9
西班牙	134.61	52.1	107.05	51.4	27.55	55.1
奥地利	25.49	30.4	10.18	55.6	15.31	17.7
保加利亚	6.33	- 44.7	5.27	- 51.5	1.06	81.5
芬兰	68.35	36.8	41.26	38.9	27.09	33.7
匈牙利	36.16	51.3	28.61	49.2	7.55	59.7
马耳他	4.09	- 27.3	1.86	- 45.2	2.24	- 0.3
波兰	47.90	68.7	40.48	70.3	7.42	60.0
罗马尼亚	15.98	- 61.7	14.18	- 64.8	1.80	29.7
瑞典	56.64	30.8	29.05	41.3	27.59	21.3
爱沙尼亚	4.68	5.3	4.05	44.2	0.63	- 61.6
拉脱维亚	4.52	65.5	4.42	66.5	0.10	30.5
立陶宛	5.49	52.9	5.38	52.9	0.11	53.3
斯洛文尼亚	5.22	61.7	4.50	72.1	0.73	17.3
捷克	29.36	79.0	24.19	83.4	5.17	60.8
斯洛伐克	12.59	187.7	8.12	215.1	4.47	148.4
塞浦路斯	4.64	80.6	4.60	80.0	0.05	148.8
欧盟 25 国②	2233.37	28.2	1528.52	31.3	704.85	21.8

资料来源：中华人民共和国海关总署：《海关统计》，2007 第 8 期。

①　增长率为与 2006 年同期相比的 ± 百分比变化。欧盟增长率为 25 国平均数。

②　自 2004 年 5 月起，欧盟的统计范围增加塞浦路斯、匈牙利、马耳他、波兰、爱沙尼亚、拉脱维亚、立陶宛、斯拉文尼亚、捷克、斯洛伐克，2007 年增加保加利亚和罗马尼亚。本表在计算对欧盟贸易与上年同期增长率时，按照新的范围口径对 2003 年同期的数据进行了调整。

表 18　　　　　欧盟 15 国对华直接投资情况①（非金融领域）

（2006 年）　　　　　　　　　金额单位：万美元

国家和地区	项目数（个）				实际投资金额			
	2006 年	2005 年	增幅（%）	2006 年比重(%)	2006 年金额	2005 年金额	增幅（%）	2006 年比重(%)
比利时	68	68	—	0.16	7916	5384	47.03	0.13
丹麦	56	65	-13.85	0.14	19341	10043	92.58	0.31
英国	462	553	-16.46	1.11	72610	96475	-24.74	1.15
德国	576	650	-11.38	1.39	197871	153004	29.32	3.14
法国	338	342	-1.17	0.81	38269	61506	-37.78	0.61
爱尔兰	16	17	-5.88	0.04	2402	973	146.87	0.04
意大利	409	481	-14.97	0.99	34999	32201	8.69	0.56
卢森堡	41	36	13.89	0.1	9466	14200	-33.34	0.15
荷兰	262	234	11.97	0.63	84104	104358	-19.41	1.33
希腊	11	8	37.5	0.03	17	184	-90.76	—
葡萄牙	19	20	-5	0.05	990	413	139.71	0.02
西班牙	167	172	-2.91	0.4	23517	19690	19.44	0.37
奥地利	67	78	-14.1	0.16	14943	7630	95.85	0.24
芬兰	39	42	-7.14	0.09	5544	2172	155.25	0.09
瑞典	88	80	10	0.21	20447	11145	83.46	0.32
欧盟合计	2619	2846	-7.98	6.31	532436	519378	2.51	8.45

资料来源：中华人民共和国商务部投资司、国际贸易经济合作研究院：《外资统计》2007 年。

① 所占比重为国家和地区占该项整个外国对华投资的百分比。

表 19　　　欧盟与美国、日本对华直接投资比较（非金融领域）

（2006 年）　　　　　　金额单位：万美元

国家和地区	项目数（个）				实际投资金额			
	2006 年	2005 年	增幅（%）	2006 年比重(%)	2006 年金额	2005 年金额	增幅（%）	2006 年比重(%)
欧盟合计	2619	2846	− 7.98	6.31	532436	519378	2.51	8.45
比利时	68	68	—	0.16	7916	5384	47.03	0.13
丹麦	56	65	− 13.85	0.14	19341	10043	92.58	0.31
英国	462	553	− 16.46	1.11	72610	96475	− 24.74	1.15
德国	576	650	− 11.38	1.39	197871	153004	29.32	3.14
法国	338	342	− 1.17	0.81	38269	61506	− 37.78	0.61
爱尔兰	16	17	− 5.88	0.04	2402	973	146.87	0.04
意大利	409	481	− 14.97	0.99	34999	32201	8.69	0.56
卢森堡	41	36	13.89	0.1	9466	14200	− 33.34	0.15
荷兰	262	234	11.97	0.63	84104	104358	− 19.41	1.33
希腊	11	8	37.5	0.03	17	184	− 90.76	—
葡萄牙	19	20	− 5	0.05	990	413	139.71	0.02
西班牙	167	172	− 2.91	0.4	23517	19690	19.44	0.37
奥地利	67	78	− 14.1	0.16	14943	7630	95.85	0.24
芬兰	39	42	− 7.14	0.09	5544	2172	155.25	0.09
瑞典	88	80	10	0.21	20447	11145	83.46	0.32
美国	3205	3741	− 14.33	7.73	286509	306123	− 6.41	4.55
日本	2590	3269	− 20.77	6.25	459806	652977	− 29.58	7.3

　　资料来源：中华人民共和国商务部投资司、国际贸易经济合作研究院：《外资统计》2007 年。

表 20　　　　　　　　　**欧盟成员国对华直接投资情况**

（2007 年 1—8 月）　　　　　　　　　金额单位：万美元

国家和地区	项目数（个）				实际投资金额			
	2007 年 (1—8 月)	2006 年 (1—8 月)	增幅 (%)	2007 年 比重(%)	2007 年 (1—8 月)	2006 年 (1—8 月)	增幅 (%)	2007 年 比重(%)
比利时	31	50	−38	0.12	5044	3991	26.38	0.12
丹麦	47	35	34.29	0.19	8043	11602	−30.68	0.19
英国	312	299	4.35	1.26	55262	43957	25.72	1.32
德国	369	382	−3.4	1.49	43009	143273	−69.98	1.03
法国	171	233	−26.61	0.69	23445	23739	−1.24	0.56
爱尔兰	17	9	88.89	0.07	3939	1665	136.58	0.09
意大利	234	253	−7.51	0.94	21174	20484	3.37	0.5
卢森堡	20	30	−33.33	0.08	5451	7635	−28.61	0.13
荷兰	129	155	−16.77	0.52	43682	60412	−27.69	1.04
希腊	12	8	50	0.05	136	9	1411.1	—
葡萄牙	7	15	−53.33	0.03	715	759	−5.8	0.02
西班牙	126	117	7.69	0.51	12192	13291	−8.27	0.29
奥地利	41	45	−8.89	0.17	5327	10267	−48.12	0.13
芬兰	16	27	−40.74	0.06	5191	3263	59.09	0.12
瑞典	50	55	−9.09	0.2	6674	14410	−53.68	0.16
欧盟总计	1582	1713	−7.65	6.37	239284	358757	−33.3	5.7

资料来源：中华人民共和国商务部投资司、国际贸易经济合作研究院：《外资统计》2007 年。

表 21

欧盟与美国、日本对华直接投资比较

（2007 年 1—8 月）　　　　　　　金额单位：万美元

国家和地区	项目数（个）				实际投资金额			
	2007 年 (1—8 月)	2006 年 (1—8 月)	增幅（%）	2007 年 比重（%）	2007 年 (1—8 月)	2006 年 (1—8 月)	增幅（%）	2007 年 比重（%）
欧盟总计	1582	1713	-7.65	6.37	239284	358757	-33.3	5.7
比利时	31	50	-38	0.12	5044	3991	26.38	0.12
丹麦	47	35	34.29	0.19	8043	11602	-30.68	0.19
英国	312	299	4.35	1.26	55262	43957	25.72	1.32
德国	369	382	-3.4	1.49	43009	143273	-69.98	1.03
法国	171	233	-26.61	0.69	23445	23739	-1.24	0.56
爱尔兰	17	9	88.89	0.07	3939	1665	136.58	0.09
意大利	234	253	-7.51	0.94	21174	20484	3.37	0.5
卢森堡	20	30	-33.33	0.08	5451	7635	-28.61	0.13
荷兰	129	155	-16.77	0.52	43682	60412	-27.69	1.04
希腊	12	8	50	0.05	136	9	1411.1	—
葡萄牙	7	15	-53.33	0.03	715	759	-5.8	0.02
西班牙	126	117	7.69	0.51	12192	13291	-8.27	0.29
奥地利	41	45	-8.89	0.17	5327	10267	-48.12	0.13
芬兰	16	27	-40.74	0.06	5191	3263	59.09	0.12
瑞典	50	55	-9.09	0.2	6674	14410	-53.68	0.16
美国	1763	2077	-15.12	7.1	162818	161570	0.77	3.88
日本	1354	1709	-20.77	5.45	224606	278844	-19.45	5.35

　　资料来源：中华人民共和国商务部投资司、国际贸易经济合作研究院：《外资统计》
2007 年。

表 22　　　　　　　　　2007 年爱尔兰议会选举结果

时间：2007 年 5 月 24 日
注册选民总数：3110914 人
总票数：2085245 张
有效票数：2065810 张
投票率：67.03%

政党名称	得票数（张）	得票率（%）	获得议席数（个）	占议席总数的比率（%）
共和党	858565	41.6	77	46.4
统一党	564428	27.3	51	30.7
工党	209175	10.1	20	12.0
新芬党	143410	6.9	4	2.4
绿党	96936	4.7	6	3.6
进步民主党	56396	2.7	2	1.2
独立派人士	106719	5.2	5	3.0
下院议长①（Ceann Comhairle）	—	—	1	
其他	30181	1.5	0	0
议席总数	—	—	166	—

资料来源：http：//www.electionresources.org/ie/

①　爱尔兰宪法规定，现任下院议长可不经由重新选举即可自动当选为议员。由于上任议长为共和党人士，因此共和党总共获得 78 个议席。

表 23   2007 年法国总统选举结果

第一轮投票（2007 年 4 月 22 日）

登记选民：44472834 人

投票人数：37254242 人

有效票数：36719396 张

投票率：83.77%

候选人	政治派别	得票数（张）	得票率%
奥利维耶·贝尚斯诺 Olivier BESANCENOT	革命共产主义联盟（LCR）	1498581	4.08
玛丽－乔治·布菲① Marie-George BUFFET①	法国共产党（PCF）	707268	1.93
杰拉尔·施瓦迪 Gérard SCHIVARDI	劳工党（PT）	123540	0.34
弗朗索瓦·白鲁 François BAYROU	法国民主联盟（UDF）	6820119	18.57
若塞·波维 José BOVé	另类全球化主义者 Altermondialiste	483008	1.32
多米尼克·伍瓦纳 Dominique VOYNET①	绿党（Les Verts）	576666	1.57
菲力浦·德维利耶 Philippe de VILLIERS	保卫法兰西运动（MPF）	818407	2.23
塞格琳·罗雅尔① Ségolène ROYAL①	社会党（PS）	9500112	25.87
弗雷德里克·尼乌 Frédéric NIHOUS	渔猎自然与传统党（CPNT）	420645	1.15
让－马利·勒庞 Jean-Marie LE PEN	国民阵线（FN）	3834530	10.44
阿尔莱特·拉基耶尔① Arlette LAGUILLER①	工人斗争党（LO）	487857	1.33
尼古拉·萨科奇 Nicolas SARKOZY	人民运动联盟（UMP）	11448663	31.18

① 为女性。

第二轮投票（2007 年 5 月 6 日）

登记选民：44472733 人

投票人数：37342004 人

有效票数：35773578 张

投票率：83.97%

候选人	得票数（张）	得票率（%）
尼古拉·萨科奇	18983138	53.06
塞格琳·罗雅尔	16790440	46.94

资料来源：法国内政部 http://www. interieur. gouv. fr.

表 24　　　　　　　　　　2007 年法国立法选举结果

第二轮投票（2007 年 6 月 17 日）

登记选民：35224953 人

投票人数：21129002 人

有效票数：20406442 张

投票率：59.98 %

立法选举结果与国民议会构成

政治派别	席位（个）
共产党	15
各类左派	15
社会党	186
左翼激进党	7
绿党	4
地区主义者	1
生态主义者	0
其他人士	1
法国民主联盟	3
总统多数	22
人民运动联盟	313
各类右派	9
保卫法兰西运动	1
国民阵线	0

资料来源：法国内政部 http：//www. interieur. gouv. fr.

欧洲大事记

（2006 年 11 月—2007 年 10 月）

2006 年

11 月 1 日　　葡萄牙首批维和部队前往黎巴嫩。

11 月 2 日　　欧盟宣布取消与土耳其和塞浦路斯计划就土加入欧
盟问题举行的紧急磋商。

11 月 3 日　　英国与德国表示两国将力促国际社会建立起阻止全
球气候变暖的强大联盟。

11 月 4 日　　葡萄牙总统在美洲国家首脑峰会上表示，葡政府将
努力推动欧盟与拉丁美洲国家的交流与合作。

▲ 西班牙与阿根廷就阿延期偿还拖欠西班牙的 9 亿
6000 万美元债务达成共识。

11 月 5 日　　奥地利看守政府总理表示，人民党将在议会就奥购
买欧洲战机合同和工会银行金融丑闻案的调查结束
后，恢复与社民党有关新政府组阁的谈判。

11 月 6 日　　欧盟委员会发表"2006 年欧洲就业报告"，指出
"灵活保障"方式已经产生积极效益，建议各成员
国根据本国特点制定相应措施以推进劳动力市场的
改革，强调要在灵活和保障之间取得平衡。

▲ 欧盟与南方共同市场（南共市）的贸易代表举行会
议，希望重启自由贸易谈判。

▲ 法国总理表示，必须向法国民众解释欧盟复杂的运
作机制，以便加深法国人对欧洲一体化进程的认同
和理解。

▲ 爱沙尼亚、拉脱维亚、立陶宛和波兰总统表示，四国将加强相互合作，坚持统一的立场。

▲ 捷克总统宣布再次任命公民民主党主席托波拉内克出任政府总理。

11 月 7 日　意大利总理表示，反对缩小现有"宪法条约"的范围或完全重新修改这一条约，呼吁欧盟成员国政府以共同的立场出现在联合国安理会和所有国际组织中。

▲ 欧盟与阿塞拜疆签署建立双边能源伙伴关系的谅解备忘录。

▲ 德国总理和欧盟轮值主席国芬兰总理共同表示，力争在今年年底前使土耳其加入欧盟谈判陷入僵局的塞浦路斯问题得以解决。

▲ 欧洲议会特别委员会代表团抵达华沙对波兰进行为期 3 天的"黑狱"调查。

▲ 法国国防部长反对北约与日本、澳大利亚等国缔结紧密的"伙伴关系"。

▲ 拉脱维亚总统正式提名现总理卡尔维季斯为下届政府首脑并授权他组建新政府。

▲ 中国与欧盟在中欧经贸混委会上签署《关于加强知识产权保护合作的谅解备忘录》等协议。

11 月 8 日　欧盟通过有关欧盟扩大政策的一揽子指导性文件。

▲ 欧盟发表有关土耳其入盟谈判进展情况的评估报告，认为其努力不够。

▲ 捷克总统克劳斯再次任命托波拉内克出任政府总理，负责组阁。

▲ 塞尔维亚新宪法草案在全民公决中通过。草案规定，科索沃是塞尔维亚共和国领土的一部分，享有高度自治权。

▲ 德国宣布从 2007 年上半年开始分阶段将德军从波黑撤出。

▲ 美国宣布从 2008 年 9 月起全面停止对保加利亚的经济援助。

▲ 欧盟同意向中国建立的 50 个知识产权投诉中心提

供技术方面的帮助。

11 月 9 日　欧盟与美国非正式经济部长级会议表示，双方将在消除贸易壁垒、改善投资环境和保护知识产权等方面加强合作，以促进双方经贸关系的进一步发展。

▲ 英国表示，英国军队将根据伊拉克政府的要求继续留在伊拉克。

▲ 科索沃总理表示，如果联合国的科索沃最终地位问题解决方案不能给予科国家主权，科索沃将可能单方面宣布独立。

▲ 中德首轮战略对话举行。

11 月 10 日　英国和爱尔兰两国政府发表声明，宣布，由于北爱尔兰议会主要政党已在规定时间内分别就关于恢复北爱自治政府的"圣安德鲁斯协议"做出了回复，因此它们将开始实施该协议。

▲ 塞尔维亚议会通过塞新宪法法律。

▲ 黑山独立后首届新政府宣誓就职。什图拉诺维奇出任新政府总理。

▲ 欧洲议会调查委员会批评波兰在"黑狱"问题上未给予必要的合作。

▲ 英国科学大臣塞恩斯伯里勋爵辞职。

11 月 12 日　波兰总理表示，如果俄罗斯对波关系仍不遵循与欧盟关系的原则，波兰将阻止启动欧盟与俄罗斯就伙伴合作新协定问题展开谈判。

11 月 13 日　欧盟决定对乌兹别克斯坦的军售禁令延长 12 个月并继续禁止向乌有关人员发放进入欧盟成员国的签证。

▲ 英国和法国就欧洲防卫总署预算问题产生分歧。英国表示，在没有得到关于欧洲防卫总署经费支出方式的保障前，不会增加英对欧洲防卫总署的经费投入。

▲ 波兰否决欧盟一项旨在与俄罗斯加强能源等经济合作而启动谈判的动议。

▲ 欧盟决定推迟减少其驻波黑的维和部队力量，以防止科索沃问题引发动荡。

▲ 欧盟表示不承认格鲁吉亚南奥塞梯 12 日就其独立问题举行的全民公决。

▲ 英国首相表示，英国与美国和欧洲的联盟关系仍将是英国外交政策的基石，是最适合英国的外交政策。

▲ 法国总理指出，在国际舞台上致力于推动全球环境保护将成为法国外交重点之一。

▲ 芬兰总统强调，芬兰不准备加入北约。

11 月 14 日　欧盟与亚美尼亚、阿塞拜疆和格鲁吉亚分别签署了《欧洲睦邻政策行动计划》。

11 月 15 日　欧盟表示不主张为发展中国家设置约束性的温室气体减排目标。

11 月 16 日　欧盟统计局公布报告显示，欧元区 12 国 10 月份的通货膨胀率从 9 月份的 1.7% 降至 1.6%，为 2004 年 2 月以来的最低水平。

▲ 英国首相布莱尔宣布财政大臣布朗作为他的接班人。

▲ 法国和西班牙举行首脑会晤，商讨打击非法移民以及中东局势和土耳其加入欧盟等国际和地区问题。

▲ 黑山、克罗地亚和波黑签署有关推动地区发展与合作的联合声明。

▲ 马其顿和波黑签署国防谅解备忘录，表示要加强两国之间的军事合作。

▲ 欧盟驻华大使表示，欧盟是否承认中国的市场经济地位只是一个贸易问题，对双方来说并不那样具备战略性。

11 月 17 日　欧盟与波兰的会谈未能就启动欧俄新协定谈判达成任何协议。

11 月 18 日　立陶宛表示支持波兰否决关于启动欧盟—俄罗斯新协定谈判的立场。

11 月 20 日　欧盟与伊拉克启动《贸易与合作协议》谈判。

▲ 欧盟 25 国部长会议确定因朝鲜进行核试验而制裁朝鲜的一系列措施。

▲ 因涉嫌与美国中情局非法合作绑架伊斯兰教长奥马

尔，意大利军事情报局局长波拉里、公民反间谍局局长莫里和特工机关协调委员会主席德尔梅泽被普罗迪政府解职。

▲ 保加利亚总理访华时表示，保中两国之间的经贸合作有着巨大的发展潜力。随着 2007 年 1 月保加利亚加入欧盟，双方将迎来更多的合作机会。

11 月 21 日　欧盟轮值主席国芬兰发表声明，强烈谴责当天发生的杀害黎巴嫩工业部长杰马耶勒的行径。

▲ 联合国安理会通过第 1722 号决议，延长欧盟驻波黑武装部队一年时间的任期。

▲ 欧盟、中国、美国、日本、韩国、俄罗斯和印度的 7 方代表签署国际热核聚变实验反应堆计划联合实验协定及相关文件。

11 月 22 日　欧盟委员会发表劳动法修订草案绿皮书。

▲ 欧盟公布对白俄罗斯的新战略，计划允许白商品进入欧洲市场，向白企业提供财政援助，条件是白俄罗斯须进行民主改革。

▲ 荷兰举行议会第二院（下院）选举。

▲ 芬兰总理强调，美国总统布什关于北约与芬兰等五国建立伙伴关系的建议，并不意味着芬兰将逐步加入北约。

11 月 23 日　荷兰基督教民主联盟（基民盟）领导人、现任首相巴尔克嫩德在大选中获胜。

▲ 前俄罗斯联邦安全局特工利特维年科本月 1 日在伦敦一家餐馆用餐后突感不适于今日不治身亡。

11 月 24 日　欧盟—俄罗斯首脑会议举行。双方达成协议，同意逐步取消欧洲航空公司向俄支付的西伯利亚航空过境费。

▲ 北爱尔兰成立过渡议会。

▲ 德国联邦议院通过政府 2007 年联邦预算案。该预算案表明，政府新增国家债务将比今年减少近 50%，为两德统一 16 年来的最低水平。

▲ 法国外交部证实，卢旺达决定自 11 月 27 日起与法国断绝外交关系。

11 月 27 日　欧盟宣布，欧盟、土耳其和塞浦路斯之间就土向塞开放港口和机场的谈判失败。

▲ 欧洲委员会举行消除针对妇女暴力国际会议，并宣布启动欧洲消除针对妇女暴力的运动。

▲ 英国首相就英国在奴隶买卖中的角色发表声明，对贩奴历史"深感悲伤"。

11 月 28 日　欧盟—地中海第八次外长会议结束。

▲ 英国召开内阁紧急情况委员会会议，讨论俄罗斯前特工利特维年科中毒身亡事件造成的严重事态。

▲ 美国总统布什正式访问爱沙尼亚。

▲ 北约首脑会议开幕。会议着重商讨阿富汗问题、北约转型、北约扩大以及北约与全球伙伴的关系问题。

11 月 29 日　欧盟审议并调低了 10 个成员国提交的 2008 年至 2012 年温室气体排放配额分配安排。

▲ 北约正式邀请塞尔维亚、黑山、波黑加入"和平伙伴关系计划"，并敦促塞尔维亚和波黑同联合国国际战争罪行法庭保持密切合作。

11 月 30 日　意大利总统表示，加强与包括中国在内的亚太地区国家的关系应成为意大利外交政策的重要基点。

12 月 1 日　首届亚欧信息通信技术部长会议闭幕。

▲ 希腊和塞浦路斯呼吁欧盟敦促土耳其向塞方开放口岸。

▲ 土耳其总理拒绝接受欧盟委员会的关于部分冻结与土入盟谈判的建议。

▲ 德国联邦议院通过《共同反恐数据法》草案。

12 月 2 日　意大利驻伊部队全部回国。

12 月 4 日　欧盟与哈萨克斯坦签署谅解备忘录，希望加强能源合作。

▲ 罗马尼亚保守党的政府官员宣布集体辞职，以响应该党政治局作出退出执政联盟的决定。

▲ 塞浦路斯共和国总统今起正式访问中国。

12 月 5 日　欧盟各国同意，明年吸收 2004 年入盟的成员国捷克、爱沙尼亚、匈牙利、拉脱维亚、立陶宛、马耳

他、波兰、斯洛伐克、斯洛文尼亚和塞浦路斯加入
《申根协定》。

▲ 欧盟司法和内政部长会议同意建立"欧盟基本权利
机构",以促进对公民基本权利的保护。

▲ 芬兰议会批准"宪法条约"。

▲ 罗马尼亚执政联盟宣布新国务部长(副总理)、经
济和商业部长等人选名单。

▲ 欧洲议会首次成立一个非官方的对华友好议员团
体——欧中友好小组。

12月6日 欧盟贸易委员曼德尔森正式要求欧盟各成员国授
权,启动欧盟与印度、韩国、东盟以及拉丁美洲部
分国家的自由贸易谈判。

▲ 土耳其向欧盟再提建议,拟向塞浦路斯开放一个港
口和一个机场,以挽救入盟谈判僵局。

12月7日 塞浦路斯拒绝土耳其新建议,致使欧盟最终部分冻
结与土耳其的入盟谈判。

12月8日 欧盟轮值主席国芬兰总理万哈宁表示,对于土耳其
而言,加入欧盟没有捷径。

▲ 英国、法国和德国向联合国安理会15个成员国散
发了一份经过修改的伊朗问题决议草案。

12月9日 2007年"欧洲文化之都"活动揭幕典礼在卢森堡
首都火车站广场举行。

12月11日 欧盟外长会议表示,欧盟将部分冻结与土耳其的入
盟谈判;继续深化中欧全面战略伙伴关系,推动解
除对华军售禁令问题。

▲ 欧盟表示不承认阿塞拜疆纳戈尔诺—卡拉巴赫(纳
卡)地区独立,及其所谓宪法公投。

12月12日 阿尔巴尼亚、波黑、克罗地亚、马其顿、黑山和塞
尔维亚等巴尔干地区6国国防部长举行会议,讨论
6国加入北约的事宜。

▲ 白俄罗斯反对派领袖米林科维奇获欧洲议会成就
奖。

12月13日 荷兰解除移民和归化大臣费尔东克的职权,以化解
因其移民政策引发的政府危机。

▲ 瑞士联邦委员会委员兼外交部长卡尔米—雷伊当选
新一届瑞士联邦主席。

12 月 14 日　欧盟各国政府就泛欧《能力发展计划》（CDP）的
有关原则达成一致。

▲ 塞尔维亚、波黑和黑山加入北约的和平伙伴关系计
划。

▲ 法国国防部长称，随着中国加强与非洲的合作，为
非洲国家供应了太多军火，这损害了武器禁运的行
动。

12 月 15 日　欧盟首脑会议决定加强打击非法移民的力度。

▲ 欧盟决定向塞浦路斯北部土耳其族控制区提供总额
为 1.98 亿欧元的经济发展援助，希望此举能促进
土耳其族和希腊族之间的和解。

12 月 18 日　欧盟理事会批准欧盟 2007 至 2013 年第七个研究与
技术开发框架计划和欧盟 2007 至 2011 年核能研究
计划。

▲ 欧洲种族歧视及排外现象观察家组织年度报告称，
欧盟成员国内部针对穆斯林的歧视和排外现象近年
来又有不断增加的趋势。

▲ 保加利亚和俄罗斯签署保俄天然气领域合作下阶段
发展备忘录，从而结束了为期 1 年多的保俄能源纠
纷。

12 月 19 日　欧盟强调，土耳其、克罗地亚以及巴尔干西部地区
其他国家只要达到加入欧盟的标准，将随时会被欧
盟接纳；土耳其则强调，尽管欧盟做出部分冻结与
土入盟谈判的决定，但是土耳其加入欧盟的目标没
有改变。

▲ 欧盟宣布再向苏丹达尔富尔地区提供 1700 万欧元
的人道主义援助。至此，欧委会今年对该地区的援
助总额已达 9700 万欧元。

▲ 中欧自由贸易协定成员首脑会议，决定吸收阿尔巴
尼亚、波黑、摩尔多瓦、黑山和塞尔维亚 5 国以及
科索沃为贸易协定新成员。

12 月 20 日　代表欧盟的英、法、德 3 国向美国、俄罗斯和中国

散发了经过修改的关于伊朗核问题决议草案。

12月22日 欧盟宣布，欧盟派驻刚果（金）维和部队将于本月26日全部撤离刚果（金）。

12月27日 欧盟轮值主席国芬兰发表声明，反对以色列在约旦河西岸地区修建新的犹太人定居点，认为这不符合中东和平"路线图"计划中以色列应履行的义务。

12月28日 列支敦士登政府宣布，在进行更为精确的测量后，该国面积较以前大约增加了0.5平方公里。

12月29日 拉脱维亚和俄罗斯就天然气供应价格问题达成一致，从2007年1月1日起，拉脱维亚购买俄天然气价格将提高50%。

12月30日 西班牙民族分裂组织"埃塔"在马德里机场制造一起炸弹爆炸后，西班牙政府宣布中止与"埃塔"的一切对话。

2007 年

1月1日 德国开始担任欧盟轮值主席国，为期半年。

▲ 保加利亚和罗马尼亚正式加入欧盟；保加利亚语和罗马尼亚语成为欧盟官方语言。

▲ 欧元开始正式在斯洛文尼亚境内流通，斯由此成为第13个使用欧元的国家。

1月4日 欧盟轮值主席国德国总理默克尔访问美国。

▲ 欧盟对白俄罗斯就天然气提价争端与俄罗斯达成协议作出积极评价，并认为这个冬季欧洲的天然气供应有了保障。

▲ 波黑主席团任命什皮里奇为波黑部长会议主席。

1月8日 欧盟委员会主席巴罗佐访问美国。

▲ 奥地利人民党与社会民主党就组建联合政府达成一致。

▲ 由于俄罗斯与白俄罗斯之间的石油争端，俄罗斯经白俄罗斯向匈牙利供应的石油今日中断。

1月9日 西班牙巴斯克分离主义组织"埃塔"宣布对去年12月30日发生在马德里机场的爆炸案负责。并表示仍将遵守与西班牙政府的停火协议。

▲ 捷克总统克劳斯再次任命以公民民主党主席托波拉内克为总理的新政府。众议院以100票赞成、97票反对的表决结果通过对新政府的信任案，结束了长达7个月之久的无政府状态。

▲ 日本首相安倍晋三开始访问英国、法国、德国、比利时；安与英国首相布莱尔发表联合声明，表示英日两国将进一步加强核不扩散方面的合作。同日，外相麻生太郎开始访问罗马尼亚、保加利亚、匈牙利和斯洛伐克。

1月10日　欧盟委员会提出新能源政策提案。

▲ 日本首相向德国总理表示，日本反对欧盟解除对华武器禁运。

▲ 拉脱维亚总理表示，拉准备放弃拉俄边界条约附录中的单方面声明，俄方认为这一声明企图对俄提出间接领土要求，成为签约路上的绊脚石。

1月11日　欧盟成员国能源官员召开紧急会议，评估俄罗斯通过白俄罗斯领土对欧盟的石油供应中断对成员国的影响，商讨必要的应对措施。

▲ 欧盟委员会主席巴罗佐对日本首相表示，欧盟将继续致力于解除对华军售禁令。

▲ 欧盟与科特迪瓦过渡政府签署谅解备忘录。欧盟将向科特迪瓦过渡政府提供1.03亿欧元援助，以推动该国的和平进程。

▲ 西班牙接管欧洲安全与合作组织主席国一职。

▲ 奥地利新一届联邦政府宣誓就职。

1月12日　罗马尼亚宣布，欧盟将向罗提供5.6亿欧元的专项基金，用于欧盟外部边境的安全建设。

1月13日　立陶宛、拉脱维亚和爱沙尼亚3国国防部长决定组建3国联合部队，以加强地区军事合作。

▲ 法国加入《东南亚友好合作条约》；法国是第一个加入该条约的欧盟国家。

1月15日　欧盟司法和内政部长同意将《普吕姆条约》纳入欧盟法律框架，以改善欧盟内部跨国警务合作。

1月16日　欧盟对外关系委员瓦尔德纳抵达北京。

1月17日　中国与欧盟正式启动中欧伙伴合作关系协议实质性谈判。

1月18日　欧洲委员会议会议长范德林对白俄罗斯进行正式访问，他希望将来白俄罗斯也能加入欧洲委员会。

1月19日　欧盟与俄罗斯签署一项有关肉类贸易质量标准的备忘录。

▲　保加利亚当选总统珀尔瓦诺夫和副总统马林举行总统宣誓仪式。

▲　捷克新政府宣告成立，新内阁由公民民主党主席托波拉内克担任总理。

1月21日　欧盟轮值主席国德国总理默克尔对俄罗斯进行访问，俄罗斯表示愿意在能源问题上与欧盟进行富有建设性的对话。

▲　塞尔维亚共和国举行议会选举。

1月23日　波兰总理表示，波兰将与美国恢复有关美在波建立导弹防御基地问题的谈判。

1月25日　塞尔维亚公布塞独立后首次议会选举的正式结果，右翼民族主义政党塞尔维亚激进党成为塞议会第一大政党，其次是民主党和塞尔维亚民主党——新塞尔维亚党联盟。

1月26日　包括已批准"宪法条约"的18国在内的20个欧盟成员国在马德里举行"宪法之友会议"，呼吁重新推动欧盟宪法条约的批准程序。

▲　英国首相布莱尔作为"金钱换爵位"丑闻证人再次接受警方质询。

1月28日　北爱尔兰新芬党决定，结束该党长期以来不承认北爱警察及司法制度的政策。

1月30日　欧盟财政部长会议表示，鉴于法国的财政赤字占国内生产总值的比例已降到3%以下，欧盟决定撤销对法国的处罚程序。

▲　由欧盟委员会倡议的"欧洲全民机会平等年"系列活动拉开帷幕。

▲　英国首相布莱尔和爱尔兰总理埃亨宣布，恢复北爱

地方政府运作的工作将按计划进行。

▲ 北爱尔兰过渡议会解散。

▲ 英国工党的主要筹资人利维勋爵因"金钱换爵位"案件再次被警方逮捕。

▲ 德国经济部长宣布，德政府计划在 2018 年前停止开采全国的煤矿。

1 月 31 日　塞浦路斯政府宣布，将与土耳其有关地中海油气资源开发的纠纷诉诸联合国和欧盟，并将按原计划对专属经济区内的油气勘探和开发实施国际招标。

2 月 1 日　欧盟宣布今年将从第七个科研框架计划预算中拨款 12 亿欧元，用于信息通信技术的研究和开发。

2 月 2 日　保加利亚总理会见法国总理表示，保加利亚和法国要成为欧盟内的战略伙伴。

▲ 联合国特使向塞尔维亚和科索沃当局递交科索沃问题解决方案。塞总统表示，这一方案"不可接受"，因为它提供了科索沃独立的可能性。

▲ 保加利亚通过新宪法修正案。

▲ 匈牙利最大的反对党青年民主联盟（青民盟）成员举行集会，要求政府下台，重新进行选举。

2 月 3 日　美国、英国、加拿大、罗马尼亚、澳大利亚和荷兰 6 国驻意大利大使联合签署并发表一封"致意大利人民公开信"。

2 月 5 日　欧盟日本就在日本建设及运营国际热核计划辅助设施的相关事宜签署协定。

▲ 俄罗斯外交部长表示，启动签署俄罗斯—欧盟伙伴合作关系新协定的谈判是今年俄欧关系发展的优先任务，俄方希望尽快启动有关谈判。

▲ 荷兰参与执政的 3 个政党领导人就组阁和新政府的施政纲要基本达成一致。

▲ 波兰国防部长西科尔斯基辞职，什奇格沃将出任国防部长。

▲ 罗马尼亚外长温古雷亚努正式递交辞呈。

2 月 6 日　罗马尼亚通过修改罢免总统条款的全民公决法修正案。

▲ 罗马尼亚总理就罗驻意大利大使擅自签署"致意大利人民公开信"一事,向意大利总理致歉。

▲ 波兰总理表示,如果俄罗斯对波兰实施经济制裁,波兰将坚决反对启动欧俄伙伴合作关系新协定的谈判。

▲ 斯洛伐克总理在中国—斯洛伐克商务论坛上表示,斯洛伐克鼓励中国企业到斯进行投资和经贸合作。

2 月 7 日　波兰内务部长多恩辞职。

2 月 8 日　欧盟委员会负责扩大事务的委员敦促马其顿政府加快改革步伐,呼吁各党派之间加强合作,争取早日启动马其顿关于入盟的谈判。

2 月 9 日　以部长会议主席什皮里奇为首的波黑新政府宣誓就职。

▲ 捷克警方正式指控捷克政府副总理丘内克接受贿赂。

2 月 12 日　欧盟外长会议表示,支持联合国解决科索沃未来地位问题的努力。

▲ 欧盟批准联合国对伊朗的制裁措施。

▲ 保加利亚与希腊表示不接受在巴尔干地区试图建立单一民族国家的方案。

2 月 13 日　塞浦路斯正式向欧盟递交在 2008 年 1 月 1 日加入欧元区的申请。

2 月 14 日　欧盟委员会宣布向莫桑比克提供 200 万欧元紧急人道主义援助。

▲ 欧洲议会通过有关美国中央情报局欧洲"黑狱"的报告。

▲ 塞尔维亚共和国议会以压倒性多数拒绝联合国关于科索沃未来地位解决方案草案。

2 月 15 日　欧盟理事会通过欧盟基本权利专门机构(European Union Agency)条例。

▲ 欧盟成员国能源部长首次审议欧盟新能源政策。

▲ 第 24 届以"非洲与世界平衡"为会议主题的非洲—法国峰会开幕。

2 月 16 日　欧盟对外关系委员瓦尔德纳宣布,欧盟委员会正在拟定一项一揽子援助计划，将在 2007 至 2013 年的 7 年间向印度提供总额 4.7 亿欧元的财政援助。

2 月 19 日　　欧盟委员会发表《2007 年社会保障问题综合报告》。报告指出，欧盟成员国中仍然存在较为严重的贫困问题。

2 月 20 日　　欧盟各国环境部长发表《关于气候变化的声明》，承诺到 2020 年将把二氧化碳等温室气体排放量在 1990 年的基础上减少 20%。

2 月 21 日　　欧盟宣布向北高加索地区车臣冲突的受害者提供价值 1750 万欧元的援助。

▲ 塞尔维亚政府与科索沃阿族谈判代表开始就科索沃未来地位方案草案进行磋商。塞尔维亚总统表示，塞尔维亚决不接受科索沃独立。

▲ 英国宣布将在今后几个月内把驻伊英军人数从 7100 人减至约 5500 人。

▲ 丹麦宣布，在 8 月之前从伊拉克撤出全部 460 名丹麦军人。

2 月 22 日　　欧盟就业部长会议通过联合就业报告，强调"欧洲为了有效地应对全球化的挑战和劳动人口缩减的压力，灵活保障必须成为今天的秩序"。

▲ 欧盟委员会通过关于成立欧盟科学研究委员会的决定。

▲ 欧盟宣布，已对英国政府涉嫌非法补贴国有皇家邮政一事展开深入调查。

▲ 新一届荷兰大臣会议（政府）在海牙宣誓就职。

▲ 执政的意大利中左联盟通过意大利看守内阁总理普罗迪提出的"继续执政计划"。

2 月 23 日　　波兰向美国发出外交照会，同意与美就在波建导弹防御基地问题恢复谈判。

2 月 24 日　　意大利总统表示要求普罗迪继续担任总理，并尽快在参众两院进行政府信任投票。

2 月 26 日　　欧盟公布去年 11 月进行的一项民意调查：87% 的欧盟百姓对自己的生活感到幸福满意。

▲ 欧盟通过一项总额为 1.35 亿欧元的全球食品援助

计划，旨在缓解贫困地区的饥饿状况。

▲ 欧盟表示，欧盟和埃及已就"欧盟—埃及睦邻政策行动计划"达成一致。

▲ 联合国国际法院宣判，塞尔维亚没有在十多年前波黑战争期间犯下种族屠杀罪，但它未能按照国际条约规定的义务阻止屠杀发生和惩办当事人。

2月27日　希腊提交的"2006—2009年的稳定和增长计划"获得欧盟经济和财长理事会的批准。

▲ 塞尔维亚近4万民众举行集会，反对联合国特使有关科索沃未来地位的解决方案草案。

2月28日　欧盟宣布，将在2007至2010年的未来4年里向联合国近东巴勒斯坦难民救济和工程处共同基金提供2.64亿欧元的捐助，用于巴勒斯坦难民的生活和安置需要。

▲ 欧盟现任轮值主席国德国总理默克尔会见乌克兰总理表示，欧盟目前暂不会考虑接纳乌为新成员国。

▲ 普罗迪领导的意大利中左联盟政府赢得参议院信任投票，普罗迪将继续担任总理职务。

3月1日　欧盟理事会通过的欧盟基本权利专门机构条例今起生效。

▲ 欧盟27国国防部长就今年从波黑分阶段撤军达成一致。

▲ 欧盟表示，美国计划在波兰和捷克部署导弹防御系统不会危及欧盟与俄罗斯的战略伙伴关系。

▲ 位于维也纳的"欧洲种族主义和排外势力监视中心"（EUMC）今起正式更名为"欧盟基本权利监督局"（FRA），其职责范围也有一定扩展。

▲ 英国宣布将在今后几个月内从波黑撤出600名军人。

▲ 法国和中国签署一项关于两国在中医药领域合作的协议。

3月2日　德国国防部长表示希望由北约控制美国计划在东欧国家部署的反导系统。

▲ 普罗迪领导的意大利中左联盟政府赢得众议院信任

投票，意大利政府危机结束。

3月5日　爱沙尼亚举行议会选举。现任总理安德鲁斯·安西普领导的中右翼政党改革党获胜，被赋予组阁权。

3月6日　欧盟派遣由高级官员组成的代表团前往朝鲜访问，以推动朝核问题的解决。

3月7日　欧盟宣布将大幅提高对乌克兰的经济援助，将在2007至2010年向乌克兰提供4.94亿欧元援助，用于帮助乌克兰进行改革并落实欧盟—乌克兰行动计划。此外，乌克兰还可以从欧洲投资银行获得更多的贷款。

▲ 英国下院同意所有上院议员将通过选举产生。

▲ 法国国民议会选出执政的人民运动联盟议员奥利耶担任议长。

▲ 北爱尔兰举行第三次议会选举，选出108名议员。民主统一党获得30.1%的选票，成为议会第一大党；新芬党紧随其后，获得26.2%的选票。

3月8日　欧盟春季首脑会议开幕。峰会重点讨论气候变化、能源政策和继续推进"里斯本战略"。欧盟委员会的新能源政策提案得到批准。据此，欧盟承诺将实现减排20%的目标，并表示愿意与其他主要温室气体排放国一起将此目标提高为30%。

▲ 欧盟轮值主席国德国总理默克尔、欧盟委员会主席巴罗佐和欧洲商会及欧洲工会联合会等组织的领导人举行劳资政三方峰会。

▲ 欧盟各成员国领导人同意，单方面承诺到2020年将欧盟温室气体排放量在1990年基础上至少减少20%。

▲ 意大利众议院通过2007年海外军事行动拨款计划。

3月9日　欧盟承诺在2020年之前，实现欧盟国家五分之一的能源供应来自诸如风能和太阳能之类的绿色能源。

▲ 英国首相和爱尔兰总理发表联合声明，呼吁北爱各政党抓住历史性的机会，重建权力共享的自治政府。

3 月 12 日　东南欧 8 个国家和地区的能源部长签署共同声明，敦促欧盟切实解决该地区的电力供应危机。

▲ 英国议会下院副领袖格里菲思宣布辞职，抗议首相布莱尔更新核武器系统的计划。

3 月 13 日　欧盟通过《不来梅声明》，承诺欧盟今后将加大抗击艾滋病力度。

▲ 欧盟宣布，欧盟部长理事会将决定延长对白俄罗斯当局代表的制裁行动。

3 月 14 日　欧盟宣布，向苏丹和乍得的冲突受害者分别提供 4500 万欧元和 1500 万欧元人道主义援助。

▲ 英国上议院通过上议院议员应通过任命方式选出的方案。

3 月 15 日　第 16 届欧盟—东盟部长级会议通过《纽伦堡宣言》，宣布欧盟和东盟将加强在政治、安全等领域的合作。

▲ 欧盟与黑山签署《稳定与联系协定》。

▲ 俄罗斯、希腊和保加利亚签署建设连接黑海和地中海的陆路石油管道的三方协议。

▲ 西班牙众议院通过《男女平等法》法案。

3 月 18 日　乌克兰表示准备参加关于建立欧洲导弹防御系统的谈判。

3 月 20 日　中国与法国正式签署两国引渡条约。

3 月 21 日　英国财政大臣布朗宣布 2007 财政年度预算报告，其中税率调整和反恐费用的增加令人关注。

▲ 罗马尼亚总理特里恰努宣布暂时兼任代理外长职务。

▲ 瑞士联邦院接受自由民主党提交的关于确立在语言和融入社会方面的最低要求的一项议案。

3 月 22 日　欧盟交通部长会议一致同意批准"开放天空"协议。

▲ 荷兰首相表示，荷兰希望将要讨论的欧盟新条约将对成员国的否决权进行一定限制，在更多领域采用"有效多数"表决机制进行决策，以提高扩大后的欧盟的工作效率。

3 月 23 日　欧盟委员会主席巴罗佐和欧盟 27 个成员国领导人

呼吁，欧盟应尽快解决陷入僵局的"宪法条约"问题，采取措施为欧盟未来50年的发展共同努力。

▲ 欧盟宣布向哥伦比亚提供1200万欧元的人道主义援助。

3月25日 欧盟发表《柏林宣言》，表示要在2009年欧洲议会选举前结束欧盟制宪危机。

▲ 欧盟轮值主席国德国总理默克尔认为，成立一支欧盟部队应该成为欧盟今后50年的主要奋斗目标。

▲ 首届欧盟青年峰会闭幕。会议通过了《罗马青年宣言》。

3月26日 欧盟通过年内再向津巴布韦提供800万欧元人道主义援助的计划。

▲ 北爱尔兰新教政党民主统一党与天主教政党新芬党达成协议，决定从5月8日开始建立地方自治联合政府。

▲ 国务院总理温家宝与挪威首相斯托尔滕贝格举行会谈。

3月27日 欧盟召开成员国财长会议，决定履行联合国安理会的对朝制裁。

▲ 芬兰新议会选举芬兰中间党议会党团主席卡利为新议长。

▲ 拉脱维亚与俄罗斯签署两国边界条约。

3月28日 捷克政府表示已决定同美国就美国在捷克建立导弹防御系统的雷达基地问题正式进行谈判。

3月29日 瑞典外交大臣表示，从瑞典向科索沃地区提供的援助规模来看，瑞典应该对解决科索沃未来地位问题拥有更加重要的发言权。如果瑞典不能在此问题上得到更多的发言权，它所提供的经济援助将会受到影响。

3月30日 意大利总理普罗迪政府赢得议会参议院信任投票。

3月31日 欧盟轮值主席国德国总理默克尔起程赴中东访问。

4月1日 德国《增强法定医疗保险竞争法》今起实施。

4月2日 爱沙尼亚新议会选举中获胜的改革党、祖国与自由联盟党及社会民主党就联合执政正式签约。安西普再次出任新政府总理，埃尔格马为议长。

4月3日　罗马尼亚、塞尔维亚、克罗地亚、斯洛文尼亚和意大利5国能源部长，以及欧盟能源事务的代表，签约共同修建一条自罗马尼亚至意大利的石油管道，总投资26亿美元。

▲ 罗马尼亚议会批准总理波佩斯库－特里恰努提交的新内阁名单。

4月4日　罗马尼亚宪法法院判决议会通过的全民公决法修正案无效。

4月5日　波兰表示，它将结束抵制欧盟与俄罗斯的战略对话及签订双边协议，前提是俄必须解除对波兰农畜产品的进口限制。欧盟和俄罗斯都对波兰的这一决定表示欢迎。

▲ 改组后的罗马尼亚政府宣誓就职。

4月11日　欧盟委员会通过"黑海合作增效计划"新合作倡议，希望加强与黑海地区各国间的合作。

▲ 葡萄牙总统表示反对在葡萄牙就未来欧盟宪法举行全民公决。

4月13日　波兰众院议长尤雷克提出辞职。

4月15日　德国总理会晤土耳其总理，表示德国将努力推动土耳其加入欧盟谈判。

4月16日　欧盟表示暂不考虑参与美国针对中国知识产权问题向世界贸易组织提起的诉讼，对话仍是解决欧中贸易争端的"优先"选择。

4月17日　欧洲委员会议会向部长理事会建议，吸纳黑山为该组织第47个成员国。

▲ 捷克副总理冯德拉会见斯洛伐克副总理恰普洛维奇，双方表示应在建立核能论坛方面进行合作。

4月18日　欧盟委员会宣布发起一场欧盟范围内的公众大讨论，以期进一步增强欧盟各机构运作透明度。

▲ 欧盟委员会出台市场准入新战略。

▲ 欧盟对外关委员瓦尔德纳在危地马拉访问时宣布，欧盟将在未来几年向中美洲国家提供8.4亿欧元援助。

▲ 塞尔维亚总理会见到访的中国国务院副总理回良玉。

▲ 英国表示将对新移民采取新的五级计分制度。

▲ 匈牙利总理批准阿格奈什出任新卫生部长,加博尔出任环境保护与水利部长。

4月19日　欧盟各国司法和内政部长签署新法案,打击种族主义及种族仇恨。

▲ 芬兰总统任命以万哈宁为总理的新一届联合政府。新政府于当天宣誓就职。

4月20日　欧盟灵活保障大会在布鲁塞尔召开。

▲ 欧盟委员会负责贸易的委员曼德尔森表示,欧盟与俄罗斯之间的信任正处于冷战后的最低水平。

▲ 德国财政部长呼吁欧元区国家到2010年将财政赤字降低为零。

▲ 罗马尼亚宪法法院对议会弹劾总统议案予以确认。总统伯塞斯库将在1个月内暂停行使职务。

4月21日　欧盟与俄罗斯就俄罗斯对波兰肉类实行禁运问题进行了谈判,但谈判没能达成协议。

4月22日　法国总统大选举行第一轮投票。

4月23日　欧盟外长会议通过决议,强调欧盟希望索马里尽快恢复安全与稳定;呼吁阿拉伯国家和以色列尽快就重启"阿拉伯和平倡议"开始建设性对话;将在数月内启动与韩国、印度以及东盟10国的自由贸易谈判;将对伊朗实施比联合国安理会决议还严厉的制裁措施。

4月24日　欧盟向世界贸易组织表示,由于美国继续向本国企业发放反倾销基金,欧盟将扩大对美国产品的制裁范围。

▲ 斯洛伐克总统会见来访的塞尔维亚总统,表示希望塞尔维亚和科索沃双方在科索沃未来地位问题上寻求妥协和让步。

4月25日　欧盟环境委员季马斯呼吁亚欧国家加强在环境和气候问题上的对话与合作,共同推动新全球温室气体减排协议的尽早达成。

▲ 芬兰国防部长表示赞成芬兰加入北约，认为加入北约符合芬兰的国家利益。

4 月 26 日　欧盟委员会和欧洲航天局联合发表《欧洲航天政策信息通报》，为未来制定统一的欧盟航天政策提供参考。

▲ 俄罗斯总统表示应当在欧洲安全与合作组织框架内讨论美国在欧洲部署反导系统问题。

▲ 英国和美国正式批准新的引渡条约。

▲ 反对爱沙尼亚官方拆除位于首都塔林市中心的苏联红军纪念碑的守护者与爱沙尼亚警察发生首次冲突。

4 月 27 日　卢德维克·多恩出任波兰议会众院议长。

▲ 波兰总统会晤英国首相，表示美国在欧洲建立导弹防御基地并不是为了针对俄罗斯。

▲ 德国联邦环境部提出到 2020 年前德国温室气体排放量将在 1990 年的基础上减少 40%，并制定了 8 项实施措施。

4 月 29 日　爱尔兰总统玛丽·麦卡丽斯解散议会。

4 月 30 日　欧盟与美国举行首脑会议并签署"跨大西洋经济一体化计划"。

5 月 2 日　欧盟敦促土耳其各党派尊重土宪法法院作出的第一轮总统选举投票结果无效的裁决。

▲ 爱沙尼亚外长就爱驻俄大使遭莫斯科集会者攻击一事向俄方提出抗议。欧盟委员会呼吁俄罗斯妥善处理这一事件。

5 月 3 日　欧盟贸易委员与东盟经济部长举行会谈并宣布，双方将就自由贸易协议进行谈判。

▲ 俄罗斯外长要求欧盟客观调查爱沙尼亚在拆除苏联红军解放塔林纪念碑事件中的所有违反人权行为，并惩罚肇事者。

▲ 北爱尔兰准军事组织北爱尔兰志愿军宣布，它愿意放弃暴力，重新与政府展开解除武装谈判。

5 月 4 日　欧盟委员会宣布，将在 2007 至 2013 年间向也门提供至少 6000 万欧元的援助。

▲ 苏格兰地方选举结果揭晓，苏格兰民族党成为议会第一大党。

5月6日 法国总统选举第二轮投票中，人民运动联盟主席萨科齐当选新一任法国总统。

5月7日 欧盟和韩国就缔结自由贸易协定（FTA）开始为期5天的第一轮谈判。

5月8日 英国北爱民主统一党和新芬党组成新的北爱尔兰地方自治政府。

▲ 波兰总理宣布，政府将坚持拆除波兰各地的苏军纪念碑，更改街道和广场名称。

5月10日 法国当选总统萨科齐表示，他将尽快组建一个"开放"型内阁，内阁成员将包括中左派人士。

▲ 俄罗斯与北约领导人会晤后表示，双方未能弥合在关于欧洲武器控制方面的分歧，《欧洲常规武装力量条约》处于崩溃边缘。

5月10日 英国首相布莱尔宣布辞去工党领袖职务，并于6月27日正式卸任首相。

▲ 中欧谈判指导委员会首次会议举行。会议就中欧伙伴关系合作协定谈判的有关指导原则、协定框架、谈判结构、方式和议题顺序等达成重要共识。

▲ 西班牙众议院通过新的《地皮法》，规定所有用于住宅建设的土地都必须留出30%用于建造"保障住房"。

5月11日 塞尔维亚接替圣马力诺成为欧洲理事会主席国。

▲ 英国首相布莱尔正式认可布朗为自己的继任者。

▲ 欧盟委员会主席巴罗佐表示，欧盟希望"东南欧合作进程"进一步推动该地区的合作与稳定。他强调，没有所有巴尔干国家的加入，欧洲联合进程就不可能完成。

▲ 捷克和美国专家结束关于在捷境内部署导弹防御系统问题的首轮会谈。

▲ 美国、英国和法国共同向联合国安理会散发了一份有关科索沃未来地位问题的决议草案，要求批准有关科索沃独立的方案。

▲ 斯洛伐克总理会晤波兰总理，表示反对美国在波兰和捷克建立导弹防御基地的计划。

▲ 德国外长会晤捷克外长，双方对美国在东欧部署导弹防御系统问题仍存分歧。

▲ 波兰与中国签署《中华人民共和国铁道部和波兰共和国运输部铁路运输合作谅解备忘录》。

5月12日 欧盟委员会主席巴罗佐在葡萄牙小镇辛德拉召开旨在拯救"宪法条约"的小型峰会。只有欧盟委员会主席、欧洲议会议长以及少数几个成员国领导人参加了这次会议。会议就重启宪法条约的时间表达成共识。

▲ 欧盟发表声明，指责伊朗阻碍《不扩散核武器条约》审议进程的顺利推进。

▲ 塞尔维亚宣布有关政党已就联合政府组建事宜达成协议，现任总理科什图尼察将在联合政府中继续出任总理。

▲ 冰岛举行新一届议会选举。

▲ 俄罗斯政府宣布，不能接受由美国和欧盟国家提出的科索沃未来地位问题决议草案中的一些内容。

▲ 波兰、乌克兰、立陶宛、格鲁吉亚和阿塞拜疆5国的总统参加欧亚五国非正式能源峰会，表示将加强在能源领域的合作。

5月13日 尼科利奇宣布辞去塞尔维亚议会议长职务。

5月14日 欧盟外长会议通过决议，希望在欧盟的欧洲睦邻政策框架内全面加强与黑海地区的合作；决定将针对乌兹别克斯坦官员的入境限制再延长6个月。

▲ 欧盟防长签署一份战略文件，认为有必要打破欧盟各国防务市场的壁垒，保持军备供应商自由竞争，并降低对美国军备进口的依赖。

▲ 波兰和美国关于在波境内部署导弹防御系统的首轮会谈正式启动。

5月15日 欧盟领导人与欧洲宗教界代表年度对话会举行。今年对话会的主题是"建设基于人类尊严的欧洲"。

▲ 法国总理德维尔潘向希拉克总统提交了辞呈。

▲ 塞尔维亚新政府宣誓就职。

▲ 中国政府就德国议院通过涉华劳教制度议案，歪曲和攻击中国劳教制度表示强烈不满和坚决反对。

5月16日 欧盟委员会建议欧盟理事会批准塞浦路斯和马耳他两国于2008年1月1日加入欧元区。

▲ 法国举行总统权力交接仪式，萨科齐正式就任总统。

▲ 法国新任总统萨科齐访问德国并与德国总理默克尔举行会唔。

▲ 中国与欧盟第23次人权对话15日至16日在柏林举行。

5月17日 第61届联合国大会就人权理事会成员进行改选，荷兰、意大利当选为新的为期3年的人权理事会成员。

5月18日 为期两天的第19次欧盟—俄罗斯首脑会议闭幕。

▲ 法国总统府宣布由菲永担任总理的新一届法国政府成员名单。

5月20日 保加利亚首次举行欧洲议会议员选举。

5月22日 中国全国人大常委会委员长吴邦国开始对匈牙利进行为期两天的正式友好访问。

5月23日 法国新总统萨科齐访问欧盟总部。在与巴罗佐举行的联合记者会上，萨科齐重申用"简版欧宪"取代"宪法条约"的构想。

▲ 罗马尼亚宪法法院宣布全民公决结果，停职一个月的伯塞斯库将恢复总统职务。

▲ 中国全国人大常委会委员长吴邦国今起对匈牙利和波兰进行访问。

5月24日 爱尔兰举行大选。

▲ 中国全国人大常委会委员长吴邦国开始对波兰进行为期三天的正式友好访问。

5月25日 斯洛伐克政府表示支持保留"宪法条约"的实质内容，支持其他中东欧国家加入欧盟。

5月26日 黑山共和国被北约议会接纳为协作成员国。

5月27日 欧洲议会欧中友好小组正式赴中国访问。

5月28日　法国新总统会晤意大利总理，双方表示两国将致力于欧盟机构建设，以推动欧盟改革走出目前的困境。

▲ 波兰总统宣布，如果俄罗斯坚持禁止进口波兰肉食品，华沙可能推动欧盟阻止俄罗斯加入世贸组织。

5月29日　中欧外长会晤和第八届亚欧外长会议昨今举行。主要议题是达尔富尔危机、朝鲜问题、伊朗核问题和全球变暖等。

▲ 欧盟宣布在2007—2010年间对蒙古国的援助额将达到1400万欧元。

5月30日　欧盟评估报告认为，捷克政府措施不力，恐难实现在2008年将财政赤字控制在占当年国内生产总值3%以下的目标。

▲ 法国总统府发表公报说，新政府将致力于加强社会各界之间以及政府与社会各界之间的对话，推动法国社会改革。

▲ 樊尚·拉曼达正式就任法国最高法院院长。

5月31日　欧盟委员会宣布将在2007—2010年向全球抗击艾滋病、结核和疟疾基金（全球基金）提供至少4亿欧元资金，以防止这些疾病在全球肆虐。

▲ 欧盟负责外交和安全政策的高级代表索拉纳就伊朗核问题同伊朗首席核谈判代表拉里贾尼会谈。

6月1日　欧盟环境部长非正式会议召开。

▲ 瑞士向部分欧洲国家开放其国内劳动力市场。

▲ 波兰总理会见立陶宛总理，双方就能源安全和能源合作问题举行会谈。

6月4日　欧盟轮值主席国德国总理默克尔和欧盟委员会主席巴罗佐与加拿大总理哈珀举行会晤，双方就温室气体长期排放目标问题部分达成一致。

6月5日　欧盟经济和财政部长会议批准撤销针对德国、希腊和马耳他3国财政赤字超标所采取的相关监督程序。

▲ 第四届欧洲研究基础设施大会召开。会议主要讨论如何通过改进研究领域的基础设施来提高欧洲科研

竞争力以及培养欧洲优秀的科研人才。

▲ 欧洲议会议长帕特林表示，美国在波兰和捷克建立导弹防御基地事宜应由北约和欧盟来作决定。

▲ 西班牙民族分裂组织"埃塔"发表声明终止永久性停火。西班牙首相表示，"埃塔"的决定是错误的，政府决不向暴力威胁屈服。

6 月 7 日　　法国总统表示，他与英国首相已就制定新版欧盟宪法的框架问题达成一致。

▲ 立陶宛宣布禁止以卢卡申科总统为首的约 70 名白俄罗斯官员入境。

▲ 加拿大国际贸易部长宣布，加拿大已与冰岛、挪威、瑞士和列支敦士登 4 国组成的欧洲自由贸易联盟签署了自由贸易协定。

6 月 8 日　　欧盟委员会宣布向索马里提供 400 万欧元紧急人道主义援助。

▲ 欧洲委员会议会最新报告，确定美国中央情报局设在波兰和罗马尼亚的秘密监狱曾在 2002 至 2005 年间关押过美国所谓的"高价值恐怖嫌犯"。

▲ 八国集团峰会在轮值主席国德国举行。

▲ 国家主席胡锦涛出席八国集团同发展中国家领导人对话会议，并于 6 月 8 日至 10 日对瑞典进行国事访问。

6 月 9 日　　国家主席胡锦涛会见瑞典国王古斯塔夫。

6 月 10 日　　法国举行国民议会选举。

▲ 比利时举行四年一度的大选。在野 8 年的荷语基督教民主党/弗莱芒联盟击败联合执政的法语改革运动党、社会党、荷语社会党和自由党四党联盟成为最大赢家。

6 月 11 日　　欧盟代表与巴勒斯坦财政部长签署谅解备忘录，决定恢复对巴财政部的援助。

▲ 比利时首相伏思达向国王阿尔贝二世递交政府辞呈。

▲ 罗马尼亚总统伯塞斯库解除若尔特·纳吉的通信和信息技术部长职务。

6月12日　欧盟理事会通过一个第二代申根信息系统（SIS II）的建立、运行和使用的决定。

▲ 欧盟议会、欧盟理事会通过建立快速边境干预小组机制的条例。

▲ 欧洲安全与合作组织与亚洲伙伴国对话会议开幕，议题为"巩固共同安全"。

▲ 第22届中欧经贸混委会会谈结束。

6月13日　欧盟司法和内政部长会议决定，加强欧盟国家在刑事缓刑罪犯跨区域监督方面的合作。

▲ 欧盟通过建立欧洲小额求偿程序条例。该条例的目的是通过建立一个欧洲小额求偿程序，简化并加快跨境小额求偿诉讼，减少诉讼成本。

▲ 欧盟与塞尔维亚恢复关于缔结《稳定与联系协定》的谈判。

6月14日　欧盟与安第斯共同体开启建立联系协议的谈判。

▲ 埃亨当选为爱尔兰新政府总理。

▲ 第29届黑海经济合作组织议会大会闭幕，大会呼吁欧盟尽最大可能解决东南欧国家的能源紧张问题。

▲ 北约—俄罗斯理事会国防部长级会议举行，签署有关加强双方军队间协作的合作协定。

6月15日　匈牙利总理宣布部分改组内阁，并新增两名部长。

6月18日　欧盟和美国分别宣布，恢复与巴勒斯坦紧急政府的正常交往以及对巴政府的直接援助。

▲ 欧盟外长会议邀请古巴代表团进行"公开的政治对话"，并宣布继续暂停对古巴的外交制裁。

▲ 斯洛文尼亚和黑山签署防务合作协议。

▲ 英国首相布莱尔提出英国同意修改欧盟宪法的四个条件，即不能迫使英国修改本国法律、司法及警察体制和扩大"有效多数"表决制的适用范围。

6月20日　欧盟宣布，将在今后两年内为西巴尔干等地国家提供30多亿欧元的财政援助，其中，塞尔维亚将得到5.72亿欧元的援助。

▲ 欧盟表示将帮巴勒斯坦民族权力机构偿还上千万欧

元的欠账。

6 月 21 日　欧盟首脑会议在布鲁塞尔举行。会议同意塞浦路斯和马耳他自明年 1 月 1 日开始使用欧元。

▲ 欧盟首脑会议同意设立一个"欧盟高级代表"统管欧盟外交事务。

▲ 对世贸组织多哈回合谈判发挥关键作用的美国、欧盟、印度和巴西四方会谈宣告破裂。

6 月 22 日　欧盟峰会的 27 国首脑就替代"宪法条约"的新条约草案达成协议。

▲ 欧盟峰会批准欧盟委员会和欧洲央行关于塞浦路斯和马耳他加入经货联盟的报告，同意塞浦路斯从 2008 年 1 月 1 日起加入欧元区。

6 月 26 日　欧盟和土耳其启动两项有关土耳其加入欧盟的谈判。

▲ 欧盟委员会宣布计划出资 4400 万欧元用于国际反酷刑事业。

▲ 阿克耶担任法国新一届国民议会议长。

6 月 27 日　欧盟委员会发表提交欧盟理事会、议会、经济社会委员会和地区委员会的通讯："关于灵活保障的共同原则：通过灵活和保障创造更多和更好的工作"。

▲ 欧盟委员会敦促西班牙和法国等 14 个成员国全面执行欧盟"种族平等法令"。

▲ 布莱尔正式辞去英国首相职务，工党领袖布朗接任。

▲ 由中国科技部、意大利卫生部、欧盟科研总司联合主办的"中欧中医药大会——国际科技合作与展望"于 6 月 27 日至 28 日在罗马召开。

6 月 28 日　中欧清洁发展机制（CDM）促进项目在京启动。欧盟将就此在 2007—2010 年期间提供 280 万欧元。

6 月 29 日　西班牙国王胡安·卡洛斯一世及索菲娅王后一行 24 日至今对中国进行了国事访问。

6 月 30 日　欧盟轮值主席国德国外长会见了哈萨克斯坦、吉尔吉斯斯坦、塔吉克斯坦、土库曼斯坦和乌兹别克斯坦 5 国外长，呼吁中亚 5 国加强与欧盟的"能源对话",并承诺欧盟将为中亚提供 7.5 亿欧元援助。

▲ 英国宣布把反恐警戒级别提升到最高级。

7月1日 葡萄牙接替德国担任欧盟轮值主席国。

7月3日 罗马尼亚副总理马尔科宣布辞职。

7月4日 欧盟与巴西首次首脑会议在葡萄牙举行;双方正式确立战略伙伴关系。

▲ 黑山宣布已成为东南欧合作倡议组织正式成员国。

▲ 英国政府将恐怖袭击警戒级别从最高级别下调至"严重"级别。

7月5日 欧盟劳工和社会事务部长非正式会议召开。

▲ 欧盟与黑山签署关于给予欧盟驻黑山代表团优惠和豁免条件的协议。

7月8日 中国商务部长薄熙来与来访的瑞士联邦经济部长洛伊特哈德在北京举行会谈,就双边经贸关系的广泛议题交换意见。会谈结束后,双方签署了《中国商务部与瑞士经济部联合声明》,瑞士宣布承认中国完全市场经济地位。

7月9日 奥地利政府发布《奥地利经济 2007 年度报告》。

▲ 中国与瑞士签署《关于设立中瑞联委会知识产权工作组的谅解备忘录》。

7月10日 欧盟财政部长会议批准塞浦路斯与马耳他于 2008 年1月1日加入欧元区。

▲ 欧盟各国同意提名斯特劳斯-卡恩为国际货币基金组织(IMF)总裁候选人。

▲ 法国总理重申,法国政府将在 2012 年以前将公共债务减少到国民生产总值的 60% 以下。

7月11日 欧洲初审法院判定,欧盟委员会因为 6 年前错误地否决了一项企业并购申请,应当承担赔偿责任。

▲ 英国新首相布朗一改历史传统,提前 4 个月向女王提出 23 项议案,全面阐述新政府的施政纲领。

▲ 波兰副总理兼农业和农村发展部长莱佩尔因涉嫌腐败被正式免职。

▲ 塞浦路斯议会劳动人民进步党的 4 名内阁部长提交辞呈。

7月12日　欧盟和东非国家部长级会议，呼吁国际社会支持非洲联盟和东非政府间发展组织（伊加特）在索马里和苏丹达尔富尔问题上所做的努力。

▲ 德国第二届移民融合峰会举行。

7月14日　俄联邦总统宣布暂停履行《欧洲常规武装力量条约》及相关国际协议。

7月15日　比利时国王要求荷语基督教民主党领袖莱特姆组建新政府。

7月16日　欧盟和韩国举行第二轮自由贸易谈判。

7月18日　法国总统正式组建研究法国国家机构改革的跨党派专家委员会。

7月19日　欧洲议会与东南欧国家合作代表团团长帕克呼吁波黑尽快进行警察体制改革，以及其他与欧盟签署"稳定与联系协议"所要求的一切改革。

▲ 俄罗斯表示，俄罗斯将驱逐4名英国驻俄罗斯使馆的外交官，还将停止给英国官员发放入境签证。

7月20日　欧盟内政部长会议在斯洛伐克首都布拉迪斯拉发举行。会议决定争取在8月底前完成连接《申根协定》新签证数据库系统任务，为新成员国加入《申根协定》做好准备。

▲ 欧盟发表声明强调，不承认阿塞拜疆和亚美尼亚因归属问题爆发冲突的纳戈尔诺－卡拉巴赫地区独立，也不承认该地区"总统选举"的结果。

▲ 意大利政府与工会就退休金制度改革问题达成协议，同意逐步提高退休年龄。

7月23日　欧盟轮值主席国葡萄牙向欧盟外长部长理事会提交一份根据欧盟领导人峰会达成的一致意见起草的新的条约的文本，以作为政府间会议讨论的基础文本。条约全称为"修订欧盟联盟条约和欧洲共同体条约的条约（草案）"。

▲ 欧盟委员会宣布，向肯尼亚提供500万欧元人道主义援助。

▲ 意大利中央政府、大区政府与各雇主联合会和各工会等社会伙伴签署《关于社会保障、劳动和竞争力

议定书》。

7月24日　希腊全境山林大火肆虐。

7月25日　欧盟宣布，向斯里兰卡受冲突影响的平民和迁往印度的斯难民提供1500万欧元人道主义援助；向加勒比、南美和南亚地区提供1800万欧元的援助。

7月26日　欧盟和美国签署一项新的以反恐为目的的民航乘客信息共享协议。

7月27日　欧盟宣布向索马里提供1000万欧元人道主义援助。

7月30日　欧盟宣布向埃塞俄比亚提供500万欧元人道主义援助。

7月31日　塞尔维亚总理表声明称，关于塞尔维亚和自己境内一个地区——科索沃以邦联的形式建立两个独立国家联盟的建议是荒谬的无稽之谈。塞尔维亚已经准备好在联合国安理会1244号决议基础上开始新的谈判，以便找到解决科索沃问题最佳办法。

8月5日　波兰发生一起严重的反犹事件。位于波兰南部琴斯托霍瓦市一块建于18世纪末的犹太墓地里，约200个墓碑被涂上纳粹和光头党标记，该墓地安葬着许多杰出的犹太人，是犹太人在波兰生活历史的重要遗址。

8月8日　欧盟决定维持对英国偶蹄动物及相关制品的进口禁令。

8月17日　比利时国王决定中止组阁谈判，以化解荷语弗拉芒大区和法语瓦隆大区政党因在组阁问题上意见相左所产生的危机。

8月20日　英国政府正式向欧盟委员会提出水灾救济申请，以帮助英格兰地区水灾后的恢复。

8月21日　德国新《移民法》正式生效。

8月22日　瑞典议会环境和农业委员会代表团访华。

8月23日　欧盟委员会表示，希望德国继续整顿国家公共财政预算。

　　　　▲ 欧洲中央银行再次向金融系统注资400亿欧元，以缓解美国次级住房抵押贷款市场危机给欧元区金融市场带来的负面影响，帮助金融市场保持稳定。

▲ 比利时国王接受议会第一大党荷语基督教民主党领导人莱特姆的请求，免除其组阁责任。

8月26日 瑞典政府宣布调整对外援助政策，受援国家数量将从目前的70个减少到30个左右。

8月27日 法国举行第15届驻外使节会议。萨科齐在会上发表其执政后的首次重要外交政策演说，系统阐述与前任不同的新政策，表示要回到"真正的现实主义"道路上来。萨科齐表示，法国支持德国成为联合国安理会常任理事国。

▲ 德国总理默克尔今起访华。

8月28日 欧盟提出应对全球气候变暖的新目标——国际社会应通过努力，使全球平均气温与工业化前平均气温相比上升幅度不超过2摄氏度。

8月29日 捷克政府内阁批准一项有关加入欧元区的最新战略计划。

8月30日 新一轮科索沃最终地位问题谈判结束，谈判没有取得突破性进展。

▲ 法国设立"经济自由增长委员会"。法国总统表示，将深化"减税"改革，继续降低劳动者的个人所得税并减少企业税负。

9月3日 首届欧洲睦邻政策大会开幕。来自欧盟27个成员国以及16个睦邻政策框架内国家的代表出席会议。

9月5日 欧盟表示，西班牙、意大利、比利时、英国及德国的受恐怖袭击风险较高，急需对欧洲广泛地区制定新反恐政策。

▲ 塞浦路斯总统、希腊族领导人帕帕佐普洛斯和土耳其族领导人塔拉特直接会谈未能取得任何突破。

▲ 瑞典国防大臣迈克尔·奥登贝里辞职，斯滕·托尔格福接任国防大臣。

▲ 比利时建造的世界第一座不依靠化石燃料供能，废物循环利用、实现"零排放"的极地考察站在布鲁塞尔举行揭幕仪式。

9月7日 欧盟宣布，向尼加拉瓜提供首笔数额为100万欧元的紧急人道主义援助。

9月10日　匈牙利总理宣布政府2008年改革计划，其中促进经济增长、创造就业机会、改革教育体系和医疗卫生体系、建立新的安全秩序被确定为政府工作重点。

9月11日　法国国防部长表示法国希望重返北约军事一体化机构。

9月12日　捷克国防部证实，捷克和美国未能就美在捷建立反导雷达基地协议草案的全部内容达成一致。

9月13日　法国宣布成立新的国家情报机构——内政情报署。

9月16日　希腊提前举行大选，新民主党以微弱多数蝉联执政。

9月17日　希腊总统授权现任总理卡拉曼利斯组成新一届政府。

9月18日　欧盟与塞尔维亚等国与签署简化签证手续和遣返移民协议。

▲ 欧盟司法和内政部长会议呼吁欧盟成员国加强对欧盟南部海上边界的控制，以便更有效地打击非法移民。

▲ 欧盟轮值主席国葡萄牙总理表示，如果伊朗违背有关核问题的国际条约，欧盟将采取各种方式对伊朗实施制裁。

▲ 瑞士外交部发表声明，表示愿意与联合国和世界银行合作，共同帮助发展中国家追回被腐败官员所窃取的国家资产。瑞士是第一个在《追回被窃资产倡议》上签字的国家。

▲ 德国司法部公布新的刑法修正案草案，加大反恐力度。

▲ 中国与欧盟签署道路运输和内河合作谅解备忘录。

9月19日　欧盟委员会主席巴罗佐正式提议采取措施调控欧盟能源市场，要求通过相应法案禁止外国能源公司直接收购欧洲能源资产。一旦法案获得通过，俄罗斯天然气工业股份公司（俄气）将会受到严重影响。

▲ 欧盟负责外交和安全政策的高级代表索拉纳任命德凯尔肖夫为新的欧盟反恐协调员。

▲ 德国内阁会议批准劳动部长明特费林提出的向外国人大规模开放劳动力市场的规定。

9 月 20 日　欧盟委员会主席巴罗佐呼吁包括波兰在内的欧盟各国本着"团结和参与"的精神，致力于推动欧盟新条约问题的解决。

▲ 法国总统重申，希望土耳其成为欧盟的合作伙伴而不是加入欧盟。

▲ 法国国民会议通过一项更加严格的移民修正法案。该法案规定，已在法国定居的移民和希望同他们团聚的家庭成员必须递交证明亲属关系的 DNA 检测。

9 月 21 日　荷兰首相宣布，由于正在谈判中的欧盟宪法的改革条约将不再具有宪法性质，因此荷兰将以议会通过方式取代公民投票方式予以批准。

▲ 中国与英国举行中英第二轮战略对话。

9 月 23 日　德国联邦总理默克尔在柏林总理府会见达赖喇嘛。

9 月 24 日　欧盟 27 国今起至 29 日开展为期 6 天的"欧洲就业日"活动，在 230 多个城镇举办就业博览会和一些与就业有关的研讨会，参加活动的有企业、工会、大学、就业培训中心和商会等。

▲ 法国总理称法国公共财政已处于"紧急"状态，并呼吁政府采取有力措施削减巨额财政赤字。

9 月 25 日　中法海军在地中海海域举行以联合搜救为主要内容的"中法友谊－2007"海上联合军事演习。

9 月 26 日　法国政府推出的 2008 年度财政预算案，明年将裁减公务员近 2.3 万人，政府将为此节省开支 4.58 亿欧元。

▲ 爱尔兰议会否决了反对党以涉嫌受贿为由对爱尔兰总理埃亨提出的不信任案。

9 月 27 日　欧盟委员会呼吁马其顿各政党尽快恢复议会工作，认为这对马其顿入盟至关重要。

▲ 法国农业部长表示，法国对欧盟将暂时取消谷物进口关税的政策持保留意见。

9 月 28 日　欧盟 27 国国防部长达成一致，表示有必要深化欧盟与北约的协作关系。

▲ 塞尔维亚和科索沃当局代表就科索沃的未来地位问题举行直接谈判，但未能取得进展。

▲ 国际货币基金组织选举法国前财政部长斯特劳斯-卡恩为该组织新总裁。

9月29日　比利时国王再次要求荷语基督教民主党领袖莱特姆组建新的联合政府，以结束联邦议会选举后出现的僵局，莱特姆接受了国王的请求。

10月1日　葡萄牙与西班牙签署协定，决定在打击恐怖主义的斗争中进行全面合作。

▲ 伦敦证交所最终完成对意大利证交所的并购，总交易额达23亿美元。

▲ 波黑塞族共和国议会批准议会主席拉多伊契奇担任共和国临时总统，接替9月30日去世的耶利奇总统。

10月2日　欧盟法律专家就取代"宪法条约"的新条约文本达成一致。

▲ 德国政府部门表示，2006年投资欺诈、非法劳工以及产品剽窃等各类经济犯罪，给该国累计造成经济损失约43亿欧元。

10月3日　拉脱维亚、立陶宛和爱沙尼亚3国总理会晤，讨论波罗的海三国加强能源合作等问题。

▲ 德国总理、基民盟主席默克尔和社民党主席贝克表示，反对提前取消用于东部基础设施建设和财政援助的"团结税"。

10月4日　欧盟确定2004年加入欧盟的10个国家中的9个（塞浦路斯除外）加入申根条约的日期。

▲ 法国总统会晤保加利亚总统，强调法国将通过在防务领域的合作向保提供安全保障。

10月6日　欧亚经济共同体跨国委员会首脑会议开幕。

10月9日　为期一天的欧盟27国财政部长会议闭幕。与会部长们在资助伽利略计划问题上未能达成一致。

10月15日　欧盟外长会议批准向乍得和中非派遣部队的决定。欧盟外长会议重申，欧盟愿意与乌兹别克斯坦展开全面对话，并期待着双方在执行欧盟"中亚战略"

方面加强合作。

▲ 德国与俄罗斯第九次政府间磋商结束。主要讨论有关美国在东欧地区部署导弹防御系统的计划、德俄能源供应与经济合作等问题。

▲ 英国第三大政党——自由民主党党魁康贝尔宣布辞职。

10月19日　欧盟各国领导人通过了替代"宪法条约"的新条约，即"改革条约"。

▲ 法国总统和英国首相共同推荐英国前首相布莱尔担任欧盟理事会主席。

▲ 黑山共和国议会通过黑山独立后的第一部宪法。

10月20日　欧洲议会议长称，欧盟新条约在里斯本峰会上获得通过是欧洲议会的巨大成功，是欧盟及其公民的胜利。

10月21日　法国宣布将于今年12月14日启动"改革条约"的批准程序。

▲ 斯洛文尼亚举行总统选举。

▲ 瑞士举行议会选举。

10月22日　新一轮科索沃未来地位谈判开始，美国、欧盟和俄罗斯的特使，向塞尔维亚和科索沃阿尔巴尼亚族谈判双方呈交基调文件，其重点是排除了塞尔维亚未来对科索沃的管治。

▲ 欧盟宣布，微软已经同意完全履行欧盟2004年对其做出的反垄断处罚决定。

▲ 乌克兰表示已经签署东南欧多国维和部队协议，该协议将被提交议会批准后生效。

10月23日　欧盟宣布，它将向欧盟成员国请求获得授权与美国等主要贸易伙伴展开谈判，以缔结国际协定来打击假货贸易。

▲ 欧洲联盟防务局局长呼吁，欧盟各成员国应合作研发新型运输直升机以及卫星监控系统，以避免欧盟在军事技术方面过度依赖美国。

▲ 欧盟公布新的移民政策提案，放宽了技术移民的门槛。

▲ 欧盟与伊朗就伊核问题举行会谈。磋商取得了积极进展。

▲ 波兰最大的在野党公民纲领党赢得新一届议会选举。

▲ 法国通过控制外国移民新法案。

10 月 25 日　欧盟和俄罗斯企业家及高官圆桌会议一致认为，俄罗斯加入世贸组织对欧俄双边关系的进一步发展非常重要。

▲ 法国总统宣布一系列环保新措施，从农业、交通、税务、住房建设、能源等各方面入手，决心把环保作为法国政治的中心任务。

10 月 26 日　欧盟国家内务部长和代表通过"布拉格宣言"，宣布 9 个欧盟成员国将于 12 月 21 日加入《申根协定》。

▲ 第 20 次欧盟—俄罗斯首脑会议召开。会议重点讨论能源合作、新《伙伴关系与合作协定》等双边议题以及科索沃和伊朗核问题等热点问题。

▲ 奥地利联邦总统强调，新的改革条约没有使奥地利丧失自我，也"没有触及"奥地利的中立地位。

10 月 27 日　西班牙全国范围内爆发大规模反对种族歧视游行示威活动。

10 月 28 日　波黑 6 个主要政党领导人签署执行警察体制改革宣言。按照欧洲标准进行警察体制改革是波黑与欧盟签署"稳定与联系"协议的主要条件之一。

▲ 欧洲钢铁工业联盟要求欧盟委员会对从中国、韩国进口的钢铁产品征收惩罚性关税。

10 月 30 日　美国与捷克开始新一轮反导谈判。谈判内容主要涉及如何使美国在捷克部署的导弹防御系统运转合法化。

10 月 31 日　法国通过反腐败法案，以加强打击公职人员贪污腐败现象，同时将反腐打击面扩展到贪污受贿的外国公职人员和国际公务员身上。

后　记

本书为欧洲发展报告第十二卷。本卷主题报告为"欧洲联盟50年：经济、法律、政治与价值建构"。

2007年适逢欧盟《罗马条约》签订50周年。50年来，欧洲一体化的发展取得令人瞩目的成绩，全面地改变了欧洲的历史进程，也给50年来世界局势的发展带来深刻影响。因此，我们将此题目作为本卷的主题，并由中国社会科学院欧洲研究所组织专门的课题小组撰写主题报告。欧洲一体化内容十分广泛，但其起步与发展却主要在于经济、法制、政治、文化价值等四个方面的建设进程及其协调与否。本卷的主题报告从这四个方面对欧洲一体化的发展经验做了深刻的讨论。

本年度，欧洲发展报告延续上年度调整后的体例。即将原来关于欧洲形势的"综合篇"改为"欧洲联盟篇"的体例。"欧洲联盟篇"分五章，从政治、经济、社会、法制建设进程、对外关系等五个方面综述欧盟的年度形势。与此相对应的是取消了原国别与地区篇中的"欧洲联盟"。

本年度报告编委会由周弘、吴白乙、罗红波、裘元伦、刘立群、刘绯、程卫东、沈雁南组成；主编为中国社会科学院学部委员、欧洲研究所所长、中国欧洲学会会长周弘研究员。各编委承担并参与了本书有关选题的讨论、书稿的初审及定稿等工作。

本报告遵循集体讨论与个人研究相结合的做法，是个人和集体共同的研究成果。

本年度报告各撰稿者：导论——沈雁南。主题报告：欧洲联盟50年：经济、法律、政治与价值建构——周弘、吴弦、程卫东、董礼胜、邝扬、马胜利、田德文。欧洲联盟篇：政治形势——范勇鹏；

经济形势——王鹤；法制建设进程——程卫东；社会形势——刘立群；对外关系——吴白乙、王振华；专题篇：欧盟能源安全战略——杨光；文化欧洲建设——郭灵凤；中欧关系——赵俊杰、张敏。国别与地区篇：英国和爱尔兰——李靖堃；法国——彭姝祎；德国——杨解朴；意大利——罗红波；荷兰、比利时、卢森堡——郭灵凤；奥地利和瑞士——孙莹炜；南欧四国——张敏；北欧五国——秦爱华；中东欧诸国——陈亚利；巴尔干地区——刘作奎。资料篇：统计资料——钱小平；大事记——牟薇。导论及目录英文翻译——吴倩岚。